著作权保护对象扩张与限制研究

高雅文◎著

ZHUZUOQUAN
BAOHU DUIXIANG KUOZHANG
YU XIANZHI YANJIU

中国政法大学出版社

2024·北京

声　　明　　1. 版权所有，侵权必究。

　　　　　　2. 如有缺页、倒装问题，由出版社负责退换。

图书在版编目（ＣＩＰ）数据

著作权保护对象扩张与限制研究 ／ 高雅文著. —北京：中国政法大学出版社，2024.1
ISBN 978-7-5764-1318-2

Ⅰ.①著… Ⅱ.①高… Ⅲ.①著作权法－研究－中国　Ⅳ.①D923.414

中国国家版本馆CIP数据核字(2023)第250585号

出　版　者	中国政法大学出版社
地　　　址	北京市海淀区西土城路 25 号
邮　　　箱	fadapress@163.com
网　　　址	http://www.cuplpress.com（网络实名：中国政法大学出版社）
电　　　话	010-58908435(第一编辑部) 58908334(邮购部)
承　　　印	固安华明印业有限公司
开　　　本	720mm×960mm　1/16
印　　　张	20.00
字　　　数	296 千字
版　　　次	2024 年 1 月第 1 版
印　　　次	2024 年 1 月第 1 次印刷
定　　　价	92.00 元

前　言

著作权法设立的目的在于促进文化、科学和艺术领域的繁荣与进步。科学技术的发展和经济社会的进步，使作为知识产权保护对象的智力成果总量增加、范围扩张，由此带来了著作权保护对象究竟应当扩张还是限制的问题。本书以著作权保护对象的扩张与限制为研究对象，运用实证调研和比较分析等方法，主要包括以下研究内容：

第一章为著作权保护对象的基础理论。本章以保护对象的内涵与演变过程为起点，对著作权保护对象扩张与限制的价值取向进行了理论分析；同时，以法哲学、法经济学和法政策学为视角，分析作品作为著作权保护对象的正当性；在此基础上，针对实践中关于作品构成要件之争议，进一步探究思想表达二分法与独创性标准在著作权保护对象中的适用。

第二章从立法论层面展开，探讨自17世纪后著作权保护对象从立法到法律实施发展演变的整体进展与趋势，以分析保护对象扩张与限制中的现实问题。揭示著作权保护对象在立法规定方面的内在规律、立法模式和立法总体发展趋势。

第三章运用法解释论的分析方法，总结我国现行《中华人民共和国著作权法》（以下简称《著作权法》）框架下著作权保护对象的法律适用现状，结合域外保护对象的相关典型案例，评价开放式作品条款、可版权要件以及新表达作品认定的司法现状，梳理出著作权保护对象立法与司法中扩张与限制的现存问题。

第四章是著作权保护对象的扩张研究。本章从保护对象扩张的具体表现形式展开，通过类型化对具体对象扩张为著作权保护对象的同一性进行考察，结合具体情形分析当前各行业基于新技术、新业态、新产品而出现的各类新表达对保护对象范畴扩张的不同需求。结合保护对象扩张的现存问题，探讨

"宽容"扩张的具体理解与合理路径。

第五章是著作权保护对象的限制研究。本章以公共利益、激励理论和法政策学为视角，结合知识产权法定主义考察著作权保护对象限制的正当性，通过对司法实践中保护对象限制的具体表现形式的梳理，将限制分为"非作品表达"、"非保护作品"、其他权利保护路径排除和有条件的限制四类，进行类型化分析，并结合著作权保护对象限制的具体需求与问题，探讨"严格"限制著作权保护对象应遵循的合理路径。

第六章是完善我国著作权保护对象扩张制度的对策。本章进一步加深对著作权保护对象本质的认识，认为扩张应遵循激励创新、包容审慎、技术中立和利益平衡的基本原则；从立法和司法两个层面探讨对策，以符合可版权要件作为作品认定的唯一标准，对著作权保护对象的扩张应遵循"宽容"的态度，审慎适用兜底条款，强调扩张的合理性。

第七章是完善我国著作权保护对象限制制度的对策。本章首先指出保护对象的限制需要遵循符合立法目的、符合法律的价值取向和确定性等原则；法律规范方面，以法定排除条款作为限制的主要依据，借助法律解释的方法，遵循"严谨审慎"的态度解释保护对象的限制，强调限制的合法性。

第八章是在数字经济和我国高质量发展需求下，我国著作权法保护对象扩张与限制的具体应对。著作权保护对象的扩张虽然是技术发展的必然产物，但不加限制的扩张是对公有领域的不当取代。面对数字经济和我国高质量发展需求，著作权保护对象扩张与限制在法律规范与法律适用中的问题都亟需回应。

本书以著作权保护对象扩张与限制的整体为视角，反映出智力成果在著作权领域中独占与共享的博弈。著作权法秉承着保护权利人独占权利的同时，坚持维护社会公众利益基础之上更广泛的公共利益的价值目标。个人独占与公众共享的博弈无疑需要通过扩张与限制制度的完善予以实现。顺应国际著作权保护对象的扩张趋势，结合我国实际需求，对著作权保护对象的范畴进行明确，并在立法与司法层面为完善我国著作权保护对象扩张与限制界定的合理路径提供参考，实现著作权保护立法的科学化和法律适用的准确化，形成具有中国特色与文化自信的著作权保护对象体系。

目录

引　言 ·· 1

第一章　著作权保护对象的基础理论 ························· 19
　一、著作权保护对象的辨析 ··································· 19
　　（一）著作权保护对象的内涵 ····························· 19
　　（二）著作权保护对象的历史演变 ······················· 25
　　（三）著作权保护对象扩张与限制的内在关联 ······· 39
　二、著作权保护对象不同视角探析 ························· 40
　　（一）著作权保护对象的哲学分析 ······················· 41
　　（二）著作权保护对象的经济学分析 ··················· 46
　　（三）著作权保护对象的法政策学分析 ················ 50
　三、著作权保护对象界定标准分析 ························· 53
　　（一）思想表达二分法 ······································· 53
　　（二）独创性标准 ··· 57

第二章　著作权保护对象的立法考察 ························· 61
　一、著作权保护对象的立法论分析 ························· 61

（一）域外有关著作权保护对象的规定 ………………………… 61
　　（二）我国法律体系中保护对象的相关规定 …………………… 78
　二、著作权保护对象的比较分析与启示 …………………………… 82
　　（一）保护对象的立法比较 ……………………………………… 82
　　（二）对我国的立法启示 ………………………………………… 88

第三章　著作权保护对象的司法考察 ……………………………… 91
　一、我国近十多年涉著作权保护对象的案例分析 ………………… 91
　　（一）2011年—2021年数据分析 ………………………………… 91
　　（二）指导性案例 ………………………………………………… 97
　　（三）其他典型案例 ……………………………………………… 99
　二、域外保护对象典型案例分析 …………………………………… 105
　　（一）作品类型开放情况下著作权保护对象的认定 …………… 106
　　（二）作品类型封闭情况下著作权保护对象的认定 …………… 111
　　（三）独创性判断标准之比较 …………………………………… 113
　三、保护对象司法现状评价 ………………………………………… 114
　　（一）开放式作品条款的解释适用 ……………………………… 115
　　（二）独创性标准的认定 ………………………………………… 115
　　（三）非典型表达的自由裁量 …………………………………… 116
　四、著作权保护对象扩张与限制现存问题分析 …………………… 118
　　（一）扩张与限制的共存问题 …………………………………… 119
　　（二）扩张的现存问题 …………………………………………… 125
　　（三）限制的现存问题 …………………………………………… 131

第四章　著作权保护对象扩张分析 ………………………………… 139
　一、著作权保护对象扩张的类型化 ………………………………… 139
　　（一）著作权保护对象扩张的表现形式 ………………………… 139
　　（二）保护对象扩张表现形式的类型化 ………………………… 149

二、著作权保护对象扩张的依据考察 ………………………… 156
　（一）劳动价值论与保护对象的扩张 ……………………… 157
　（二）法经济学视角下的保护对象扩张 …………………… 159
　（三）法政策学视角下的保护对象扩张 …………………… 163
　（四）知识产权法定主义的缓和与扩张 …………………… 167
三、著作权保护对象合理扩张的路径 ………………………… 171
　（一）保护对象的"宽容扩张" …………………………… 171
　（二）保护对象扩张之路径 ………………………………… 173
　（三）保护对象扩张之考量标准 …………………………… 176

第五章　著作权保护对象限制分析 ………………………… 188
一、著作权保护对象限制的依据考察 ………………………… 188
　（一）公共领域视角下限制的正当性 ……………………… 189
　（二）法政策学视角下限制的必要性 ……………………… 191
　（三）激励论视角下的保护对象限制 ……………………… 192
　（四）知识产权法定主义与保护对象的限制 ……………… 194
　（五）著作权法价值目标与保护对象的限制 ……………… 197
二、著作权保护对象限制的类型化 …………………………… 199
　（一）保护对象限制的领域及表现形式 …………………… 199
　（二）保护对象限制的类型化 ……………………………… 203
三、著作权保护对象合理限制的路径分析 …………………… 210
　（一）不受著作权保护的思想 ……………………………… 210
　（二）法律明示限制保护的对象 …………………………… 213
　（三）其他排除或限制成为保护对象的新表达 …………… 216

第六章　完善我国著作权保护对象扩张制度的对策 ……… 220
一、我国著作权保护对象扩张的原则 ………………………… 220
　（一）激励创新原则 ………………………………………… 221

（二）包容审慎原则 …………………………………… 222
　　（三）技术中立原则 …………………………………… 222
　　（四）利益平衡原则 …………………………………… 224
　二、规范我国著作权保护对象扩张的立法对策 …………… 227
　　（一）明确可版权要件相关概念的法律规定 ………… 227
　　（二）明确作品类型条款的示例性与开放性 ………… 231
　　（三）完善视听作品与录像制品的规定 ……………… 232
　三、完善我国著作权保护对象扩张的司法对策 …………… 233
　　（一）保护对象扩张的法律解释方法 ………………… 234
　　（二）法律适用中保护对象扩张的完善 ……………… 237

第七章　完善我国著作权保护对象限制制度的对策 ……… 249
　一、我国著作权保护对象限制的原则 ……………………… 249
　　（一）符合立法目的 …………………………………… 249
　　（二）符合法律的价值取向 …………………………… 252
　　（三）保持法律的确定性 ……………………………… 254
　二、我国著作权法限制的立法完善 ………………………… 255
　　（一）法定排除条款是限制保护对象的主要依据 …… 255
　　（二）保护对象限制条款的完善 ……………………… 256
　三、我国著作权保护对象限制的司法完善 ………………… 257
　　（一）限制保护对象应遵循"严谨"态度 …………… 257
　　（二）功能性要素的排除 ……………………………… 258
　　（三）与其他权利重叠保护并非限制的依据 ………… 259

第八章　数字经济和高质量发展需求下的扩张与限制对策 … 261
　一、数字经济领域著作权保护对象扩张与限制问题 ……… 261
　　（一）数字经济发展对著作权保护对象制度的理论挑战 … 262
　　（二）数字经济领域保护对象相关政策法规滞后 …… 263

（三）数字版权保护对象的司法实践规则有待统一 ………… 265
　　（四）数字版权国际保护有待进一步加强 ………………………… 268
二、高质量发展著作权保护对象扩张与限制的应对建议 ………… 269
　　（一）数字经济中保护对象制度完善的原则遵循 ………………… 269
　　（二）建立健全相关法规以完善数字经济版权治理体系 ………… 271
　　（三）统一法律适用以助力数字版权高质量发展 ………………… 273
　　（四）完善数字版权产业建设推动全方位发展 …………………… 274

结　论 ……………………………………………………………………… 276

参考文献 …………………………………………………………………… 286

后　记 ……………………………………………………………………… 310

图目录

图1　2011年1月1日至2021年4月1日著作权侵权文书数量 …………92
图2　著作权侵权纠纷中涉及作品类型分布 ……………………………92
图3　涉各类型作品的案件中就"是否属于著作权保护的作品"
　　　认定的作品类型分布 ……………………………………………93
图4　涉及作品认定案件中各类型作品认定属于和不属于作品的比例 …94
图5　涉及作品构成要件分析的案件比例 ………………………………94
图6　涉及各构成要件的比例分布 ………………………………………95
图7　基于作品引发的著作权侵权纠纷中涉及作品权利分布 …………95
图8　著作权侵权案件文书涉及法条分布 ………………………………96

引 言

一、选题及缘起

范畴能够体现事物的本质属性和普遍联系，任何具体科学部门都有自己的范畴体系，著作权法也不例外。著作权法设立的目的在于实现文化科学艺术事业发展与繁荣。数字技术和经济社会的进步使得作品的创作手段和传播方式都出现了新的变化，作为著作权保护对象的智力表达出现新的形式和内容，由此带来了著作权保护对象究竟应扩张还是限制的问题，本书解决的就是如何才能协调和平衡著作权保护对象的扩张与限制。

伴随着科学技术的不断发展和经济社会的不断进步，首先是作为知识产权保护对象的人类智慧成果的总量在增加、范围在扩张，这是客观的发展需求。其次，作为著作权保护对象的作品属于表达，表达方式也随之增加，表达方式的多样性亦寻求法律上的保护。此时不可避免地需要界定新表达或是传统表达的新方式是否能够被认定为作品。从劳动价值论、功利主义、知识产权法定主义、法经济学或法政策学的视角解读，著作权保护对象的扩张具有一定的正当性，但从法律上对保护对象的限制同样具有一定的合理性。因此，法律上需要平衡保护对象的扩张与限制。结合著作权法之立法目的，一方面要激励作者的创作行为和对成果的投入，另一方面也需要促进智慧成果在公共领域的共享与传承。

全球知识产权制度发展的趋势之一，就是知识产权保护对象范围的不断扩张，这是本书研究的背景。从国际需求层面看，保护对象范围最宽泛的是以美国为首的发达国家，其知识产权域外保护在实行"长臂管辖"的同时，通过国际条约、多边或双边协定等大力向国际社会输出本国的知识产权规则。

欧盟的知识产权保护对象范畴总体来看小于美国，通过"确定重点国家"等措施进行知识产权域外保护，并依靠区域性和全球多边措施推动其知识产权规则的国际化。日本的保护对象范畴与欧盟相似，通过"海外市场管理"等措施进行知识产权域外保护，主要依靠双边和多边措施推动其规则的国际化。我国知识产权制度的变革与全球的知识产权制度息息相关，需要根据世界范围内各国的知识产权保护对象范围的变化做出应对。

从我国需求层面来看，一是出于我国知识产权保护政策的要求。我国于2008年颁布了《国家知识产权战略纲要》，标志着我国正在建立具有中国特色的知识产权公共政策；2015年国务院发布《国务院关于新形势下加快知识产权强国建设的若干意见》，强调深化知识产权重点领域改革；2019年两办为进一步完善制度、优化机制，发布《关于强化知识产权保护的意见》；2021年印发《知识产权强国建设纲要（2021－2035年）》，为未来十五年我国如何具体实施知识产权强国战略指明了具体方向。① 我国现阶段已经将知识产权政策纳入国家创新体系中，强调"全面加强知识产权保护工作，激发创新活力推动构建新发展格局"。②

二是我国一系列关于著作权保护政策的需求。2020年，最高院印发《关于加强著作权和与著作权有关的权利保护的意见》，其中特别提出要"高度重视互联网、人工智能、大数据等技术发展新需求，依据著作权法准确界定作品类型，把握好作品的认定标准"。③ 作为建立与完善著作权制度的基础，相关保护政策为著作权保护对象的完善也提出纲领性指引，如确立知识产权严保护政策导向，要求我国针对新业态新领域发展现状，加强体育赛事转播、传统文化、传统知识等领域的保护④，尤其是要针对科技进步和经济社会发展

---

① 参见中共中央、国务院于2021年9月22日印发的《知识产权强国建设纲要（2021－2035年）》。
② 参见习近平总书记在中共中央政治局第二十五次集体学习时的讲话。
③ 参见最高人民法院于2020年11月16日印发的《关于加强著作权和与著作权有关的权利保护的意见》（法发〔2020〕42号）。
④ 参见中共中央办公厅、国务院办公厅于2019年11月24日印发的《关于强化知识产权保护的意见》；国务院2021年10月9日印发的《"十四五"国家知识产权保护和运用规划》（国发〔2021〕20号）。

形势需要，"适时扩大保护客体范围，提高保护标准"①，进一步说明了国家知识产权政策中著作权保护对象扩张的需求。

三是文化产业发展的现实需求。我国文化、出版、电影和唱片行业在新技术、新模式的推动下繁荣发展，人工智能、网络直播等新领域新业态的变革也孕育了新的表达方式。在文化传播和产业发展的共同促进下，我国版权企业开始走向海外，这就需要我们不断提升著作权保护水平和保护能力的现代化，与国际接轨，通过著作权保护对象制度的完善，为我国企业和创作者在版权保护上提供有力支撑。同时，我国强调的"文化自信"，文化发展的特色和需求应当在著作权法中得以体现，其方式之一就是结合我国实际需求对著作权保护对象的范畴进行明确，最终形成具有中国特色、文化自信的著作权保护对象体系。

四是我国司法实践的需求。近年来，许多对看似新型的智力表达寻求著作权保护的利益诉求给我国的司法裁判带来难题。关于体育赛事节目、网络游戏直播节目、网络游戏规则、灯光秀、喷泉秀、包括花园设计和盆景设计等在内的园艺设计、广播体操、瑜伽动作、香水香味、食品味道、人工合成DNA排列、用户生成内容等是否属于作品、属于著作权法中的何种作品类型等问题成为著作权理论与实务界争论的热点话题之一。司法层面出现了关于著作权保护对象扩张和限制的争议，亟需从法理上就这些争议点作出回应。

五是明确著作权保护对象范畴具有必要性和紧迫性。其一，我国要顺应国际范围内著作权发展的未来趋势，建立边界明确的著作权保护制度。其二，由于著作权保护对象的明确是著作权法体系完善的基础，保护对象扩张与限制之理论范畴的构建是建立著作权理论体系的基本前提和出发点。其三，出于司法实践中同一纠纷解决的标准需求，著作权法保护对象范畴是处理著作权纠纷的基本标准，有助于界定作者权利行使范围。著作权作为知识产权体系中内容最全面、时间最长久的权利，更需要审慎、严谨地确定权利对象。科学合理的著作权保护对象范畴，有助于著作权法立法目的之实现，在保护

---

① 参见中共中央、国务院于2021年9月22日印发的《知识产权强国建设纲要（2021-2035年）》。

作者独创性表达的同时，鼓励公众自由利用表达所蕴含的思想进行新创作，既立足于创作者权利的保护，又致力于促进知识文化的传播利用，是国家产业与文化发展的法律保障。

二、研究方法

本书拟从法哲学、法经济学、法政策学等理论视角，综合运用历史研究法、价值分析法、实证研究法、比较研究法、法律解释学等方法对著作权保护对象扩张与限制问题进行研究。

第一，历史研究法。本书运用历史分析的方法，对自英国《安娜女王法》开始的版权客体概念和所产生的社会背景进行系统梳理，考察著作权法保护对象在立法进程中的变革轨迹。历史考察对著作权保护对象扩张与限制的研究具有现实必要性和可行性。历史研究法作为基础的法学研究方法一直具有重要的地位，知识产权法律制度的完善离不开作品创作与传播技术的发展，技术的极大发展促进著作权保护对象制度的变革，以历史沿革为视角来分析我国著作权保护对象扩张与限制制度有重要意义。

第二，价值分析法。著作权法的价值研究反映了著作权领域的价值哲学。劳动价值论、激励理论等对著作权的论证都是著作权正当性的伦理学论证。需要以价值分析的方法，厘清著作权法二元价值目标的内在关联，分析著作权保护对象的扩张与限制与价值目标之间的关系。

第三，实证分析法。对国内外立法规范进行梳理与比较，收集并分析近十多年著作权保护对象案例的总体情况和典型案例，对保护对象扩张与限制的原因、分析过程和结果进行探讨和分析，总结立法与司法中著作权法保护对象制度构建的不足，从而提出有针对性的解决方案。

第四，比较研究法。知识产权制度本身具有国际化的特点，著作权保护对象的演变及规律也需要与美国、欧盟等国家和地区的法律制度进行比较。在大陆法系与英美法系版权保护呈现出不断融合的趋势时，通过对比分析国内外扩张与限制的相关规定，能够为我国著作权保护对象扩张与限制法律制度的构建与完善提供借鉴。

第五，法律解释学的方法。分析著作权保护对象的扩张与限制，可以从法律规范与法律适用两个角度总结现存问题并提出完善建议。通过法律解释从实然角度分析保护对象扩张与限制的问题与解决路径时，以现行法为研究对象，运用法律解释的方法对现行法律制度进行分析与解释，有助于明确相应的法律规范的内涵与目的，制定更具有可操作性的保护策略，为解决实际问题提供借鉴。

三、文献综述

著作权保护对象是著作权制度中的重要部分，国内外现有文献对于著作权保护对象的扩张与限制，主要聚焦在四个方面：著作权保护对象的内涵、作品可版权要件的标准、保护对象扩张与作品类型法定的冲突、基于公共领域保留的保护对象限制。

（一）著作权保护对象的内涵

我国最早关于著作权保护对象研究集中于对作为著作权客体的作品本身要件的分析。有学者提出，确定著作权法保护的客体的前提是把握智力成果的内涵，要求着眼于作品的表现形态和法定条件。[①] 作品的要素包括题材、主题、情节、概念和事实，要成为受著作权法保护的表达，其表现形式应具有符号、结构和题材的三要素。作品的可版权性要求作品必须反映一定的思想感情，且具有独创性、固定性和可复制性，以此判断著作权法保护的对象。有学者提出，"作品"应定义为"人类创造的一切智力成果，法律有规定的除外"，著作权保护的范围是动态的，因此只要是人类创造的智力成果，都应该纳入保护对象。[②] 还有学者认为，将作品认定为著作权保护对象所需的构成要件已经呈现出一种逐渐减少的趋势。[③]

我国知识产权理论中存在"客体"与"保护对象"的用语之争。"同一

[①] 吴汉东、王毅：《著作权客体论》，载《中南政法学院学报》1990年第4期。
[②] 乔新生：《著作权法保护的对象》，载《青年记者》2020年第18期。
[③] 参见徐兴祥、顾金焰：《论著作权客体的演变》，载《西南交通大学学报（社会科学版）》2014年第4期。

说"认为权利客体即权利所指向的对象,包括物、行为、智力成果、人格利益及其他财产利益。① 有学者认为,"权利以有形或无形之社会利益为其内容或目的,为此内容或目的之成立所必要之一定对象,为权利之客体"。② 大多数学者在同一语境下使用客体和对象这两个概念,例如,有学者从民法学理论出发,得出可以在同等概念上认识知识产权之客体与对象的结论,民法学理论认为民事客体是民事权利和义务共同指向的事物,而不是将抽象的、理性的社会关系作为客体看待,民事权利的客体应当具有客观性、对象性和可支配性等特性,抽象的、理性的社会关系不具有这一特性。③

"区别说"是以拉伦茨为代表的"双重构造论说",认为权利客体使用有三种意义,一是狭义上支配权的标的;二是权利主体可以通过法律行为处分的权利和法律关系;三是可以被一体处分的某种财产的权利。④ 有学者持类似观点,认为第一阶层的权利客体是物、精神上的创造或权利作为权利支配的客体,而第二阶层的权利客体是权利、法律关系作为权利人处分的对象。⑤ 有学者专门针对知识产权运用了"双重构造论说",认为在知识产权客体领域,体现为静态知识产权支配使用的客体是信息,动态知识产权处分的客体是利益。⑥ 区别说的另一种解读则是认为权利之客体与对象本身属于不同的范畴,有学者提出知识产权的对象是指那些导致知识产权法律关系发生的事实因素,是"知识"本身,即"基于对知识产权的对象的控制,利用和支配行为而产生的利益关系或称社会关系,是法律所保护的内容"⑦。

"混同分别说"对权利客体、对象和标的等概念不加区分,认为知识产权

---

① 朱楠:《从权利对象和权利客体之别析外观设计专利权和版权的保护》,载《北方法学》2016 年第 5 期。
② 史尚宽:《民法总论》,中国政法大学出版社 2000 年版,第 248 页。
③ 参见吴汉东主编:《知识产权法学》,北京大学出版社 2019 年版,第 16 页。
④ 参见朱楠:《从权利对象和权利客体之别析外观设计专利权和版权的保护》,载《北方法学》2016 年第 5 期。
⑤ 王泽鉴:《民法总则》,北京大学出版社 2009 年版,第 196 页。
⑥ 李杨:《经验抑或逻辑:对知识产权客体与对象之争的反思》,载《大连理工大学学报(社会科学版)》2011 年第 2 期。
⑦ 刘春田主编:《知识产权法》,高等教育出版社 2015 年版,第 5 页。

的客体是知识产品或智力成果,这是当前的主流观点。① 有学者认为,民事法律关系的客体是指民事权利义务所共同指向的对象。② 还有学者认为,民事权利客体是与民事权利主体相对应的概念,特定利益之本体即为权利的客体,也可以称为权利的标的或权利的对象。③

本书认为客体和对象的意义是不同的。混同说直接将哲学上的主体与客体概念移植到法学领域,忽略了二者研究对象的本质区别,在逻辑上相互矛盾,有悖于逻辑的同一律。著作权的"对象"是作品本身,而"客体"则是基于对作品的控制、利用和支配行为而产生的利益关系,是法律保护的法益。

(二) 关于作品可版权要件的标准

首先,关于作品构成要件的内容有不同的观点。"四要件说"认为作品应当满足具有一定的思想或情感内容、独创性、可复制性和合法性四个要件;"三要件说"指出受著作权法保护的作品应当满足具有一定的信息、独创性和表达性三个要件;"二要件说"认为作品要受到著作权法的保护只需满足"独创性和固定性"两个要件即可。④

其次,国内文献关于著作权保护的对象范畴的界定,多是从作品的内容或是表达方面论述某类创作能否受到著作权的保护。第一种观点认为著作权只保护作品的表现形式,即"特定概念或观念的表达,而非保护所表达的概念或观念本身"⑤。第二种观点认为著作权同时还保护作品的内容,因为作品的形式只是一种自然形式,如果著作权仅限于保护自然形式,那么任意改编他人作品的行为将无法被禁止。更有人认为演绎权就是为保护作品的内容而设定的。有学者提出,思想表达二分法应成为著作权法中明确的原则性规定,是实现著作权法立法目的的基石,但是思想的提供者也应得到一定的保护,

---

① 参见刘春田主编:《知识产权法》,高等教育出版社2015年版,第5页。
② 王利明:《民法总则研究》,中国人民大学出版社2018年版,第187~188页。
③ 梁慧星主编:《中国民法典草案建议稿附理由.总则编》,法律出版社2004年版,第124页;梁慧星:《民法总论》,法律出版社2001年版,第57页。
④ 参见徐兴祥、顾金焰:《论著作权客体的演变》,载《西南交通大学学报(社会科学版)》2014年第4期。
⑤ 吴汉东、王毅:《著作权客体论》,载《中南政法学院学报》1990年第4期。

获得合理报酬，因此著作权保护的是主观表达而非客观呈现。[1] 这一观点也得到其他学者的支持。[2] 第三种观点认为应当将作品的内容与所表达的思想进行区分，著作权保护内容与形式，但不保护思想。这可以说是第二种学说的衍生观点，即思想表达二分法。但也有学者对思想表达二分法提出质疑，认为将二分法排除出著作权法体系，仅考虑独创性因素更有利于法律的适用。[3] 有学者从实然和应然的角度勾勒版权客体的轮廓，对版权客体制度的一般原理进行研究，侧重对客体可版权性的特殊影响因素进行比较深入地探讨，再将这些一般原理应用到特定作品版权保护的具体分析之中。[4]

域外对于思想表达二分法争论颇多。英国相关判例可以追溯到著名的 Millar 案[5]和 Donaldson 案[6]。美国的思想表达二分法源自最高法院的 Selden 案。[7] 域外早期涉及思想表达二分法的案例试图建立"真正的"思想与表达的区分，可以看作是严格解释表达的阶段。当实践中保护范围扩张至非文字要素时，出现了诸如抽象测试法等一系列区分思想与表达的方法。随着技术发展，"露特丝（Lotus）三步测试法""阿尔泰（Altai）抽象—过滤—对比三步测试法"等思想表达的区分方法被提出。1976 年美国《版权法》第 102 (b) 条明确规定了思想表达二分法，使该原则进一步成为成文法规范。爱德华·塞缪尔（Edward Samuels）教授提出思想表达二分法应当作为最后的认定手段。

关于著作权保护对象的独创性要求，我国现行著作权法中没有明确规定"独创性"。但《中华人民共和国著作权法实施条例》（以下简称《著作权法实施条例》）在"作品"的定义中引入了"独创性"概念，而且在第 3 条第 1 款中对"创作"之概念作出规定："著作权法所称创作，是指直接产生文学、

---

[1] 卢海君：《论思想表达两分法的法律地位》，载《知识产权》2017 年第 9 期。
[2] 乔新生：《著作权法保护的对象》，载《青年记者》2020 年第 18 期。
[3] 张韩：《著作权保护对象研究》，载《黎明职业大学学报》2007 年第 1 期。
[4] 参见卢海君：《版权客体论》，知识产权出版社 2014 年版，第 7 页。
[5] Millar v. Taylor (1769) 4 Burr. 2303, 98 ER 201.
[6] Donaldson v. Becket (1774) 2 Brown's Parl. Cases (2d ed.) 129, 1 Eng. Rep. 837; 4 Burr. 2408, 98 Eng. Rep. 257; 17 Cobbett's Parl. Hist. 953 (1813).
[7] Baker v. Selden, 101 US 99 (1879).

艺术和科学作品的智力活动。"有学者认为对于独创性解释的宽严标准，会影响到著作权保护范围的大小，断定独创性的原则包括：独创性不同于"新颖性"、"程度"是断定"独创性"之关键所在、唯一的表达方式不是"独创性"。① 同时认为我国应借鉴美国"三段论侵权判定法"中对于独创性的判断，即抽象法、过滤法和对比法。还有学者认为，作者权体系和版权体系对独创性概念的规定有着根本性的区别，这个区别主要源于它们各自基于的社会环境不同，因而对创作的概念有不同的认识。②

《保护文学艺术作品伯尔尼公约》（以下简称《伯尔尼公约》）并未明确规定作品"独创性"的要求，而是隐含在"文学与艺术作品"这一概念中。因此，各成员国对于"独创性"标准的规定差别很大。以德国为代表，大陆法系国家对著作权客体的保护要求达到严格的"创作高度"。而以美国为代表的英美法系关于独创性标准主要有两种观点：一种观点是在 Bleistein 案中，法院首次规定"只要一件作品是由作者独立完成的，它就具有独创性"③，即独创性是指作品是由作者独立完成的，不要求作品的创作高度，强调的是作者对作品形式的独立表达；另一观点是在著名的 Feist 案中，提出独创性包括"独立"和"创作"两层含义，并否定了"额头流汗"和"辛勤收集原则"。④

（三）保护对象扩张与作品类型法定

作品类型方面，国内学者的讨论集中在作品类型法定和兜底条款设置的问题。关于作品类型法定，有"作品类型法定主义"与"作品类型开放主义"之争⑤。关于作品类型法定，一种观点认为著作权法服务于文化技术产业的发展，应当摒弃作品类型的限制，对所有满足作品要件的创作成果都纳入著作权保护。有学者认为，作品类型法定原则颠倒了作为第一性存在的作品

---

① 李伟文：《论著作权客体之独创性》，载《法学评论》2000 年第 1 期。
② 金渝林：《论作品的独创性》，载《法学研究》1995 年第 4 期。
③ Bleistein v. Donaldson Lithographing Company, 188 U. S. 239 (1903).
④ Feist Publications, Inc. v. Rural Tel. Serv. Co., 499 U. S. 345 (1991).
⑤ 参见王迁：《论作品类型法定——兼评"音乐喷泉案"》，载《法学评论》2019 年第 3 期；卢海君：《"作品类型法定原则"批判》，载《社会科学》2020 年第 9 期；李琛：《论作品类型化的法律意义》，载《知识产权》2018 年第 8 期。

与作为第二性存在的著作权法之间的关系，违背了创作规律，误读了公约及相关立法例对作品的定义及示例规范，属于典型的著作权法家长主义，著作权法应以更为明确的方式建立开放式的作品类型示例模式。① 此外作品借以表现的介质多种多样，可以是纸张、形体、烟火、灯光、水或者是任何其他能够表现作品的物质，但不论通过何种物质进行表现，只要是智力创作的成果，都应成为著作权保护的对象。另一种观点认为应当以审慎的态度适用兜底条款，作品类型的扩张应综合考虑多种因素。有学者认为，不宜轻易依赖兜底条款将著作权客体扩张至新作品类型，在考虑扩张时，须以著作权法的体系构建为视角，综合考虑经济、文化、环境等因素，以确保扩张结果符合著作权法在价值、目标、利益平衡等方面的要求。②

关于作品类型兜底条款的制度设计，主要有四种观点。一是认为著作权法修改前的"法律、行政法规规定的其他作品"更符合我国严格作品类型法定的原则。二是认为兜底条款缺乏必要性、可行性与合理性，导致著作权法适用的混乱和法律的不确定性，应当予以删除。③ 三是认为在著作权法中设置作品类型的兜底条款，有利于弥补法律的滞后性，应当设置更为开放的兜底条款，如直接规定为"其他文学、艺术和科学作品"或"符合作品特征的其他智力成果"。四是认为在删除兜底条款的基础上，还应将作品定义条款修改为"本法所称的作品，文学、科学和艺术领域内的一切成果，不论其表现形式或方式如何，包括但不限于以下列形式创作的文学、艺术和自然科学、社会科学、工程技术等作品"。④ 后三种观点都是在"缓和的作品类型法定"观点下所作出的立法选择。

对于《著作权法》第二章第二节中的汇编作品、演绎作品、合作作品、委托作品等，是否属于第3条意义上的"其他智力成果"，学术界也有不同声音。一些学者恰恰是主张体育赛事节目、晚会等对象可以作为汇编作品

---

① 卢海君：《"作品类型法定原则"批判》，载《社会科学》2020年第9期。

② 刘文琦：《论著作权客体的扩张——兼评音乐喷泉著作权侵权纠纷案》，载《电子知识产权》2017年第8期。

③ 参见刘银良：《著作权兜底条款的是非与选择》，载《法学》2019年第11期。

④ 参见卢海君：《"作品类型法定原则"批判》，载《社会科学》2020年第9期。

而获得保护,① 认为汇编作品是特殊的作品类型,能够发挥兜底作用。

域外关于作品类型的规定,各国著作权保护对象的框架多源于《伯尔尼公约》第2条第1款的规定,"'文学艺术作品'一词包括科学和文学艺术领域内的一切作品,不论其表现方式或形式如何……"。各国对于著作权保护对象采取了不同的立法模式,包括"封闭式列表"与"开放式列表"立法模式。英国是采取"封闭式列表"立法模式的典型代表,《1988年版权设计与专利法》仅授权对八种类型的作品给予保护,处于该范围之外的智力成果欲寻求版权保护就将面临阻碍。② 更多国家采用"开放式列表"的立法模式,如美国、荷兰、法国等。法国《知识产权法典》规定,当考察某项创作是否能够受著作权保护时,不应加入任何价值或审美判断,也无关于创作目的,无论是工业创作目的或是艺术创作目的都不应成为著作权保护的阻碍。③

关于应当扩张保护的对象,有学者认为烟花秀、灯光秀、喷泉秀、园艺设计与普通作品相比只有用以再现的介质不同,并不影响其可版权性。④ 还有学者认为,数据库当然应成为著作权保护的对象,但是不能基于"额头流汗"标准予以扩张。⑤

(四) 著作权保护对象的限制

关于公共领域保留中的著作权保护对象限制,现有文献大多是对著作权权利内容限制进行研究。公共领域作为著作权制度的基础与核心,是著作权体系完善所不可或缺的重要组成部分。有学者认为网络环境下著作权保护对象的扩张对公众使用作品权利的限制,将导致著作权人与公众之间出现利益

---

① 如丛立先教授主张体育赛事节目可以以汇编作品的身份受到保护,参见丛立先:《体育赛事直播节目的版权问题析论》,载《中国版权》2015年第4期;王迁教授主张春晚节目构成汇编作品,参见王迁:《论"春晚"在著作权法中的定性》,载《知识产权》2010年第4期。
② 刘文琦:《论著作权客体的扩张——兼评音乐喷泉著作权侵权纠纷案》,载《电子知识产权》2017年第8期。
③ 参见法国《知识产权法典》L.112-1条。
④ 卢海君:《"作品类型法定原则"批判》,载《社会科学》2020年第9期。
⑤ 曹陇华、朱晓力、陶涛:《著作权保护客体的扩张与界限》,载《科学·经济·社会》2008年第4期。

失衡现象，应通过合理使用和法定许可对著作权人进行限制。① 还有学者认为，著作权在全球范围内的非理性扩张与公有领域规范的缺位致使公有领域在司法实践中日趋呈现出式微态势，应当根据我国《著作权法》之立法目的与价值取向、立法体例、利益平衡、政策立场等要素，在法律规范中增设公共领域的立法条款。②

关于排除著作权保护对象的分析逻辑，有学者提出，一是应符合著作权保护的基本理念和原理；二是应当符合著作权法保护权利人与维护公共利益的双重价值目标与立法宗旨。③ 关于版权客体限制的原则，还有学者认为，在版权客体的限制上，应考虑合并原则与情景原则，以避免保护唯一性表达可能导致思想垄断的后果，而思想应当属于公共领域，供社会公众自由使用。④

就著作权保护应限制的对象，有学者认为，不受著作权法保护的作品包括三类：一是虽具备著作权对象的一般条件，但因未列入一国著作权法而不受法律保护；二是具有公务或公益性质的作品；三是属于常识性表达、符号简单排列或内容单纯列举、用来记录而不是表达知识的作品等不具备著作权可版权要件的作品。⑤ 还有学者认为，应当考虑到社会发展，对一些新出现的作品类型予以排除，单纯事实性消息属于法规中不必要的列举，同时指导案例、国家或公共管理机构依法组织的各类考试试题及部分对象的官方汇编不适用著作权法。⑥

著作权保护对象是著作权制度中的重要部分，但目前对保护对象的研究大多集中在著作权保护对象的内涵、思想表达二分法和独创性等一般原理、

---

① 崔艳峰：《论网络环境下著作权保护与公共利益平衡——以网络环境下著作权权利的扩张与限制为视角》，载《云南农业大学学报（社会科学版）》2010 年第 4 期。
② 李建华、梁九业：《我国〈著作权法〉中公有领域的立法构造》，载《河南大学学报（社会科学版）》2020 年第 2 期。
③ 冯晓青、徐相昆：《著作权法不适用对象研究——以著作权法第三次修改为视角》，载《武陵学刊》2018 年第 6 期。
④ 卢海君：《版权客体论的基本范畴》，载《电子知识产权》2008 年第 6 期。
⑤ 吴汉东、王毅：《著作权客体论》，载《中南政法学院学报》1990 年第 4 期。
⑥ 冯晓青、徐相昆：《著作权法不适用对象研究——以著作权法第三次修改为视角》，载《武陵学刊》2018 年第 6 期。

作品类型法定和不能被著作权保护的客体等零散的角度。理论界对于著作权保护对象的法哲学和法经济学分析都比较充分，但是鲜有从法政策学角度分析保护对象的研究。已有对著作权保护对象的系统分析，则是通过对版权一般原理的剖析以应然和实然角度分析版权客体要素对具体作品类型的影响。同时扩张与限制理论也多是对著作权权利内容的分析，缺少对著作权保护对象扩张与限制整体制度及发展趋势进行系统梳理和分析的研究，也没有系统梳理现存新领域新业态下著作权法保护对象扩张与限制的表现形式和类型化分析。而从国际和我国的立法、司法以及产业技术发展的实践来看，著作权保护对象的明确是我国著作权法律制度完善的现实需求。

四、研究内容

本书研究的著作权保护对象是作品，基于作品方可产生著作权。作品之上承载的法益则是权利客体，即著作权法律关系主体权利行使和义务履行所指向的目标。基于作品产生的权利相对繁多，且法律关系也比较复杂，因此审慎、明确著作权保护对象范畴是著作权法律制度完善的应有之意。

基于上述思路，本书第一章至第三章以著作权保护对象的基础理论为起点，从立法论和解释论两个层面展开，分析著作权保护对象在法律规范演变中的内在规律、立法模式和发展趋势，总结现行《著作权法》框架下保护对象的法律适用现状。第四章至第五章分别聚焦保护对象的扩张和限制，从表现形式展开进行类型化，在明确二者正当性与合理性的基础上，在第六章至第七章探讨我国应如何完善著作权保护对象扩张与限制的路径，并在第八章探讨数字经济和高质量发展需求下的扩张与限制应对。

第一章是著作权保护对象的基础理论。本章首先以保护对象的内涵、外延与演变过程为起点，认为保护对象的扩张与限制既有内在的关联性，又有各自不同的价值取向，二者是对立统一的，共同维系着著作权法律制度的内在平衡。其次以法哲学、法经济学和法政策学为视角，分析作品作为著作权保护对象的正当性。最后针对实践中关于作品构成要件之争议，进一步探究思想表达二分法与独创性标准在著作权保护对象中的适用。对著作权保护对象的概念、演变与界定标准之分析，是研究著作权保护对象之扩张与限制的前提和基础。

第二章是著作权保护对象的立法考察。本章从立法论的层面展开，探讨自17世纪后著作权保护对象从立法到法律实施发展演变的整体进展与趋势，以分析保护对象扩张与限制中的现实问题。采用立法学分析的研究方法，揭示著作权保护对象在立法规定方面的内在规律、立法模式和立法总体发展趋势。

第三章是著作权保护对象的司法考察。本章从法解释论的层面展开，采用法解释论分析的研究方法，总结我国现行《著作权法》框架下著作权保护对象的法律适用现状，结合域外保护对象相关的典型案例，评价开放式作品条款、可版权要件以及新表达作品认定的司法现状。本章最后就著作权保护对象立法及司法扩张与限制现存法律问题进行了梳理和分析，并探讨通过保护对象的扩张与限制应如何实现著作权法立法的预期目标和价值。

第四章是著作权保护对象的扩张研究。本章首先从保护对象扩张的具体表现形式展开，通过类型化对具体对象扩张为著作权保护对象的同一性进行考察，结合具体情形分析当前各行业基于新技术、新业态、新产品而出现的各类新表达对保护对象范畴扩张的不同需求。其次探讨对著作权保护对象"宽容"扩张的理解，以及扩张保护对象时的考虑因素和判断标准，并结合前章法律规范与适用中扩张存在的问题，揭示应然角度下著作权保护对象合理扩张的路径。

第五章是著作权保护对象的限制研究。本章以利益平衡、法政策学和激励理论为视角，结合知识产权法定主义考察著作权保护对象限制的正当性，并对司法实践中保护对象限制的具体表现形式进行梳理，将限制分为"非作品表达"、"非保护作品"、其他权利保护路径排除和有条件的限制四种情形，并结合前章著作权保护对象限制的具体需求与问题，探讨"严格"限制著作权保护对象应遵循的合理路径。

第六章是完善我国著作权保护对象扩张制度的对策。本章进一步加深对著作权保护对象本质的认识，认为扩张应遵循激励创新、包容审慎、技术中立和利益平衡的基本原则。从立法和司法两个层面规范和完善我国的著作权保护对象扩张制度。法律规范方面，保护对象的扩张以符合可版权要件作为作品认定的唯一标准，需要明确可版权要件的法律概念，以及作品类型条款的示例性与开放性。法律适用方面，对著作权保护对象的扩张应遵循"宽容"的态度，统一可版权性的认定标准，审慎适用兜底条款，强调扩张的合理性。

第七章是完善我国著作权保护对象限制制度的对策。本章从限制保护对象所应遵循的原则为起点，提出限制应考量符合立法目的、法律的价值取向和确定性等因素。从立法和司法对策层面完善我国的著作权保护对象限制制度。法律规范方面，以法定排除条款作为限制的主要依据；法律适用方面，应遵循"严谨"审慎的态度解释保护对象的限制，强调限制的合法性。

第八章是数字经济和高质量发展需求下，我国著作权法保护对象扩张与限制的具体应对。著作权保护对象的扩张虽然是技术发展的必然产物，但不加限制的扩张是对公有领域的不当取代。面对数字经济领域技术发展对保护对象制度的挑战，探讨其对当前著作权理论的挑战，指出数字版权相关政策法规滞后，保护对象扩张与限制的司法实践规则不统一，以及应当加强数字版权国际保护的问题。在遵循技术中立、利益平衡和关注产业发展的原则上，建立健全数字版权治理法律规范，统一法律适用并完善数字版权产业建设，以推动数字经济高质量全方位发展。

总之，著作权保护对象的扩张虽然是技术发展的必然产物，但不加限制的扩张是对公有领域的不当取代。面对新领域、新业态中数字技术下作品创作与表达方式的多样性，著作权保护对象扩张与限制在法律规范与法律适用中的问题都亟需回应。本书以著作权保护对象扩张与限制的整体为视角，反映出智力成果在著作权领域中独占与共享的博弈。著作权法秉承着保护权利人独占权利的同时，坚持维护社会公众利益基础之上更广泛的公共利益的价值目标。个人独占与公众共享的博弈无疑需要通过扩张与限制制度的完善予以实现。顺应国际著作权保护对象的扩张趋势，结合我国实际需求，对著作权保护对象的范畴进行明确，并在立法与司法层面为完善我国著作权保护对象扩张与限制合理路径提供参考，实现著作权保护立法的科学化和法律适用的准确化，形成具有中国特色与文化自信的著作权保护对象体系。

五、主要创新点和不足

本书的创新之处可以归纳为以下几个方面：

第一，选题视角的创新。本书选题上区别于传统著作权保护对象研究，不局限于扩张或限制某一方面或是单一对象的探讨，而是以著作权保护对象制度的扩张与限制的整体视角进行研究。保护对象扩张与限制理论范畴的构建，是建立著作权理论体系的基本前提和出发点。保护对象的界定也直接影响着私权利的边界和公共领域的范畴，涉及著作权制度的基础性理论。本书将扩张和限制作为著作权制度在同一问题下的两种视角进行系统研究，综合分析其问题与趋势，对著作权保护对象扩张与限制的评价要素和标准进行探讨，以回应实践中的矛盾分歧。

第二，研究方法的创新。著作权保护对象的扩张与限制，不只是一个理论上命题，也是实践性很强的问题。一方面，党和国家高度重视知识产权的发展，对知识产权保护不断提出新要求，保护对象扩张与限制的研究契合国家发展的方向。本书从法政策学的角度分析，可以解释扩张与限制背后的政策立场，评价司法过程中的政策效果，突出法律变革的政策选择。知识产权对象的范围也是一国知识产权保护水平的直接体现。我国知识产权强国建设纲要中，不仅提出与国际接轨的需求，同时指出要"适时扩大保护客体范围，提高保护标准"，在著作权中的体现就是要扩张保护对象，这也是政策导向的要求。另一方面，本书从立法论和解释论两个层面，通过历史研究，对我国和域外著作权保护对象发展演变的整体进展进行分析，总结发展的总体趋势与原因；并通过实证分析，对我国近年相关案例及域外典型案例进行研究，总结出扩张与限制在实践中的现存问题，希望以问题为导向，作为细化探讨扩张与限制制度完善的基础。

第三，问题聚焦上的创新。本书在问题的发现和梳理上有所创新，通过分析我国与域外的法律规范的沿革，结合实证分析，对保护对象扩张、限制共同的以及各自的问题、产生原因、具体体现进行了系统梳理。一方面，扩张与限制的共性问题,包括作品构成要件有待细化、作品类型法定原则的理解有待明确;保护对象扩张的问题,包括扩张认定为作品的依据需要明确、实践中过度扩大解释法定作品类型、兜底条款的适用依据不充分等;限制的现存问题,主要是保护对象排除条款的内涵与外延不明确、法律依据不完善、公共领域边界有待确定,以及司法中新型表达排除保护的认定不统一等问题。

第四,理论上的创新。"对象"意味着权利、义务、责任,本书研究著作权对象的核心基础理论就是权利问题。知识产权保护的是人类的智慧成果,将著作权保护对象这一制度置于权利的理论框架下,著作权保护对象的扩张,就是权利的独占,是授予权利;而保护对象的限制,就是使知识进入公有领域,是一种共享。所以保护对象的扩张与限制,实质上可以理解为是独占与共享的博弈,是私权、公权的界定,也是私人领域和公共领域的边界问题。

第五,观点上的创新。首先,扩张的认定一般以法理为依据,以法政策学和激励理论为指引,以法律适用的经验与指导为主要途径,往往缺少立法的直接规定;而保护对象的限制是对作者潜在权利的否定,往往需要法律的直接规定作为依据,限制某一对象应当以不阻碍作品的创作、传播利用、不侵害公共利益为边界。故无论是国际公约还是各国著作权立法和司法,在对待著作权保护对象扩张时,基本上持开放、包容的态度,以激励创新;而在对待著作权保护对象限制时,基本上持严谨、审慎的态度,以平衡权益。其次,著作权保护对象的扩张与限制决定着著作权的宽度,在平衡扩张与限制时,应遵循激励创新、包容审慎、技术中立和利益平衡四项原则,符合著作权法激励创新的立法目的,在秩序与自由相统一中坚持自由价值优先,在效率与效益相统一中坚持效益价值优先,并保证法律的确定性。最后,为完善著作权保护对象扩张与限制制度,从立法和司法两方面提出对策建议。

本书认为,"扩张"与"限制"既有内在的关联性,又有各自不同的价值取向,二者对立统一。在著作权保护对象的历史演变过程中,"扩张有理(法理、情理)"是著作权保护对象发展的主旋律,而"限制有据(法律依据)"则作为著作权保护对象发展的例外,二者相辅相成,共同实现著作权制度的二元价值目标。

本书的主要不足之处在于：影响一国著作权保护对象的扩张与限制的要素具有多样性和复杂性，也带有一定的历史局限性，故本书有关著作权保护对象扩张与限制的研究可能并未穷尽所有情形，尤其是受技术发展影响，影响因素不断发展，未来涉及著作权保护对象的扩张与限制仍将是一个值得关注的问题。

第一章 著作权保护对象的基础理论

人类创作文学艺术和科学作品具有悠久的历史。原始人类的舞蹈、吟唱就是早期的舞蹈、音乐作品雏形；而洞穴内、器皿上刻画的各种图画和符号，则是早期的美术作品雏形。造纸术和印刷术的发明推广是著作权制度产生的基础，但作品传播技术并未停留在这一阶段。随着人类的技术创新，摄影、录音、无线电广播、计算机和网络技术等一系列新的作品创作与传播技术产生，出现了新的作品种类和作品利用方式。对著作权保护对象概念的辨析、外延的演变与界定标准之分析，是研究著作权保护对象作品之扩张与限制的前提和基础。

一、著作权保护对象的辨析

对著作权保护对象的辨析，包括保护对象的内涵与外延，以及二者的内在关联两部分。厘清内涵就是在分析保护对象本质的基础上，明确作为著作权对象的作品的构成要件。外延则是通过划分事物的种类或列举事物的普遍存在方式来反映事物的适用范畴，在各国著作权保护对象的历史演变中有具体体现。

（一）著作权保护对象的内涵

著作权的保护对象是作品，也是著作权指向的标的，因此作品的概念是著作权理论中基本的逻辑起点。较之技术类和标识类智慧成果，作品尽管受法律保护的门槛要求相对较低，且采用无须登记注册的自动保护原则，但基于作品产生的权利相对较为繁多，且法律关系也比较复杂，因此审慎、明确著作权保护对象的内涵是著作权法律制度的应有之意。

1. 著作权保护对象与客体的区分

知识产权学界存在"保护对象"与"客体"的用语之争。"同一说"混用权利客体与对象的概念，认为权利客体即权利所指向的对象，是权利主体可支配对象利益（或权利内容）的本体、对象、载体或标的物，① 因此可以在同等概念上认识知识产权的客体与对象。这种混用的情形在学界与实务界也很常见，例如最高人民法院在"晨光笔"一案中，就有"在知识产权领域内，一种客体可能同时属于多种知识产权的保护对象"的说法。② "区别说"又称"双重构造论说"，以拉伦茨为代表，其认为权利客体这一用语有三重含义：一是作为支配权标的狭义的权利客体；二是权利主体可以通过法律行为予以处分的标的；三是可以作为一个整体被处分的某种财产权利。③ 另一种"区别说"则认为知识产权的客体和对象本身就属于不同的范畴，知识产权的对象是导致知识产权法律关系发生的事实因素，是"知识"的载体；④ 而知识产权的客体则是抽象范畴上，法律保护的是基于对保护对象的控制、利用和支配而形成的利益。⑤

本书认为，当我们理解和适用著作权保护对象时，应该区分客体和对象的不同意义。区分客体与对象的意义，根本上是要从民法的角度理解。民法学中对于权利客体与对象之间的各种争议，主要是伴随着针对"区别说"的理解而产生的，当出现新的法律关系时，就必然要创设一种新的权利对象，由此便有了物、行为、智慧产品、人格利益等。"同一说"将哲学上的客体概念移植到法学领域，忽略了法学与哲学研究对象的本质区别，有悖于逻辑的

---

① 参见王利明、杨立新等：《民法学》，法律出版社 2011 年版，第 34 页；郑成思：《知识产权法》，法律出版社 1997 年版，第 13~14 页；王坤：《知识产权对象、客体的区分及其在民法学上的意义》，载《法治研究》2020 年第 1 期。
② 参见最高人民法院（2010）民提字第 16 号民事裁定书。
③ 王泽鉴：《民法总则》，中国政法大学出版社 2001 年版，第 205 页。
④ 刘春田：《知识财产权解析》，载《中国社会科学》2003 年第 4 期。
⑤ 刘春田主编：《知识产权法》，高等教育出版社 2007 年版，第 5 页；刘德良：《民法学上权利客体与权利对象的区分及其意义》，载《暨南学报（哲学社会科学版）》2014 年第 9 期。

同一律。① 著作权的保护对象是作品，客体则是对作品的控制、利用和支配行为产生的利益关系，是法律保护的法益。某个对象是否属于著作权的保护对象，一定程度上反映了立法者的价值判断和政策取向，围绕这一对象，著作权的权利义务主体就能形成各种法律关系。作者的思想表达在文学、艺术和科学创作领域就具象为作品。在界定著作权保护的对象时，应着眼于作品的表现形态和作品的法定要件，只有一并把握作品的定义和该智慧成果的内涵，才能确定著作权的保护对象。②

结合上述分析，本书认为客体和对象的内涵及意义是有差异的，知识产权的客体是指"行为"，而知识产权的对象为"作品、技术方案、商标等"知识本身，作为对象的知识是引发相关法律行为的事实因素，是知识产权法律关系发生的前提和基础。③ 著作权的对象则是作品，基于作品方可产生著作权，而作品之上承载的法益则是权利客体，即著作权法律关系主体权利行使和义务履行所指向的目标。

2. 著作权保护对象的本质

关于知识产权的定义，无论是"列举主义"还是"概括主义"，都未能形成一致的意见，知识产权杂糅了作品、发明、商标等对象。因此著作权保护对象本质的认识和知识产权的本质一同经历了一个发展过程。

20世纪80年代初期，学界普遍将知识产权称为"智力成果权"，将其保护对象界定为"智力成果"。"智力成果"的说法未能突出其作品的商品属性和财产价值④，1986年《中华人民共和国民法通则》颁布后，正式以"知识产权"代替了"智力成果权"的说法。20世纪90年代后，学界对知识产权的本质进行了新的理论研究，出现了"知识说""信息说""符号说""符号组合说"和"知识产品说"等几种新学说。"知识说"认为知识产权对象的本质是以"形式"为存在方式的知识，知识是人们认识客观世界的结果，体

---

① 刘德良：《民法学上权利客体与权利对象的区分及其意义》，载《暨南学报（哲学社会科学版）》2014年第9期。
② 吴汉东、王毅：《著作权客体论》，载《中南政法学院学报》1990年第4期。
③ 刘春田：《知识财产权解析》，载《中国社会科学》2003年第4期。
④ 参见吴汉东：《知识产权法》，法律出版社2021年版，第33页。

现了主体个性化的创造性。① 这种界定值得商榷，"形式"不是可以独立于物质、能量和信息而存在的客观事物，知识产权也并未包含全部的知识，将知识产权的对象界定为知识并没有对其范围进行适当限制。② "信息说"认为知识产权的对象是具有商业价值的非物质信息，不是人类创作的内容将被排除于知识产权保护范畴之外。③ 然而信息的概念非常广泛，整个世界除了物质世界就是信息世界。不能纳入知识产权的"信息"包括但不限于处于公有领域的技术信息、事务性信息、金融类信息等。"符号说"认为知识产权制度的设计是围绕着符号进行的，创造性的成果可以理解为符号组合，通过能指（signifier）、所指（signified）和对象（referent）组成的三元结构或能指与所指构成的二元结构反映人类对世界的认识。④ 但是符号是人类社会长久以来经验总结的产物，应当处于公共领域，而不应当置于私权之下。"符号组合说"只能解释著作权法和商标法的客体，不能恰当地解读专利法的客体。尽管专利法保护的技术方案能够通过"符号组合"表现出来，这种由"符号组合"所组成的表达形式却不是专利法保护的对象。⑤ "知识产品说"认为，知识产权对象的本质为知识产品，是人们在科学、艺术与文化等领域所创造的具有发明创造、文学艺术创作等各种表现形式的产品，是与物质产品相区别而独立存在的范畴。⑥

本书认为，"知识产品"的界定从较为狭窄的角度强调了知识产权是通过劳动创造的具有商品属性和财产属性的非物质产品，更适合当下知识产权对象的特点。具体到著作权保护的作品，本质上也是一种知识产品。著作权保护对象的扩张与限制，也可以理解为知识产品在著作权领域的独占与共享。

3. 保护对象的可版权要件

关于作品构成要件的界定亦有不同的观点。"四要件说"认为作品应当满

---

① 刘春田：《跨越世纪的伟大觉醒——发现创造和知识产权》，载《知识产权》2019 年第 8 期。
② 张勤：《知识产权客体之哲学基础》，载《知识产权》2010 年第 2 期。
③ 张玉敏、易健雄：《主观与客观之间——知识产权"信息说"的重新审视》，载《现代法学》2009 年第 1 期。
④ 彭学龙：《商标法基本范畴的符号学分析》，载《法学研究》2007 年第 1 期。
⑤ 卢海君：《版权客体论》，知识产权出版社 2014 年版，第 4 页。
⑥ 参见吴汉东：《知识产权总论》，中国人民大学出版社 2013 年版，第 43~51 页。

足具有一定的思想或情感内容、独创性、可复制性和合法性四项要件,另有"四要件说"认为作品必须反映一定的思想感情,且具有独创性、固定性和可复制性,且以符号、结构和题材三要素作为表现形式①;"三要件说"指出受著作权保护的作品应当满足独创性、客观性和合法性这三项要件②;"二要件说"认为作品只需要满足"独创性和固定性"两个要件就能受到著作权保护。③ 当然也有观点认为著作权的保护对象应当处于动态,包括人类创造的一切智力成果,法律只规定负面清单排除不能被保护的"作品",④ 而法律规定的构成要件呈减少趋势正是这一结论的佐证⑤。在法定要素之外,著作权保护的作品部分,取决于一部作品中的"受保护要素"和"不受保护要素",而不是字面上的表达。"受保护要素"主要包括作品的结构、情节、典型人物;"不受保护要素"则有主题、题材、体裁、概念、原理和客观事实等。⑥ 随着作品形式的多样化和数字化,作品的构成要件要求有所减少。"具有一定的思想或情感内容"逐渐演变为"具有一定的信息内容",或是简单地表述为"智力成果";"复制性"和"合法性"要求逐渐淡出。因此,目前对是否构成著作权保护的作品之判断,本书认为主要取决于"独创性""客观性"和"表达"三要件。

第一,著作权保护的对象是表达,思想与表达的区分是作品概念的基础。常见的作品属概念,有智力成果(也称智力创造物)、表达和形式三种。我国著作权法中将"intellectual creation"⑦ 翻译为智力成果,有观点认为汉语中的智力成果也可能指思想,此种翻译并不恰当。⑧ "智力成果"强调作品是智力

---

① 吴汉东、王毅:《著作权客体论》,载《中南政法学院学报》1990 年第 4 期。
② 参见来小鹏:《知识产权法学》,中国政法大学出版社 2019 年版,第 62~64 页。
③ 参见徐兴祥、顾金焰:《论著作权客体的演变》,载《西南交通大学学报(社会科学版)》2014 年第 4 期。
④ 乔新生:《著作权法保护的对象》,载《青年记者》2020 年第 18 期。
⑤ 参见徐兴祥、顾金焰:《论著作权客体的演变》,载《西南交通大学学报(社会科学版)》2014 年第 4 期。
⑥ See Paul Goldstein, *Goldstein on Copyright* (3rd edition), Walters Kluwer, 2020, p.52.
⑦ 世界知识产权组织认为符合著作权保护的作品通常是指"所有以可复制形式表达的独创性的智力创造物(intellectual creation)",参见世界知识产权组织编:《著作权与邻接权法律术语汇编》,刘波林译,北京大学出版社 2007 年版,第 262 页。
⑧ 金渝林:《论版权理论中的作品概念》,载《中国人民大学学报》1994 年第 3 期。

活动的外在结果,而非体力劳动的结果,但此种说法并未解释作品本身的特质。文学、艺术和科学领域的限定只能在智力成果内部解决种差问题。① "表达"比"智力成果"涵义更明晰,其是与思想相对的概念,强调作品的本质是表达,从而否定对思想的保护。表达反映了著作权预设中的个人主义作品观,暗扣思想表达二分法。关于著作权是否保护思想,一种观点认为著作权只保护作品中概念或观念的表达,即保护表现形式而不保护其本身。② 另有观点认为著作权既保护作品的表现形式也保护作品的内容,如著作权仅限于保护这种作品的自然形式,那么任意改编他人作品的行为也将无法禁止。③ 有学者指出思想的提供者也应得到一定的保护,获得合理报酬,因此著作权法保护的是主观表达而非客观呈现。④ 第三种观点认为应区分作品的内容与表现形式所表达的思想,此时将作品分为三个层次:思想的内容、思想的表达,以及表达的形式。⑤ 表现形式是对思想内容的反映,单纯的表现形式没有保护的意义。因此作品保护的是思想的表达,既不保护表达的内容,也不保护表达的形式。

第二,作品须具有一定程度的独创性。《伯尔尼公约》虽然并未明确提出作品"独创性"的要求,但作者权体系和版权体系对独创性标准之规定有着根本性的区别,这主要源于各国基于社会环境的区别而对创作概念的不同认识。以德国为代表的作者权体系国家要求著作权的保护对象达到严格的"创作高度"。以美国为代表的版权体系国家关于独创性标准之要求则普遍较低,一是通过 Bleistein 案提出的"只要一件作品是由作者独立完成的,它就具有独创性",这种观点认为由作者独立完成而不是抄袭他人的作品就具有独创性,不要求创作高度,而强调作者对作品的独立表达;⑥ 二是在著名的 Feist

---

① 参见李琛:《著作权基本理论批判》,知识产权出版社 2013 年版,第 113 页。
② 吴汉东、王毅:《著作权客体论》,载《中南政法学院学报》1990 年第 4 期。
③ 参见胡来强:《论作品思想内容与著作权保护之关系》,载《湖南文理学院学报(社会科学版)》2008 年第 1 期。
④ 卢海君:《著作权保护对象新解》,载《黑龙江省政法管理干部学院学报》2007 年第 4 期。
⑤ 参见胡来强:《论作品思想内容与著作权保护之关系》,载《湖南文理学院学报(社会科学版)》2008 年第 1 期。
⑥ Bleistein v. Donaldson Lithographing Company, 188 U. S. 239 (1903).

案中确立的独创性包括"独立"和"创作"两层含义,并否定了"额头流汗"和"辛勤收集原则"。① 独创性解释的宽严标准,会直接影响到著作权保护对象的范畴。无论各国要求何种程度的独创性,独创性都是作品成为著作权保护对象的必要条件。

第三,作品须具有"客观性"。作品的客观性是指作品作为著作权保护的对象,必须能够以一定的客观形式表现或固定,使第三人能利用或直接、间接地感知。② 作品能否被感知,传统要求是作品是否通过印刷、复印、拓印、录音、录像等有形形式将作品制作一份或多份,当前考虑到数字环境中的其他表现形式,本书认为应当以"客观性"而非"可复制性""固定性"作为可版权要件,要求作品的可再现与可识别。

明确著作权保护对象的内涵具有重要意义。作品范围的确定是实现著作权法立法目的的基础,在保护作者独创性表达的同时,鼓励公众自由利用表达所蕴含的思想进行新创作,首要问题就是确定受保护的对象是什么。其次,有助于界定作者权利行使的范围。著作权是知识产权体系中内容最全面、时间最长久的权利,更需要审慎、严谨地确定权利对象。最后,有利于确定判明第三人侵权与合法使用的界限,科学合理的著作权法保护对象范畴是处理著作权纠纷的基本标准。

(二) 著作权保护对象的历史演变

人类社会相当长的时间中,都没有提供对智慧成果的保护,如《论语》《孟子》《红楼梦》等,从一开始就相当于处于公有领域的范畴,人人得以自由利用。近代资本主义市场经济的发展,某些智慧成果能够作为商品交易后,才开始强调对于人的智力活动成果提供保护的必要性。著作权保护对象在不同时期的范畴有很大差别。早期的保护对象拘泥于书籍、地图等出版物,因此著作权也被称为"印刷出版之子"。③ 在工业革命、启蒙思想的影响下,各国著作权保护对象中才陆续增加了音乐、戏剧、摄影等作品,扩大了"印刷

---

① Feist Publications, Inc. v. Rural Tel. Serv. Co., 499 U. S. 345 (1991).
② 参见来小鹏:《知识产权法学》,中国政法大学出版社2019年版,第64页。
③ 段瑞林:《知识产权法概论》,光明日报出版社1988年版,第28页。

作品"的范畴。进入 20 世纪后半段，各类电子作品不断纳入著作权保护范围。21 世纪以来，知识经济的飞跃式发展，使人类社会的知识生活与文化生活发生空前变化，知识产权在整个财产权中的地位也从附属转向主导，著作权制度继续演变融合，逐渐走向"网络版权"时代。

世界版权制度的历史沿革和发展演变，具体可以分为三个阶段：特许出版时期（古代～17 世纪）；作者权利时期（17～20 世纪）；世界权利时期（20 世纪至今）。① 通过这三个不同发展阶段，我们可以更加清晰地了解著作权保护对象在不同阶段其范围扩张与限制的不同背景和缘由。

1. 特许出版时期

人类很早就有保护作品的理念，据学者考证，作品所有权的概念在印刷术发明前几百年就通过不同方式得到认可，在一定程度上已经有某种"文学产权"的思想。② 这是作品作为法律保护对象的萌芽。15 世纪初，古登堡印刷术使用金属活字的方式降低了图书复制的成本，使印刷技术得以快速发展，大规模图书翻印成为可能。③ 随着印刷术和造纸术的传播，围绕作品形成了出版印刷产业。但印刷成本的降低使盗版者跟风大出版商印刷畅销书籍变得极其容易，大出版商出于维护自身利益的需要，要求获得相关权利，而封建政府或君主出于对书籍审查、言论控制和获得税收的目的与出版商合作，因此采取赋予出版商以出版特定书籍的垄断权这一手段，版权保护进入特许出版时期。④ 这一时期始于 1582 年亨利八世禁止外国人开设新的书店或印刷厂的谕令，终于 17 世纪英国内战。⑤ 在此期间，英国国王、法国国王、罗马教皇等都曾授予出版商专有印刷出版、同时禁止他人翻印的特许令。⑥ 16 世纪，英国还通过成立由出版商组成的印刷公会，实行书刊出版的特许证制度，授

---

① 参见李明山主编：《中国近代版权史》，河南大学出版社 2003 年版，第 2 页。
② 吴汉东等：《知识产权基本问题研究（分论）》，中国人民大学出版社 2009 年版，第 4、34、36 页。
③ 参见丁丽：《版权制度的诞生：从古登堡印刷术到安娜女王法》，载《编辑之友》2016 年第 7 期。
④ 参见王迁：《著作权法》，中国人民大学出版社 2015 年版，第 4 页。
⑤ 丁丽：《版权制度的诞生：从古登堡印刷术到安娜女王法》，载《编辑之友》2016 年第 7 期。
⑥ 参见郑成思：《版权法》，中国人民大学出版社 1997 年版，第 9 页。

权其搜查销毁盗版书籍，进一步巩固了大出版商对书籍的垄断权。1641年后英国内战，公共事件的新闻需求导致产生了大量未经授权的印刷物，而 Michael Sparke 作为反对特许出版的领导者发表的《透进黑屋的一缕光》① 引发人们热议，出版审查被要求废除。尽管英国17世纪下半叶仍旧颁布了管理出版印刷的法令，但盗版书日渐猖獗，直至1688年资产阶级革命之后，规定特许出版权的《许可法案》终于在1694年失效②，特许出版制度退出历史舞台。

特许出版制度在我国古代也有体现。我国造纸术和印刷术的发明对人类文明意义重大，而版权作为一种观念，在宋代就已经产生。③ 唐宋以后至清末《大清著作权律》颁布之前，是我国的版权制度萌芽期，也是版权保护的封建特许时期。④

综上，特许出版权作为一种封建政府授予出版商的垄断权，公权力不仅限制作者的私权，也限制了公众自由利用知识。其保护的主体是势力更大的出版商而非作者，作者并未因此获得特殊的权利地位。同时，在保护对象上，整个特许出版时期保护的对象仅限于图书印刷品。

2. 作者权利时期

关于国际视野下作者权利时期的著作权保护对象演变。工业革命后，欧洲的机器生产引入了印刷业，印刷技术的发展推动了现代版权保护制度的建立，逐渐产生了保护作者及其权利的意识和需求。18世纪版权保护进入作者权利时期。出版商丧失特许出版权后，转而争取使作者获得版权保护，继而通过权利许可或转让从中受益。英国是最早完成这种转变的国家。英国议会于1709年通过了《安娜女王法》，这是世界上第一部以保护作者为核心的版权法，其全称为《为鼓励创作而授予作者及购买者就其已经印刷成册的图书

---

① ［法］费夫贺、马尔坦：《印刷书的诞生》，李鸿志译，广西师范大学出版社2006年版，第43页。
② Lyman Ray Patterson, *Copyright in Historical Perspective*, Nashville: Vanderbilt University Press, 1968, p. 134.
③ 南宋的《东都事略》中，载有"眉山程舍人宅刊行，已申上司，不许覆板"，"覆板"即"翻版"；宋朝国子监也发布过盗印者"追板劈毁、断罪施刑"的公告，就是将用于盗印的母板劈烂作为处罚。参见李明山主编：《中国近代版权史》，河南大学出版社2003年版，第1页。
④ 参见李明山主编：《中国近代版权史》，河南大学出版社2003年版，第1~3页。

在一定时期之内享有权利的法》①。该法开门见山地指出大出版商极大地减损了作者的经济利益,为杜绝出版商、书商的垄断行为,同时也为了激励作品的创作行为,授予作者或权利受让人自发行之日起14年专有的印刷、重印之权。② 由此,《安娜女王法》确立了现代版权制度雏形,但其保护对象仍限于"印刷图书"。

18世纪后期,欧洲大陆也开始建立著作权制度。受启蒙运动和法国大革命的影响,法国从特许权到作者权的转变与英国不同。法国秉持"人人生而平等"的观念,不仅将作品理解为普通财产,而且将其作为作者人格的延伸和精神的反映,并于1793年通过了《作者权法》。随后,很多欧洲国家构建的著作权制度都沿用了"作者权"的说法,以康德为代表的古典哲学家还提出了作者精神权利的观点,认为作品中蕴含着作者的精神、情感和人格。③

在此之后,随着摄影、制图、计算机等技术的出现和发展,地图、摄影作品、电影作品和计算机软件陆续被纳为著作权保护的对象。例如,英国通过颁布多部综合性版权法和单行法,将保护对象扩张至雕刻、雕塑、戏剧、演讲、文学和音乐作品。1988年《版权、外观设计和专利法案》(以下简称CDPA)中保护范围更加广泛,包括文学作品、戏剧作品、音乐作品、艺术作品、图画作品、照片、雕塑、录音、影片、广播节目作品、电视节目。④

美国的版权制度来源于《安娜女王法》,在各州都有自己版权法的前提下,美国1787宪法中制定了"版权与专利条款"。⑤ 一方面是为表明对创新的重视和对创新成果的保护,更重要的是,鉴于美国联邦制的立宪原则⑥,在宪

---

① 该法全称为:An Act for the Encouragement of Learning, by vesting the Copies of Printed Books in the Authors or Purchasers of such Copies, during the Times therein mentioned。
② 张乃和:《论近代英国版权制度的形成》,载《世界历史》2004年第4期。
③ 参见李明德:《两大法系背景下的作品保护制度》,载《知识产权》2020年第7期。
④ See UK Copyright, Designs and Patents Act 1988, Article 3~6.
⑤ 参见美国1787宪法第1条第8款第8项。
⑥ 美国联邦制中的立宪原则,是指各州的代表必须将联邦政府可以做的事情规定下来,凡是宪法中没有明确规定的,都属于各州的权限范围,联邦政府不得染指。参见李明德:《美国知识产权法》,法律出版社2014年版,第1~2页。

法中规定"版权与专利条款",明确了联邦政府在知识产权方面立法的依据,从而有权建立全国性的版权法,防止区域性立法对贸易的阻碍。1790年美国国会制定第一部版权法,保护对象为地图、图表和书籍。随后100年美国版权法发展的作品种类不断扩张,陆续将印刷物和雕刻、音乐作品、作品的公开表演(包括戏剧作品的公开表演)、照片、绘画、素描和雕像纳入保护范围。[1] 1909年,美国版权法进行了一次大规模修订,尤其是将"所有由作者创作的作品"都作为版权法保护的对象。[2] 现行1976年美国《版权法》中,作品范围采用概括性方式界定为:"能够固定的独创性作品",除一般规定中的八种作品类型外,还有汇编作品、演绎作品、人物形象、政府作品等特殊规定,并通过"思想表达二分原则"规定了不受版权法保护的对象。[3]

国际性的著作权保护协调机制,是通过国家间双边条约中建立国民待遇原则、自动保护原则等开始的。在此基础上,以英国、法国、瑞士、意大利、德国等为代表的十个国家于1886年9月在瑞士伯尔尼缔结了《伯尔尼公约》。1886年公约第4条列举出"文学艺术作品"的诸多类型。[4] 此外,公约还规定了文学艺术作品的翻译、改编,乐曲的改写及其他方式改编的作品,以及文学或艺术作品的汇编,都应受到保护。之后公约历经了几次重要修订,扩大了保护对象的范围:1908年柏林文本首次将建筑作品作为一种独立的作品类型;1948年布鲁塞尔文本将电影作品与文学、美术、音乐作品等并列,成为正式作品类型;1971年巴黎文本纳入了民间文学艺术作品。[5]《伯尔尼公约》不仅为成员国著作权保护对象的立法指明方向,同时也预留了合理空间,对全球范围内的著作权保护对象之统一作出了突出贡献。

国内视野下作者权利时期的著作权保护对象演变。尽管我国的版权观念

---

[1] 参见李明德:《美国知识产权法》,法律出版社2014年版,第299~230页。
[2] 李明德:《美国知识产权法》,法律出版社2014年版,第228页。
[3] 美国《版权法》第102条第2款:"任何情况下,对作者独创性作品的版权保护,都不延及于思想观念、程序、方法、系统、运算方式、概念、原理或发现,无论作品以何种形式对其加以描述、解释、说明或体现。"
[4] 参见《保护文学艺术作品伯尔尼公约》(1886年瑞士文本)第4条。
[5] 参见《保护文学艺术作品伯尔尼公约》(1886年柏林文本)第2条;《保护文学艺术作品伯尔尼公约》(1971年巴黎文本)第2条。

在宋代已经产生,但是我国长期封闭的社会环境,以及滞后的经济和科技发展,导致我国第一部版权法比《安娜女王法》晚了200余年。随着西学东渐及中国资产阶级革新的要求,1910年颁布的《大清著作权律》是我国版权保护的第一个重大转折点,著作权保护的主体首次由出版者转变为作者,保护对象也从图书扩张到包括文艺作品、图画、帖本、照片、雕刻和模型等。尽管这部法律内容少且寿命短,并未付诸实践,但是其意义在于昭示我国的版权保护由封建特许进入作者权利时期。

北洋政府1915年颁布的《著作权法》中,著作权保护的对象包含有文书讲义、乐谱剧本、图画帖本、照片、雕刻、模型、关于文学艺术或美术之著作物以及表演作品。① 民国政府1928年颁布的《著作权法》,又进一步扩大了保护对象的范围,该法在第1条第1款用"书籍、论著及说部"取代了旧法的"文书讲义",第2款至第5款与旧法基本一致,只是用"戏曲"取代了"剧本",用"字帖"取代了"帖本",用"学艺"取代了"文学艺术",并强调乐谱、剧本的著作权人享有公开表演权,这一补充扩大了民国时期著作权保护对象的范围②。但是这两部著作权法颁布时我国正处于内忧外患时期,也使著作权保护实际上难以实施。

新中国成立后,1950年出版总署下属的新华书店刊发的《书稿报酬暂行办法(草案)》,是新中国第一个体现著作权保护精神的文件。其中第1条明确保护"私人编著或翻译的书稿",包括诗词、国画、地图、木刻、曲谱、照片等,同时书中也排除了教科书、教辅、字典、辞书、党政文献、政府法令汇编及编选他人著作而成的书稿等对象。③ 文化部于1957年公布的《保障出版物著作权暂行规定(草案)》中,著作权保护对象仅限于文字著作及口述著作、文字翻译、乐谱、艺术图画、科学图纸及地图的出版物,关注的主要是使用出版作品的报酬问题。1977年稿酬制度恢复后,文化部于1984年颁布

---

① 参见徐兴祥、顾金焰:《论著作权客体的演变》,载《西南交通大学学报(社会科学版)》2014年第4期。
② 李明山主编:《中国近代版权史》,河南大学出版社2003年版,第175页。
③ 李明山、常青等:《中国当代版权史》,知识产权出版社2007年版,第6页。

《图书、期刊版权保护试行条例》，对受保护作品进行列举，包括著作、译作；剧本、乐谱、舞谱；绘画、书法、照片；地图、设计图、示意图、科学图标等。①

可见，在1990年9月7日《中华人民共和国著作权法》颁布前，我国的著作权相关规定基本是在稿酬制度中迂回，著作权保护对象也局限在出版物，这是我国较为落后的经济社会发展和滞后的文化产业现状所共同导致的。

3. 世界权利时期

进入20世纪，近代工业革命极大推进了世界文化、经济、科技的发展，各国经济、文化交流也不断增强，国际著作权保护的需求增加。在各国著作权法依靠互惠原则和双边协定无法解决问题的背景下，能够统一国际著作权保护秩序和标准的国际公约应运而生，著作权保护进入世界权利时期。

（1）国际视野下世界权利时期的著作权保护对象演变

1952年通过的《世界版权公约》是在1886年《伯尔尼公约》之后又一个关注版权保护的国际性公约，但其整体保护水平低于《伯尔尼公约》②，保护对象仅包括文字、音乐、戏剧和电影、图形以及绘画、雕刻和雕塑作品。③随后，为应对录音与广播技术的广泛运用所带来的挑战，1961年发起的《保护表演者、音像制品制作者和广播组织罗马公约》（以下简称《罗马公约》）首次在广义著作权中增加了表演、录音制品等邻接权保护对象。

之后世界知识产权组织始终致力于建立更加统一、保护水平更高的国际条约。随着世界贸易组织的成立，1994年签订的《与贸易有关的知识产权协议》（以下简称TRIPs协议）使知识产权保护成为国际贸易中的重要组成部分。TRIPs协议在著作权保护对象方面，首先纳入《伯尔尼公约》中所要求的最低程度，要求全体成员遵守，其次还有两点主要补充：一是明确著作权的保护仅延伸至表达，而不延伸至构思、程序、操作方法或者数学概念本身；

---

① 李明山、常青等：《中国当代版权史》，知识产权出版社2007年版，第123页。
② 来小鹏：《知识产权法学》，中国政法大学出版社2019年版，第457页。
③ 参见《世界版权公约》第1条。

二是要求将计算机程序和富有独创性的数据汇编纳为著作权保护的对象。① 协议第9.1条规定作者的精神权利可以由国内法规定，而未明确排除不予保护的作品。1996年缔结的《世界知识产权组织版权条约》（WCT）和《世界知识产权组织表演和录音制品条约》（WPPT）对著作权保护对象进一步扩张作出贡献，一是将技术措施和权利管理信息列入保护对象的范围，被视为是特定数字作品保护客体外延的扩张②；二是将计算机软件和数据库纳入保护范围，将受保护对象延伸至非独创性的事实材料。

此外，欧共体为迎接作品传播技术的挑战，于2001年发布《信息社会版权指令》，③ 希望通过在成员国中确立统一的保护对象范围，与国际接轨，从而为成员国在网络环境中的版权保护提供依据。

(2) 国内视野下世界权利时期的著作权保护对象演变

1990年至1992年，我国《著作权法》颁布实施，同时我国陆续加入《世界版权公约》和《伯尔尼公约》，我国的著作权保护进入完善发展期，即世界权利时期，开始谋求在世界范围内与诸多国家共同建立全方位的著作权国际保护秩序，这一点也突出体现在著作权保护对象的扩张上。1990年9月7日，第七届全国人大常委会通过的《著作权法》，成为近代以来我国第一部真正意义上与国际著作权基本原则相符又较完备的著作权法律规范，其中第3条以列举的方式规定了9种著作权保护的作品类型，值得注意的是将"录像作品"与"电影、电视"作品并列作为作品类型；④ 而第5条中规定了不适用于著作权法保护的作品。⑤

2001年我国正式加入世界贸易组织（WTO）后，开始全面实施世界贸易

---

① 参见《与贸易有关的知识产权协定》第9条、第10条。
② 参见关永红：《论知识产权控制效力作用范围的扩大与限制》，载《学术研究》2013年第3期。
③ Directive 2001/29/EC of the European Parliament and of the Council of 22 May 2001 on the Harmonisation of Certain Aspects of Copyright and Related Rights in the Information Society, OJ, 167/10, May 22, 2001.
④ 参见1990年公布的《著作权法》第3条，列举的作品类型包括：文字作品；口述作品；音乐、戏剧、曲艺、舞蹈作品；美术、摄影作品；电影、电视、录像作品；工程设计、产品设计图纸及其说明；地图、示意图等图形作品；计算机软件；法律、行政法规规定的其他作品。
⑤ 参见1990年《著作权法》第5条，包括：法律、法规，国家机关的决议、决定、命令和其他具有立法、行政、司法性质的文件，及其官方正式译文；时事新闻；历法、数表、通用表格和公式。

组织的 TRIPs 协议。但当时我国已实施的 1990 年《著作权法》在保护对象方面与 TRIPs 协议的差距主要体现在：一是我国不保护未发表的外国人作品，且只保护在我国境内发表的外国人作品；二是计算机软件作为特殊的保护对象，必须经过登记才能通过诉讼维权，而 TRIPs 要求将其作为一般文字作品加以保护。可见，我国 1990 年《著作权法》保护对象的范围小于 TRIPs 协议的规定。为与 TRIPs 协议的保护对象范围一致，我国 2001 年《著作权法》修正时，对第 3 条进行了修改：保护对象在范围上增加了"杂技艺术作品""建筑作品"和"模型作品"；将"电影、电视和录像作品"修改为"电影作品和以类似摄制电影的方法创作的作品"，与《伯尔尼公约》的表述统一；第 14 条将"编辑作品"修改为"汇编作品"，使之符合 TRIPs 协议的要求；并明确保护一定形式的技术措施和权利管理信息。同年我国修改了《计算机软件保护条例》，亦将"计算机程序及其有关文档"列为著作权的保护对象，并指出软件著作权的保护不延及开发软件所用的思想、处理过程、操作方法或数学概念等。至此我国著作权法保护对象之体系基本建立，后续法律修改基本上是为了应对基于数字网络技术发展所出现的新问题。

4. 新领域新业态下著作权保护对象的变化

技术的进步始终推动着人类社会经济与文化的发展，同时也不断提出新的挑战，各国著作权法律制度为适应现实需求也在不断做出调整。尤其是伴随着大数据、人工智能等前沿技术的飞速发展，作品应用场景的不断拓展对新领域新业态下的著作权保护水平提出了新的更高要求。数字时代对著作权最大的冲击在于其彻底改变了作品创作、复制和传播的方式，各种类型作品都可以以数字化的形式存储并传播给公众。著作权保护对象方面同样面临许多新的挑战，各国普遍关注的问题主要聚焦在传统保护对象范围的扩大以及如何应对陆续出现的新型表达方式。

（1）传统著作权保护对象范围的不断扩张

新领域新业态下传统著作权保护对象的变化主要体现在两方面：一是传统的作品认定要件受到挑战，二是原有不为著作权法承认的表达方式逐渐被认可，二者都集中体现在保护对象范围的扩张中。

其一，关于传统的作品认定要件的变化。一是由于作品复制和传播方式的变化，传统的"可复制""可固定"要件因数字作品和网络作品的出现面临挑战。网络作品和数字作品通过数字信号或电信号即可传递，通常不再需要借助某种有形载体就能实现作品的利用和传播，这很显然是对传统复制概念的颠覆。作品的创作过程也呈现出"有形"到"无形"的转换，作品可以是"固定"在任何有形或无形的载体上，人们创作愈加方便的同时，作品的种类和表达形式也呈现出多样化。作品不需要再固定于有形载体上或能以有形形式复制，例如人们可以通过电子技术和工具，将音乐、声音和图像等固定在唱片、磁带、胶片等载体上来进行创作和表达，这样音乐、电影作品等便自然成为著作权保护的对象。网络技术的发展更是使著作权的保护范围扩张至数据库、多媒体作品和网页等。此种情形下，有必要重新界定作品可版权要件中的可复制或固定性要件。我国2020年修正《著作权法》时，第3条作品定义中已经以"一定形式"取代了"有形形式"复制的要求，就是应对数字技术下复制方式的变化。国外的著作权立法中多数是将"作品被固定在物质载体上"作为受保护的要件，即能够被客观感知的外在表达。二是作品的合法性要件，即作品的内容不为法律所禁止，否则作品不能受到保护。我国著作权法中，曾将淫秽作品排除出版权保护的范围，但国际版权理论中，有一种"作品不论质量如何，一律受到保护"的观点，即只要是作品，一律可以成为著作权法保护的对象。[1] 例如在美国1979年"Mitchell"一案中，第五巡回上诉法院裁定，无论是版权法还是宪法的版权条款，都没有对淫秽作品不提供保护的含义，从而推翻了"不干净之手"理论。[2] 这意味着，合法性要件也有被废止的趋势。[3]

其二，作为著作权保护有争议或有难度的对象，在争论和实践中不断探

---

[1] 参见徐兴祥、顾金焰：《论著作权客体的演变》，载《西南交通大学学报（社会科学版）》2014年第4期。

[2] Mitchell Brothers Film Group v. Cinema Adult Theater, 604 F. 2d 852, 203 USPQ 1041（5th Cir. 1979）.

[3] 参见徐兴祥、顾金焰：《论著作权客体的演变》，载《西南交通大学学报（社会科学版）》2014年第4期。

索出著作权保护模式的合理方式。例如关于民间文学艺术表达受著作权保护的问题，各国立法中仍存在争议：一是许多长期流传的作品已经超过保护期；二是许多作品创作的时间久远，作者身份不明；三是为民间文学艺术表达提供著作权保护，与现代著作权法鼓励创作并促进传播的观念矛盾。① 由于被发达国家单向利用自己的民间文学艺术，一批发展中国家率先利用著作权法对其民间文学艺术作品实行法律保护。世界知识产权组织（WIPO）和联合国教科文组织（UNESCO）为民间文学艺术作品的保护作出了重要的贡献。1971年《伯尔尼公约》中指出，民间文学艺术表达可以作为"无作者作品"受到保护。② 1976年，WIPO 和 UNESCO 制定了《突尼斯版权示范法（为发展中国家制定）》，其中将"民间文学艺术作品"定义为任何在一国领土内由该国国民或族群创作，世代相传，作为传统文化遗产基本构成要素的文学、艺术和科学作品。③ 第6条规定民间文学艺术作品的保护不受时间限制，其著作权由主管机关行使。将民间文学艺术作品作为著作权保护的对象，不是为了鼓励创作，而是在于实现公平并保护民族、族群的利益。《视听表演北京条约》中也要求对"民间文学艺术表达"的表演者进行保护，但是作为非强制性条款影响有限。我国对"民间文学艺术表达"是否属于受保护作品仍有争议，现行《著作权法》中的"表演者"也不包括民间文学艺术的表演者。以发展中国家为代表的各国高度重视各种具有地方民族特色的传统文化和工艺保护。④ 可以预见这些民间文学艺术表达将成为著作权保护对象的关注热点，但是鉴于其特质与著作权对象的不同，要在世界范围内成为著作权保护对象还需要建立更加完善的特殊机制。

（2）新类型表达的陆续出现

知识财产是当今社会新型的、重要的财产类型。⑤ 在数字化技术和网络

---

① 参见王迁：《著作权法》，中国人民大学出版社2015年版，第133页。
② See Berne Convention for the Protection of Literary and Artistic Works, Article 15 (4).
③ See Tunis Model Law on Copyright for Developing Countries, Section 18 (iv).
④ 参见徐兴祥、顾金焰：《论著作权客体的演变》，载《西南交通大学学报（社会科学版）》2014年第4期。
⑤ 参见吴汉东主编：《中国知识产权理论体系研究》，商务印书馆2018年版，第93页。

环境的迅猛发展中出现的新类型表达，涉及的是保护对象的扩张问题，原有的不为著作权法承认的表达方式逐渐被认可，并努力探索著作权保护的可行性，例如体育赛事节目、网络游戏直播、烟花秀、灯光秀、音乐喷泉、园艺设计、杂技艺术作品等，都是实践中出现的新型创作成果寻求版权保护的情形。

面对数字时代中作品的数字化及网络环境中的特殊需求，美国 1998 年《数字千年版权法》（Digital Millennium Copyright Act，以下简称 DMCA）应运而生。DMCA 中将网络作品和为保护网络作品而设置的技术保护措施及权利管理信息纳入了版权保护对象的范围，充分体现了网络技术发展的现实需求。2001 年欧共体发布《信息社会版权指令》，[①] 也是从地域性的经济共同体角度出发，应对互联网对版权保护的挑战。我国近十五年著作权法律制度的完善，很大一部分也是出于数字网络技术发展的需求。2006 年最高人民法院《关于审理涉及计算机网络著作权纠纷案件适用法律若干问题的解释》中规定，各类作品的"数字化形式"应当纳入到著作权法的保护范围，同时在网络环境下无法归于著作权法第 3 条的作品，但是符合作品定义的可版权要件的其他智力成果，也属于受我国著作权法保护的对象。[②] 2006 年《信息网络传播权保护条例》中，将网络作品、数字作品及其保护措施和管理电子信息纳入保护对象。2020 年《著作权法》第 3 条修改第 9 项，将"符合作品特征的其他智力成果"作为兜底条款，作品类型由封闭转向开放，此前难以归入前八类作品类型的智力成果，只要符合作品认定的要件，即可成为著作权法保护的对象，但是关于兜底条款的具体适用条件莫衷一是。我国《著作权法》通过规定作品定义加列举的方式，建立了我国的著作权法保护对象制度体系，一定程度上回应了数字技术下版权发展的需求。

当前，存在是否能够成为著作权保护对象争议的新表达大体包括以下几

[①] See 2001/29/EC Directive on the harmonization of certain aspects of copyright and related rights in the information society.

[②] 参见最高人民法院《关于审理涉及计算机网络著作权纠纷案件适用法律若干问题的解释》第 2 条。该文件现已失效。

种。一是体育赛事节目,究竟是视听作品、汇编作品、"其他作品"还是录像制品,学理和法律适用中都有很大分歧。① 对春晚等综艺类节目的保护中也出现了"影视作品说""汇编作品说""录像制品说"以及笼统地属于作品的说法。② 二是电子游戏直播,其中涉及的游戏软件、游戏整体画面和网络直播,是拆分其中的元素进行单独保护,还是类推地认定为类电作品,目前尚且没有完备的保护方式。三是音乐喷泉,司法实践中已经有适用兜底条款和作为美术作品保护的不同意见。③ 四是人工智能生成物,是否符合独创性以及是否要求人类进行创作活动,是其能否构成作品的主要要件。此外还有诸如网页设计、字体、游戏规则、短视频等基于技术进步而催生的各种新类型表达,都很难落入现有著作权法的作品类型条款中。

受知识产权法定主义的影响,无论是国际组织还是各国的立法或司法机关,在面对新作品类型或接纳传统争议表达时往往持相对谨慎的态度。例如,将计算机程序纳入著作权保护对象的过程就极为曲折。1991年欧共体就指出其成员国都未将计算机软件纳入法律保护的对象,④ 日本早期也准备用其他法律制度保护计算机软件,⑤ 但在美国的积极推动下,越来越多的国家开始尝试将计算机软件作为文字作品保护。⑥ 世界知识产权组织1985年就将计算机程序采用何种保护模式的问题移交给伯尔尼联盟讨论,直至1994年TRIPs第10条第1款才首次规定,无论以源代码还是目标代码作为表达形式,计算机程

---

① 参见卢海君:《论体育赛事节目的著作权法地位》,载《社会科学》2015年第2期。

② 参见严波:《论春晚的影视作品性质——基于著作权法下的作品独创性视角》,载《现代传播(中国传媒大学学报)》2015年第6期;参见王迁:《论"春晚"在著作权法中的定性》,载《知识产权》2010年第4期;参见张爱国:《"春晚"著作权的法律定性问题——从央视国际诉快车网侵权案谈起》,载《理论探索》2011年第2期;参见刘春田、熊文聪:《著作权抑或邻接权——综艺晚会网络直播版权的法理探析》,载《电视研究》2010年第4期。

③ 参见北京市海淀区人民法院(2016)京0108民初15322号民事判决书;北京知识产权法院(2017)京73民终1404号民事判决书。

④ 欧共体《计算机程序保护指令》在序言就指出:"计算机程序目前并未在所有成员国明确受到现行立法的保护"。See Council Directive 91/250/EEC of 14 May 1991 on the Legal Protection of Computer Programs, Recital (1).

⑤ 参见[日]小野昌延:《知识产权100点》,李可亮、马庆田译,专利文献出版社1992年版,第20页。

⑥ 参见王迁:《论作品类型法定——兼评"音乐喷泉案"》,载《法学评论》2019年第3期。

序均应以《伯尔尼公约》中的文字作品受到保护。1996 年 WCT 第 4 条再次重申，计算机程序应作为文字作品成为著作权的保护对象。由此，计算机程序才在国际层面的著作权保护对象范畴中正式得以承认。

面对新的表达方式，在无法通过立法独立地认定为新的作品类型时，法律适用时只能从"解释主义"的角度，依现有作品类型解决其著作权保护对象的认定问题。在判断计算机字体、音乐喷泉等前述争议对象能否被著作权保护时，实践中也通过认定其符合独创性的实质要件和审美的艺术要求，将新的表达认定为美术作品来保护。① 因此，现阶段面对新表达方式的出现，一方面要判断其是否构成著作权法意义上的作品，另一方面通过适用兜底条款或是以"解释主义"从现有作品类型解决著作权保护对象的认定问题，是判断新类型表达能否获得著作权保护的有效方式，如果通过在作品类型条款中增加新的类型进行保护，则需要更全面的理论和实践支持。

综上，著作权作为现代复制技术的产物，在新数字和传播技术的发展中，出现了非典型、非常规表达的保护对象。各国著作权法所保护的对象也呈现出一定的演变和发展规律，突出表现为受法律保护的著作权客体范围在不断扩大，而作品成为著作权保护客体所要求的构成要件呈减少趋势。② 可以想象未来随着科学技术的进一步发展，人们的创作方式和表达形式会越来越丰富，将会出现更多的新类型表达和作品。随之而来的问题是，因新技术而产生的对象应否受到著作权的保护，是否能纳入著作权的体系范畴，著作权法规定的作品及类型之外的表达能否成为著作权的保护对象？著作权法是依行为方式立法的，新技术必然会产生的新的作品利用方式，由此涉及的权利人的利益保护就可能需要突破知识产权的法定主义。③

---

① 吴汉东：《关于〈著作权法〉"作品"条款的法教义学解读》，载《版权理论与实务》2021 年第 1 期。

② 参见徐兴祥、顾金焰：《论著作权客体的演变》，载《西南交通大学学报（社会科学版）》2014 年第 4 期。

③ 李雨峰：《知识产权制度设计的省思——以保护对象的属性和利用方式为逻辑起点》，载《当代法学》2020 年第 5 期。

(三) 著作权保护对象扩张与限制的内在关联

著作权保护对象的扩张是新领域新业态中著作权保护的作品范围之扩张，而保护对象的限制则是由法律明示或默示部分对象不能认定为作品或排除著作权法保护。"扩张"与"限制"不是割裂分离的，二者在各自的价值取向上具有内在的关联性。

1. 扩张与限制指向同一对象

著作权保护对象的扩张与限制指向的对象是同一的，扩张与限制的对象都是在可版权要件的认定中有争议的表达。扩张与限制的判断指向的都是可能满足作品构成要件的对象，在不同历史时期、不同国家，立法和司法体系由于时代限制和地域特性，扩张与限制的范围都有所区别。但无论是立法层面上通过作品概念内涵和外延的理解确定作品范围的扩张，还是司法层面上通过法律解释、类推适用指导性案例判断如体育赛事直播、音乐喷泉、字体字库等具体对象满足可版权要件，最终赋予著作权保护的作品就是扩张的对象；反之被排除以作品保护的就是限制的对象。

因此，保护对象的扩张与限制指向的是同一对象，在对争议对象分别进行扩张与限制判断后，可能指向不同的结果。

2. 二者是同一理论基础的两个场景之考察

视角或场景的不同往往会导致对同一对象界定的差异，这种争议主要是对概念、范畴的不同理解引起的。扩张与限制具有同一的理论基础，是同一理论依据的两方面。一种理论在支持保护对象的扩张时是有边界的，超出扩张边界的场景则体现该理论对限制的考察。

后文将详述不同理论对著作权保护对象扩张与限制之考察，此处仅说明二者理论依据上的内在关联。在激励理论视域下，著作权保护对象的扩张具有合理性。未能足够充分地保护作品时，就无法提升创作者进行该作品创作的动力，只有通过著作权法赋予创作者或权利人足够的独占性、排他性的权利，才能激励作品创作的积极性，即应适时扩张受保护作品范围，为符合著作权法意义上的表达给予适当权利。然而，激励理论也考察了保护对象限制的正当性。当作品创造领域中稀缺性不再是问题时，传统的建立在稀缺性基础上的激励理论应当是有限度的。① 在此种场景下对著作权保护的对象进行限制，不仅有利于智力表达的传承和共享，同时也能够真正体现和发挥著作权的激励价值和作用。

在著作权保护对象的正当性分析中，不同理论依据在具体情况适用中可能会产生扩张与限制保护两种截然不同的结果，一方面由于二者指向同一对象，另一方面基于理论适用的动态相关，一种理论对扩张或限制的支持情形是有边界的。因此，保护对象的扩张和限制是同一理论基础在不同场景下考察的结果。

3. 二者具有内在的关联性

保护对象的不断扩张是著作权的发展趋势之一，著作权保护对象的限制无论是其理论依据还是现实需求，总是伴随着著作权保护对象的扩张而演变。"扩张"与"限制"作为认定保护对象的两种截然相反的结果，并不是孤立存在的。不同历史时期中的传统表达和数字技术下新表达的作品认定，就是在扩张与限制的不断"博弈"中演变的。

在著作权保护对象的历史演变过程中，"扩张有理"总是作为著作权保护对象发展的主旋律，保护对象的扩张一方面基于法理上作品内涵和外延理论的不断科学化、合理化，另一方面也是基于情理上对创作者付出和权利人投入的考量。而"限制有据"则是作为著作权保护对象发展的例外，要求保护对象的限制具有明确的法律依据。二者有各自不同的价值取向。

从上述分析可知，扩张与限制既有内在的关联性，又有各自不同的价值取向，二者是对立统一的，共同维系着著作权法律制度的内在平衡，并不断推动着著作权法律的完善，促进社会文化和科学事业的发展与繁荣。

二、著作权保护对象不同视角探析

在信息社会的知识经济时代，商品价值的形成和确定过程中，知识发挥

---

① Kal Raustiala, Christopher Sprigman, "The Piracy Paradox Revisited", *Stanford Law Review*, 2009, No. 3, pp. 1201~1202.

着越来越重要的作用、占据越来越大的份额。作品是著作权保护的对象,作品范畴决定了著作权制度的"宽度"。从不同视角分析著作权保护对象的本质及内涵,是明确保护对象扩张与限制正当性的合理路径。

(一)著作权保护对象的哲学分析

权利正当性是对法律制度的价值评判,借由正面的价值评价获得道德认同。① 知识产权法哲学的研究,是探究权利正当性的合理路径。从知识产权法哲学的范畴分析问题,知识产权的保护对象是其研究内容,而研究方法则具体表现为哲学进路。② 从哲学角度看,保护对象是主体赖以生存的客观基础和条件,是主体活动的客观基础和舞台,是主体活动的对象,制约着主体的活动范围,决定着主体权利的发展,是主体实践活动和认识活动发展的标志,表明了保护对象相对于主体和内容的先在性与基础性。③ 研究著作权的对象,不能仅通过法教义学研究其外延上涵盖的各种作品类型,还应思考各类作品的上位概念是什么,著作权保护的对象之本质又是什么,此类概念则为著作权法哲学的范畴。从哲学进路探究著作权保护对象扩张与限制的正当性,主要有以下几种理论。

1. 劳动价值理论和人格理论

洛克的自然法哲学中关于财产权劳动学说的论述,从劳动的角度为财产权的发生提供了正当性:"一个人基于自己的智力劳动和创造所产生的东西应当被赋予财产权"。④ 无形的知识劳动作为劳动的一种重要形式亦应予以重视。

知识产权法律制度保护的并不是由符号和形式构成的信息本身,而是劳动者通过自己的创造性劳动形成了独特的、具有价值的、能被使用的信息,只要这种劳动成果具有知识产权的基本属性,符合知识产权对象的特征,同时符合个人利益和国家利益,就应当被纳入知识产权保护制度中。⑤

---

① 胡波:《专利法的伦理基础》,华中科技大学出版社2011年版,第55页。
② 胡波:《知识产权法哲学研究》,载《知识产权》2015年第4期。
③ 王太平:《知识产权客体的理论范畴》,知识产权出版社2008年版,第2页。
④ 参见冯晓青:《知识产权法哲学》,中国人民公安大学出版社2003年版,第39页。
⑤ 参见张媛:《论知识产权的客体结构——以著作权客体为例兼与李杨博士商榷》,载《知识产权》2013年第4期。

18世纪时就已经有观点认为，一个人能够通过自己的劳动和努力对某物实施实际控制使该物属于他自己，并强调创作者、作者、画家就其在创造新的智力创造物中的劳动享有专有权，即"智力财产"原理。[①] 此种自然权利论一定程度上已经包含了对著作权制度的确认，这一观点和1709年颁布的《安娜女王法》也完全契合。著作权作为一种智力财产的原理，在英美早期的著作权案例中就有所运用。英国1769年Millar v. Taylor一案中，法院认为《安娜女王法》并没有移除普通法所确认的出版作品的文学产权。[②] 同时上议院也运用劳动财产理论解释作者就其智力劳动成果享有财产权的正当性。19世纪美国Wheaton v. Peters一案中，法官认为作品是个人劳动的果实，人们的创造性劳动在达到财产获得保护的同样程度时也能获得司法的保护。[③] 近代将计算机软件纳入著作权保护的范围，原因之一就在于研究人员投入了大量资金与创造性劳动，在没有其他更合适的保护路径时，需要赋予其一定专有权以鼓励从事研究工作。透过这些判例可以看出，自然法哲学在确认著作权保护对象的正当性上发挥着重要作用，并据此确保每一个付出了智力劳动的创造者有权针对其劳动果实享有权利。

人格理论发端于德国哲学家康德和黑格尔。黑格尔的财产权人格学说提出，私人财产的所有权是体现自由意志的主要途径，是自由的第一体现。[④] 财产人格发展的必要条件和自我展现，"人为了作为理念而存在，应当给他的自由以外部的领域"[⑤]，此处"外部的领域"即指赋予作者的财产。以人格为基础的权利理论形成了德国和法国的著作权法基础。[⑥] 知识产权作为人的大脑的创造物，其负载的人的思想是智力创造者人格或自身的体现。新黑格尔主义法学创立者约瑟夫·科勒进一步提出"作者对于作品的支配视为对于

[①] 参见冯晓青：《劳动理论视野中的若干知识产权理论初探》，载《安徽大学法律评论》2004年第2期。

[②] Millar v Taylor 4 Burr. 2303, 98 ER 201 (1769).

[③] Wheaton v. Peters, 33 U.S. (8 Pet.) 591 (1834).

[④] [德] 黑格尔：《法哲学原理》，范扬、张企泰译，商务印书馆1961年版，第60页。

[⑤] [德] 黑格尔：《法哲学原理》，范扬、张企泰译，商务印书馆1961年版，第57页。

[⑥] Tom G. Palmer, "Are Patents and Copyrights Morally Justified?: The Philosophy of Property Rights and Ideal Objects," *Harvard Journal of Law and Public Policy*, vol. 13, no. 3 (Summer 1990).

作者人格的支配"。① 因此人格理论多用于论证作者著作精神权的正当性，尤其是艺术家对其艺术作品不可转让的人格权，这与洛克的劳动价值论正相匹配。

一方面，将人格理论在著作权保护对象领域适用，面临的最大问题就是对于在创造性过程中因受外部限制较多导致智力成果中人格的表达很少，人格理论应如何为这类著作权对象提供正当性？从黑格尔的学说推论，知识产权使用人支付使用费的行为，就是对知识产品的认知和对个人财产权的承认。但是作为人格属性强烈的著作权对象，其中表现的个人色彩或性格特征就可以成为某一表达获得著作权保护的依据。

另一方面，洛克劳动学说中的"先决条件"也提出，一个人在取得财产所有权时应该留下"足够而良好"的东西给他人，财产的所有人也不能浪费其所占有的共有的部分。② 这一观念不仅有助于我们理解著作权保护对象的扩张现象，也可以为我们研究著作权保护对象限制提供一定的思路。

2. 激励理论

著作权激励理论来源于功利主义学说。③ 18世纪末19世纪初，功利主义流派开端于英国学者边沁和穆勒，这一流派的主要思想就是"最大幸福原理"，即人类的一切事情都源于任性，人性的规律就是趋乐避苦。④ 作为功利主义理论的一种，激励理论认为基于人们自己劳动所产生的智力产品赋予其一定权利，能够增加社会智力产品的总量，只有对创造者的创造物赋予独占的财产权，才得以激励有价值的知识产品的创造。⑤

从以功利主义为开端的激励理论，到现在著作权激励理论，大多都强调作为第一追求的经济利益对"经济人"的激励作用。但也有观点认为激励理

---

① See Adam Thierer, Wayne Crew, *Copy fights: the future of intellectual Property in the information age*, Cato Institute Washington D. C. , 2002.
② 冯晓青：《知识产权法哲学》，中国人民公安大学出版社2003年版，第22~23页。
③ 功利主义也称"功用主义"或"乐利主义"，是关于道德标准的伦理学说。
④ 参见周贺微：《著作权法激励理论研究》，中国政法大学出版社2017年版，第13页。
⑤ 参见冯晓青：《知识产权法哲学》，中国人民公安大学出版社2003年版，第183页。

论真正的价值在于人们内心被尊重、被认可的需求。① 从激励论的角度理解著作权的保护对象，就是通过赋予智力创作者对其创作成果的专有权，从而鼓励作品创作。国家应将著作权作为一种鼓励手段，鼓励有创造性的人为国家经济增长、文化产业发展做出贡献，以智力成果的生产效用达到最大化来安排生产。激励论强调个人的智力创造在受到法律特有保护后能够激发创造者继续从事创造，从而最大限度地发挥智力成果的社会价值，而不以私人或市场价值来衡量，即智力成果的"外溢性"。② 文学艺术作品的作者不能依靠称赞生活，作品不能避免盗版就会影响作者的创作热情。智力成果区别于有形财产的特点在于其非排他性、非竞争性、非消耗性和公共产品属性。③ 正是由于作品的这些特性，很难阻止他人擅自复制、使用作品的行为。在"报偿论"的基础上，要促进有价值的作品的创造，这些作品的作者就应当被赋予财产权。激励理论认为强有力的著作权保护有利于激励创新，通过促进经济增长以增加社会福利。④ 因此，当赋予一类智力成果以财产权时，能够在总量上增加社会福利，就是这一对象应当成为著作权保护对象的证实。

在版权保护的世界权利时期，新技术为著作权保护对象提供了更多的变化和可能性，也增加了各国之间的文化交流。为解决国家或地区之间的版权冲突，相关的版权国际条约应运而生。这些条约实质上也通过为作者提供更便捷有力的著作权保护，激励作者的创作激情的同时增加社会整体的福利。著作权法中的激励理论不仅是以经济利益的激励为核心，还包括精神上的激励。若知识产品的创造者难以获得预期收益，缺少私人独占的权利和精神上的鼓励，个人创造的成本无法得到补偿时，就会打击其创造的热情。⑤ 知识产权制度作为一种激励机制，只有通过合理的保护对象范围扩张并赋予专有权以确保创造者的独占，才能充分激励智慧成果创造者继续从事知识创造的积

---

① 参见周贺微：《著作权法激励理论研究》，中国政法大学出版社 2017 年版，第 7 页。
② 参见冯晓青：《知识产权法哲学》，中国人民公安大学出版社 2003 年版，第 192 页。
③ 参见冯晓青：《知识产权法哲学》，中国人民公安大学出版社 2003 年版，第 185~189 页。
④ 参见周贺微：《著作权法激励理论研究》，中国政法大学出版社 2017 年版，第 24 页。
⑤ 参见侯纯：《知识产权客体的扩张与利益平衡》，载《燕山大学学报（哲学社会科学版）》2004 年第 2 期。

极性。

然而，激励理论对保护对象扩张的支持是有界限的。著作权法对创作者的保护不是无限度的，当受保护作品的范围突破了社会的合理需求和法理的必要限度，专有权利就会挤占公共领域的知识，抑制社会公众的创作空间和可能性，最终对文化、科学和艺术领域作品总量产生负面影响。因此，在新领域新业态的著作权保护对象变革中寻求激励理论的支撑，能够使保护对象的扩张和限制更具有理论依据。

3. 社会规划和工具主义理论

内尔·内塔拉尔和威廉·费舍尔等人提出的"社会规划理论"认为，知识产权与一般财产权的正当性基础，都在于"有助于培育一种公正和令人向往的文化"，其中"版权激励人们就一系列广泛的政治、社会和审美问题创造性地表达其想法，从而为民主文化和公民集会提供了讨论的基础"，同时"版权为那些创造性的文化交流活动提供支持，使其不必依赖于国家补助、精英赞助和各级文化机构"。[1]

彼得·德霍斯则提出"工具主义"理论，认为知识产权是负义务的垄断特权，正当性寄寓于其工具性价值。[2] "在此种工具主义观念下，知识产权应放在更为开阔的道德学说和价值观之中理解。知识产权是道德观的仆人，而非其主人。"[3] 也就是说，知识产权制度的正当性在于其能够服务于公共目标，而此种公共目标以一般社会伦理观念界定。知识产权保护对象的本质是抽象物[4]，知识财产的权利应当被特权取代，并认为对知识财产的特权应附加必要的限制，最终德霍斯总结对待知识财产应当主张工具论，反对独占论。[5]

知识产权对象的认定是知识产权理论中的重要议题，客观上决定着知识

---

[1] ［美］威廉·费舍尔：《知识产权的理论》，黄海峰译，载刘春田主编：《中国知识产权评论（第一卷）》，商务印书馆2002年版，第6~8页。

[2] Peter Dharos, *A Philosophy of Intellectual Property*, Dartmouth Publishing Company Limited, 1996, p. 223.

[3] Peter Dharos, *A Philosophy of Intellectual Property*, Dartmouth Publishing Company Limited, 1996, p. 223.

[4] ［澳］彼得·德霍斯：《知识财产法哲学》，周林译，商务印书馆2017年版，第42页。

[5] ［澳］彼得·德霍斯：《知识财产法哲学》，周林译，商务印书馆2017年版，第208~230页。

产权作为民事权利与其他权利之间的界限,是知识产权能够成为单独一类民事权利的根据。① 著作权的对象是作品,通过分析其统一的上位概念,有助于从作品的本质角度进一步在界定著作权保护对象扩张与限制时建立理论基础。

著作权的法哲学分析影响着权利的价值取向。保障公众使用与鼓励作者创作之间的平衡始终是著作权制度发展中的核心问题。著作权制度需要激励新业态新领域下的创作行为,而激励的手段就是赋予专有权,这种专有权利又是对新表达传播与利用的限制。在上述著作权保护对象的哲学分析中,一方面论证了将新表达扩张为保护对象的基础,即作品独占的正当性,智力成果的创作者应就其智力劳动和所蕴含人格获取财产和精神权利,但同时扩张也将限缩公众对信息的自由传播和利用。著作权保护的经济理性在于将智力成果视为商品,这些商品决定了市场失败、外部性和适当性等问题。② 以激励理论、社会规划论等哲学视角,赋予智力创作者对新表达的专有权利,是激励新业态新领域智力成果的创作,鼓励人们提出创造性的表达,从而为文化交流活动提供支持的基础。另一方面,对新表达成为著作权保护对象进行限制又有利于知识的流通。知识产权基于服务公共之目标,以及公有观念和公共领域之考量,都要求为公众保留"足够好"的部分,在一定程度上限制著作权保护对象的认定,以确保必要且充分的知识在公有领域的自由传播。

（二）著作权保护对象的经济学分析

法律经济学的分析视角运用经济学方法对具体法律问题进行研究,建立在经济学是分析一系列法律问题的有力工具这一基础理念之上。③ 经济学对于法律问题研究的作用,一方面能够提出可以预测法律制裁对相关行为所负影响的科学理论,另一方面可以提出评估法律效用的规范性标准。④ 在经济分析

---

① 刘春田:《知识产权的对象》,载刘春田主编:《中国知识产权评论（第一卷）》,商务印书馆2002年版,第124页。
② 参见冯晓青:《知识产权法哲学》,中国人民公安大学2003年版,第286~288页。
③ [美]理查德·A.波斯纳:《法律的经济分析》（上册）,蒋兆康译,中国大百科全书出版社1997年版,第3、15~16页。
④ 参见[美]罗伯特·考特、托马斯·尤伦:《法和经济学》,史晋川、董雪兵等译,格致出版社、上海三联书店、上海人民出版社2010年版,第3~4页。

中,"效率"成为衡量法律规则的标准,"成本—收益"分析则是论证的主要方式。利用经济学方法分析著作权保护对象,有利于量化保护对象扩张与限制的正当性,以及平衡扩张与限制的必要性。

1. 效率理论

使用经济学方法分析知识产权的正当性,建立在假设著作权人是"理性人"的基础上,其创作行为是著作权人在约束条件下,通过理性选择所做出的符合自身利益最大化的结果。权利人作为理性人有趋利避害的本能,法经济分析应以此为出发点,追求供求定律、效益最大化,以及资源向价值最大处集中等基本原则。①

兰德斯与波斯纳对以洛克为代表的"劳动价值论"观点进行了反思,认为长期以来,洛克的理论是著作权法与专利法的正当性基础,劳动成为个人对其劳动成果享有财产权的依据。② 但洛克提到了"还留有足够的同样好的东西给其他人",用经济学语言来描述就是"劳动者在他人没有变坏的情况下变得更好",因此授予劳动者以权利就是一个"帕累托改进"。③ 根据效率理论,在无法确定一种表达在什么程度上能够被认为是创作者可以独占的情况下,考察的立场就是这一对象在经济意义上是否有效率,以及怎样的权利配置才能使其有效率。

效率理论在知识产权制度中主要涉及经济利益的分配问题,达成促进社会更好地运行、最大可能地提高效率之法律目的。例如,从静态效率角度看,不赋予著作权能够获得作品利用的最佳效益,但这是以损害著作权人的利益和最终影响文化的发展为代价的。④ 而过分扩张著作权保护的对象,强调创作者对其各类表达的独占性,则会涉嫌侵犯公众利用知识和表达的合理空间。

---

① 参见熊琦:《著作权的法经济分析范式——兼评知识产权利益平衡理论》,载《法制与社会发展》2011年第4期。

② [美]威廉·M. 兰德斯、理查德·A. 波斯纳:《知识产权法的经济结构》,金海军译,北京大学出版社2016年版,第4~5页。

③ 周泽夏:《知识产权法经济分析的理论基础——基于〈知识产权法的经济结构〉的讨论》,载《政法论坛》2018年第4期。

④ 参见冯晓青:《知识产权法哲学》,中国人民公安大学2003年版,第291页。

从社会利益的角度对私权利进行适当限制能够为他人提供更为自由的创作空间，产生更多新表达和作品。对著作权保护对象作出科学、合理的限制，有利于知识的传播并能够增加社会的福祉。

2. 成本收益分析

关于著作权保护对象的正当性和演变的合理性，借助交易成本的分析也能够得到理解。交易成本理论来自于新古典制度经济学派，这一学派认为当市场引领知识产权取得最高价值的使用时，知识产权才能对知识产品提供恰当的保护。[①] 其中权利的范围直接受制于交易成本的高低，但权利界定也影响到交易成本和外部性问题。在知识产权领域，独占权利的诞生是权利人对成本收益权衡的结果，而非源自道德的感召。[②]

任何制度的设立都需要考虑社会净收益，即该制度可能带来的社会收益与将要付出的成本，以社会净收益判断一种表达是否应当被纳入著作权保护的对象范畴。兰德斯和波斯纳立足于经济收益视角，认为作者或权利人出版作品的成本主要包括两部分：一是由作者创作作品花费的时间、精力和出版商编辑手稿、排版共同组成表达成本，这种成本相对固定，基本不受复制件数量变化的影响；二是由复制件的生产、印刷、装订与配送等组成的复制件成本。[③] 实现权利人的收支平衡，就要使作品收取的回报能够支付创作该作品所需的表达成本和复制件成本。如果不对某些表达提供著作权保护或是允许第三方自由复制，将使创作者无法收回成本或压低价格，那么这些第三方收取的价格只需要支付额外副本的成本，不需要包含任何盈余来支付固定成本。免费使用智力成果或表达只能导致最终没有智力成果可以使用。激励作品的不断创作，通过立法方式赋予作者以专有权，能够将作品外部问题内部化，赋予智力表达以排他性，有助于作者覆盖成本、获取收益。

---

① See Maureen Ryan, "Cyberspace as Public Space: A Public Trust Paradigm for Copyright in Digital World", *Oregon Law Review*, Vol. 79, No. 3, pp. 647~720.

② 周泽夏:《知识产权法经济分析的理论基础——基于〈知识产权法的经济结构〉的讨论》，载《政法论坛》2018年第4期。

③ [美]威廉·M.兰德斯、理查德·A.波斯纳:《知识产权法的经济结构》，金海军译，北京大学出版社2016年版，第43~44页。

3. 公共选择理论

公共选择理论，就是在法律或政治研究中运用经济学的工具和理论，考察政治和法律领域中有待研究的集体决策。著作权保护对象在著作权制度中，不仅是简单赋予创作者权利或限制使用者，对象的选择也是著作权领域内为维持利益平衡而博弈的结果。

作品具有公共产品属性，公共产品具有非排他性、非竞争性和极强的正外部性特征。① 作品一旦公开就很难将未付费使用者排除在消费范围之外，特别是在信息传播技术极为发达的当下，作品公开后被复制和传播的成本就极低，这是作品的非排他性决定的；作品的非竞争性是指不同主体对于知识的消耗不存在竞争关系，作品具有无消耗性，作品所蕴含的信息不会因创作活动而灭失；② 作品的正外部性是指智力成果的存在和使用既不会增加消费服务的成本，也不会排除公众享用知识的空间和可能。③ "从本质上而言，著作权法经济学是以公共产品理论为基础的"，④ 著作权的对象有利于社会精神文明的创造，其使用既不会导致内容的减少，也不会排除多人同时使用的可能。作品公共产品属性使得"搭便车"行为的成本极低，而作品内容被公开后，著作权人要想再排除未经授权使用的成本就会急剧增加。

著作权保护对象的选择表面上是国家集体作出的公共选择，但本质上是无数创作者和产业界经历无数次博弈后建立的合理体系。这种政策选择的背后固然体现着国家需要维护的社会公共利益，但每一次保护对象的扩张或限制都是通过数量庞大的案例确定下来并纳入作品条款中的，包含着无数个人利益。尽管每一个参加公共选择的人依据自己的偏好和最有利于自己的方式进行活动，都有不同的动机和愿望，经济人追求个人效用最大化以满足私人偏好，但个人效益最大化应当有一个限度，过分寻求个人利益会有损公共利益，从而无法做出共同选择，最终损害社会公众的整体利益。著作权保护对

---

① 参见朱梦云：《论人工智能生成物的著作权保护》，知识产权出版社2021年版，第134~135页。
② 参见朱梦云：《论人工智能生成物的著作权保护》，知识产权出版社2021年版，第134~135页。
③ 参见宋慧献：《版权保护与表达自由》，知识产权出版社2011年版，第82页。
④ 张俊发：《论著作财产权配置的效率原则》，南京师范大学2020年博士学位论文。

象制度的合理性在于它是无数个体以功利目的相互博弈的结果，尽管这个结果会损害一部分个体的利益，但也是多方利益权衡后作出的符合大多数人利益的合理的公共选择。

著作权要实现鼓励作品创作的目标，就必须寻求对创作者的激励，确保作者的经济和精神利益，赋予作者以私有的权利。作品的创作需要投入成本、时间和精力，作品的发表、复制、传播也需要投资，在不将新表达扩张为著作权保护对象的情况下，仍可能通过自然市场调节为创作者提供报偿机制，有些情况下足以使其收回成本，但与此同时盗版和"搭便车"行为就会泛滥，导致对创作者的激励减少。著作权制度作为一种分配作品权益的均衡机制，核心内容在于协调不同利益主体对智力成果享有的权利范围。在经济学的成本收益分析中，保护对象的扩张将鼓励对作品创作的投入，提高投资所能获得的收益，而限制保护对象则会影响创作者的积极性。著作权人对表达的专有权与公众对知识的利用范围存在着此消彼长的关系，需要创建正当合理的成本与收益、投入与效率协调机制。

（三）著作权保护对象的法政策学分析

法律是统治阶级意志的体现和政治权力的规范，法学与政策学或政治学本身就存在紧密联系。[①] 主权国家在不同历史时期对知识经济的需求不同，从而使知识产权、知识经济发展和知识产权相关政策有机地融合在一起，形成了一个多维度的混合体。正是由于知识产权的政策属性，对知识产权进行保护的每一个法律制度天然地带有政策性。法政策学的方法主要用来回答作为公共政策工具的著作权是如何选择、推进并服务社会文化发展目标的。[②] 对于新领域新业态中出现的法律新问题，法律在作品认定时既要注重在法律规范中的体系性，更要注重宏观政策和对产业发展方向的掌握。这意味着以法政策学为指引来界定此类问题时有两种方式：一种是技术主义进路，是立足于技术事实和法条细节的纯规则取向；另一种是宏观考量性的政策进路，即在

[①] 参见王浦劬：《政治学基础》，北京大学出版社2018年版，第19页。
[②] 参见吴汉东主编：《中国知识产权理论体系研究》，商务印书馆2018年版，第13页。

更大范围内进行宏观的政策取向和发展方向的判断考量，再决定具体的法律适用。①此种从宏观角度的政策进路，就是利用法政策学的观点对著作权保护对象的扩张与限制进行指导。

在著作权保护对象的问题上，只有在当市场激励失灵而法律有必要介入的情况下，将哪些表达扩张为著作权保护对象应该由立法、司法、行政哪个机关决定，尤其是司法机关是否能够突破立法创设新的作品类型？从技术适格性角度看，各类型作品的范围设定需要交给以立法程序作为支撑的立法机关，而某种行为是否构成侵权应当交给司法机关。因此，立法、司法、行政都在一定程度上影响着著作权保护对象的范围界定。日本学者平井宜雄构建了法政策学基本原理，田村善之在此基础上提出了知识产权法政策学，为知识产权法律制度决定者提供决策的理论依据和具体技法。②虽然知识产权制度的创设应当以功利主义的激励理论作为正当化根据，但作为核心概念的作品效率性难以准确测定，因而知识产权制度也有赖于立法机关和立法程序的创设。③

公共政策的总体目标是保持社会稳定、维护社会公正和促进社会发展。但不同的公共政策有着自身的具体目标指向，著作权保护对象相关政策则追求公平且有效益的扩张和限制体系。也就是说任何私权的意思自治都不是毫无限制的自由，著作权的专有独占也是在不影响公共利益的情况下产生的私权的完整状态。要实现著作权保护对象相关政策的基本功能，一是有赖于具备著作权对象发展的一般社会条件，即必须具备影响作品创造、传播和利用的基本条件，包括具体著作权政策赖以存在和实施的经济、科技、文化、教育等物质设施和社会环境，否则就不能达到预期的效果；二是要考量一国的具体国情，著作权保护对象相关政策只需要一国政府考虑本国发展状况，并

---

① 孔祥俊：《著作权立法与司法的产业利益之维》，载《社会科学辑刊》2021年第6期。
② 参见［日］田村善之：《田村善之论知识产权》，李扬等译，中国人民大学出版社2013年版，第1~27页。
③ 参见［日］田村善之：《日本知识产权法》，周超、李雨峰、李希同译，知识产权出版社2011年版，第9~23页。

自行作出制度安排。① 但在著作权保护的世界权利时代，一国的国内法往往不得不受到国际版权保护趋势的影响，在制定各国著作权保护对象政策时就有可能背离或超越"国情"，将目前不适宜保护的对象纳入本国著作权制度，在发达国家的推动下难以将本国特有文化作为著作权保护的对象，导致未能带来著作权政策的预期收益。② 因此，在制定具体著作权保护对象政策时，需要结合各国的具体国情。各国对自身知识产权政策都开展过较多的研究，提出公共政策是一国政府为了对社会进行权威性的价值分配，通过一种含有目标、价值与策略的大型方案而选择做的事。③ 知识产权政策是国家为实现社会发展目标而制定的知识产权行动准则，而知识产权战略是推行政策、实施制度的基本纲领，知识产权政策需要具有正义与效益的双重价值目标。④ 知识产权法律制度具有私人独占和公众共有的天然矛盾，不仅需要法律的私权保护，也是国家公共政策的选择。知识产权政策之所以必要，一方面是传统的激励理论主要集中于创造者或权利人视角，忽视了社会公众；另一方面是由于以公共政策解决知识资源配置与财富增长之间的矛盾，同等收益下比市场自发解决的社会成本更低。⑤ 因此著作权制度就是国家通过制度配置和政策安排对知识资源的创造、归属、利用和管理等进行指导规制，旨在实现知识传播的效益目标。⑥

不同政治团体在不同历史阶段对著作权的保护程度的需求不同，保护对象的范围一定程度上反映了政府意志。社会总体目标也决定着不同历史阶段保护对象扩张与限制的具体取向，在缺乏必要保护时，一国的文化表达也将受到阻碍。因此一国的著作权保护对象范围总是与自身发展的需求相适应，以求最大限度满足权利人与社会公众的需求。对著作权保护对象进行法政策学

---

① 参见吴汉东：《试论知识产权的无形资产价值及其经营方略》，载《南京理工大学学报（社会科学版）》2013年第1期。
② 吴汉东：《利弊之间：知识产权制度的政策科学分析》，载《法商研究》2006年第5期。
③ See Thomas R. Dye, *Understanding Public Policy* (9th edition), NJ: Prentice Hall, 1998, pp. 2~4.
④ 参见吴汉东：《知识产权本质的多维度解读》，载《中国法学》2006年第5期。
⑤ 参见周贺微：《知识产权法政治学研究》，中国政法大学出版社2021年版，第61~63页。
⑥ 参见吴汉东：《中国应建立以知识产权为导向的公共政策体系》，载《中国发展观察》2007年第5期。

分析，可以解释保护对象扩张与限制立法背后的政策立场和政策选择，评价司法过程中的政策效果，以"解决与政策决策和政府决策相关的实际问题"。①

三、著作权保护对象界定标准分析

著作权的保护对象是作品，作品由一系列作者的观点与表达、公共领域的素材与合理使用他人的表达构成，具有非物质性，增加了人们认识、理解和判断作品范围的难度。作品的界定是著作权法法律制度构建的基础，也是创作者权利的源头，思想表达二分法和独创性标准是界定某一智力成果是否属于作品的两项重要标准。

（一）思想表达二分法

现代著作权保护对象制度的立法中，思想表达二分法有着重要影响。美国1976年《版权法》首次规定了这一标准："任何情况下，对作者独创作品的版权保护，不得扩大到思想、程序、方法、系统、运算方式、概念、原理或发现，无论作品以何种形式对其加以描述、解释、说明或体现。"② 此后国际公约中也对此进行了肯定。思想表达二分法是著作权保护对象界定的主要标准之一。

1. 思想与表达区分的基本范畴

作者的创作活动一般分为两个部分：一部分是存在于作者大脑中的思想，与作品所包含的思想内涵有关；另一部分是外化于作者思想的表达，这种表达是作品创作完成的最终形态。③ 一部作品作为思想内容与表达的有机统一，整部作品本身并不绝对都属于著作权的保护对象。著作权的保护对象是思想表达部分，即"思想表达二分法"，这一制度的功能在于确定著作权保护对象的范围。④ 美国学者认为，思想与表达的区分取决于一部作品中的"受保护要

---

① ［美］弗兰克·费希尔：《公共政策评估》，中国人民大学出版社2003年版，前言部分。
② 参见美国《版权法》第102（b）条。
③ 参见吴汉东：《知识产权法》，法律出版社2021年版，第151页。
④ 吴汉东：《关于〈著作权法〉"作品"条款的法教义学解读》，载《版权理论与实务》2021年第1期。

素"和"不受保护要素"。① 从要素区分,"受保护要素"主要包括作品的结构、情节、典型人物;"不受保护要素"则有主题、题材、体裁、概念、原理和客观事实等。② 只有作品中的受保护要素满足作品可版权要件时,才能保护该作品受保护要素中具有独创性的部分。

域外对于思想表达二分争论颇多。严格解释表达的早期阶段,判例中试图区分"真正的"思想与表达。当保护范围扩张至非文字要素时,出现了诸如抽象测试法等一系列区分思想与表达的方法。随着技术发展,"Lotus 三步测试法""Altai 抽象—过滤—对比三步测试法"等区分方法被陆续提出。思想表达二分在英国可以追溯到著名的 Millar 案③和 Donaldson 案④,美国则源自最高法院的 Selden 案⑤。1976 年美国《版权法》第 102(b)条明确规定了思想表达二分,即不论被描述、解释、说明或体现的形式为何,版权法都不保护思想、程序、方法、系统、运算方式、概念、原理或发现,使该原则真正意义上成为成文法规范。⑥ 爱德华·塞缪尔教授提出,思想表达二分法应当作为版权保护的最后手段,因为实质性相似标准、原创性原则、合理使用制度及实用性原则等规范是建立在更强有力的政策考量基础上的,并且比思想表达二分法更加灵活;此外,思想表达二分法应当在版权侵权判定中再行适用,而不应当作作品可版权要件之一。

主要的版权国际公约也都明确规定了思想表达二分法。⑦ 我国《著作权法》中未明确以思想表达二分法区分受保护和不受保护的要素,仅《计算机软件保护条例》中指出,软件著作权的保护不延及开发软件所用的思想、处

---

① See Paul Goldstein, *Goldstein on Copyright* (3rd edition), Walters Kluwer, 2020, p. 52.
② 吴汉东、王毅:《著作权客体论》,载《中南政法学院学报》1990 年第 4 期。
③ Millar v. Taylor 4 Burr. 2303, 98 ER 201 (1769).
④ Donaldson v. Becket (1774) 2 Brown's Parl. Cases (2d ed.) 129, 1 Eng. Rep. 837; 4 Burr. 2408, 98 Eng. Rep. 257; 17 Cobbett's Parl. Hist. 953 (1813).
⑤ Baker v. Selden, 101 US 99 (1879).
⑥ 参见美国《版权法》第 102(b)条。
⑦ 例如《伯尔尼公约》第 2(8)条规定,版权不保护具有纯粹新闻消息性质的新闻或者事实。WCT 第 2 条和 TRIPs 第 9(2)条都规定著作权保护应延伸到表达方式,但不得延伸到思想、程序、操作方式或数学概念本身。

理过程、操作方法或数学概念等。①《著作权法》第三次修改草案中曾有过相关规定,② 但生效稿,即现行著作权法中没有保留。

分析作品构成中的思想与表达要素,判断其中受保护和不受保护要素,在立法和司法中都有重要意义。一是思想表达二分法有助于在立法上实现著作权法的立法目的。现代著作权法的目标一方面在于保护创作者权利,另一方面也在于促进文化和知识的传播利用。通过确定受保护的独创性表达,能够在保护作者的同时鼓励他人自由利用表达所蕴含的思想进行创作,从而实现著作权法的"二元价值目标"。③ 二是思想表达二分法通过明确作者权利的范围,司法上有助于判定第三人侵权与合法使用的边界。著作权的保护时间长、权利内容充分,通过确定作品中受保护的构成要素,避免作品所反映的思想观念被垄断。

2. 思想表达二分法的适用

思想和表达都是未被定义的没有内容的术语,因此在法律适用中无法避免其多变性和随意性。作为一种抽象的法律原则,其适用的方法和具体原则是通过司法实践的经验总结出来的。

关于适用的方法,司法实践的发展及经验总结产生了一系列为正确理解适用思想表达二分法的方法,包括内容形式区分法、减除测试法、抽象测试法、模式测试法、功能目的测试法和抽象—过滤—对比测试法等。④ 早期著作权保护对象范围狭窄时,思想与表达的区分相对简单,如果版权仅禁止直接的字面复制,思想与表达之间的区分就在于作者表达思想的"形式"和这些思想的"内容"。⑤ 作品的形式被严格限制在其所用的语词与手稿之上,即为内容形式区分法。

---

① 参见2013年《计算机软件保护条例》第6条。
② 参见2014年《中华人民共和国著作权法(修订草案送审稿)》中曾规定,"著作权保护延及表达,不延及思想、过程、原理、数学概念、操作方法等。"
③ 参见李扬:《著作权法基本原理》,知识产权出版社2019年版,第13页。
④ 参见卢海君:《论思想表达两分法的"成文"化》,载《中国出版》2010年第21期。
⑤ Leslie A. Kurtz, "Speaking to the Ghost: Idea and Expression in Copyright", *University of Miami Law Review*, Vol. 47, 1993, No. 5, pp. 1221, 1226.

减除测试法是传统的区分方法，法官必须先解构受版权保护的作品，滤除不受保护的成分后将剩余受保护的部分与被告的作品进行比较。例如在Alexander案中，法院发现涉嫌侵权的作品同原告作品在主题和布局方面表现出相似性，但表达或语词却没有任何相似之处，然而作品的主题和布局不属于受版权保护的要素，应当予以减除。① 可见法院对作品进行解构后，分解出作品的四要素是语言、表达、主题和布局，并认为主题和布局不属于受保护要素，为比较涉案作品是否具有实质性相似奠定了基础。②

抽象测试法的出现标志着思想和表达的区分进入相对成熟阶段。汉德法官在 Nichols 案③中提出，判断实质性相似应比较的对象是作品受版权保护的部分：通过抽象提炼将作品分为较高层次的思想与较低层次的表达，如果作品相似部分属于思想，那么相似就不具有实质性；若是相似的地方属于表达，就可能属于实质性相似。④ 抽象测试法对美国版权司法实践产生了重要影响，成为区分普通作品思想与表达最重要的方法。

随着计算机技术发展，计算机程序版权保护的司法需求使区分思想表达的方法越来越精细。由 Altai 案⑤发展出来的抽象—过滤—对比测试法在总结经验后，成为区分思想与表达二分方法的集大成者。抽象—过滤—对比测试法承认在一个计算机程序中存在许多思想和表达，通过将不受版权保护的诸多思想过滤出版权保护的范围，将功能目的测试法赋予作品的过于宽泛的版权保护限制在一个相对合理的范围之内。

思想表达二分法是处理著作权纠纷的基本标准，但是实践中遇有思想与表达重合的情形，往往也需要其他补充原则以明晰著作权法保护对象的范围。一是合并原则，当特定思想只有一种或有限几种表达方式时，既不保护思想也不保护其有限表达，这一原则主要适用于功能性作品和事实性作品。⑥ 二是

---

① Alexander v. Haley, 460 F. Supp. 40, 46 (S. D. N. Y. 1978).
② Alexander v. Haley, 460 F. Supp. 40, 46 (S. D. N. Y. 1978).
③ Nichols v. Universal Pictures Corp. 45 F. 2d 119, 121 (2d Cir. 1930).
④ 李响：《美国版权法：原则、案例及材料》，中国政法大学出版社2004年版，第285页。
⑤ Computer Associates International, Inc. v. Altai, Inc. 982 F. 2d I (2nd Cir. 1992).
⑥ 李明德：《美国知识产权法》，法律出版社2014年版，第232页。

情景原则，指文学艺术作品中的"必要场景"或"必须采用的场景"，包括特定主题、事件、角色和背景等表达都不纳入可版权范围。情景原则作为合并原则的一种特殊情形，集中体现在小说、戏剧作品中。① 合并原则与情景原则相对容易理解和判断，故此处不再赘述。

可见，著作权保护对象范畴的界定，需要以思想表达二分法为主线，辅之以合并原则和情景原则，共同作为保护对象扩张与限制认定的基本标准。

(二) 独创性标准

表达属于受版权保护的要素是成为著作权保护对象的第一步，要成为作品还需要满足一定的要件，而作品的独创性是可版权要件中的核心要素。

1. 独创性标准的基本范畴

独创性也称为原创性，是指作品为独立构思的创作属性。② 独创性标准的具体内容和程度，立法并没有明确规定。

18世纪上半叶，浪漫主义作品的盛行使独创性达到了空前的地位，独创性的重点在于"从无到有"的新。③ 自19世纪下半叶起，法律对著作权保护对象的规制开始从创作行为转移到创作成果上，认为作品是作者通过自己的实践提出的一份表达自己思想感情、意志观点等内容的报告，作品是具有独创性特质的东西。④

根据美国最高法院在"Feist 案"中的经典表述，独创性指作品是独立创作（independently created）且具有最低限度的创作（at least some minimal degree of creativity）。⑤ 独创性最基础的内涵就是作品是作者独立完成而非抄袭、剽窃、篡改他人作品的结果。

世界各国、各地区的立法也将独创性作为作品可版权性的核心要件规定在成文法中。1976 年美国《版权法》第一次在成文法中明确规定独创性标

---

① 卢海君：《版权客体论》，知识产权出版社 2014 年版，第 42 页。
② 吴汉东：《知识产权法》，法律出版社 2021 年版，第 153 页。
③ 参见付继存：《著作权法的价值构造研究》，知识产权出版社 2019 年版，第 153 页。
④ 参见付继存：《著作权法的价值构造研究》，知识产权出版社 2019 年版，第 154 页。
⑤ Feist Publications, Inc. v. Rural Tel. Serv. Co., 499 U. S. 345 (1991).

准,该法第102条规定版权保护"作者的独创性作品"(original works of authorship),独创性是表达成为受版权保护作品的必要条件。1988年英国CDPA所保护的对象可分为具有独创性的文学、戏剧、音乐或美术等作品,以及不以独创性为要件的录音、电影、无线或有线播送节目以及发行版本的版式设计等。CDPA并未提供独创性的界定标准,根据英国法院的观点,作品只要具备"技能与劳务标准"(skill and labor criterion)即可成为版权保护的对象,这也被认为作品构成并不需要以独创性为标准进行判断。此外,英国版权法还在一般作品和数据库的独创性上采取双重标准,数据库制作者只有就数据库内容的选择或者编排构成"作者本身智慧之创作"才具备独创性。

德国作为作者权体系国家对独创性要求较高。《德国著作权法与邻接权法》第2条第2款规定,作品应当是"个人的智力创作成果"而非人人均可为之的"独立性",将独创性与作者个性等同,并通过"小硬币"理论为创作程度较低的作品保有空间。① 法国虽然也强调独创性的表达,但是仅在标题的著作权保护中要求独创性,而没有其他明确规定。② 日本将作者的"思想、感情或者意志"作为独创性标准的判断因素。③ 随着网络环境下新表达的出现,作者权体系国家采用的这种标准较高的独创性要求,在将一部分对象纳入著作权保护的路径中遇到了困难,诸如计算机软件、数据库汇编等对象很难受到著作权的保护。因此欧盟1991年发布的《计算机程序保护指令》和1996年《数据库保护指令》中,提出了"作者自己的智力创造"的标准,这一标准介于"精神、情感、人格"标准和最低限度的创造性标准之间,可以将计算机程序和数据库汇编作为作品予以保护,且仅适用于这两种对象的作品认定。

我国2002年最高人民法院发布的《审理著作权案件适用法律解释》中认为,作品具有独创性并享有独立著作权的条件是"作品的表达系独立完成并且有创作性"。④ 据此可见,我国作品独创性的认定要素包括:一是独立完成,

---

① 参见[德]雷炳德:《著作权法》,张恩民译,法律出版社2005年版,第115页。
② 参见《法国知识产权法典》第L.112-4条。
③ 参见《日本著作权法》第2条第1款第(1)项。
④ 参见《最高人民法院关于审理著作权民事纠纷案件适用法律若干问题的解释》第15条,(2020年修正后该条并未修改)。

即否定以抄袭、剽窃的方式完成作品;二是个性表达,即作品体现了一定思想表达的人格要素;三是智力原创,即作品来自于作者的创造性活动,否定仅通过自然、动物或植物自动生成的"作品"。[①] 作品的独创性要求,是对主体在作品中的人格投入的要求,蕴含着对创作者智力劳动的认可。

2. 适用独创性标准的考量

独创性作为抽象性、概括性的要素,是一种具有比较性的标准。各法系和国家的法律适用中,主要争议在于独创性标准的高低,并由此衍生出不同的判断标准。

版权法体系的独创性标准更强调作者独立完成。英国的判例中指出,独创性包含个人技巧、时间、精力、经验、劳动或判断的投入。[②] "额头流汗原则"来自于美国第二巡回法院对 Jeweler 案的判决。[③] 第二巡回法院认为,如果某人在创作作品的过程中付出了劳动,那么他对作品享有版权并不依赖于其在思想上或者在语言上显示出文学技巧或者独创性,或者任何超出辛勤收集努力的东西。第七巡回法院在 1977 年的 Schroeder 案中完全放弃了独创性标准,赋予按照字母顺序排列的姓名与地址以版权,并认为使某部作品可以受到版权保护的要件仅仅是辛勤收集,而不是带有新颖性意义的独创性。[④] 虽然"辛勤收集原则"曾经被不少法院采用,但诸多法院在后来的判决中否定了该项原则。最终在 Feist 案中,美国联邦最高法院强调版权法上的创造性要素,将独创性解释为一种结构性概念,正式废弃了"额头流汗原则"。[⑤] 两大法系的独创性标准在国际趋同趋势的影响下逐渐缩小差异。

版权法体系的独创性标准以作品来源于作者为出发点,明确版权激励的主体,尽可能地在经济价值范畴确定著作权保护对象扩张与限制的认定界限。

[①] 参见吴汉东:《知识产权法》,法律出版社 2021 年版,第 153~154 页。

[②] 参见[澳]彭道敦、李雪菁:《普通法视角下的知识产权》,谢琳译,法律出版社 2010 年版,第 119~120 页。

[③] Jeweler's Circular Publishing Co. v. Keystone Publishing Co., 281 F. 83 (2d Cir.), cert. denied, 259 U. S. 581 (1922).

[④] Schroeder v. William Morrow & Co., 566 F. 2d 3 (7th Cir. 1977).

[⑤] Jane C. Ginsburg, "No 'Sweat'? Copyright and Other Protection of Works of Information after Feist v. Rural Telephone", *Columbia Law Review*, Vol 2, 1992, pp. 338~350.

作者权体系的独创性标准以作者的人格贡献与作品的关联为出发点，将作品作为作者内在精神延伸的外在形式，强调独创性的人格特征。由此，可能在著作权保护对象扩张与限制认定中，引发著作权究竟保护作品权益还是作者权益的基础性问题。

我国的独创性认定标准有创作高度说、个性说和最低程度的创作说，司法中对于创造性的认识存在差异，这一点将在后文的司法考察中进行进一步分析。但是可以明确以下几点。其一，独创性认定与表达的艺术价值无关。作品的法律评价与艺术评价应当区分开来，避免审美的主观性对法律确定性的影响。其二，独创性认定与表达的创造性、新颖性无关。著作权保护对象的原创性只要求作者"独立"构思和创作，与他人的表达相同或类似并不必然排除其获取著作权保护。其三，独创性标准应当与主体创作的意图无关，减少主体因素对作品对象认定的限制。关于作品独创性的创作高度说还是最低程度的创作说，近年在体育赛事直播节目的作品认定中有较为激烈的争议，尤其是当体育赛事直播节目的独创性程度一般比典型电影作品较低的情况下，如何认定这一更低的独创性无法达到电影作品独创性的要求。以独创性高低划分作品和录像制品使得两者的界限非常模糊，造成的后果就是司法裁判的标准不一。实践也证明，在诸如美国这种没有区分作品与邻接权对象的国家，即便采用要求很低的独创性标准，也不会引发太大的问题。比如我国并未将照片区分为摄影作品和普通照片，只要符合最低限度的独创性，便以作品进行保护，此种做法并未在实践中引发混乱。因此独创性"高低"在作品保护力度或创作空间上具有更大的评价意义，而是否构成作品的认定可能更适合采用独创性"有无"之标准。

第二章 著作权保护对象的立法考察

法律是逻辑和经验的结合体，法律规则不仅要在理论逻辑上成立，还需具备实践可操作性和现实可行性，这也正是实证分析的意义所在。本部分将从立法论的层面展开，探讨自17世纪后著作权保护对象从立法到法律实施发展演变的整体进展与趋势，以分析著作权保护对象扩张与限制中的现实问题。采用立法学分析研究方法，能够揭示出著作权保护对象在立法规定方面的内在规律、立法模式和立法总体发展趋势。

一、著作权保护对象的立法论分析

"法律不是嘲笑的对象，而是法学研究的对象；法律不应受裁判，而应是裁判的准则。"[①] 17世纪末，特许出版制度终结后，出版商开始争取作者权利的保护，转而通过权利许可转让受益，开启了现代意义上的著作权保护时代。在立法者的"修纲变法"中，著作权保护对象制度始终是被关注的焦点。

（一）域外有关著作权保护对象的规定

国际条约及国外立法均有著作权保护对象的相关规定，通过研究《伯尔尼公约》等国际版权条约中的作品定义及作品类型条款，有助于理解我国相关制度的立法渊源；以类型化视角梳理国外立法中的作品定义和类型条款，对于我国作品条款的立法选择与完善也具有重要的借鉴意义。本部分主要讨论国际公约、部分国家或地区相关法律制度中关于作品定义、构成要件及类型划分等保护对象认定相关立法的整体演进及发展趋势。

---

① 张明楷：《刑法格言的展开》，法律出版社2003年版，第3页。

1. 国际公约层面

19世纪下半叶，随着科学技术和工业生产的进步发展，国际商业贸易规模不断扩大的同时，以出版业为主的版权贸易市场也逐渐形成。文学艺术作品开始打破地域限制促进各国之间的文化交流。尽管同时期欧美等多国已经颁布了本国的版权法，但是其地域性限制和国际性需求出现矛盾，外国出版社翻译、盗印现象日趋严重。[①] 鉴于此，在发达资本主义国家推动下，主要欧洲国家开始通过签订国际公约和建立全球、地域性组织寻求建立著作权国际保护体系，其中也包括较为统一的著作权保护对象。

1886年9月，在英、法等国的推动下，《伯尔尼公约》在瑞士通过，公约第4条指出，"文学艺术作品"一词包括"书籍、小册子或任何其他书面材料；戏剧、音乐作品；配词或未配词的乐曲；绘画、雕塑、雕刻作品；平版印刷、插图、地形图；与地理、地形、建筑或一般科学有关的平面、草图和立体制品；任何可以通过任何方式出版的文学、科学或艺术领域的任何作品"。[②] 本条最后以兜底的形式对文学艺术作品进行了定义，指出任何能够出版的文学、科学或艺术领域的作品都可以成为受公约保护的对象。此外，公约还规定了文学艺术作品的翻译、改编，乐曲的改写及其他方式改编的作品，以及文学或艺术作品的汇编，都应受到保护。这是最早对文学艺术作品内涵和作品分类进行规定的国际公约，对之后各国国内法和国际公约相关条款的规定影响甚广。

之后《伯尔尼公约》历经的几次重要修订，逐步扩大了保护对象的范围（见表1）。1908年柏林文本首次将建筑作品作为一种独立的作品类型[③]，建筑作品是一种以建筑物或构筑物形式表现的有审美意义的空间艺术形态，兼具实用功能和审美价值，其保护对象是建筑物空间结构和造型中的艺术性要素。[④] 1928年罗马文本增加"讲座、演讲、布道和其他同类作品"成为独立的作品

---

① 当时比利时有出版商专门翻印法国图书，美国、加拿大医学出版商大量复制英国图书，导致英法等国部分出版商无法与廉价的盗版书竞争而破产。
② See Berne Convention for the Protection of Literary and Artistic Works (1886), Article 4.
③ See Berne Convention for the Protection of Literary and Artistic Works (Berlin Act 1908), Article 2.
④ 吴汉东：《关于〈著作权法〉"作品"条款的法教义学解读》，载《版权理论与实务》2021年第1期。

类型，并在第 2 条之 2 中排除了政治演说和在法律程序中发表的演说，并允许各国自行规定新闻报道可以转载的情形。① 1948 年布鲁塞尔文本中第 2 条有较大变化，一是将"电影作品和以类似摄制电影的方法创作的作品"与文学、美术、音乐作品等并列，成为正式作品类型；二是将罗马文本第 3 条中的"摄影作品和通过类似于摄影的过程制作的作品"加入第 2 条作为一般作品类型；三是在罗马文本要求各国在国内法允许范围内保护"实用艺术作品"的基础上，纳入一般作品类型；四是在第 2 条第 3 款单独规定了汇编作品。② 20 世纪 50 年代传播技术的发展，引发人们对于未被预先录制的现场直播连续画面，如电视台在新闻事件的现场所进行的直播，在符合独创性的条件下能否受到《伯尔尼公约》的保护产生疑问。③ 因此 1967 年斯德哥尔摩外交会议中一个重要议题，就是公约保护的作品是否必须以预先固定为条件？经讨论，斯德哥尔摩文本中有两项修改：一是将"电影作品和以类似摄制电影的方法创作的作品"改为"电影作品和以类似摄制电影的方法表现的作品"；二是明确成员国可以将"已在物质载体上固定"作为所有作品或者特定类型作品的保护条件。④ 1971 年巴黎文本中纳入了民间文学艺术作品⑤，同时第 5 条规定成员国可对著作权客体范围进行限制。⑥

当前《伯尔尼公约》的生效文本是 1979 年在未变动巴黎文本实体条文的基础上更改的，其中第 2 条用"开放式"的体系明确指出，公约保护的"文学艺术作品"是指科学和文学艺术领域内的一切作品，不论其表现方式或形式如何，并以非穷尽示例的方式列举了 10 种作品类型，同时还规定了文学艺术作品的翻译、改编，乐曲的改写及其他方式改编的作品，都应受到保护。⑦

---

① See Berne Convention for the Protection of Literary and Artistic Works (Rome Act 1928), Article 2bis.
② See Berne Convention for the Protection of Literary and Artistic Works (Brussels Act 1948), Article 2.
③ 王迁：《论视听作品的范围及权利归属》，载《中外法学》2021 年第 3 期。
④ See Berne Convention for the Protection of Literary and Artistic Works (Stockholm Act 1967), Article 2 (1)(2).
⑤ See Berne Convention for the Protection of Literary and Artistic Works (Paris Act 1971), Article 2.
⑥ See abid, Article 5.
⑦ See Berne Convention for the Protection of Literary and Artistic Works (as amended on September 28, 1979), Article 2 (1).

世界知识产权组织编写的《保护文学艺术作品伯尔尼公约指南》中更是指出，"作品可以通过任何方式公之于众"，"作品的价值也无须考虑"。① 国际公约是各国妥协的结果，《伯尔尼公约》更不例外，它不但要调整各国国内规范冲突，还要调整版权体系与作者权体系之间的冲突。多重因素作用之下，《伯尔尼公约》作品条款中的作品类型列举是且只能是各成员方对于受保护作品的最小范围约定。但是公约不仅为成员国著作权保护对象的立法指明方向，在设立最小范畴的同时也预留了合理空间，对全球范围内的著作权保护对象之统一作出了突出贡献。

除《伯尔尼公约》外，世界知识产权组织（WIPO）还管理着其他七项生效的著作权相关国际公约。一是著作权方面主要包括，1974 年《发送卫星传输节目信号布鲁塞尔公约》（以下简称《布鲁塞尔公约》）提出对卫星传输的节目信号的保护。② 1996 年 WCT 和 WPPT 都是世界知识产权组织为应对数字环境下创作和传播作品方式变化而缔结的专门协定。WCT 中关于著作权的保护对象，在第 2 条首先明文强调了版权保护的思想表达二分；其次规定"计算机程序"作为《伯尔尼公约》第 2 条中的文学作品予以保护，且不论其表达方式或形式；此外，只要"数据或其他资料的汇编"（数据库）对内容的选择或排列构成智力创作，不论采用何种形式都受到保护。③ WPPT 在《罗马公约》的基础上，明确将技术措施和权利管理信息列入客体范围，被视为是特定数字作品保护客体外延的扩张。④ 二是邻接权方面主要包括，1961 年《罗马公约》首次规定了表演、录音制品等保护对象，扩张了广义上著作权的范围，但也规定只有加注录音制品标记的录音制品才能获得保护。在此基础上，随着复制技术的不断发展，1971 年《保护录音制品制作者禁止未经许可复制其录音制品日内瓦公约》（以下简称《录音制品公约》）专门为保护录音制品而缔结，涵盖由任何材

---

① 世界知识产权组织编：《保护文学和艺术作品伯尔尼公约（1971 年巴黎文本）指南（附英文文本）》，刘波林译，中国人民大学出版社 2002 年版，第 13 页。
② See Brussels Convention Relating to the Distribution of Programme-Carrying Signals Transmitted by Satellite, Article 2.
③ 参见《世界知识产权组织版权条约（WCT）》第 2 条、第 4 条、第 5 条。
④ 参见《世界知识产权组织表演和录音制品条约（WPPT）》第 19 条。

料或介质构成的能够再现声音的制品,如磁带、唱片、激光唱盘、磁盘等。①2012 年《视听表演北京条约》集中强调对表演者以视听录制品录制的表演(电影)和未录制的(现场)表演的保护。

此外,联合国教科文组织(UNESCO)也积极推动国际版权保护的进程。由于《伯尔尼公约》中要求保护作者精神权利和自动保护原则,美国等坚持作品以发表为保护前提的国家始终不愿加入。1952 年 UNESCO 主持缔结了《世界版权公约》,公约保护的作品包括文字、音乐、戏剧和电影、图形及绘画、雕刻和雕塑作品,同时公约第 3 条要求已出版作品在加注版权标记后才能获得保护。这样的保护对象要求显然是低于《伯尔尼公约》的,规定也较为笼统,但《世界版权公约》不允许成员国作任何保留,可以看作是对成员国国内法的最低要求,这为一部分发展中国家加入保护水平更高的《伯尔尼公约》提供了过渡。UNESCO 还与 WIPO 共同颁布了《突尼斯版权示范法(为发展中国家制定)》,其中规定了明确的"本国民间创作的作品"定义。②将民间文学艺术表达作为著作权法对象的保护需求,主要来自发展中国家,为此《伯尔尼公约》1971 年巴黎文本中,将民间文学艺术作品作为"无作者作品"的一种特例处理。③ 1976 年《突尼斯版权示范法(为发展中国家制定)》又进一步为发展中国家民间创作作品的保护提供了模板,将民间文学艺术表达纳为著作权保护的对象,不是为了鼓励创作,而是在于实现公平的同时保护民族、族群的利益。④ 但是目前将民间文学艺术表达纳入著作权保护对象的国家主要集中于发展中国家,如突尼斯、智利、摩洛哥、肯尼亚等。特殊的是,英国 1988 年 CDPA 第 169 条中,就按照《伯尔尼公约》的要求将民间文学艺术表达以"无作者作品"给予保护⑤,这在发达国家的立法中是少

---

① See Convention for the Protection of Producers of Phonograms Against Unauthorized Duplication of Their Phonograms, Article 1.

② 《突尼斯版权示范法(为发展中国家制定)》中规定民间文学艺术表达是为任何在一国领土内由该国国民或族群创作,世代相传,作为传统文化遗产基本构成要素的文学、艺术和科学作品。See Tunis Model Law on Copyright for Developing Countries, Section 18 (iv).

③ See Berne Convention for the Protection of Literary and Artistic Works, Article 15 (4).

④ See Tunis Model Law on Copyright (for developing countries), section 6.

⑤ See UK Copyright, Designs and Patents Act 1988, Article 169.

见的。①

TRIPs 协议在著作权保护对象上延续了《伯尔尼公约》和 WCT 的规定，强调著作权只保护表达而非思想，并具体规定了计算机程序的源代码或是目标代码都应作为文字作品受到保护，无论是机器可读的还是其他形式的数据或其他材料的汇编，因其内容的选择或安排而具有独创性的都应作为汇编作品受到保护，但这种保护不扩展至数据或材料本身。②

作为地域性的国际组织，欧共体首先需要弥合区域内部著作权法体系之间立法的差异，消除版权产品在单一市场中流通的障碍。但是欧共体范围内只有协调指令而没有一体有效的版权立法，一是由于成员国之间立法差异难以轻易弥合，二是版权所涉作品类型繁多，牵涉各国产业利益关系复杂，因此很难制定一部在欧共体范围内统一的版权条例。1991 年，欧共体发布了《计算机程序保护指令》，要求成员国将计算机软件作为文字作品保护。③ 为应对互联网对版权保护的挑战，1995 年提出了"关于信息社会版权和邻接权的绿皮书"，一方面为了提供一个与国际社会一致的规范化体系，贯彻 WCT 和 WPPT 的规定，确保网络服务提供者和产品提供者获取应得的利益，其中重点就是对作品和邻接权对象提供有效的保护；另一方面为了网络环境的特殊性，必须协调成员国的相关法律规范，消除地域性导致的障碍。④ 1996 年《数据库保护指令》发布，对数据库汇编作品提供版权保护，同时对数据内容提供特别权利的保护。⑤ 2001 年 6 月，《信息社会版权指令》正式公布，为网络环境下的作品提供有效保护。⑥

---

① 参考世界知识产权组织官网，https://www.wipo.int/tk/en/databases/tklaws/，最后访问日期：2021.7.20。

② 参见《与贸易有关的知识产权协定》，第 9 条、第 10 条。

③ Directive 2009/24/EC of the European Parliament and of the Council of 23 April 2009 on the legal protection of computer programs (Codified version).

④ 参见李明德、黄晖等：《欧盟知识产权法》，法律出版社 2010 年版，第 279 页。

⑤ 参见李明德、黄晖等：《欧盟知识产权法》，法律出版社 2010 年版，第 186 页。

⑥ Directive 2001/29/EC of the European Parliament and of the Council of 22 May 2001 on the Harmonisation of Certain Aspects of Copyright and Related Rights in the Information Society, OJ, 167/10, June 22, 2001.

综上，在19世纪至20世纪的著作权相关国际公约的变革中，著作权保护突破封闭的地域性逐渐走向融合，保护对象也从狭小转为宽泛，初步形成国际版权保护体系，尤其是《伯尔尼公约》要求的最低标准保护和国民待遇原则，决定了国际范围内对于著作权保护的对象会渐趋一致，否则可能导致不对等保护。① 国际公约范畴上的作品概念较为宽泛，基本遵循《伯尔尼公约》的规定，即文学、科学和艺术领域内的一切成果，不论其表现形式或方式如何，并以非穷尽示例的方式列举作品类型，为成员国根据国情设置国内法和未来可能出现的新表达保留了足够的空间，但各公约在保护对象条款的具体设计方面也有一定差异（具体参阅表1）。

表1 著作权相关的主要国际条约就保护对象之规定

主管机构	公约	通过时间	保护对象条款
WIPO	保护文学艺术作品伯尔尼公约（伯尔尼公约）	1886年瑞士文本	第4条："文学艺术作品"一词包括书籍、小册子或任何其他书面材料；戏剧、音乐作品；配词或未配词的乐曲；绘画、雕塑、雕刻作品；平版印刷、插图、地形图；与地理、地形、建筑或一般科学有关的平面、草图和立体制品；任何可以通过任何方式出版的文学、科学或艺术领域的任何作品。
		1896年 巴黎附加文本	
		1908年柏林文本	"文学艺术作品"一词包括文学、科学或艺术领域的任何作品，无论其复制方式或形式如何。 将"建筑作品"与素描、绘画、雕塑、雕刻和平版印刷作品并列作为独立的作品类型。
		1914年 伯尔尼附加议定书	
		1928年罗马文本	增加"讲座、演讲、布道和其他同类作品"成为独立的作品类型。

---

① 王迁：《论作品类型法定——兼评"音乐喷泉案"》，载《法学评论》2019年第3期。

续表

主管机构	公约	通过时间	保护对象条款
WIPO	保护文学艺术作品伯尔尼公约（伯尔尼公约）	1948年布鲁塞尔文本	与罗马文本相比，有以下变化：（1）"电影作品和以类似摄制电影的方法创作的作品"成为正式作品类型；（2）"实用艺术作品"成为正式作品类型；（3）"摄影作品和通过类似于摄影的过程制作的作品"由第3条的特殊作品成为第2条中的一般作品类型；（4）在第2条第3款增加汇编作品的单独规定。
		1967年斯德哥尔摩文本	（1）第1款修改为"电影作品和以类似摄制电影的方法表现的作品""摄影作品和以类似摄影的方法表现的作品"。（2）增加第2款：本同盟各成员国通过国内立法规定所有作品或任何特定种类的作品如果未以某种物质形式固定下来便不受保护。
	保护文学艺术作品伯尔尼公约（伯尔尼公约）	1971年巴黎文本	第15（4）条以"不具名作品"保护民间文学艺术表达。
		1979年修正	
	保护表演者、音像制品制作者和广播组织罗马公约（罗马公约）	1961年	首次在广义著作权中增加了表演、录音制品等邻接权保护对象。
	保护录音制品制作者禁止未经许可复制其录音制品日内瓦公约（录音制品公约）	1971年	"录音制品"指任何仅听觉可感知的对表演的声音或其他声音的固定。
	发送卫星传输节目信号布鲁塞尔公约（布鲁塞尔公约）	1974年	每一缔约国均有义务采取适当措施，防止未经许可向其领土或从其领土发送卫星传输的节目信号。
	世界知识产权组织版权条约（WCT）	1996年	一是明确著作权的保护应延伸到表达方式，但不得延伸到思想、程序、操作方法或者数学概念本身；二是要求将计算机程序和富有独创性的数据汇编作为著作权保护的对象。

续表

主管机构	公约	通过时间	保护对象条款
WIPO	世界知识产权组织表演和录音制品条约（WPPT）	1996 年	明确将技术措施和权利管理信息列入客体范围。
	视听表演北京条约	2012 年	对表演者以视听录制品录制的表演（电影）和未录制的（现场）表演予以保护。
	关于为盲人、视力障碍者或其他印刷品阅读障碍者获得已出版作品提供便利的马拉喀什条约	2013 年	条约中的"作品"是指《伯尔尼公约》第2条第1款所指的文学艺术作品，形式为文字、符号和（或）相关图示的材料，无论是否出版，或是通过任何媒介公开提供的作品，也包括有声读物。
UNE-SCO	世界版权公约	1952 年	第1条：各缔约国承诺对文学、科学和艺术作品，包括文字、音乐、戏剧和电影、图形及绘画、雕刻和雕塑作品的作者和其他版权所有人的权利提供充分和有效的保护。 第3条第1款规定已经出版的作品应当在复制件上加注版权标记，才能获得保护。
		1971 年修订	
UNE-SCO & WIPO	突尼斯版权示范法（为发展中国家制定）	1976 年	第6节专门规定对民间文学艺术作品的保护。
世界贸易组织WTO	与贸易有关的知识产权协议（TRIPs 协议）	1994 年	各成员应遵守《伯尔尼公约》（1971年）第1条至第21条及其附录； 规定思想表达二分法； 计算机程序，无论是源代码还是目标代码，均应作为文字作品予以保护； 具有独创性的数据或其他材料的汇编，应受到同样的保护。此类保护不应扩展到数据或材料本身，也不损害数据或材料本身存在的任何版权。

2. 外国法层面

从作品保护制度的国际发展看,起源于英国的版权体系影响了美国和很多英联邦国家,而起源于法国的作者权体系则影响了德国、瑞士等欧洲大陆国家。

(1) 版权法体系中的版权保护对象

英国议会于 1709 年通过的《安娜女王法》是世界范围内第一部真正意义上以保护作者权利为核心的版权法。① 在《安娜女王法》颁布后,18 世纪至 19 世纪中期英国又颁布了许多综合性版权法。② 在此过程中,英国版权法的保护对象范围不断扩大,将保护对象范围逐步扩张到了雕刻作品、雕塑作品、戏剧作品、演讲作品、文学作品和音乐作品等。英国 1988 年 CDPA 中保护范围更加广泛,包括了文学、戏剧、音乐、艺术、图画、照片、雕塑、录音、影片、广播节目和电视节目。③ 若处于该范围之外的创作欲寻求版权保护就会面临阻碍,如版式设计保护的客体限于英国"已出版版本版式布局"。

"纵观美国版权法的发展历史,可以说是受保护的作品种类不断扩张的历史。"④ 美国的版权制度始于 1709 年第一部版权法,该法规定的保护对象仅有地图、图表和书籍。1802 年版权法修正案又将印刷物和雕刻纳入到版权保护范围。1831 年颁布的版权法将音乐作品作为版权对象进行保护。1856 年的版权法将版权保护的对象扩张至包括戏剧作品在内的作品的公开表演。1865 年,照片成为版权法的保护对象。1870 年,绘画、素描和雕像受到版权法的保护。1909 年,美国版权法进行了彻底修订,将所有作者的作品都作为版权法保护的对象。1976 年版权法中将受保护作品的范围采用概括性方式界定:"能够固

---

① 该法全称为:An Act for the Encouragement of Learning, by vesting the Copies of Printed Books in the Authors or Purchasers of such Copies, during the Times therein mentioned。

② 英国《版权法》自 1814 年后中间又经历了四次修改才有现行 1988 年 的修订版,再如 1734 年《雕版印刷品版权法》、1777 年《图片版权法》、1813 年《雕塑版权法》、1833 年《戏剧版权法》、1835 年《演讲版权法》、1842 年《文学版权法》、1902 年《音乐版权法》、1955 年《表演者保护法》和 1968 年《外观设计版权法》。

③ See Copyright, Designs and Patents Act 1988, Article 3~6.

④ 李明德:《美国知识产权法》,法律出版社 2014 年版,第 229 页。

定的独创性作品"①，无论这种作品以任何表达形式出现，以任何方式被感知、复制或以任何方法传播②，采取了"作品类型开放"模式。但美国在作品类型开放的国家中又属于"保守派"，面对新表达类型时始终保持谨慎的态度，这一点在几个典型案例中表现得尤为明显。1998 年美国颁布的 DMCA 中又将网络作品和为保护网络作品而设置的技术保护措施及权利管理信息纳入到著作权法的保护范围。美国众议院提出，受版权保护作品的扩张可以分为因科学技术发展而产生的新的表达形式，以及原本不为版权法所承认但又逐渐获得认可的表达形式。③

美国版权保护对象的开放式列举模式，不代表美国法律对于未被立法明确列举的对象也持开放态度。例如，随着合成生物学的发展，将合成生物产品纳入版权保护对象的呼声渐长，将合成生物产品中的人工合成 DNA 排列与计算机程序类比，认为人工合成 DNA 排列作为一种信息表达具有独创性，并且在一定设备的辅助下具有可读性。④ 人工合成 DNA 排列若不能得到版权法的保护，鉴于专利保护的高门槛和高费用，可能导致这种成果被盗用而失去投入创造的积极性。⑤ 但是这种说法并未被美国立法者和实践接受，一是人工合成 DNA 排列并不等同于计算机程序，其不具有人类可读性和交流性的语言，仅能表明该排列可以产生化学反应；二是对人工合成 DNA 排列提供版权保护不符合版权法的立法目的，无助于激励相关交易市场的发展；三是相比于作为版权保护的对象，人工合成 DNA 排列更适合作为专利权的保护对象。⑥

此外，根据美国 1976 年版权法的规定，受保护作品必须是"固定"在有形物体上的作品，对于没有固定的即兴演说和表演等，则由各州的普通法予

---

① 参见美国《版权法》第 102 条。
② 戴娜娜：《著作权的客体本质及其现实意义》，载《电子知识产权》2008 年第 6 期，第 29~32 页。
③ H. R. Report, No. 94 - 1476, 94th Cong., 2d Sess. (1976), for Section 102.
④ Andrew W. Torrance, "DNA Copyright", *Valparaiso University Law Review*, Vol. 46, 2011, No. 1, pp. 28~30.
⑤ Christopher M. Holman, "Copyright for Engineered DNA: An Idea Whose Time Has Come?", *West Virginia Law Review*, Vol. 113, 2011, pp. 699, 710.
⑥ See Association of Molecular Pathology v. Myriad Genetics, Inc., 133 S. Ct. 2017 (2013).

以保护。这是建立在美国联邦法和州法的"双轨制"下的特殊保护模式。版权法第101条也对"固定"进行了定义，作品"固定在有形的表达媒介上"，是指"体现于复制品或唱片中，并且具有足够的永久性或稳定性，而不仅仅是暂时地存在，从而可以被感知、复制或传送"。① 同时也要求这种"固定"必须是由作者授权的，未经授权的固定行为属于非法行为。总体来说固定性不仅是区分联邦版权保护与州法保护的分界线，也将无形的智力成果与有形的媒介联系起来。值得关注的是，在美国版权法的固定性要求下，面对体育赛事直播此种形式的表达，根据第101条，"随录随播"的形式能够满足固定性要求，"正在转播的，由声音、图像或两者结合而构成的作品，只要对该作品是在转播的同时进行录制，也符合'固定'要求"。其中，由声音和图像构成的画面以电影作品予以保护，由声音构成的广播则属于录音作品，若是只转播未录制则不能成为版权保护的对象。②

（2）作者权体系中的著作权保护对象

法国在著作权保护对象的扩张方面所持的态度尤为包容。法国所秉持的"人的价值""人人生而平等"之观念，使其不仅将作品理解为普通财产，而是作为作者人格的延伸和精神的反映，在鼓励创作的同时强调"天赋人权"，创立了作者权法体系。法国《知识产权法典》规定了14类作品，并指出判断某一对象是否能构成著作权保护的作品时，不应加入任何价值或审美判断，也不影响考虑其创作的工业目的或是艺术目的，这些都不应成为不予保护的理由。③ 这一规定可以说没有为著作权保护对象在法律上设置过多界限，导致法国司法实践中出现了受到国际社会普遍质疑的著作权保护对象，对此将于后文详述。

德国的作品受保护的前提要件是必须且只需满足《德国著作权法》第2条所规定的要件。此时，著作权法的保护便可"依法"产生；除此之外没有其他的要件，特别是不需要考虑是否办理登记备案等特定手续。④《德国著作

---

① 参见美国《版权法》第101条。
② 参见李明德：《美国知识产权法》，法律出版社2014年版，第259页。
③ See French Intellectual Property Code, Article L112-1, L112-2.
④ ［德］图比亚斯·莱特：《德国著作权法》，张怀岭、吴逸越译，中国人民大学出版社2019年版，第23页。

权法》第 1 条规定了作者对其文学、科学和艺术领域内的作品享有著作权保护。① 随后第 2 条对保护范围作了具体规定，其中第 1 款对受保护作品作出列举式规定，第 2 款将作品的范围限制在"仅为个人智识创作的产品"。此外，德国也是较早以国内法为计算机软件提供著作权保护的国家之一。特别的是，德国规定中的科学版本权别具一格，将公有领域内的作品或知识进行整理的人，对其区别于已有版本的作品，享有与同类作品著作权内容相仿、期限为 25 年的专有权。②

日本对作品的保护始于 1869 年明治二年的《出版条例》，这部条例类似于《安娜女王法》，侧重于出版商对其图书的专有出版权。1887 年日本将《出版条例》一分为二，增加了《版权条例》，专门规定了作者享有的权利，并规定未发表作品可以自动获得保护，但已发表作品未登记将进入公有领域。③ 尽管两部条例都是在英美版权法影响下制定的，但这标志着日本出现了专门保护作品的法律，与同时期专门保护摄影作品、音乐作品和戏剧脚本的条例共同构成了当时的作品保护法律体系。④ 直至 1899 年，日本主要依据德国《著作权法》并参考《伯尔尼公约》，制定了"明治《著作权法》"（以下简称旧法）。1899 年至 1941 年间，旧法不断进行修改，依次增加了"建筑作品""电影作品"以应对伯尔尼公约的修订，并且规定了对表演、广播和录音的保护以回应传播技术的发展。旧法保护的作品包括文字、口述、图形、建筑、模型、美术、音乐、摄影、电影、汇编以及其他文学艺术作品。⑤ 二战后，日本全面重启了对知识产权的保护，并于 1970 年颁布了完全不同明治时代的新《著作权法》，又被称为"昭和《著作权法》"（以下简称新法）。⑥ 此后，1985 年修订中增加了"计算机程序作品"为著作权保护对象⑦。1986 年规定因选择信息或构

---

① 参见德国《著作权法》第 1 条。
② 参见德国《著作权法》第 70 条。
③ 李明德、闫文军：《日本知识产权法》，法律出版社 2020 年版，第 26~27 页。
④ 参见李明德、闫文军：《日本知识产权法》，法律出版社 2020 年版，第 58~59 页。
⑤ 参见日本 1921 年《著作权法》第 1 条、第 14 条和第 22 条。
⑥ 参见李明德、闫文军：《日本知识产权法》，法律出版社 2020 年版，第 61 页。
⑦ 参见日本《著作权法》第 2 条第 1 款第 10 项之二，为计算机程序的定义；第 10 条受保护作品类型中增加了"计算机程序作品"。

建体系而具有独创性的可以作为"数据库作品"受到保护①，增加在汇编作品之后作为区分。日本新法第 2 条第 1 款第 1 项规定，作品是指文学、科学、美术和音乐领域内对于思想情感的独创性表达。第 10 条列举了受保护的作品类型，紧接着在第 11 条和第 12 条分别规定了演绎作品（二次的著作物）和汇编作品（编集著作物）。可见日本《著作权法》没有规定兜底条款，但是其作品定义条款和作品类型条款的示例性都为新类型表达的保护预留了空间。

3. 对著作权保护对象整体进展和趋势的评价

从《伯尔尼公约》以来针对著作权保护对象的演变可以看出，伴随着技术和经济社会的不断发展，并基于文化产业的繁荣和作品著作权权益保护的需求，国际公约就著作权保护对象不断扩张，尤其是科技创新和产业发展而表现的产业利益，不断融入著作权法相关规定，集中表现在保护范围方面。在国际著作权公约或联盟驱使下，各国以适应国内发展之需求，也在不断就著作权保护范围进行立法修法工作。

首先，从作者权利时期至世界权利时期，世界范围内的版权保护对象发展的整体趋势有以下特点：

一是著作权保护开始突破封闭的地域性逐渐走向融合，初步形成了国际版权保护体系。通过国际版权体系一设立了著作权保护框架和最低保护标准，同时也为成员国依据国情建立自身保护体系保留了充分的自由空间。

二是依据技术变化，著作权保护对象不断扩张，作品范围由狭小转为宽泛。作品的类型变化上，"电影、电视、录像"等开始作为"视听作品"受到保护；扩张保护通过同步卫星传载的载有节目信号的"卫星广播节目"；依据内容不同分类保护通过同轴电缆接收和传播的"电视节目"；将计算机软件作为文字作品纳入著作权保护范畴。②

其次，作品定义和构成要件方面，国际公约中对部分难以达成共识的概念选择了回避。因此《伯尔尼公约》的作品构成要件中，并未提出独创性要

---

① 参见日本《著作权法》第 12 条之二。
② 吴汉东主编：《中国知识产权理论体系研究》，商务印书馆 2018 年版，第 91 页。

求，同时允许各国通过国内法自行确定是否要求"固定性"要件。由于版权体系和作者权体系国家对独创性高低的要求不同，公约将核心的独创性标准留给各国国内法自行决定。

但是欧盟作为区域性的国际组织，需要调和其成员国在版权保护上的标准。因此欧盟发布的一系列协调指令都尝试在各成员国中建立统一的版权保护对象认定标准。例如在《计算机程序保护指令》中，欧共体提出构成作品的计算机软件必须是原创的，即"作者自己的智力创造"，才能获得保护。① 这一独创性标准既不是著作权法体系中的"作者人格"标准，也不是版权法体系中的"汗水理论"标准，似乎介于二者之间。② 1996年发布的《数据库保护指令》中，欧共体理事会进一步确定了"作者自己的智力创造"这一标准。③ 但是欧共体的这一标准仅针对计算机软件和数据库，并未涉及其他类型的作品认定，发挥的弥合作用十分有限。事实上，英国版权法在计算机软件的作品认定中，仍旧坚持其传统的"技能、判断力和劳动"标准，即只要作者在创作作品的过程中付出了一定劳动，作品不是抄袭的，就能够成为版权保护的对象。④ 这导致在判定简单代码和程序语言是否能够受到版权保护时，版权法体系和作者权体系就可能产生不同结论。

最后，具体到作品类型列举的方式上有"限定性列举"和"示例性列举"两种情形，对应"作品类型法定主义"与"作品类型开放主义"⑤。

一是限定性列举与作品类型法定主义。作品类型的法定主义通常是在相对明确的作品概念基础上，辅之以限定性的作品类型列举，要求著作权法保护的对象限制在法律明确规定的范畴内。如英国CDPA第1条第（1）款开宗明义地以穷尽式列举的方式，规定版权是一种财产权，并限定于几类作品之

---

① 参见《计算机软件保护指令》第1条第3款。
② 参见李明德、黄晖等：《欧盟知识产权法》，法律出版社2010年版，第143页。
③ 参见《数据库保护指令》第3条。
④ See W. Cornish, D. Llewelyn and T. Alpin, *Intellectual Property: Patents, Copyright, Trademarks & Allied Rights*, 8th ed. Sweet & Maxwell, 2013, p.974.
⑤ 参见王迁：《论作品类型法定——兼评"音乐喷泉案"》，载《法学评论》2019年第3期；卢海君：《"作品类型法定原则"批判》，载《社会科学》2020年第9期；李琛：《论作品类型化的法律意义》，载《知识产权》2018年第8期。

中，这样的规定没有给法院认定新类型作品的空间。以英国为立法参考的许多英美法系国家和地区的立法同样采取了"限定性列举"的做法，如澳大利亚①、新西兰②、爱尔兰③、新加坡④和我国香港地区⑤等。

限定式作品类型的立法模式有其优越性。一方面使法律规定具有确定性，由于规定了明确的作品类型目录，可以很容易地界定版权保护对象的范畴；另一方面，此种限定性能够确保法院不会不适当地扩张版权保护的对象。然而，绝对的作品类型法定也具有其局限性。有学者认为限定性立法模式会造成保护范围上的差距，其中一些差距可能造成对未来出现的创造性高于现存作品类型的不合理的歧视。⑥ 同时作品类型法定对于有争议对象的归类会造成一定程度的模糊性，从而导致司法机关在判断非典型作品是否能够被收入既存列表时模棱两可，进而造成司法判例的矛盾。⑦

二是示例性列举与作品类型开放主义。作品类型的开放式列举模式通常是在规定了作品"开放式概念"的基础上，辅之以示例性的典型作品类型。其中的典型代表为法国、美国、德国、荷兰、日本等国家。法国《知识产权法典》的作品类型条款采用了"所有智力成果""无论……如何""尤其……包括"的表述，显然这种列举是开放性的。⑧ 美国《版权法》第102条规定的作品定义中，"任何物质形式"与"包括"表明美国的作品的列举是示例性而非限定性的。⑨ 美国国会也在相关报告中称："（作品类型）清单是'说

---

① See Australia Copyright Act, Section 32（1）.
② See New Zealand Copyright Act, Section 14（1）.
③ See Ireland Copyright Act, Section 17（2）（b）.
④ See Singapore Copyright Act, Section 27（1）.
⑤ See Hong Kong SAR Copyright Ordinance, Section 1（1）.
⑥ See Andrew F. Christie, "A Proposal for Simplifying United Kingdom Copyright Law", *University of Melbourne Law School Legal Studies Research Paper Series*, 2001, pp. 26, 28.
⑦ ［英］埃斯特尔·德克雷主编：《欧盟版权法之未来》，徐红菊译，知识产权出版社2016年版，第48页。
⑧ 参见法国《知识产权法典》第L.112条。
⑨ 美国《版权法》第102条规定，"以任何现在一直或者以后出现的物质表达方式——通过此种方式可以或者借助于机械装置可感知、复制或者以其他方式传播作品——固定的独创内容，依本篇受版权保护。作品包括以下种类……"。

明性的，而非限定性的'。"① 荷兰《著作权法》在第 10 条列举了 12 种作品类型之后，又设定了对于智力成果无论表现形式为何都予以保护的兜底条款。日本《著作权法》第 10 条第 1 款作品类型列举中，使用的"作品的示例"以及"主要包括"等表述均证明其作品分类是示例性的。② 德国《著作权法》第 2 条第 1 款对受保护作品的列举使用了"特别指……"③ 的表述，德文法条中"insbesondere"意为"特别""尤其"，与该国向 WIPO 提交的英文版本中"include, in particular"的意思完全相同④，指"包括但不限于"。这表明该条第 1 款第 1 项至第 7 项规定的语言作品等只是对作品典型类型的非限定性例举，而非穷尽式列举。在出现了新的作品表达方式或形式时，可以根据第 2 款的作品定义，判断是否将其认定为受著作权法保护的作品。⑤ 德国学者也认为，德国《著作权法》努力将一切属于文学、科学、艺术领域的作品都纳入法律的保护范围，但是对于这些作品的列举不可能穷尽。⑥ 可见以上国家的版权立法是随时可以接纳新表达形式的状态。

　　WIPO 管理的已生效著作权领域的世界性多边国际公约共有 8 项，WTO 管理着 TRIPs 协议。前章已述，这些国际公约中的著作权保护对象的立法方式主要采取开放式、列举式模式。开放的作品类型立法模式除了有国际条约作为示范基础，也是由于其灵活性和适应性，在世界范围内被广泛适用。对于新技术发展产生的新表达，更具包容性并提供有效保护，而不是将争议的对象简单排除。通过开放式规定，法院可以自行判断是否将一种新的表达方式认定为作品并扩张为著作权的保护对象，其最重要的价值就在于可以避免法律条文的僵化。然而需要考量的是，著作权是一种以自动取得为原则的绝对权，不需要登记授权，财产权的保护期较之专利权、商标权相对较长，并

---

① See H. R. REP. 94 - 1476, 94th Cong., 2nd Sess., at 53 (1976).
② 参见日本《著作权法》第 10 条第 1 款，"本法所示例的作品，主要包括……"。
③ 参见德国《著作权法》第 2 条第 1 款，中文译本参见《德国著作权法》，范长军译，知识产权出版社 2013 年版，第 2 页。
④ 参见《德国著作权法》提交 WIPO 英文译本，https://wipolex.wipo.int/zh/text/474263，最后访问日期 2021 年 7 月 10 日。
⑤ 参见德国《著作权法》第 2 条第 2 款："本法意义的作品仅指个人的智力创作"。
⑥ [德] 雷炳德：《著作权法》，张恩民译，法律出版社 2005 年版，第 112 页。

且逐渐摒弃了对有形载体的要求,将一种立法未明确承认的表达形式认定为作品,不仅可能导致与其他成员国保护作品义务不对等,还可能因过度扩张著作权保护对象的范围引起利益失衡。

无论是以《伯尔尼公约》为代表的国际公约,或是以美国为代表的发达国家,大多采用相对开放的作品条款和示例性的作品类型立法模式。① 但无论是参考《伯尔尼公约》的修订过程还是各示例性立法国家的实践经验能够发现,各国对著作权保护对象的扩张始终保持审慎的态度,且在列举新作品类型时会综合考虑诸多参考因素。因此,在日益增加的新类型作品出现时,如何以包容审慎的态度扩张著作权保护的对象,完善作品判断的考虑因素,应当进一步进行研究。

(二) 我国法律体系中保护对象的相关规定

"稳定与变化在法律生活中趋向于相互连接和相互渗透。"② 我国著作权保护对象相关法律规定的演变,也集中体现在范围的扩张与限制中。

1. 我国《民法典》中的著作权保护对象

2021年1月1日施行的《中华人民共和国民法典》(以下简称《民法典》),直接承继了我国《民法总则》中的知识产权条款,在第123条对"知识产权"进行定义时选择了概括式列举保护对象类型的立法模式,其中第2款从权利客体的角度罗列了包括作品在内的7种知识产权对象,界定了知识产权保护对象的范畴;并以"法律规定的其他客体"为兜底条款,体现了知识产权法定主义。③ 基于《民法典》在私法体系中的基础性地位,该条文属于宣示性规范,目的在于明确知识产权的权利属性,并界定知识产权的具体权利类型。④

---

① 任安麒:《作品类型兜底条款的证成、选择与适用——兼议非典型作品的著作权保护路径》,载《电子知识产权》2021年第4期。

② [美] E·博登海默:《法理学:法律哲学与法律方法》,邓正来译,中国政法大学出版社2004年版,第340~341页。

③ 参见《民法典》第123条。

④ 易继明:《知识产权法定主义及其缓和——兼对〈民法总则〉第123条条文的分析》,载《知识产权》2017年第5期。

其中以"法律规定的"作为划定知识产权保护对象限制条件的范畴,是知识产权法定主义的体现。争议在于第123条确立的是严格还是缓和的知识产权法定主义。有学者认为《民法典》在保护对象问题上已经采取了缓和的知识产权法定主义。① 但是通过《民法典》制定过程中的修改历程可以发现,本条中的"法律"仅指全国人大及其常务委员会制定的法律,排除了对行政法规授权。② 面对未被列举的其他保护对象,如商号等,通过法理、行政法规纳入知识产权类型均不符合条件,本条应理解为严格的知识产权法定主义。③

由于知识产权对象的复杂性与多样性,《民法典》以列举取代定义的方式,罗列知识产权的保护对象,兜底条款又通过"法律规定"的限制,避免权利过度扩张损害公共利益。第123条中确立的严格知识产权法定主义,对平衡知识产权保护中的利益关系,保护国家利益和社会公共利益具有重大意义,但严格知识产权法定主义的优劣还需要在后文进行探讨。

2. 我国《著作权法》中的保护对象

(1)《著作权法》修正中保护对象的变化

1990年9月7日,我国第一部《著作权法》发布,作为新中国第一部真正意义上与国际著作权基本原则相符又较完备的著作权法律规范,其中对于能够保护的著作权作品类型和不受著作权保护的对象作出了明确的规定。第3条以列举方式规定了著作权保护的9类作品作为积极清单,④ 并且在第5条又

---

① 李扬:《著作权法基本原理》,知识产权出版社2019年版,第17页。
② 2016年2月全国人大法制工作委员会公布的《中华人民共和国民法总则(草案)征求意见稿》第88条规定,知识产权权利客体包括文学、艺术和自然科学、社会科学、工程技术等作品、专利、商标、原产地标记、商业秘密、集成电路布图设计、植物新品种、发现、法律、行政法规规定的其他智力成果。2016年6月"第一次审议稿"第108条将"法律、行政法规规定的其他智力成果"改为"法律、行政法规规定的其他内容"。2016年11月的"第二次征求意见稿"第120条中,将兜底条款修改为"法律规定的其他客体"。
③ 参见杜颖、郭珺:《论严格知识产权法定主义的缺陷及其缓和——以〈民法总则〉第123条为切入点》,载《山西大学学报(哲学社会科学版)》2019年第4期,第113页。
④ 参见《著作权法(1990年)》第3条,列举的作品类型包括:文字作品;口述作品;音乐、戏剧、曲艺、舞蹈作品;美术、摄影作品;电影、电视、录像作品;工程设计、产品设计图纸及其说明;地图、示意图等图形作品;计算机软件;法律、行政法规规定的其他作品。

明确规定不受保护的对象。①

2001年《著作权法》第一次修正时,考虑到加入WTO的需要,对保护对象主要进行了以下修改:增加"杂技艺术作品""建筑作品"和"模型作品";将"电影、电视和录像作品"修改为"电影作品和以类似摄制电影的方法创作的作品",与《伯尔尼公约》的表述统一;将"编辑作品"修改为"汇编作品",使之符合TRIPs协议的要求;并明确对一定形式的技术措施、权利管理信息给予保护。

2010年《著作权法》并未对作品类型条款进行修改,直到2020年《著作权法》第三次修正,对"作品"相关条款进行了重要修订,涉及作品定义、类型和非保护作品等内容。一是第3条作品定义基本承继了《著作权法实施条例》第2条的内容,即"文学、艺术和科学领域内具有独创性并能以一定形式表现的智力成果";二是基本沿袭了作品类型条款,但是以"视听作品"取代了"电影作品和以类似摄制电影的方式创作的作品",以回应视听技术发展的现实需求;三是将兜底条款由"法律、行政法规规定的其他作品"修改为"符合作品特征的其他智力成果"。② 兜底条款的修改反映出只要符合该条中作品的一般构成要件,就可以受到《著作权法》的保护这一原则,不论该种表达是否属于已经被明确列举规定的表现形式。明确的作品定义条款是兜底条款得以适用的基础。《著作权法》第三次修改之前,兜底条款几乎没有在实践中被适用的原因之一就是当时的《著作权法》缺少作品定义,此种立法方式导致部分学者认为特定表达只有归类为第3条前8项作品类型或在其他法律、行政法规中被明确列举才能受到保护。③ 现行《著作权法》第3条第9项规定后,可以说兜底条款的适用已经不存在条文上的冲突。

依据修改后的《著作权法》第3条和《著作权法实施条例》第2条的规定,我国作品包括四项构成要件:一是为划分著作权与工业产权进行领域限

---

① 参见《著作权法(1990年)》第5条。
② 参见我国《著作权法》第5条:本法不适用于:(一)法律、法规,国家机关的决议、决定、命令和其他具有立法、行政、司法性质的文件,及其官方正式译文;(二)单纯事实消息;(三)历法、通用数表、通用表格和公式。
③ 曹新明主编:《知识产权法学》,中国人民大学出版社2016年版,第35页。

定；二是要求作者表达系独立完成并有一定程度创造性的"独创性"要件；①三是能够通过某种方式为公众所感知且在物理层面以一定形式再现的"客观性"要件；四是作品属于自然人智力活动所产生的结晶"智力成果"。结合我国法律适用中对著作权保护对象认定的实践，上述立法规定中的可版权要件还有待完善之处，将在后文讨论。

（2）著作权法中的作品分类

"法律类型之构成亦取决于其共同特征，只是哪些特征之共同，在法律上有类型化之意义，尚待于规范上之价值判断。"② 著作权法依据一定的标准对作品类型进行规定作为受保护对象的法定类型，通过将不同领域的不同表达进行类型化，有利于正确适用著作权法以寻求保护，并明确不同类型作品所指向的权利内容，如仅视听作品和计算机软件作品享有出租权。

我国的作品类型条款采用"概括主义+例示主义"的方式，由概括式的作品定义、例示式的作品类型以及兜底式的其他作品之规定构成。我国的法定作品类型可以分为一般作品和特殊作品两种类型。尽管受保护的作品种类随着创作与传播技术的发展有所改变，但是我国《著作权法》中始终以表现形式为标准划分作品类型，目前包括第3条中的8类作品，称为一般作品类型。而演绎作品和汇编作品由于划分标准不同，也被称为特殊的作品类型，这两类作品划分的主要意义在于确定作品的归属，但也有观点认为构成汇编作品和演绎作品需要符合其特殊的构成要件。

依据不同的标准划分还有其他作品分类方式。如依据作者创作与其工作内容是否相关，可以划分为职务作品和非职务作品；依据作品是否发表，可以分为已发表作品和未发表作品；依据参与创作作品的人数不同，分为单一作品和合作作品；依据创作作品行为的不同，作品也可以划分为原创作品和演绎作品。但从《著作权法》的章节分布可以看出，以上划分方式的作用主要在于确定著作权归属，而非认定是否构成作品，因此本书主要针对《著作

---

① 参见《最高人民法院关于审理著作权民事纠纷案件适用法律若干问题的解释》第15条。
② 黄茂荣：《法学方法与现代民法》，中国政法大学出版社2001年，第480页。

权法》第 3 条中以表现形式为标准的法定作品类型进行讨论。

二、著作权保护对象的比较分析与启示

结合上文国际公约与多国法律规范中对著作权保护对象的规定，与我国法律制度中相关条文进行比较，当前在著作权保护对象的立法角度主要有以下区别。

（一）保护对象的立法比较

1. 开放式与封闭式作品条款之比较

关于作品条款的开放与封闭，国际条约与多国立法经验表明，开放式的作品条款立法模式是更为先进的制度选择。关于《伯尔尼公约》第 2 条第 1 款中"诸如"一词究竟是示例性还是封闭式完全列举，《公约指南》指出此条并非详尽的作品类型列举，而是一种示例。[1] 这表明"诸如"一词在发挥示例作用的同时，还发挥着限定作用：将所列作品类型之外的对象认定为作品时，该对象应当具备所列作品的共同特征，明确列举的作品类型对尚未认定之对象具有指引功能。[2] 因此，《伯尔尼公约》第 2 条关于作品类型的规定是开放性的，而不能作为封闭式作品类型的依据。

美国尽管在司法判例中可能对部分新表达方式和新类型表达持保守态度，但是立法上并未设置过多的障碍。美国和法国都是采取作品"开放式列表"的国家，但是对新类型表达的态度截然相反。法国不仅在《知识产权法典》中声明保护一切作品，在实践中也极大地支持各类表达成为著作权保护对象。而英国作为典型的作品"封闭式列表"国家，1988 年 CDPA 第 1 条中仅授权对八种类型的作品予以保护，且没有设置兜底条款。"封闭式列表"在法律确定性和对象限定性方面有显著的优越性，但是在时代发展中也会显示出条文僵化与适应性不足。

我国近代著作权立法也采用了列举加概括的方式，以示作品类型的开放

---

[1] 刘波林译：《保护文学和艺术作品伯尔尼公约（1971 年巴黎文本）指南》，中国人民大学出版社 2002 年版，第 13 页。

[2] 参见孙山：《〈著作权法〉中作品类型兜底条款的适用机理》，载《知识产权》2020 年第 12 期，第 53～66 页。

性。例如，1915年北洋政府《著作权法》第1条在列举作品类型之后，第5项又规定"其他有关学艺美术之著作物"；1928年南京国民政府《著作权法》修订后，第1条第5项则表述为"其他关于文艺、学术或美术之著作物"，作为开放性的兜底条款。但是自新中国第一部《著作权法》设立"法律、行政法规规定的其他作品"这一兜底条款后，我国其他法律法规中并未规定过超出著作权法的作品类型，因此我国著作权法保护的作品就被认为是一种封闭式的规定。此种规定在我国著作权法律体系构建的初期，有利于法律的确定性和适用性，更便于权利人和使用者辨别法律保护的对象，更有效地推动构建相对完善的著作权体系。然而随着创作方式的多元化和传播水平的发展，出现了许多符合作品构成要件但无法准确归入某一类作品类型的表达，导致法律适用中出现了不当适用兜底条款或是过度扩大解释某一类作品的情形。因此，第三次著作权法修正中，将第9项兜底条款修改为"符合作品特征的其他智力成果"，为新类型表达适用兜底条款成为著作权保护对象扫清了法律规定上的障碍。

"开放式列表"的立法模式为著作权保护对象扩张构建了制度基础，具有更强的灵活性和适应性，不会使某一创作因不在列表内而直接被排除保护，但可能是以牺牲法律适用的"一致性"为代价。在我国第三次修正的《著作权法》第3条对作品认定条款做出了较大修改后，这一制度设计在著作权体系中是否合理，新制度下如何认定新表达方式还需要进一步探讨。

2. 作品类型划分与汇编作品性质

关于作品定义条款，各国在作品的所属领域上基本与《伯尔尼公约》中文学、艺术和科学领域保持一致，著作权保护对象的类型规定主要有两种方式。一是"概括式"规定，如WCT第1条中对文学、科学和艺术作品及其范围的概括式规定。二是"概括式＋示例性"规定，此类条款一般由三部分组成，即概况式的作品定义、示例性的作品类型和兜底性的其他作品，如《伯尔尼公约》在文学和艺术作品下列举了作品类型，并说明受保护作品包括领域内任何表现形式的智力成果。[①] 当前美国、德国、日本以及我国等大多数国

---

① 参见《伯尔尼公约》第2条。

家都采用这一立法例,其优点在于能够解决作品列举不完全的问题,通过开放式条款涵盖新技术下可能产生的新表达。

作品类型化发挥示例性作用,并不意味着可以草率地对待作品分类。作品分类一方面是为了与特殊作品的权利内容等制度相衔接,另一方面便于作品登记。我国著作权法中以作品表现形式为标准划分了法定作品类型,但是实际上被认为对当前各种作品的归纳存在列举不完全、各类型之间交叉重合等逻辑问题,某种程度来说并不具有逻辑分类学上的意义。①

而法定作品类型中存在争议主要在于汇编作品的性质,其是否能够作为一种独立的作品类型而受到保护。美国版权局认为汇编作品是《版权法》八种法定作品类型的下位概念,只有当汇编后的表达属于八类作品之一,才能予以登记。② 韩国《著作权法》中却明确规定,汇编作品应当作为独立作品受到保护。③ 日本《著作权法》第12条也明确规定,素材的选择、编排或汇集具有独创性时,能够作为作品保护,即"编集著作物",可以理解为一种独立的作品类型。我国有学者则认为,美国与我国《著作权法》的结构不同④,汇编作品是特殊的作品类型,作品类型限于第3条的八类和汇编作品⑤。

我国《著作权法》中并未明确汇编作品和第3条中作品类型之间的关系,无论是理论还是实践中对此都尚存争议,结合域外不同规定,明确汇编作品的地位有利于权利人更准确地主张权利,也有利于明确诸如春晚等对象的作品类型认定。

3. 著作权与邻接权保护对象的区分

作者权体系与版权体系的一大区别,在于作者权制度下有邻接权的规定,版权体系国家即便有邻接权,也存在将录音录像等独创性较低的表达作为作品保护的情况。

---

① 参见任安麒:《作品类型兜底条款的证成、选择与适用——兼议非典型作品的著作权保护路径》,载《电子知识产权》2021年第4期,第53页。
② See Copyright Office, Registration of Claims to Copyright, 77 FR 37605-01, p.37606.
③ 参见韩国《著作权法》第6条。
④ 王迁:《论汇编作品的著作权保护》,载《法学》2015年第2期。
⑤ 王迁:《论作品类型法定——兼评"音乐喷泉案"》,载《法学评论》2019年第3期。

如前文所述，两种作品体系下的独创性认定标准有较大区别，著作权法体系将一部分未达到独创性标准的对象纳入邻接权保护的范畴，如版式设计、表演、录音录像、广播信号。而版权法体系国家则以"作品"为基点应对传播技术的挑战，如美国《版权法》第102条中规定了"录音作品"。大多数国家都没有将版式设计作为著作权的保护对象，有保护需求的大多诉诸于反不正当竞争法。我国《著作权法》第37条保护了版式设计权，但是同为著作权法体系的国家，日本却没有将版式设计作为《著作权法》保护的对象，法院也否定了将版式设计作为汇编作品保护的路径。①

因此，著作权与邻接权的保护对象直接影响着一国著作权的保护模式，两大体系因其独创性标准和立法体系的区别，在著作权与邻接权保护对象上有一定的区别，应当结合我国著作权法律制度的整体要求，合理界定二者的范畴，尤其是因独创性高低而划分的视听作品与录像制品，在理论和实践中都存在一定的争议。关于如何依据独创性高低划分二者界限，是否应当保留录像制品之邻接权，还有待进一步讨论。

4. 不受著作权法保护对象之规定

域外对不受著作权法保护对象的立法主要有三种体例。② 一是不专门列举，没有特定的条文，但有关这一规则的规定散见于各处，如美国不受版权法保护的对象主要有无形体的表达、政府作品、思想与原创表达的统一体，这些规定散见于版权法第102条、第105条和一些判例法中。二是单纯封闭式列举，一一列举不受保护的对象，如日本《著作权法》第13条就列举了不能受著作权法保护的四种对象。③ 三是说明加封闭式列举，指先进行一般性说明，然后在另一条款中对不保护对象作封闭式列举，主要代表国家

---

① 参见李明德、闫文军：《日本知识产权法》，法律出版社2020年版，第114~115页。
② 参见冯晓青、徐相昆：《著作权法不适用对象研究——以著作权法第三次修改为视角》，载《武陵学刊》2018年第6期。
③ 参见日本《著作权法》第13条："符合下列情形之一的作品，不得成为本章规定的权利客体：其一，宪法和其他法令；其二，国家或者地方公共团体机关、独立行政法人或者地方独立行政法人发布的告示、指示、通知等；其三，法院的判决、决定、命令以及行政厅按照准司法程序作出的裁决、决定；其四，国家或者地方公共团体机关、独立行政法人或者地方行政法人对前三项所列作品的翻译或者汇编"。

为埃及①。西方发达国家大多采取不专门列举的方式规定不受著作权保护的对象，采取单纯封闭式列举的国家也占有一定比例，恰恰是在理论上更易接受的说明加封闭式列举的立法例采用的国家较少。

除了法律条文明确排除的对象外，依据思想表达二分法也是排除著作权保护的主要方式，著作权只保护表达而不保护表达中的思想观念或情感，这在域外立法中也不尽相同。美国《版权法》明确指出版权保护只延及表达，而不延及思想观念、工艺、操作方法或者数学概念的"思想表达二分"原则。②这一点德国、法国、日本和我国著作权法中都未明确规定，但是各国所指作品仍旧限于"表达"。我国《著作权法》中未明确以思想表达二分法区分受保护和不受保护的要素。仅2001年《计算机软件保护条例》有所涉及。第三次《著作权法》修改中曾增加思想表达二分限制的具体条文，但最终也并未保留。当然，如果深入分析我国著作权法有关作品定义的规定，也可以看出该定义实际上已经隐含了著作权仅保护表达的内容，实践中这一原则也被广泛认可和适用，是否需要在立法上予以完善，也需要考察实践中是否对思想表达二分原则存在适用上的争议。

5. 特殊的保护对象

立法中有几种较为特殊的对象，是否能够适用著作权保护有待进一步探讨。

关于将民间文学艺术表达纳入著作权保护对象的范畴，各国立法中存有争议。WIPO 和 UNESCO 为民间文学艺术表达的保护做出了重要的贡献。1971年，WIPO 主持的《伯尔尼公约》巴黎文本中，将民间文学艺术作品作为"不具名作品"。1976年《突尼斯版权示范法（为发展中国家制定）》中规定民间文学艺术是文化遗产的重要部分。此后，WIPO 和 UNESCO 于 1982 年制定《保护民间文学艺术表达、防止不正当利用及其他侵害行为的国内法示范

---

① 埃及《著作权法》第141条先进行说明："著作权保护不包括纯粹的思想、程序、方法、操作手段、概念、原理、探测发现以及数据；即使其被表达、描述、说明或者包含在某一作品中。"然后，再另起一款进行封闭式列举："著作权保护不包括……"。

② 参见美国《版权法》第102条。

条款》，提出保护对象是"民间文学表现形式"，使用"表达"而非"作品"的称谓，提出仅传统使用方式之外的营利性使用需要授权，并认为符合可版权要件的民间文学艺术表达能够成为著作权保护的对象，作为外观设计适用的则适用工业产权。《视听表演北京条约》也要求对"民间文学艺术表达"的表演者进行保护，但是作为非强制性条款影响有限。我国《著作权法》将"民间文学艺术作品"纳入著作权保护的范围，第6条单独规定"民间文学艺术作品的著作权保护办法由国务院另行规定"，但并不属于第3条的法定作品类型，当前法律保护的表演者也仅限于作品的表演者。[1]尽管受到越来越多的重视，但是各国采用上述条款保护民间文学艺术的并不多见，可以预见这些传统文化和工艺的保护方式将成为未来版权保护完善的方向，如何将其扩张为著作权的保护对象仍有待探讨。

关于实用艺术作品的著作权保护，《伯尔尼公约》要求成员国保护实用艺术品。日本《著作权法》第10条作品类型条款中没有"实用艺术作品"的种类，但是在第2条规定了本法所称"美术作品"包括工艺美术作品，可以认为包含了实用美术作品或实用艺术作品。[2] 我国2012年《著作权法（修改草案第三稿）》中曾提出将实用艺术作品列为著作权法的保护对象，但2014年《著作权法（修订草案送审稿）》又将实用艺术作品单独列出，最终新修改生效的《著作权法》中又将其删除，导致实践中对该类作品的保护也标准不一。我国个案中即使法律保护实用艺术品，一般也是被列入美术作品的范畴。[3]

关于数据库的保护方式主要有两种，一是参照TRIPs协议将数据库作为汇编作品保护，我国采用此种方式；二是如欧盟《数据库保护指令》中的规定，赋予数据库内容特殊权利（sui generis right）。这种"特殊权利"不保护数据选择和编排的独创性，而是保护数据库制作者的人力、物力和资金的投资，使制作者有权禁止他人"抽取"或"反复使用"全部或大量的数据库

---

[1] 王迁：《〈视听表演北京条约〉生效将产生哪些影响》，载《中国新闻出版广电报》2020年5月7日，第7版。

[2] 参见李明德、闫文军：《日本知识产权法》，法律出版社2020年版，第89页。

[3] 参见北京市高级人民法院（2002）高民终字第279号民事判决书。

内容。①

（二）对我国的立法启示

通过对著作权保护对象的立法论分析，我们可以看出，技术发展为作品创作和传播方式的演变提供了动力，国际公约和各国立法的动态为著作权保护对象的扩张提供了沃土，通过历史研究能够为我国立法进路提供有益启示。

1. 著作权立法应与社会发展水平相适应

结合前文分析，国际著作权保护公约对保护范围的扩张基本采取开放式态度，然而从各国著作权立法来看，基于本国发展需求和现状不同，各国在著作权保护对象的范围上宽严不同，但一国立法上的总体趋势也是在不断扩张其著作权保护对象范畴，尤其是以美国为首的发达国家，这一特点更加明显。可以发现不论是国际公约中著作权保护对象的发展历程，还是各国的立法进程，都与其所处的社会发展阶段相吻合，著作权保护对象的扩张都是建立在经济技术发展需求和公共利益保护平衡之上的，一味扩张可能对著作权保护产生负面影响。例如前述美国的立法进程可以发现，其版权对象是伴随着经济社会和技术发展的变化而不断调整增加的。只有计算机水平发展到需要法律加以规范时，才会讨论是否将其纳入版权保护、如何进行保护的问题。对于发展中国家来说，扩张保护对象就意味着赋予更为广泛的创造者以独占的权利，公有领域可自由利用知识的减少必然不利于新技术或新表达的自由发展，只有与一国社会发展水平相适应的保护对象扩张进程才能恰当地在促进技术发展、激励作者创作与维护公共利益中保持平衡。

2. 法律规范中思想表达二分原则的明确

思想表达二分是著作权法的基本原则，是著作权制度的基础。《伯尔尼公约》第2条第8款间接体现了这一规定，版权不保护具有纯粹新闻消息性质的新闻或者事实。而 WCT 第2条和 TRIPs 第9条第2款都直接规定著作权保护应延伸到表达方式，但不得延伸到思想、程序、操作方式或数学概念本身。美国是第一个在成文法中规定思想表达二分的国家，之后也有多个国家直接

---

① 参见李明德、黄晖等：《欧盟知识产权法》，法律出版社2010年版，第186~201页。

在其国内法中进行了明确。

在我国《著作权法》并未直接规定的情况下，已经有案件中直接依此进行判决，指出"在著作权法的保护范围中，不包括思想、方法、步骤、概念、原则或发现，无论上述内容以何种形式被描述、展示或体现。由此可见，著作权法不保护创意或构思，著作权人不能阻止他人使用其作品中所反映出的思想或信息"。① 那么是否可以认为，在法律中明确思想表达二分是有必要的？事实上仍有观点认为思想表达二分并不能作为一个著作权权利边界的判断依据，而只能是"价值判断之后的修辞技巧"，② 因为现有著作权体系并不能提取出一个判断思想与表达的公示，那么这一规则就无法成为法律上的明确依据。因此，是否要将思想表达二分原则在著作权法中加以明确仍待进一步探讨。

3. 保护对象具体条款的理解与完善

结合前述比较分析，我国与域外相关条款之间存在一定差异，在充分考虑我国国情与著作权法律体系的基础上，应当考虑对保护对象的具体条款加以完善。

一方面，应当使作品定义和类型条款与实践需求相适应。作品类型条款一般采取"概括式"或"概括式+列举式"进行立法，有利于广泛适用于实践中五花八门的作品表达方式，尽量不因立法落后而阻碍技术发展。我国当前的"概括式+列举式"方式，已经走向开放式的作品类型条款，为日后新表达方式的出现提供了空间。从各国的具体规定可以发现，作品构成要件与类型的修改都是伴随着实践需求的，是符合一国的整体法律体系的。两大法系在保护对象的范畴上存在较大差距，也是符合其社会发展所追求的整体价值取向的。

另一方面，在特殊对象的保护上可以尝试创新规则。有许多新表达方式或既有表达因其特殊性而没有明确保护规则，例如网络游戏直播、体育赛事

---

① 北京市第二中级人民法院（2005）二中民终字第00047号民事判决书。
② 熊文聪：《被误读的"思想／表达二分法"———以法律修辞学为视角的考察》，载《现代法学》2012年第6期。

节目、晚会以及民间文学艺术作品等，各国因独创性标准或作品类型划分不同等原因有各自的保护方式，但是或多或少都存在规则不全面的问题。我国有学者提出将网络游戏画面、晚会等作为汇编作品保护，将汇编作品作为一类特殊作品类型进行兜底，但是我国著作权法对此并未作出规定。如何保护新表达，汇编作品如何定位，都是需要结合我国著作权法律制度进行解释的。此外，关于民间文学艺术作品的保护，尽管我国早就将其纳入著作权法，但始终缺少具体的保护规则。民间文学艺术是民族文化艺术遗产中的独特部分，是始终流传又缓慢发展的表达方式，其主体的不确定和表达形式的多元性都是民间文学艺术作品保护规则确立难的原因。当前国际上对民间文学艺术著作权保护并未达成一致意见，总体上民间文学艺术资源丰富的国家对加强作品保护更为积极，相对的甚至有国家明确反对保护。事实上一国是否保护、如何保护民间文学艺术作品，取决于对其经济文化的影响程度。我国作为民间艺术丰富多彩的多民族国家，在现有经验难以完全适用的情况下，应当结合我国的著作权制度特色尝试创新保护规则，在现代传播技术的影响下着力保护作者利益和文化传承。

第三章 著作权保护对象的司法考察

本章在前述立法分析的基础上,从解释论层面展开,在我国《著作权法》现行框架下分析对当前著作权保护对象的范围理解及其在司法实践中的现状。法律的适用离不开法律的解释,正确的法律解释是法律适用准确性的基础。随着科学技术的不断发展,实践中著作权保护对象也会发生变化,立法时不能预测的作品类型也是成文法不可避免的局限性,但是成文法规定的概括性和抽象性也为法律适用提供了解释的空间。当司法中出现不能直接对应法定作品类型的情形时,司法者必须以法律解释的方法作出回应。在解释中推动法的应用,在应用中促进法的续造。采用法解释论分析研究方法,可以分析总结著作权保护对象在法律适用过程中,在我国现行《著作权法》立法规定的框架下,如何运用法律解释、法律的类推适用以及指导性案例指引等方法更准确地理解和适用现行法律规定,以实现著作权法立法的预期目标和价值。

一、我国近十多年涉著作权保护对象的案例分析

(一) 2011年—2021年数据分析

2011年1月1日至2021年4月1日这十余年间,我国法院审理的涉及著作权保护对象案件的公开审判文书共计629 324件。[①] 总体上来说,自2016年《最高人民法院关于人民法院在互联网公布裁判文书的规定》公布并实施后,可收集到的著作权侵权案件裁判文书数量就呈逐年递增趋势,只有2020年因疫情影响和裁判文书公开延迟,数量较2019年有所回落。(见图1)

---

① 本书数据收集结果来源为知产宝。

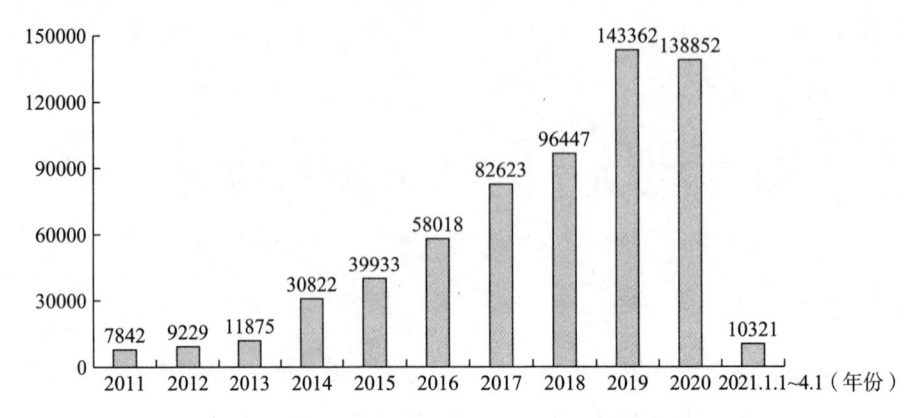

图 1 2011 年 1 月 1 日至 2021 年 4 月 1 日著作权侵权文书数量

著作权侵权纠纷中涉及的绝大部分作品为"电影作品和以类似摄制电影的方法创作的作品"，共 142 145 件，每年在所有作品类型中占比近 70%，其余由文字作品、摄影作品、音乐、戏剧、曲艺、舞蹈、杂技艺术作品等组成。其中"其他作品"除口述作品和汇编作品外，还包括未明确作品类型的保护对象。（见图 2）

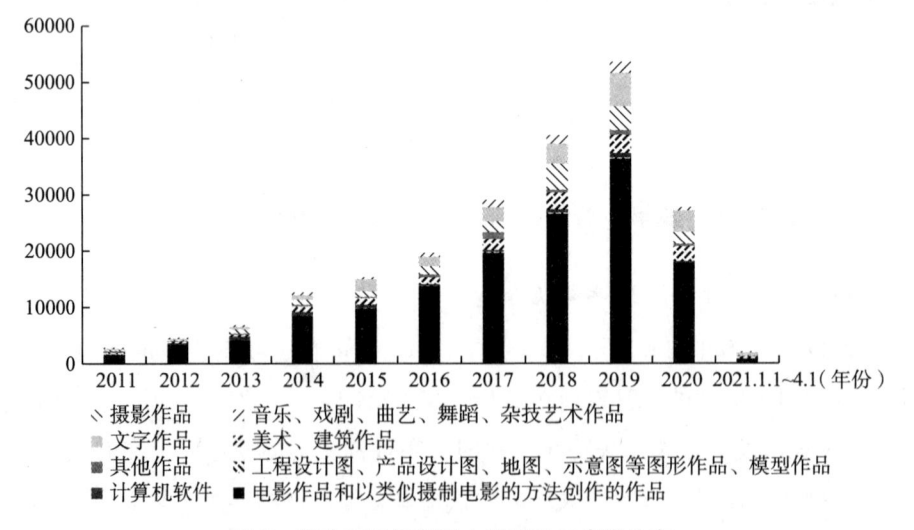

图 2 著作权侵权纠纷中涉及作品类型分布

统计到可以明确涉案作品类型的 196 624 件案件中，就"是否属于著作权保护的作品"进行认定的案件共计 1594 件,占全部案件比例约为 0.8%。其中,图形作品和模型作品的案件中有 20% 涉及是否构成作品的认定,其次涉及作品认定争议较多的为口述作品和文字作品相关的案件。(见图 3)

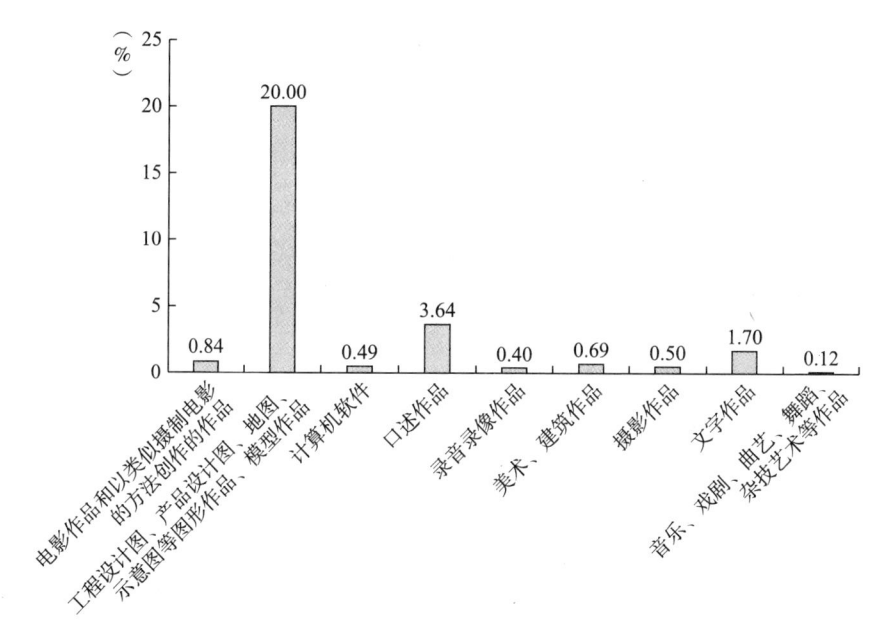

图 3 涉各类型作品的案件中就"是否属于著作权保护的作品"
认定的作品类型分布

在这些需要认定是否构成作品的案件中,不予认定比例最高的是"多类作品的竞合",但是案件总数最多的是电影和类电作品,且认定不构成作品的案件比例超过 40%,这种分歧集中体现在"电影和类电作品"与"录音录像制品"中(见图 4)。在认定对象构成电影或类电作品的 647 件案件中,对于是构成电影还是构成类电作品,由于多案中均表述为电影作品和以类似摄制电影的方法创作的作品,故无法进一步区分人民法院最终认定构成何种作品。但是对于认定构成电影或类电作品的案件中涉案作品的表现形式进一步分析,可以发现电影作品在其中占比较小,类似摄制电影的方法创作的作品较多,后者以音乐电视作品为代表形式,此外还有综艺节目、新闻资讯、体育赛事、晚会典礼和动画等对象。同时,涉及作品构成要件分析的判决占 1597 件就

"是否构成作品"进行认定案件的61%,因此大多数案件在实践中都可能存在独创性或固定性标准不一、缺乏确定性的问题。(见图5)

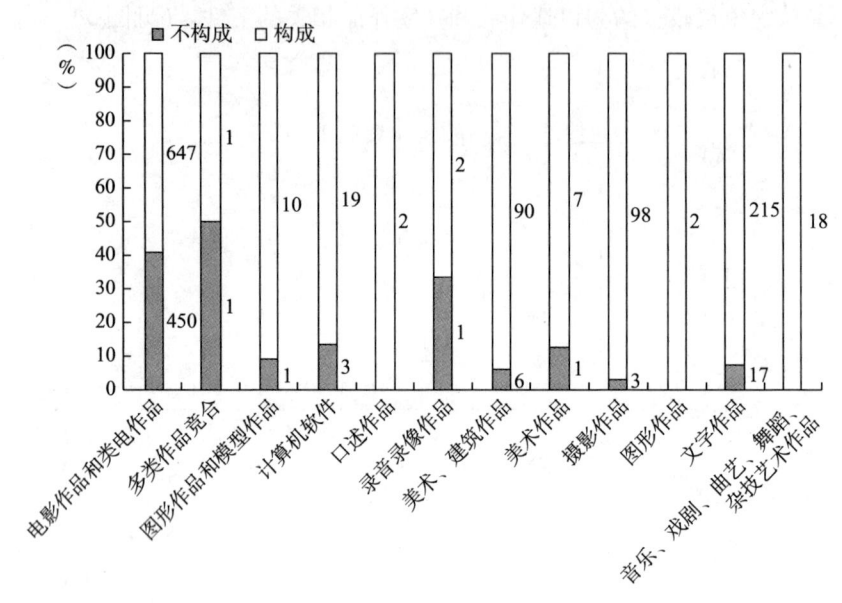

图4 涉及作品认定案件中各类型作品认定属于和不属于作品的比例

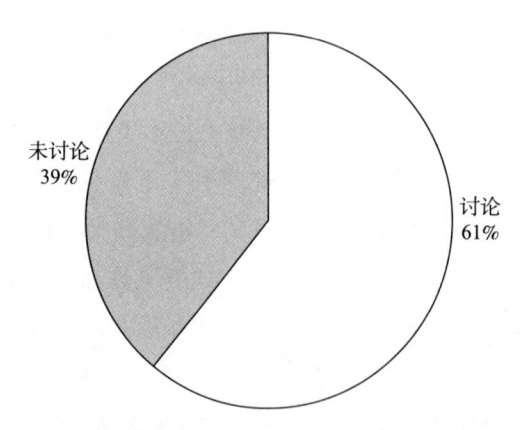

图5 涉及作品构成要件分析的案件比例

进一步分析涉及作品构成要件的案件,其中关于独创性、固定性和智力成果要件讨论中,超半数与独创性标准有关,可见独创性标准的统一和认定,是确定著作权保护对象的基础和主要问题。(见图6)

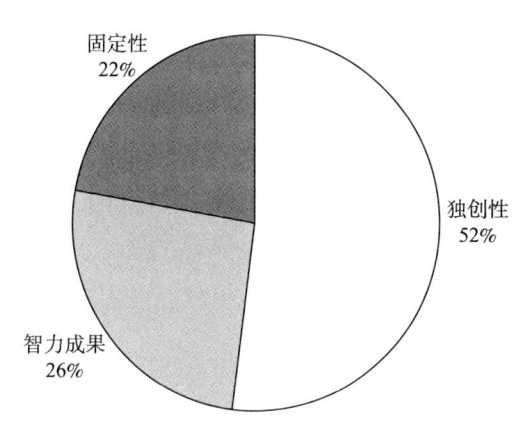

图6 涉及各构成要件的比例分布

基于不同作品类型引发的权利之争，绝大部分案件集中在侵害作品信息网络传播权和侵害作品放映权中。（见图7）

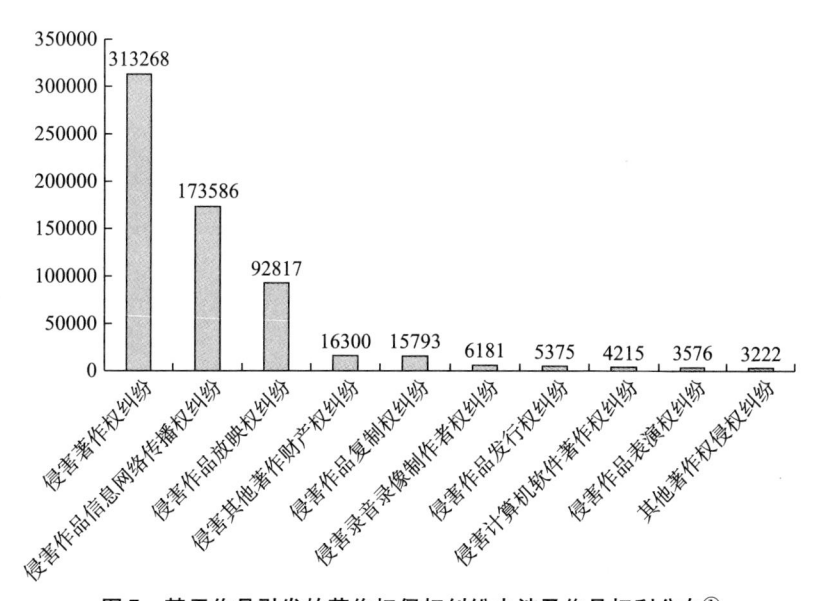

图7 基于作品引发的著作权侵权纠纷中涉及作品权利分布①

柱状图数据：
- 侵害著作权纠纷：313268
- 侵害作品信息网络传播权纠纷：173586
- 侵害作品放映权纠纷：92817
- 侵害其他著作财产权纠纷：16300
- 侵害作品复制权纠纷：15793
- 侵害录音录像制作者权纠纷：6181
- 侵害作品发行权纠纷：5375
- 侵害计算机软件著作权纠纷：4215
- 侵害作品表演权纠纷：3576
- 其他著作侵权纠纷：3222

---

① 由于案件存在案由竞合问题，撤诉等案件的案由归类为侵害著作权纠纷的主案由分类上，造成了侵害著作权纠纷的案由统计数量出现极大值，且案件总量大于图1。

这十多年间法院判断是否为著作权保护对象适用的主要条款是 2010 年《著作权法》第 3 条作品条款和《著作权法实施条例》第 2 条作品定义条款及第 4 条作品类型条款。其中，涉及 2010 年《著作权法》第 3 条的文书共 16 560 件；涉及《著作权法实施条例》第 2 条的文书共 12 999 件。尤其是 2010 年《著作权法》第 3 条第 6 项"电影作品和以类似摄制电影的方法创作的作品"，所涉文书共 26 390 件；涉及 2010 年《著作权法》第 15 条第 1 款电影及类电作品权利归属的案件文书也有 28 642 件。可见，电影及类电作品的认定及权利归属，是诸多作品类型中的争议焦点。（见图 8）

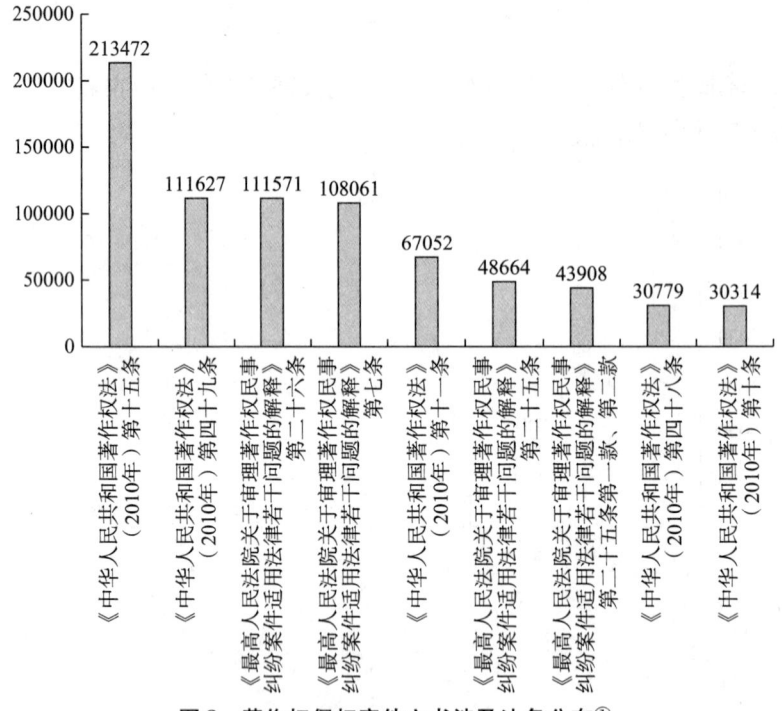

法条	数量
《中华人民共和国著作权法》（2010年）第十五条	213472
《中华人民共和国著作权法》（2010年）第四十九条	111627
《最高人民法院关于审理著作权民事纠纷案件适用法律若干问题的解释》第二十六条	111571
《最高人民法院关于审理著作权民事纠纷案件适用法律若干问题的解释》第七条	108061
《中华人民共和国著作权法》（2010年）第十一条	67052
《最高人民法院关于审理著作权民事纠纷案件适用法律若干问题的解释》第二十五条	48664
《最高人民法院关于审理著作权民事纠纷案件适用法律若干问题的解释》第二十条第一款、第二款	43908
《中华人民共和国著作权法》（2010年）第四十八条	30779
《中华人民共和国著作权法》（2010年）第十条	30314

图 8　著作权侵权案件文书涉及法条分布①

在数据检索范围内，并没有直接以 2010 年《著作权法》第 3 条第 9 项兜底条款为依据的案件。部分案件判决中还存在这样的表述："虽然《中华人民

---

① 因同一案件中涉及多条法律适用，因此本表总数大于案件总数。

共和国著作权法》第三条第九项规定有'其他作品',但因这一规定中的'其他作品'需要符合'法律、行政法规规定'这一前提,故法院在著作权法第三条规定的法定作品类型之外,无权设定其他作品类型。"① 但是在"音乐喷泉"案一审中,尽管法院没有直接适用第3条第9项,其认定的音乐喷泉作品事实上是创设了一种不属于前8项任何一种作品类型的"其他作品"。相信随着《著作权法》第三次修正后,兜底条款由严格法定转向缓和,将会出现适用兜底条款的案件。

(二) 指导性案例

指导性案例无疑对各级法院司法审判工作发挥指导作用,并能够促进著作权保护对象的扩张与限制在法律适用中统一标准。在现有指导性案例中,与著作权保护对象相关的案例主要有以下三个。

一是第80号指导性案例,该案例指出具有独创性的民间文学艺术衍生作品也属于著作权法保护的对象。本案焦点之一就在于涉案蜡染设计是否属于著作权保护的范畴。法院认为尽管涉案作品借鉴了传统蜡染艺术的表达方式,创作灵感也来源于黄平革家蜡染背扇图案,但涉案作品补充发展了鸟的外形,丰富了鸟的眼睛和嘴部线条,并且在脖子和羽毛上融入了作者个人的创作,使得图案更为传神生动,中间的铜鼓纹花也融合了作者的构思而有别于传统的蜡染艺术图案。② 因此涉案表达是对传统蜡染艺术的传承与创新,属于传统蜡染艺术作品的衍生作品,属于受著作权保护的作品。

二是第81号指导性案例,本案中,原告张某改编创作剧本并拍摄电视连续剧《高原骑兵连》(以下将该剧本及其电视剧简称"张剧"),被告雷某为"张剧"的名誉制片人。此后被告雷某作为第一编剧和制片人、被告赵某作为第二编剧拍摄了电视剧《最后的骑兵》(以下将该电视剧及其剧本简称"雷剧"),原告发现两剧的主要人物关系、故事情节及其他方面相同或近似,存在雷同之处。③ 法院在判断两剧是否构成实质性相似时,着重比较了剧中对思

---

① 广州知识产权法院(2020)粤73民终574-589号民事判决书。
② 参见贵州省贵阳市中级人民法院(2015)筑知民初字第17号民事判决书。
③ 参见最高人民法院(2013)民申字第1049号民事裁定书。

想情感的表达,一是认为两剧题材主线均系以同一时期同样的部队撤编为主线展开的军旅历史题材作品,这样的题材是社会的共同财富,属于思想的范畴;二是人物设置与人物关系属于军旅题材作品不可避免地采取的必要场景,表达方式有限。① 因此,两剧属于不同作者就同一题材创作的具有独创性作品,各自享有著作权。② 本案强调同一历史题材中的主线、脉络属于社会公共领域的财富,不能被个人独占。一方面以思想表达二分为出发点,结合合并原则与情景原则,排除保护创意、素材、公共信息、必要场景,以及具有唯一性或有限性的表达形式;另一方面也强调社会公共领域的财富不能为私人所垄断,对著作权保护对象的界定具有重要的实践指导意义。

三是第 157 号指导案例,其一定程度上体现出法院逐渐在个案中认可了国内主体对实用艺术作品的认定标准和权利诉求。③ 原告左尚明舍公司 2009年设计了一款"唐韵衣帽间家具"的家具图,曾在网络上传拍摄的照片用来宣传,并于 2013 年对其衣帽间立体图案进行了著作权登记。原告发现被告销售品牌为"越界"的"唐韵红木衣帽间"与"唐韵衣帽间组合柜"完全一致。原告认为其衣帽间家具设计属于实用艺术作品。法院将原告的"唐韵衣帽间家具"与被诉侵权产品"唐韵红木衣帽间"进行比对,认为二者在整体布局、配件装饰、花色纹路和造型等艺术方面都存在相似,不同之处主要在于 L 形拐角角度和柜体内部空间分隔,体现于实用功能方面,且对整体视觉效果并无影响,不会使二者产生明显差异。④ 因此本案的核心问题就是原告衣帽间家具是否为具有一定独创性高度的艺术造型或艺术图案,该家具的实用功能与艺术美感能否分离。法院指出:

> 从板材花色设计方面看,左尚明舍公司"唐韵衣帽间家具"的板材

---

① 参见最高人民法院(2013)民申字第 1049 号民事裁定书。
② 参见《最高人民法院关于审理著作权民事纠纷案件适用法律若干问题的解释》第 15 条:"由不同作者就同一题材创作的作品,作品的表达系独立完成并且有创作性的,应当认定作者各自享有独立著作权。"
③ 参见最高人民法院(2018)最高法民申 6061 号民事裁定书。
④ 参见最高人民法院(2018)最高法民申 6061 号民事裁定书。

花色系由其自行设计完成，并非采用木材本身的纹路，而是提取传统中式家具的颜色与元素用抽象手法重新设计，将传统中式与现代风格融合，在颜色的选择、搭配、纹理走向及深浅变化上均体现了其独特的艺术造型或艺术图案……在家具上是否使用角花镶边，角花选用的图案，镶边的具体位置，均体现了左尚明舍公司的取舍、选择、设计、布局等创造性劳动；从中式家具风格看，"唐韵衣帽间家具"右边采用了中式一一对称设计，给人以和谐的美感。因此，"唐韵衣帽间家具"具有审美意义，具备美术作品的艺术创作高度。关于左尚明舍公司"唐韵衣帽间家具"的实用功能是否能与艺术美感分离的问题……改动"唐韵衣帽间家具"的板材花色纹路、金属配件搭配、中式对称等造型设计，其作为衣帽间家具放置、陈列衣物的实用功能并不会受到影响。因此，"唐韵衣帽间家具"的实用功能与艺术美感能够进行分离并独立存在。①

本案作为指导性案例，明确了当实用艺术作品不是著作权法中法定的作品类型时，可通过将其纳入美术作品加以保护，因此实用艺术作品应当符合美术作品的基本构成要件，同时还必须满足实用性与艺术性可以相互分离的条件。此案无疑为实用艺术作品的认定及保护标准提供了极有价值的参考，弥补了我国实用艺术作品作为著作权保护对象相关规定的空缺。

（三）其他典型案例

在涉及著作权保护对象扩张与限制的案例中，试图将某一表达认定为受著作权保护的作品时，主要途径就是将该表达通过扩大解释或类推适用解释为现有法定作品类型，或是适用兜底条款创设新的作品类型，但现有典型案例主要倾向于前者。

1. 将新表达解释为法定作品类型进行保护

当法律适用中认为新表达应当被扩张为著作权的保护对象时，最常采用的方式是通过法律解释将该表达解释为八种法定作品类型，纳入著作权保护

---

① 参见最高人民法院（2018）最高法民申6061号民事裁定书。

范畴。下文以电子游戏玩法规则和体育赛事直播相关案例为例。

其一,在涉及电子游戏的玩法规则的作品认定时,认为玩法规则等同于电影的情节,将电子游戏整体作为电影作品保护。我国部分案例中,法院认为电子游戏的"玩法规则"在一定条件下可以作为"表达"成为著作权保护的对象。在"太极熊猫"诉"花千骨"一案中,一审法院认为游戏玩法规则作为整体画面的一部分的特定呈现,能够扩张为著作权保护的对象,通过游戏界面中的文字或连续操作表现游戏的具体玩法规则,使玩家在操作过程中清晰感知并据此开展交互操作,可以认为属于智力表达。① 本案中法院认为游戏规则与电影剧本有相似性。游戏开发过程中尽管"太极熊猫"不能就某个玩法系统规则本身享有垄断权,但是其玩法规则的特定呈现方式具有独创性,因此类推认定为类电作品。

在"蓝月传奇"诉"烈焰武尊"一案中,一审法院分析了本案《蓝月传奇》获得著作权法保护的条件,提出某一对象是否能以作品形式获得著作权保护取决于多个因素,在涉案游戏的所属领域和可复制性无争议的情况下,着重讨论了独创性表达和属于八种法定作品类型是其受著作权保护的必要条件,并指出角色扮演类游戏中的情节体现出创作者对各类元素的选择与安排,人物设置和配套场景条件,尤其是当规则具体到一定程度后,就能构成独创的选择与安排,受到著作权保护,可以类推适用类电作品的法律规则。② 二审中浙江省高院同样认为,游戏的核心就在于特定的玩法规则和情节,玩家通过游戏界面呈现的具体表达感知游戏的内容,这部分规则作为核心内容使游戏整体适用类电作品予以保护,有利于实现对网络游戏著作权的充分和实质保护。③ 综上,法院认为游戏情节并非一定属于思想的范畴,而是在情节从抽象到具体的过程中,存在着思想与表达的分界线,且不同类型的游戏界限不

---

① 参见江苏省苏州市中级人民法院(2015)苏中知民初字第 201 号民事判决书;江苏省高级人民法院(2018)苏民终 1054 号民事判决书。本案中法院指出,"游戏开发过程中通过绘制、设计游戏界面落实游戏规则的表达,与电影创作过程中依据文字剧本绘制分镜头剧本摄制、传达剧情具有一定相似性"。

② 参见浙江省杭州市中级人民法院(2018)浙 01 民初 3728 号之一民事判决书。

③ 参见浙江省高级人民法院(2019)浙民终 709 号民事判决书。

同。游戏规则情节一定程度地具体化后，就可能体现出作者富有个性的选择与安排，从而构成具有独创性的表达。

尽管游戏规则和情节确实可以在游戏画面中体现，但类比规则与画面的关系事实上忽视了游戏规则与剧本之间的区别。① 电影剧本不是通过电影作品保护的，同样，游戏规则也不能与画面一样通过类电作品保护。苏州中院认为，"电影作品对于其连续画面呈现内容的独创性要求较高，要求其具有一定的故事情节"②，将电影连续画面与情节的独创性混为一谈。事实上，许多影视剧作品基于同一故事情节，仍旧能够拍摄出具有独创性的作品。杭州中院并不认为情节的独创性是构成类电作品的必要条件，但是仍旧认为类电作品的独创性可以体现在情节上。③

其二，在涉及体育赛事直播节目的作品认定时，有认定为类电作品或录像制品的争议。关于体育赛事节目的独创性判断，"新浪诉天盈九州"案中，一审法院认为"体育赛事画面的形成是编导选择、编排的结果，赛事录制形成的画面满足我国著作权法对作品独创性的要求，应当认定为作品。"④ 然而北京知识产权法院在二审该案和"央视国际诉暴风"案的二审判决中，都推翻了这一观点。法院详细论述了电影作品的独创性要求和体育赛事节目是否构成电影作品的问题，认为应当考虑独创性高度与独创性角度两方面，鉴于我国著作权法的二分制度将相关连续画面区分为电影作品与录像制品，因此应当在司法实践中统一独创性程度判断的标准，为区分电影作品与录像制品提供更为确定的依据。法院将电影作品区分为纪实类电影与非纪实类电影，不同类型的电影作品独创性空间也有所区别。要将体育赛事节目作为纪实类电影作品保护，体现其独创性的就是对拍摄素材的选择与拍摄，以及对拍摄画面的选择及编排。⑤ 反对观点认为该案关于电影作品"固定"和"独创性"

---

① 张伟君：《呈现于视听作品中的游戏规则依然是思想而并非表达——对若干游戏著作权侵权纠纷案判决的评述》，载《电子知识产权》2021 年第 5 期。
② 参见江苏省苏州市中级人民法院（2015）苏中知初字第 201 号民事判决书。
③ 参见浙江省杭州市中级人民法院（2018）浙 01 民初 3728 号之一民事判决书。
④ 参见北京市朝阳区人民法院（2014）朝民（知）初字第 40334 号民事判决书。
⑤ 参见北京知识产权法院（2015）京知民终字第 1818 号民事判决书。

要件之阐释属于形式主义解释论，认为司法者应当坚持功能主义解释，将体育赛事节目解释为"电影作品"。[①] 其实关于如何认定体育赛事直播节目，在我国现有著作权制度下，仅依靠独创性标准认定其属于著作权还是邻接权保护的对象即可，至于不同种类的电影作品有其特殊的构成要件，事实上违背了作品定义中可版权要件的第一性要求。

2. 适用兜底条款创设新的作品类型

实践中对《著作权法》第3条第9项的适用极少，尤其是在《著作权法》第三次修改之前，作为相对封闭的兜底条款，法院很少通过第9项扩张著作权的保护对象，比较典型的是"音乐喷泉"案。

在此案一审中，法院认为被告曾有接触涉案喷泉的可能，且涉案喷泉在同样音乐下的喷射效果与原告音乐喷泉作品构成实质性相似。[②] 本案判决中直接使用了"音乐喷泉作品"的表达，指出尽管著作权法中并无音乐喷泉或音乐喷泉编曲的作品类型，但是这一作品应当受到著作权的保护：首先将喷泉的舞美和水型的编辑展现认定为创作行为，其次设计师根据乐曲对喷泉喷头、灯光等装置的编排产生的动态效果，与音乐结合后表达了一定的情感，符合独创性要件，因此法院认为本案原告主张的喷射表演效果属于该类作品的著作权保护范围。[③]

本案中，法院认为音乐喷泉无法解释为任何现有作品类型，但这一对象又应当被著作权法保护，从而适用兜底条款自行创设了新的作品类型——"音乐喷泉作品"，并指出此类作品的保护对象是音乐喷泉表演的喷射效果和独特视觉效果。但是这一观点也带来许多问题。若以此判决之逻辑，著作权保护对象是否能扩张至无法归于现有作品类型但又看似具有独创性的新创作，如与音乐喷泉类似的烟花秀、灯光秀等。因此二审中，法院重新论述了音乐喷泉喷射效果的呈现是否能够被纳入著作权保护对象的范畴，认为该对象属

[①] 参见万勇：《功能主义解释论视野下的"电影作品"兼评凤凰网案二审判决》，载《现代法学》2018年第5期。

[②] 参见北京市海淀区人民法院（2016）京0108民初15322号民事判决书。

[③] 参见北京市海淀区人民法院（2016）京0108民初15322号民事判决书。

于艺术领域、有独创性且满足可复制性要求,符合作品的一般构成要件,属于受著作权保护的作品,问题仅在于如何归类。首先涉案音乐喷泉的喷射效果是连续活动的画面,因此要考虑其属于电影还是类电作品,但是法院认为其不符合"摄制在一定介质上"的摄制手段和固定方式。在非必要情况下,法律解释不应突破立法原意随意扩大解释,因此未认可原本作品登记的类电作品。其次涉案音乐喷泉喷射效果的呈现需借助计算机软件的编辑,因此要考虑其是否属于计算机软件,但该程序与相应喷泉设备和控制系统的配合所实现的喷射效果,不是计算机程序本身,也不是有关文档。① 最后考虑其是否属于美术作品,虽然《著作权法实施条例》中"美术作品"的表现形态不是封闭的,且美术作品并未排除立体作品,也不限制其表现形态和存续时间,涉案音乐喷泉喷射效果的呈现是具有审美意义的多种要素构成的动态立体造型表达,将涉案音乐喷泉喷射效果的呈现认定为美术作品,能够促进喷泉相关作品的发展与创新。② 但是将音乐喷泉喷射效果的呈现认定为美术作品仍旧存在以下几个问题:一是将音乐喷泉中的"水型三维立体形态"作为"动态立体造型表达"认定为美术作品,与一般的"立体美术作品"的含义不符③;二是这样一种"喷射效果的呈现"是否符合"以一定形式表现"的客观性要件;三是音乐喷泉是持续性的呈现,音乐喷泉的每一种不同的造型都构成一个作品?还是出现了一个"持续时长为 3 分钟的美术作品"?这就涉及了作品"持续"时长、原件和复制件区分的问题。

我国现行《著作权法》第 3 条第 9 项修改为更宽松弹性的兜底条款,但法院是否可以将著作权保护对象扩张至未明确列举的作品类型?法院适用兜底条款的条件应该是什么?这些问题仍需要进一步探讨。

3. 适用汇编作品保护的新类型表达

当前理论界有观点认为,我国著作权法设置作品类型兜底条款有违立法与司法的权力配置原则,不具备现实的必要性和充分的合理性,认为汇编作

---

① 参见北京知识产权法院(2017)京 73 民终 1404 号民事判决书。
② 参见北京知识产权法院(2017)京 73 民终 1404 号民事判决书。
③ 王迁:《论作品类型法定——兼评"音乐喷泉案"》,载《法学评论》2019 年第 3 期。

品作为法定类型可以发挥兜底条款的作用，① 并据此提出以汇编作品保护网页设计和春晚等表达的看法。

例如在涉及电子游戏动态画面的作品认定时，认为电子游戏画面可以作为汇编作品予以保护②，因为游戏资源库含有游戏运行过程中需要调用的音频、视频、图片、文字等素材呈现在玩家面前。③ 这些素材本身就可以通过解构分别构成作品，构成独创性汇编的也可以作为汇编作品保护。然而，电子游戏画面与游戏本身是两种不同的表达。电子游戏画面事实上就是由玩家操作形成的连续图像，将之归为类电作品是较为合理的④，但却难以解释类电作品的"摄制"要求，在权利归属问题上也模糊不清。

关于网页设计的可版权性，一种观点认为网页中大多为公共元素和操作方法，不具有独创性；另有观点认为网页制作中对公共元素的选择、排列所形成的具有视觉效果的整体页面具有独创性，能够以汇编作品获得著作权保护。在"鸿巨公司诉三九公司"一案中，鸿巨公司发现三九公司的网站页面抄袭了自己的网站页面，被告认为网站页面本质上是一种操作方法，并未体现作者的独创性和智力创作。法院则认为，原告的网站页面具有独创性，可以作为汇编作品保护。⑤ 将网页设计认定为著作权保护对象可能涉及两个问题，一是其页面设计是否满足作品的可版权要件，二是是否应当以汇编作品进行归类。汇编作品作为特殊的作品类型，其主要目的是便于判断权利归属，并非作品条款中以表现形式划分的法定作品类型之一。但是只要网页设计满足可版权要件，是否将其扩张为著作权对象这一问题的答案就应当是确定的。

---

① 刘银良：《著作权兜底条款的是非与选择》，载《法学》2019 年第 11 期。
② 参见王迁、袁锋：《论网络游戏整体画面的作品定性》，载《中国版权》2016 年第 4 期；郭壬癸、周航：《著作权视域下网络游戏画面的作品定性与思辨》，载《中国石油大学学报（社会科学版）》2018 年第 2 期。
③ 崔国斌：《认真对待游戏著作权》，载《知识产权》2016 年第 2 期。
④ 参见祝建军：《网络游戏直播的著作权问题研究》，载《知识产权》2017 年第 1 期。
⑤ 参见重庆市第五中级人民法院（2019）渝 05 民初 1477 号民事判决书；重庆市高级人民法院（2020）渝民终 468 号民事判决书。

4. 未被认定为著作权保护对象的新表达

在试图获得著作权保护的新表达中，体育赛事节目是最有争议的对象，在认定体育赛事节目不能构成著作权保护对象的案件中，主要分为两种情形。一是认为体育赛事节目属于邻接权保护的对象，即录像制品。① 如"新浪诉天盈九州"案二审中，法院认为司法机关无权创设法定作品类型之外的作品类型，且随录随播不能满足类电作品的固定性要求，涉案两场赛事公用信号所承载画面不构成电影作品。② 二是认为体育赛事节目不是审美表达，在不是作品的情况下，对其摄录也不能构成录像制品。③ 但法院认为，体育赛事节目录制者投入了巨大成本，其基于特许授权并通过播放行为获取的利益应当受到保护，制止未经许可使用节目信号的不正当竞争行为，以保护赛事直播方的投资积极性，维护市场秩序。④ 此外，对于人工智能生成物的作品认定，也存在不同观点的判决。在"北京菲林律所诉北京百度网讯公司"案中，北京知识产权法院认为作品应由自然人创作完成，在相关内容的生成过程中，软件研发者（所有者）和使用者的行为并非创作行为，相关内容并未体现出二者的独创性表达，二者均不应成为计算机软件智能生成内容的作者，该内容亦不能构成作品。⑤ 因此，我国法院也明确指出"人类"的智力表达是可版权要件的必然要求。其他尚未被法院认定为著作权保护对象的表达，还包括综艺节目模式、广播体操动作、瑜伽动作、人工合成DNA排列等。

二、域外保护对象典型案例分析

著作权保护对象的扩张也是域外司法实践中常常面临的问题之一。透过

---

① 参见广东省广州市中级人民法院（2010）穗中法民三初字第 196 号民事判决书；广东省深圳市福田区人民法院（2015）深福法知民初字第 174 号民事判决书；北京市石景山区人民法院（2015）石民（知）初字第 752 号民事判决书。
② 参见北京知识产权法院（2015）京知民终字第 1818 号民事判决书。
③ 参见北京市第一中级人民法院（2014）一中民终字第 3199 号民事判决书；上海市闵行区人民法院（2015）闵民三（知）初字第 1057 号民事判决书。
④ 参见北京市第一中级人民法院（2014）一中民终字第 3199 号民事判决书；上海市闵行区人民法院（2015）闵民三（知）初字第 1057 号民事判决书。
⑤ 北京知识产权法院（2019）京 73 民终 2030 号民事判决书。

部分典型案例,将有助于我们对著作权保护对象的扩张进一步研究。

(一)作品类型开放情况下著作权保护对象的认定

对于法律适用中新类型表达的著作权保护,有的国家态度较为激进,而有的国家则较为保守。

荷兰曾于 2006 年认定香水气味应作为作品受到保护。荷兰最高法院认为著作权法中有关于作品的概括式定义,且香水气味并未被明示排除,只要香水气味能够被感知、具有独创性和个性,就能够成为著作权保护的对象。[①] 法国曾先后在两次认可香水气味的可版权性后又否认其可版权性。巴黎上诉法院分别于 2006 年和 2007 年的不同案件中,以相同理由将具有独创性的香水气味扩张为受到著作权保护的作品。[②]

但是法国最高法院也于 2006 年和 2008 年先后两次否认香水气味的可版权性,其中 2008 年的判决撤销了上述巴黎上诉法院 2007 年作出的判决,但并没有充分的判决理由。[③] 即使巴黎上诉法院曾在 2007 年的案件中,针对最高法院的判决理由提出质疑,认为"文字、美术或音乐作品也需要技术诀窍",但是法国最高法院在 2008 年的判决理由中仍旧只有上文的一句解释。可见这一理由在作品类型开放的背景下,并不足以将香水气味排除出作品范围。

埃菲尔铁塔灯光秀一案中,法国最高法院认定埃菲尔铁塔百年庆典设置的灯光效果,构成"视觉创意",属于作品。[④] 这一方面是建立在法国《知识产权法典》"保护一切智力作品的著作权,而不问作品的体裁、表达形式、艺

---

① Kecofa B. V. v. Lancôme Parfums et Beauté et CIE S. N. C., [2006] E. C. D. R. 26 (2006), at 369 - 370.

② SA Beaute Prestige International v. Ste Senteur Mazal (February 14, 2007, C d'A Paris); Sté Bellure NV v. SA L'Oréal et al (25 January, 2006, C d'A Paris). 法院认为:"《知识产权法典》第 L112 - 2 条并没有对可受著作权保护的作品进行穷尽式的列举,也没有排除通过嗅觉感知的气味。同时,根据该法典第 L112 - 1 条,应对所有智力作品作者的权利给予保护,无论作品的种类、表达形式、价值或目的。……只要香水(气味)展示了作者个性的烙印并具备独创性,就可构成智力作品。"

③ 判决理由仅为:"香水气味仅是应用技术诀窍(know-how)的结果,在著作权法意义上,它不能被视为一种创作而成的、能从著作权保护中受益的表达形式,著作权保护只能用于智力作品。因此上诉法院违反了《知识产权法典》第 L112 - 1 条和第 L112 - 2 条"。Sté Senteur Mazal v. SA Beauté Prestige International (July 1, 2008); X v. Haarmann & Reimer Ste (June 13, 2006).

④ SARL Editions de L'Est v SARL La Mode en Image 1993 DALLOZ 25eI 358.

术价值或功能目的"①的开放性基础上,另一方面是法院认为本案中灯光设计与建筑本身可以分离,具有独立的艺术价值。但我国学者认为,不论是从合作作品和结合作品的角度,还是以《法国民法典》添附规则为依据,埃菲尔铁塔灯光秀本身都不属于著作权法保护的智力表达,无法与建筑主体分离而独立存在。②

关于将食品味道纳入版权保护范畴。荷兰某食品公司以上述荷兰最高法院判决的"香水气味案"为依据,认为被告生产的芝士酱与其产品口味相同,侵犯其著作权。荷兰法院将该问题提交欧盟法院,欧盟法务官指出:《伯尔尼公约》第 2 条第 1 款中的文学艺术作品仅指可以通过视觉或听觉感知的表达,不包括通过味觉、嗅觉或触觉感知的智力成果。③欧盟法院进一步指出,欧盟《版权指令》保护的作品必须通过一种能够被精准和客观地确定的方式加以表达,而食品的味道无法通过技术手段精准和客观地确定,因此不属于受保护的对象。④

相比法国与荷兰,美国属于作品类型开放模式国家中的"保守派"。美国法院既不认定 DNA 序列编排这种科技发展带来的新表达,也不将瑜伽动作、花园设计此类有争议的传统表达认定为版权对象。法院及版权相关机构均未因其立法的开放性和包容性而随意扩张保护范围。⑤ DNA 序列的编排曾因合成生物学技术的发展引发了将其纳入版权保护范畴的讨论,但是因为一方面是计算机程序与 DNA 序列的"可读性"不同,前者的可读性是具有可交流性的人类语言,而后者不具备这一特点;另一方面,专利法已经为此类技术提供了有效保护,因此美国的司法实践中并未授予 DNA 排序以版权保护。⑥

---

① See French Intellectual Property Code, Article L112 – 1, L112 – 2.
② 参见柯林霞:《"埃菲尔铁塔夜间拍摄侵权"之辩》,载《电子知识产权》2016 年第 4 期。
③ Levola Hengelo BV v. Smilde Foods BV, Opinion of the Court of Justice, Case C – 310/17 (2018), para. 51.
④ See Levola Hengelo BV v. Smilde Foods BV, CJEU, Case C – 310/17 (2018), para. 50.
⑤ 任安麒:《作品类型兜底条款的证成、选择与适用——兼议非典型作品的著作权保护路径》,载《电子知识产权》2021 年第 4 期。
⑥ See Pamela Samuelson, "Evolving Conceptions of Copyright Subject Matter", *University of Pittsburgh Law Review*, Vol. 78, 2016, No. 1, p. 83.

除此之外，美国在涉及瑜伽动作编排①、花园设计②等案件中，都认为其不属于受版权保护的对象。美国版权局在声明其错误地将瑜伽动作登记为作品的同时指出，瑜伽动作编排属于对体育锻炼动作进行选择、协调或组合的行为，具有促进人的身体或精神健康的功能，而这种具有功能性的体系或方法不能成为版权的对象。③ 此外，即便花园设计相比瑜伽动作更富审美意味，第七巡回上诉法院认为，花园设计作为一种历史悠久的审美表达，从未有人提出版权保护的要求，这说明此对象或许并无需版权保护，否则国会应当将其纳入 1976 年《版权法》的范畴，况且在花园设计的美学表现中，植物的自然生长对创作的贡献更为突出。④

美国同样否定将著作权保护对象扩张至人工智能生成内容。美国版权局在针对一幅由"创意机器（Creativity Machine）"创作作品的版权申请登记中，以创意机器非人类作者为由驳回了申请。⑤ 而美国联邦最高法院早在 Sarony 一案中，就将作者称为人类⑥，并且在 Mazer 案⑦和 Goldstein 案⑧等判例中重申了这一观点。尽管目前尚无案件专门针对人工智能生成内容的特定问题作出判决，但不难看出，在美国，完全由机器创造的作品目前不能获得版权保护。但是，值得关注的是，美国版权局于 2023 年 2 月 21 日为人工智能参与创作的漫画《Zarya of the Dawn》授予一定的著作权。该漫画书的部分图像是由人工智能平台 Midjourney 根据作者 Kashtanova 的指令创建，作者将该书提交给版权局申请注册登记。2022 年 9 月 15 日该作品就在美国版权局成功注册，成为美国第一项获得注册的人工智能生成作品，随后版权局通过作者的社交媒体发帖获悉，作者在写作该书时使用了人工智能平台 Midjourney 创作了该书的部

---

① See Bikram's Yoga Coll. of India v. Evolation Yoga LLC, 803 F. 3d 1032 (9ᵗʰ Cir. 2015).
② See Kelley v. Chicago Park District, 635 F. 3d 290. 304 (7ᵗʰ Cir. 2011).
③ Registration of Claims to Copyright, 77 Fed. Reg. 37605, 37607 (June 22, 2012).
④ See Kelley v. Chicago Park District, 635 F. 3d 290. 304 (7ᵗʰ Cir. 2011).
⑤ 中国保护知识产权网：《美国版权局不予登记人工智能生成的作品》，http://ipr.mofcom.gov.cn/article/gjxw/ajzz/bqajzz/202202/1968498.html，最后访问时间：2022 年 2 月 24 日。
⑥ Burrow-Giles Lithographic Co. v. Sarony111 U. S. 53, 4 S. Ct. 279, 28 L. Ed. 349 (1884).
⑦ Mazer v. Stein, 347 U. S. 201, at 217 (1954).
⑧ Goldstein v. California, 412 U. S. 546 (1973).

分内容，美国版权局随后以该作品缺少人类作者为由拒绝注册，因为版权局认为版权法所保护的只有人类作者的作品，人工智能生成物不应受版权保护。然而在结合相关意见之后，美国版权局作出答复，认为 Kashtanova 女士是本作品文本以及写作及视觉要素的选择、协调和排布的作者，这部分作者权利应当受版权保护，但作品中由 Midjourney 技术生成的图像不是人类作者的作品，授予其一定范围的著作权。① 可见美国版权局在可版权要件上仍然坚持创作的主体必须是人类，版权局也说明这一结论是源于美国在其他创作者资格的案件中，对于人类创作者的坚持。美国最高法院在 Burrow-Giles Lithographic Co. 诉 Sarony 案中反复强调人类身份，将"作者"定义为"原创、发明人、创作者；完成科学或文学作品的人。"②

除此之外，美国司法实务中对虚拟角色的版权保护却一直采取积极的态度。涉及虚拟角色的版权保护，通常会区分纯粹文字描绘的虚拟角色和拥有外观造型的虚拟角色。美国法院认为文字叙述的虚拟角色在符合一定要件时可以成为版权保护的对象，并建立了两种不同的测试方法。其一是 1945 年美国第九巡回上诉法院在 Sam Spade 案③中建立了"被叙述的故事"测试（The "Story Being Told" Test），即文字描绘的虚拟角色可以成为版权保护的对象，但是限于作为故事的核心成分而无法与故事相分离的真正构成故事的虚拟角色。这种标准对角色在故事中所占分量的要求极高，但是却依赖于主观判断，被认为缺乏客观和稳定性。④ 这一方式只能用以确定不同作品中用以进行实质性相似比对的"虚拟角色描绘"，而无法径行证明虚拟角色能够成为版权保护的对象。其二是当前美国多数法院采取的是源自 1930 年 Nichols 案的"充分

---

① U. S. Copyright Office："Re：Zarya of the Dawn（Registration # VAu001480196）"，https://www.copyright.gov/docs/zarya-of-the-dawn.pdf，最后访问时间：2023 年 4 月 20 日。

② Burrow-Giles Lithographic Company v. Sarony，111 U. S. 53（1884）

③ Warner Bros. Picture, Inc. v. Columbia Broad. Sys., 216 F. 2d 945（9th Cir. 1954）. 本案最终判定不给予涉案虚拟角色版权保护。但是在另外两个适用"被叙述的故事"的案例中，法院却做出了相反的判决，see Anderson v. Stallone, 1989 WL 206431（C. D. Cal. 1989），and Metro-Goldwyn-Mayer v. Am. Honda Motor Co., 900 F. Supp. 1287（C. D. Cal. 1995）.

④ See Roger E. Schechter & John R. Thomas, *Principles of Copyright Law*, West Academic Publishing, 2010，p. 53.

描绘"测试（The "Sufficiently Delineated" Test）。① 本案中，汉德法官表示，在思想和表达中划定清晰的分界线是不可能的，但是对于虚拟角色的描绘越详尽，表达的成分就越多，虚拟角色可以独立于故事情节成为版权法保护的对象，即要求独创性构思和充分描绘，但是这一测试并未明确描绘要详细到何种程度才能成为受保护的表达，标准仍旧含糊。② 此后，Tarzan 案进一步发展了这一标准，法院将诉争虚拟角色"泰山"的特质逐一罗列，据此认定原告小说对于"泰山"已有充分描绘，从而认定其可版权性。③ 但本案被批判"论述过于一般而可以涵盖到其他虚拟角色"，核心原因就是将作品中对于"泰山"的具体描绘归纳成抽象的人物特征，并据此认为虚拟角色是版权保护的对象，这一逻辑在思想与表达二分的框架下是本末倒置的。"充分描绘"测试同样不能避免法官自由裁量的不确定性。基于此，美国法院先是在"华纳兄弟"案中将标准上升为"故事讲述标准"，即判断虚拟角色在故事中的作用，如果只是串联故事的棋子，则不受版权保护；如果整部作品围绕角色展开，角色的地位超越了故事以至于故事是为了展现角色形象的，则虚拟角色可以作为版权保护的对象。④ 这一标准的要求过高，实质上限制了对虚拟角色的版权保护。因此在"蝙蝠车"一案中又进一步发展出"三部分检验标准"，要求角色通常有身体和精神特征，必须得到充分、显著而独特的描绘且具有完整性。⑤ 地方法院由此判决"蝙蝠车"具有固定名称，形象特征固定，能够作为角色受版权保护，被告的仿冒属于侵权行为。

关于"固定"的要求，美国 1976 年《版权法》第 102 条第 1 款要求受联邦版权法律保护的应是已经固定在有形物体上的表达，未固定作品由各州普通法进行保护。最早系统阐释固定性的判例是 1908 年美国最高法院"White-

---

① See Nichols v. Universal Pictures, Corp., 45 F. 2d 119 (2nd Cir. 1930).
② 参见林雅娜、宋静：《美国保护虚拟角色的法律模式及其借鉴》，载《广西政法管理干部学院学报》2003 年第 5 期。
③ See Burroughs v. Metro-Goldwyn-Mayer, Inc., 519 F. Supp. 388 (S. D. N. Y. 1981). 本案中，法官罗列了例如"泰山"是由猿猴所抚养，其适应丛林生活、能够与动物沟通，具有人类的情感以及单纯、年轻、温和、强壮等特质，说明其"充分"描绘。
④ Warner Bros. Picture Inc. v. Columbia Broadcasting System, Inc. 216 F. 2d 945 (9th Cir. 1954).
⑤ Schwabach, Aaron. *Fan Fiction and Copyright*, New York: Viking Press, 2012, p. 123.

Smith Music"一案,被告制造的自动钢琴中收录了原告的音乐作品,判决中指出作品必须成为"复制品"以一定的形式固定下来才能获得版权保护,被告的孔状音乐带只能被钢琴读取而不能被人类感知,因此法院认为被告没有侵权。① 虽然此案对复制品的解释限于可以感知或阅读的复制品,范围过于狭窄,但是这是基于当时的复制技术所作出的合理判决。

以上案例可以看出,美国法院在面对法定保护对象之外的表达时,会综合考虑对象的特征、市场经济价值、是否有其他法律保护途径等多重因素。但同时,美国判例法确认了对"内容不道德"作品的保护,即内容淫秽的作品。起初,美国早期判例因其不符合宪法目的而不提供保护,直到1979年"米切尔"一案,上诉法院推翻了"不干净之手"(unclean hands)理论得出的不保护淫秽作品的判决。② 法院认为,版权法规定作者的所有作品都可以获得版权保护,并未以内容来限制版权保护,版权法中并没有相关依据,即法官可以根据版权作品中所体现的观点对作品做出道德判断。其次,从历史角度,某一社会有关道德与不道德的看法处于不断的变化之中。③ 因此,"对于所有的创造性作品,淫秽的或者不淫秽的,只要符合版权法的要求,都应当提供版权保护。"这一案例也反映出美国版权法的宗旨就是"促进科学和实用技术的发展",符合版权法重视作品经济利益的特点。

(二) 作品类型封闭情况下著作权保护对象的认定

日本学者认为,在创设知识产权的解释方面,"裁判所的判断也应该以克制的态度进行参与。"④ 作为典型的作品类型封闭的著作权体系,日本法院处理著作权保护对象认定问题的方法可以参考。

---

① White-Smith Music Publishing Co. v. Apollo Co., 209 U.S. 1 (1908).
② Mitchell Brothers Film Group v. Cinema Adult Theater, 604 F.2d 852, 203 USPQ 1041 (5th Cir. 1979).
③ 英国法院曾将拜伦、绍迪和雪莱的作品判定为不道德的作品。美国法院也曾经将很多作品认定为淫秽,例如 Edmund Wilson 的《赫卡忒之乡回忆录》(Memoirs of Hecate County)、Henry Miller 的《南回归线》和《北回归线》(Tropic of Cancer and Tropic of Capricorn)、Erskine Caldwell 的《上帝的小英亩》(God's Little Acre)、Lillian Smith 的《奇怪的果实》(Strange Fruit)、D. H. Lawrence 的《查泰莱夫人的情人》(Lady Chatterley's Lover)、Theodore Dreiser 的《美国悲剧》(An American Tragedy)等。
④ [日]田村善之编:《日本现代知识产权法理论》,李扬等译,法律出版社2010年版,第22页。

关于电子游戏的著作权认定，主要涉及三种表达形式：一是其游戏编码体现在计算机程序上，属于计算机软件；二是游戏画面和声音呈现在屏幕上，又与电影作品有关；三是游戏的玩法规则是否具有独创性。对于是否属于著作权保护对象存在争议的主要是后两项。其中电子游戏画面的特殊性在于游戏画面表现的不仅是预先设定的画面和声音，还会有游戏玩家的参与；游戏规则中的玩法模式等功能性要素也会使思想或是表达的判断模糊起来。日本法院在相关案件中都判定，电子游戏画面和伴音属于电影作品或类电作品。如1984年"帕克曼电子游戏"案中，法院认为电影和类电作品应做广义理解，尽管有玩家操作，但是游戏画面的滚动效果和电影作品的表达手法是一样的，仍然属于电影的表达方式。①

关于实用艺术作品的认定，日本法院考虑到著作权法只保护其中的美学要素，只在实用艺术作品具有独立美学鉴赏价值的情况下将其作为美术作品保护，以便更好地与工业品外观设计权区别。② 如"仙女模型"案中，争议焦点在于原告的三款糕点模型是否属于著作权保护的对象。③ 法院讨论了实用艺术品、外观设计和著作权之间的关系，认为外观设计法与著作权法保护的目的截然不同。实用艺术品中包含了产业上批量生产的实用品的外观设计，属于外观设计法保护的范畴，如果将实用艺术品全部纳入著作权保护，就会与外观设计的保护重叠。基于此种原因，日本著作权法只将"工艺美术品"纳入了美术作品的范畴，其他实用艺术品则通过外观设计予以保护。

通过以上案例可以看出，在作品类型条款封闭的情况下，面对非法定作品类型或传统表达方式的对象时，日本法院主要通过对法定作品类型作广义解释，拆分新表达的构成要素与现有作品进行对比分析，将符合构成要件的对象纳入已有作品类型中进行保护，这也是我国在面对封闭式作品类型条款时采用的主要法律解释方法。

---

① 参见日本东京地方法院："帕克曼电子游戏"案，昭和59.9.28，判时1129号120页。
② 参见日本仙台高等法院："人形电子玩具"案，平成14.7.9，判时1813号145页。
③ 参见日本大阪高等法院："仙女模型"案，平成17.7.28，判时1928号116页。

(三) 独创性判断标准之比较

两大法系独创性标准的区别突出体现在二者的法律适用中，基于此也直接影响到著作权保护范围的边界问题。

依照版权体系的独创性标准，只要相关表达来自作者就能构成版权保护的作品。美国法院一直采用较低的独创性标准，只要是作者自己创作的而非抄袭，就满足独创性要件，即只要作者在创作作品的过程中付出了一定的劳动、技能和判断力，就可以获得版权的保护。此后很长时间，法院都以"汗水理论"作为判断相关作品是否具有独创性的标准。直至 1991 年 Feist 案，美国最高法院确立了"最低限度的创造性标准"。① 最高法院首先提出一部作品要想获得版权保护，不仅应当是来自于作者，而且应当具有某种最低限度的创造性。随后本案详细论述了"独创性是宪法性要求"的命题，认为法院在 1879 年"商标案"中论述作品的宪法性范围时就指出独创性的要求是"独立创作再加上一点点创造性"。其次最高法院认为"汗水理论"有一系列缺陷，其中最突出的问题是可能将版权保护延及了事实本身。本案关于作品独创性要件的阐述，具有里程碑的意义。不过版权体系对基于计算机、动物等行为产生的对象并不赋予版权保护。如美国"猴子自拍案"中，第九巡回上诉法院指出，由于猴子等动物不能构成版权法意义上的作者，所以其自拍不属于版权法意义上的作品，不属于创作活动。② 英国版权法的独创性以"技能、判断、劳动"（skill、judgment and labour）为标准，作者在创作作品的时候只要付出脑力上的劳动、判断、技能、经验等，作品就具有了独创性，那么基本上所有的智力成果都可以在英国受到版权保护。

依照著作权法体系的独创性标准，相关表达除需要作者投入必要劳动、技能和判断外，还应当体现作者的精神、情感和人格等要素。如日本的"法庭旁听记"一案中，知识产权高等法院在认定独创性时指出，根据日本《著

---

① Feist Publications, Inc. v. Rural Telephone Service Co., Inc., 499 U. S. 340, 18 USPQ 2d 1275 (1991).

② See Naruto v. Slater, 16 - 15469 (9th Cir. 2018).

作权法》第2条第1款第1项，作品是"对于思想观念或者情感的具有独创性的表达"①。原告记载的法庭质询和询问是客观记载，这种记载没有为记录者留下足够的创作空间，也没有体现出个性，原告没有对相关事实进行评论，也没有发表自己的意见或看法，因此不属于对"思想观念或者情感"的表达。可见日本著作权法对于"独创性"的要求是比较高的。包括前文所述的法国、德国等欧洲国家，都采纳了高于版权制度的独创性标准。在技术发展的影响下，这种较高的独创性标准也使得诸如计算机程序等新表达很难被纳入著作权保护。例如德国曾在关于计算机程序相关的案件中指出，计算机程序无法体现编程人员的精神、情感或人格要素，不符合独创性要求，对数据的选择、编排只有符合德国著作权法的要求时才能成为保护对象。② 为了应对技术发展的需要，欧盟通过《计算机程序保护指令》和《数据库保护指令》提出了"作者自己的智力创造"标准以将计算机程序和数据库纳入著作权保护范畴，才解决这一问题。

整体来说，美国采取的"最低限度的创造性"仍旧是一个很低的标准，包括英国"技能、判断、劳动"标准在内，电视节目表、体育赛事直播等都可以在版权体系国家成为保护的对象。③ 而作者权体系的"精神、情感和人格"标准对独创性提出了很高的要求，欧盟的"作者自己的智力创造"标准则介于两者之间，使德国、法国等作者权体系国家能够将计算机程序和数据汇编扩张为著作权保护的对象。

三、保护对象司法现状评价

法律解释的前提一定是有相应的解释依据，即需要在现行立法规定的基础上，借助文义解释、体系解释等方法将争议表达归类于法定类型作品，确保立法与司法的刚性，目的解释的对象则主要是开放性的兜底条款。

---

① 参见日本知识产权高等法院："法院旁听记"案，平成20.7.17，判时2011号137页。
② See Inkassaprogram-Bundesgerichtshof, May 9, 1985.
③ See Case T-69/89--Radio Telefis Eireann v. Commission of the European Communities; H. R. Report, No. 94-1476, 94th Cong., 2d Sess. (1976), for Section 102.

(一) 开放式作品条款的解释适用

借鉴采用作品类型"开放式列表"立法模式的国家。美国的几个典型案例说明，法院在实践中并不会轻易凭借"开放式"列表灵活地扩大版权的保护范围，反而更愿意揣摩立法机关在设立版权保护对象时的具体考量，尊重立法机关的利益取舍，从而将调整保护对象范围的重任留给立法机关。[①]

也有态度相对开放的国家，如法国最高法院和上诉法院针对香水香味是否属于著作权保护对象所作出的截然相反的判决，体现出适用著作权对象开放式列表的国家面临的法律不确定性。倘若赋予香水气味以著作权保护，那么其他气味是否也可能成为著作权的保护对象，比如香烟气味、酒水气味等。但是，现阶段已经通过商标、商业秘密、专利等为香水产业的发展提供足够保护，而强行使用版权给予长时间保护必要性不大并可能影响产业发展。

(二) 独创性标准的认定

无论是著作权法体系还是版权法体系，独创性标准都是作品的构成要件之一，只是在两大法系中存在着标准差异。独创性标准之高低直接影响着新类型表达能否成为著作权保护的对象，诸如体育赛事直播、快照等对象都存在是否达到独创性标准的争议。

两大体系的相同点在于都要求作品是人创作的，计算机和动物所生成的对象不能作为作品受到著作权保护。而独创性的认定标准之差异主要是通过法律适用体现的。版权法体系认为，作品只要是作者的表达就能够满足独创性要求。如前文所述，英国实践中采用的标准是劳动、技能、判断，美国采用"最低限度的创造性"标准。但作者权体系认为作品应当包含作者的精神和人格之表达，要有较高的独创性才能构成作品。由此带来的问题是难以将某些对象纳入著作权的范畴，如计算机软件和数据汇编。因此"作者自己的智力创造"标准作为一种介于作者权体系与版权体系之间的标准，以期在欧盟范围内统一对独创性程度较低的计算机程序和数据库汇编的保护。然而这

[①] 刘文琦：《论著作权客体的扩张——兼评音乐喷泉著作权侵权纠纷案》，载《电子知识产权》2017年第8期。

种标准似乎并未改变两种体系间独创性的差距。

我国的独创性认定标准在实践中同时有创作高度说、个性说和最低程度的创作说三种表述。其中，创作高度说和个性说是司法实践中的主流观点，只有极少数的案件支持了最低程度的创作说。① 采用何种独创性标准对著作权保护对象边界的确定有决定性意义，统一的认定标准是著作权法律制度完善的基础。

（三）非典型表达的自由裁量

在非典型表达的作品认定上，域外所采用的方法和我国基本相同。

英国司法实践中所采取的"鸽巢方法"实质就是归入保护法。② 所谓"鸽巢方法"是指任何作品必须归类于版权法中的法定作品类型才能获得保护，法院会尽可能地将非典型作品进行"典型化"解释。③ 例如英国法院曾将节目模式解释为戏剧作品。④ 这也是因为英国版权法中并未设置兜底条款，而是通过列举明确了法定作品类型。

法律适用中如何通过作品类型条款对非典型表达进行认定，有学者认为有归入法和拆分法⑤，也有学者认为有归入保护法和构成要件法⑥。本书认为对非典型表达的法律适用基本可以分为三种方式：归入保护法、拆分保护法和兜底保护法。

"归入保护法"这一路径的前提，是坚持"作品类型的相对法定"，通过对法定作品类型的文义解释、扩大解释、目的解释、类推解释等，将非典型

---

① 参见李自柱：《作品独创性的实证分析与路径选择》，载《版权理论与实务》2021年第6期。
② 任安麒：《作品类型兜底条款的证成、选择与适用——兼议非典型作品的著作权保护路径》，载《电子知识产权》2021年第4期。
③ Jeremy Phillips, Alison Firth, *Introduction to Intellectual Property Law* (4th edition), Oxford University Press, 2001, p. 138.
④ Banner Universal Motion Pictures Ltd v. Endemol Shine Group Ltd & Anor ［2017］EWHC 2600 (Ch).
⑤ 参见任安麒：《作品类型兜底条款的证成、选择与适用——兼议非典型作品的著作权保护路径》，载《电子知识产权》2021年第4期。
⑥ 参见易玲、杨泽钜：《著作权客体法定疏证——兼论"非典型作品"的保护》，载《商学研究》2021年第2期。

作品纳入现有作品类型中的解释路径。① "音乐喷泉案"二审中，法院通过对美术作品的文义解释，认定虽然音乐喷泉不同于传统美术作品，但法规并未排除动态表现形态和瞬时的存续时间，且音乐喷泉是由多种要素共同构成的具有审美意义的表达，因此可以被纳入美术作品的保护范畴。② "奇迹 MU 诉奇迹神话"案中，二审法院通过解释游戏画面的表现特征、创作手法等，认定游戏整体画面属于类电作品。③ 归入保护法对非典型的新表达持相对保守态度，但并不是全然排斥对新表达的保护，而是在不过度扩大解释法定作品类型的基础上，尽可能通过法律解释将新表达纳入法定作品类型中以实现结论的正当。然而，归入保护法也可能会不合理地扩张现有作品类型的范畴，从而违背立法原意，破坏法律的稳定性与司法的统一性。此外，著作权保护对象作为著作权权利制度的基础，与权利内容等紧密衔接，将部分争议表达强行归入法定作品类型，可能会导致著作权与其他制度在保护对象和权利内容上的混乱。例如美术作品的权利内容包括展览权，而音乐喷泉作品的动态性、瞬时性特点，使其在认定为美术作品后在权利行使上可能面临困难。

"拆分保护法"是将新类型表达的构成要素进行拆分，对其中符合法定作品类型的部分分别予以保护。④ 例如在"奇迹 MU 诉暗夜奇迹"案中，一审法院认为游戏背景介绍、各游戏素材的名称、介绍及属性等可以以一个整体作为文字作品予以保护；而场景图片及怪物图片在素材选择、构图、布局、线条轮廓、颜色等方面具有较高的独创性和一定的美感，构成美术作品。⑤ 也有学者主张将音乐喷泉拆分为音乐作品和计算机软件作品分别保护。⑥ 拆分保护法对新类型表达的构成要素进行单独保护，然而拆分后保护的范围与力度之和并不确定是否等同于新类型表达的整体保护范畴，因此这一方法事实上无

---

① 参见万勇：《功能主义解释论视野下的"电影作品"——兼评凤凰网案二审判决》，载《现代法学》2018 年第 5 期。
② 参见北京知识产权法院（2017）京 73 民终 1404 号民事判决书。
③ 参见上海知识产权法院（2016）沪 73 民终 190 号民事判决书。
④ 任安麒：《作品类型兜底条款的证成、选择与适用——兼议非典型作品的著作权保护路径》，载《电子知识产权》2021 年第 4 期。
⑤ 参见上海知识产权法院（2017）沪 73 民终 241 号民事判决书。
⑥ 熊琦：《中国著作权法立法论与解释论》，载《知识产权》2019 年第 4 期。

法回答新类型表达是否能够成为保护对象这一问题，也未解决如何归类这一难题。以游戏画面为例，由于游戏画面难以按照法定作品类型归类，其整体不应受到保护；但构成游戏的文字、美术、音乐等元素又可受到保护。此时所谓"网络游戏画面不应受保护，但实际上却能够获得一定程度的保护，这实在令人匪夷所思。"①

"兜底保护法"也称"构成要件法"，主张将著作权保护对象仅限定在抽象的"作品"层面，而作品类型则作为一种开放式的、示例性的列举，只要某一对象符合作品可版权要件，就能扩张为著作权保护的对象。②例如"音乐喷泉案"一审中，法院认为音乐喷泉的喷射表演效果是具有独创性的创作，符合作品的保护要件，即使无法归于任何一类现有法定类型，也应当成为著作权保护的对象。③

在非典型表达的作品认定中，归入保护法和拆分保护法都建立在严格的作品类型法定基础上，认为需要在现有作品类型条款之下赋予表达以著作权保护。本书认为，非典型表达的作品认定应当建立在其构成可版权要件的基础上，这是著作权保护对象扩张的首要条件，只要满足作品的构成要件，并且不属于保护对象限制的范畴，就已经属于著作权的保护对象。至于应当通过归入还是拆分，抑或是适用"其他作品"进行作品类型的划分，是第二性的问题。著作权保护对象制度中非典型表达的认定，应当适用兜底保护法。

四、著作权保护对象扩张与限制现存问题分析

通过前文分析可知，著作权立法发展反映出保护对象不断扩张之趋势，而法律适用中也出现赋予新类型表达以著作权保护的要求。对著作权保护对象相关法律的理解与适用，应始终致力于确保对象的边界控制在合理动态范围内，既要避免保护对象过度扩张致公共利益受损，又要为具有可版权性的

---

① 卢海君：《"作品类型法定原则"批判》，载《社会科学》2020年第9期。
② 参见易玲、杨泽钜：《著作权客体法定疏证——兼论"非典型作品"的保护》，载《商学研究》2021年第2期。
③ 参见北京市海淀区人民法院（2016）京0108民初15322号民事判决书。

对象提供有效保护，避免设置不合理的障碍。通过立法论与解释论中著作权保护对象扩张与限制之实证分析，可以得出当前著作权保护对象主要存在以下问题。

（一）扩张与限制的共存问题

1. 作品构成要件有待进一步细化

著作权侵权案件首先应当解决的问题就是判断涉案争议对象是否属于著作权保护的作品，判断其是否构成著作权法意义上作品应当以作品定义为标准。作品认定中应当以客观标准为主要依据，如果在作品认定过程中认定的主观标准优先于客观标准，则可能使主观判断的不稳定性与片面性在实践中被放大。

（1）独创性要件标准的不统一

从前文典型案件中可以发现，在涉及是否能够将新表达扩张认定为作品时，司法机关大多在独创性有无与高低两者之间存在分歧，即对独创性与创作高度的关系认知不同，尤其体现在体育赛事直播节目等新类型表达中，直接影响保护对象扩张的结果，甚至产生完全相反的裁判结果。[①] 法院在独创性要件的法律适用中，一般出于以下几点考量：一是基于不同类型作品的特性考虑不同的独创性判断要素，例如在涉案争议表达最多的电影和类电作品的认定中，法院就将电影作品分为纪实类和非纪实类电影两种，通过创作的独创性空间大小，对不同类型的电影作品适用不同的独创性分析标准。二是我国《著作权法》的著作权与邻接权二分制度，是以独创性作为区分二者的标准，但实践中总是出现究竟依照独创性"有无"还是"高低"之标准判断其属于电影作品还是录像制品的争议，法院判决中更是存在一定的创作高度、体现作者个性和最低程度的创造性三种说法。

除了独创性高度的认定标准存在分歧外，在新表达的界定中，独创性标准还面临在"注重创作过程"与"注重创作结果"中做出选择，以及"有

[①] 参见北京市朝阳区人民法院（2014）朝民（知）初字第40334号民事判决书；北京知识产权法院（2015）京知民终字第1818号民事判决书；高级人民法院（2020）京民再128号民事判决书。

无"与"高低"的取舍。例如人工智能生成内容的作品认定中,存在"作品否定说"和"作品肯定说",二者的分歧在于独创性判断应该指向创作过程还是创作结果。作品否定说从创作过程出发,认为"人工智能生成内容的过程并不涉及创作所需的智能"①,其生成物是在大数据和深度学习的基础上进行模仿的结果。② 作品肯定说则从创作结果出发,认为作品一经完成,就成为客观存在的对象,"当我们已无法区分所欣赏的作品为人类创作还是机器生成时,就意味着该内容应被认定为作品"。③

尽管独创性的判断需要依据个案分析,但是诸多案例都说明我国的独创性标准的建立并不完善,对于独创性的判断因素也缺乏必要的指导。无论是以美国为代表的"额头流汗理论"或"最低限度的创造性"的低标准,又或是以德国为代表的高标准,都与我国的独创性要件判断有所区别。在独创性标准不统一又缺乏规范化指引的情况下,一方面会导致作品认定缺乏确定性,为创造者对作品的传播、利用、获取收益增加风险;另一方面导致著作权与邻接权的保护对象界限模糊,造成法律适用中的争议与困惑。

(2) 固定性要件内涵有待更新

实践中法院主要对涉案智力成果的"独创性"进行考察,而"可复制性"要件或固定性要件则基本处于被漠视的尴尬境地,这在客观上造成了"可复制性"要件的"名存实亡"。④ 但是在特定案件中法院仍会要求智力成果符合固定性要件,尤其是将体育赛事直播认定为作品的一大壁垒,就在于其是否满足类电作品"摄制在一定介质上"的要求。

事实上,固定性只是少数国家版权法作品版权保护的前提条件,并非国际上通行的做法。⑤ 以视听作品的认定为例,以"电影和类电作品"为作品

---

① 参见王迁:《论人工智能生成的内容在著作权法中的定性》,载《法律科学(西北政法大学学报)》2017 年第 5 期。
② 参见曹博:《人工智能生成物的智力财产属性辨析》,载《比较法研究》2019 年第 4 期。
③ 熊琦:《人工智能生成内容的著作权认定》,载《知识产权》2017 年第 3 期。
④ 金松:《论作品的"可复制性"要件——兼论作品概念条款与作品类型条款的关系》,载《知识产权》2019 年第 1 期。
⑤ 参见卢海君:《网络游戏规则的著作权法地位》,载《经贸法律评论》2020 年第 1 期。

类型的国家，普遍要求"摄制"和"固定"要件，如日本《著作权法》中强调电影作品和类电作品是采取类似摄制电影的方式，固定于物质载体的作品。① 此外，俄罗斯联邦《民法典》中规定"视听作品"应当是已固定的可被视觉和听觉感知的一组影像。② 英国明确电影作品是"存在（固定）于任何载体之上，能够借助一定方式从中再现出活动影像的录制品"。③ 这些国家都要求视听作品的固定要件，但英国强调固定于任何载体都成立，而日本则要求"固定于物质载体"。美国"双轨制"的版权保护体系下，固定在有形物品上的作品由联邦版权法保护，未固定的则由各州普通法保护。我国《著作权法》第3条和《著作权法实施条例》第2条都没有对"固定"作出要求，按照现行《著作权法》的规定，作品只要能够以一定形式表现即可，尽管这一概念的内涵尚有待明确，但是说明"固定"不是所有类型作品的构成要件，如口述作品或音乐形式的作品。

虽然对于"固定"是否应当被规定为电影和类电作品的构成要件存在争议，同时对于在直播的同时进行录制的"随录随播"形式是否符合"固定"要求都存在争议，但大都承认"摄制在一定介质上"就是指对"固定"的要求。④ 在央视诉暴风案中，二审法院强调了"固定在物质载体上"的要件，并因体育赛事直播不能满足作品的固定性要件，而认定其无法成为著作权的保护对象。⑤ 此外在央视诉新感易搜案中，一审法院也认为在体育赛事及闭幕式的现场直播过程中，采用随摄随播的方式获取的画面，并未被稳定地固定在有形载体上，此时的赛事直播信号所承载画面并不能满足电影作品或以类似摄制电影的方法创作的作品中的"摄制"要求。⑥ 然而"凤凰网赛事转播

---

① 参见日本《著作权法》第2条第3款规定，电影作品"包括采用类似摄制电影的效果的视觉或者视听觉效果的方法表现并且固定在某个客体上的作品"。
② 参见俄罗斯联邦《民法典》第1263条第1款："视听作品是由固定的一组相互联系的影像（有伴音或无伴音）组成的、借助相应的技术设备可供视觉和听觉感知的作品。"
③ See UK Copyright, Designs and Patents Act 1988, Article 5B (1).
④ 王迁：《体育赛事现场直播画面著作权保护若干问题——评"凤凰网赛事转播案"再审判决》，载《知识产权》2020年第11期。
⑤ 参见北京知识产权法院（2015）京知民终字第1055号民事判决书。
⑥ 参见北京市海淀区人民法院（2016）京0108民初41498号民事判决书。

案"再审判决指出,"《著作权法实施条例》第 4 条有关电影类作品的定义中规定的'摄制在一定介质上'并不能等同于'固定'或'稳定的固定'",也就是否认"摄制在一定介质上"是对"固定"的要求。①

关于如何解释"固定性"并将体育赛事直播扩张为著作权保护对象存在两种说法。一是认为既然法院已经认为"信号即可以视为一种介质",信号就是"摄制在一定介质上"中的"介质",可以被信号传送的体育赛事直播画面就已经存在于信号之中,则该直播画面就已经被"固定"到了"介质"之中。考虑到信息存储传播技术的进步,信息存储更加快捷、存储介质更加多元,要实现保护对象的扩张,对"介质"作广义解释是更为合理的路径。②二是认为作品的构成要件是"可再现性"而非"固定",只要体育赛事直播是可再现的表达,就应当成为著作权保护的对象,应当对电影和类电作品要求的"介质"做广义理解。如"凤凰网赛事转播案"再审中,本案作为首例认定体育赛事直播构成类电作品的案件,通过否定"固定性"进行作品认定而扩张保护对象的路径,区分了"作品"的构成要件与"作品类型"的特殊要求之间的差别,率先将作品范围扩张至体育赛事直播中,具有示范意义。

我国《著作权法实施条例》中将"摄制在一定介质上"作为电影和类电作品的构成要件,其目的是将被摄制的形象、图像、活动与摄制后体现出来的表达进行区分,明确电影和类电作品保护的是智力成果而非被摄制的对象。作品保护的是内容的表达,而非表达的内容本身。"可复制性"应被界定为"能够被客观感知的外在表达",在对此进行明确的基础上,应重构我国作品概念条款,明确作品的属概念为"表达"。③

(3)思想与表达的混同

思想表达二分原则作为确定著作权保护对象的基础规则,尽管我国《著作权法》中没有明确规定,但仍是著作权理论与实践中被广泛认可的原则。

---

① 参见北京市高级人民法院(2020)京民再 128 号民事判决书。
② 王迁:《体育赛事现场直播画面著作权保护若干问题——评"凤凰网赛事转播案"再审判决》,载《知识产权》2020 年第 11 期。
③ 金松:《论作品的"可复制性"要件——兼论作品概念条款与作品类型条款的关系》,载《知识产权》2019 年第 1 期。

在"太极熊猫"诉"花千骨"案①和"蓝月传奇"诉"烈焰武尊"案②中,法院以类电作品保护电子游戏的情节性和叙事性存疑的"玩法规则",对类电作品的保护对象进行了扩大解释,其实是认为即使游戏的玩法规则被认为是不受著作权保护的思想,在游戏连续画面中被具体的"表达"后,就可以成为受著作权保护的对象。事实上将视听作品保护的具有独创性的连续画面表达与其中体现的思想或情节等同起来,意味着诸如"电视节目模式"、技术方案等不受著作权保护的对象,通过视频呈现后都可能受到著作权法的保护,这又与实践相悖。因此有学者坚持认为,游戏规则的具体表述可以作为文字作品保护,但他人若只是借鉴游戏规则而没有体现在游戏画面上,就不一定构成侵权,著作权的保护对象是电子游戏画面而不是游戏规则。③

日本也出现过将被拍摄物品当作摄影作品的案例。在2001年的"西瓜摄影"案中,东京高等法院认为被告模仿了原告摄影作品中西瓜的构图,拍摄出基本相同的作品,侵犯了原告摄影作品的演绎权,同时论证了被拍摄对象属于摄影作品的组成部分,应当获得著作权保护。④ 摄影作品是对拍摄对象角度、光线、色彩等构图的创作,法院的这种观点混淆了摄影之表达与被表达物品的关系。⑤ 被拍摄对象应当属于客观事实或思想观念的范畴,赋予著作权保护将阻碍他人就相同或类似对象进行创作。

无论是否将思想表达二分直接规定在著作权法中,思想不是著作权保护的对象这一原则是肯定的,在法律解释中混同思想与表达显然是不可取的。

2. 作品类型法定原则有待商榷

作品类型法定原则的内涵与适用有待进一步研究,一方面是由于"绝对作品类型法定"的滞后性。"绝对的作品法定主义"是当某种新表达符合作品

---

① 参见江苏省苏州市中级人民法院(2015)苏中知民初字第201号民事判决书;江苏省高级人民法院(2018)苏民终1054号民事判决书。
② 参见浙江省杭州市中级人民法院(2018)浙01民初3728号之一民事判决书;浙江省高级人民法院(2019)浙民终709号民事判决书。
③ 张伟君:《呈现于视听作品中的游戏规则依然是思想而并非表达——对若干游戏著作权侵权纠纷案判决的评述》,载《电子知识产权》2021年第5期。
④ 参见东京高等法院:"西瓜摄影"案,平成13.6.21,判时1765号96页。
⑤ 参见李明德、闫文军:《日本知识产权法》,法律出版社2020年版,第87~89页。

构成要件且没有被现有法律规范排除保护时，因其无法归类为现有法定作品类型而被拒绝纳入著作权保护的立场。这种"绝对的作品法定主义"违反了作品类型的示例性。如此既不符合著作权法激励创新、鼓励创作的初衷，也无法为创作者提供应有的保障。此时由创作和传播等技术发展衍生出的新类型表达，或是过往未纳入著作权的"作品"，就失去了通过法律适用被扩张保护的空间。依前文所述，严格的作品类型法定主义面临着司法困境与挑战，国际条约与域外国家的相关规定和立法例也表明开放式的作品类型制度是更为先进的立法模式。知识产权法定可能衍生出著作权保护对象法定原则，但保护对象法定并不等于作品的类型法定，也不能将"法定作品类型"与"作品类型法定"等同。

另一方面，作品类型的划分标准及类型化的划分边界也是作品类型法定原则常受质疑的又一原因。如前文所述，新表达的归类也引发对兜底条款与汇编作品定位的认识分歧。逻辑学分类中的一项重要规则是"每次划分只能有一个标准"，作品类型条款中的八类作品是以表现形式为标准进行划分的，而汇编作品和演绎作品的分类标准是创作作品的特殊方式，用以明确作品的归属。汇编作品是否属于《著作权法》第3条中的"其他智力成果"，法官能否将汇编作品作为独立的作品类型进行保护，目前还存在分歧，也有法院直接以汇编作品认定作品类型。① 有学者认为我国法定作品类型包括现行《著作权法》第3条的八类作品以及汇编作品，例如网页设计等对象就可以认定为汇编作品直接进行保护。② 也有观点指出汇编作品的认定只能解决独创性和权属问题，最终的权利内容和保护期限都是要落脚于八种作品类型的。③ 如美国版权局就要求汇编作品首先要符合法定作品分类，其次才能构成汇编作品。当法定作品以表现形式为标准进行划分时，汇编作品作为创作方式之下划分的作品类型就不能成为法定的作品类型。

这表明当前作品类型的理解与适用中，存在分类标准不统一的问题。混

---

① 参见刘银良：《著作权兜底条款的是非与选择》，载《法学》2019年第11期。
② 参见刘银良：《著作权兜底条款的是非与选择》，载《法学》2019年第11期。
③ 参见孙山：《〈著作权法〉中作品类型兜底条款的适用机理》，载《知识产权》2020年第12期。

用划分标准、拼凑不同分类模式下的类型,以弥补法定作品类型的缺陷,存在最基本的逻辑混乱。此外,伴随着技术发展,各类作品间的边界日益模糊。在作品数字化和多媒体化的背景下,各类作品之间的分界线往往难以明确划分。例如,进行新闻报道时放弃原本的单一文字写作,以超文本结构取而代之。"超文本结构"就是人们利用多媒体技术进行作品创作,结合文字、声音、图画、动画甚至影视文本,形成的声情并茂的文本。① 这种新的创作方式,客观上模糊了文字作品、美术作品、视听作品等作品之间的界限,一件作品最终可能同时融合了多种类型作品的特征。因此,法定作品类型的规范与理解需要进一步探讨。

(二) 扩张的现存问题

1. 作品认定的依据有待明确

界定某一智力成果是否构成作品,应依据作品概念条款。作品类型条款不是可版权要件,无法归属于现行法的作品类型条款不影响智力表达成果的作品属性。② 实践中不乏观点认为,某一对象要构成作品成为著作权的保护对象,必须能够落入某种作品类型的范畴内。③ 事实上,面对一种新表达,应当区分究竟是作品的归类问题还是作品的构成要件问题:作品构成要件是表达是否能够成为著作权保护对象的唯一标准。当一种新表达无法被归入现有类型时,可以更加审慎判断其作品性问题,但不能据此判定其当然不可作为著作权的保护对象。

对于常见表达而言,在认定其是否满足可版权要件的同时,就可明确其法定作品类型的归属,也就是说,判断某一表达应当归入何种法定作品类型,与其是否符合作品的一般构成要件和该类作品要件的判断是同时进行的。因

---

① 参见吴汉东:《从电子版权到网络版权》,载《知识产权前沿问题研究》,中国人民大学出版社 2019 年版,第 457~487 页。

② 金松:《论作品的"可复制性"要件——兼论作品概念条款与作品类型条款的关系》,载《知识产权》2019 年第 1 期。

③ 在网页的作品认定中,有学者认为:"如果某'网页'的确难以落入任何作品种类,它就可能难以构成作品,从而难以归属为著作权客体……它可能属于反不正当竞争法所规制的行为,也可能属于自由使用行为。"(刘银良:《著作权兜底条款的是非与选择》,载《法学》2019 年第 11 期。)

此，在审判实务中，判断某一对象是否构成作品与判断其法定作品类型通常是可以同时进行的，这就导致在对某一对象的作品性认定的法律适用中，出现了认为能够归属于某类法定作品的对象才能受到著作权法保护的情形。事实上有学者就曾提出，摄影作品的独创性标准过低会增加著作权纠纷，浪费司法资源，应当将艺术审美作为摄影作品的独立要件，从而提高摄影作品独创性认定标准，同时增加"照片"作为邻接权保护的对象。[①] 这种观点一方面认为以独创性的"高低"作为认定标准，另一方面认为对于具体的法定作品类型应当有独特的诸如"艺术审美"的判断要件。笔者并不支持这种观点，这可能导致符合可版权要件但是不能契合八种作品类型具体要求的表达被排除保护。智力成果只要满足作品构成要件就应当受到著作权保护，如果因为法定作品类型的特殊要求而被放入公有领域，显然对创作者不公平。当我们判定某一个智力表达是否受著作权保护时，首先应当依据作品构成要件对该智力表达进行判定，只有符合著作权法意义上的作品要件，该智力表达才能够成为著作权保护对象，即作品。至于该智力表达是属于著作权法意义上的哪一类作品，对其作品法律属性并不会产生影响。

2. 过度扩大解释法定作品类型

作品类型法定的重要性不言而喻，因此在实践中大多数案例并未突破《著作权法》中的作品类型，但要判断新领域新业态下出现的新表达是否应当视为作品而受著作权保护时，就可能会通过扩大解释法定作品类型归入保护这种相对迂回的方式，使新表达成为著作权保护的对象。美国作为引领世界科技、文化发展的先锋，也极少轻易扩张版权对象的范畴。[②] 除法国、荷兰等少数"激进"的作品开放模式的国家，大多数国家对著作权保护对象的扩张持谨慎态度。这也影响到我国法律适用中的作品认定方式。

因此，当一种新类型表达符合作品的独创性要件，又无法当然地归入任

[①] 参见孙昊亮：《全媒体时代摄影作品的著作权保护》，载《法律科学（西北政法大学学报）》2021年第3期。

[②] 刘文琦：《论著作权客体的扩张——兼评音乐喷泉著作权侵权纠纷案》，载《电子知识产权》2017年第8期。

何一种法定作品类型时，法院可能会通过扩大解释某一类型作品的内涵和外延，从而使这一新类型表达被纳入现有法定作品之中。例如在"花千骨"案①、"蓝月传奇"案②等案件中，法院以类电作品保护游戏的"玩法规则"，实质上就是对类电作品的保护对象进行了扩大解释。此外，在音乐喷泉案③二审中，法院认为音乐喷泉属于"水型三维立体形态"的美术作品，事实上也是扩大了美术作品的范畴，将动态并持续一定时间的"动态立体造型表达"作为了"立体美术作品"保护。尽管这种略显"牵强"的扩大解释是为了将新表达纳入著作权保护的无奈之举，且在识别效率方面具有优势，但这种适用可能会导致更不合乎逻辑的解释，违背作品类型法定主义的初衷。同时，过度的扩大解释也并未能为新表达的认定提供合理、合法且符合逻辑的解释路径，未能解决保护对象扩张的本质需求。基于《伯尔尼公约》第5条第1款的国民待遇和最低保护标准——对于受本公约保护的作品而言，作者在起源国之外的成员国，享有该国法律现在给予和今后可能给予其国民的权利，以及本公约特别给予的权利，提出了国际对等保护要求，对于受保护作品仅指公约第2条的例示性作品还是也包括第2条第1款的一般性概念作品，公约并未明确，但是可以肯定针对第2条例示性作品类型，成员国必须为其他成员国的作品提供保护，因此我国的法定作品类型的范畴也不应做扩大解释，避免我国基于国际公约不得不为其他成员国作品提供高于他国保护对象范围的保护。④

3. 适用作品兜底条款的扩张有待实践检验

兜底条款的必要性来源于法律的滞后性。设立作品兜底条款的目的，就是给予法官解释作品条款的权力，并将符合作品构成要件的新表达，以"其他作品"之名纳入著作权保护的对象。从著作权法鼓励作品创作的目的来说，

---

① 参见江苏省苏州市中级人民法院（2015）苏中知民初字第201号民事判决书；江苏省高级人民法院（2018）苏民终1054号民事判决书。
② 参见浙江省杭州市中级人民法院（2018）浙01民初3728号之一民事判决书；浙江省高级人民法院（2019）浙民终709号民事判决书。
③ 参见北京知识产权法院（2017）京73民终1404号民事判决书。
④ 参见刘铁光：《非例示类型作品与例示类型作品之间的司法适用关系》，载《法学评论》2023年第4期。

兜底条款是司法者面对法律的滞后性，通过法律解释为新类型表达提供保护预留的空间，具有现实必要性。但是这种解释必须被制约，如何合理、合法地适用兜底条款，需要提升司法人员在个案中正确理解和合理解释法律规定的智慧和水平。

（1）兜底条款适用依据不充分

除了将新类型表达解释为已有法定作品类型外，法院扩张著作权保护的另一路径，就是在判断表达符合作品构成要件的情况下，直接认定为新类型作品予以保护。此时适用的条款主要是《著作权法》第3条对作品概念的阐释、第3条第9项和《著作权法实施条例》第2条，然而面对新类型表达单独适用第3条第9项之规定以扩张著作权保护对象，存在司法创设其他作品类型的诟病。同时，实践中很多案例都通过适用第3条第9项的兜底条款以及《著作权法实施条例》第2条的作品定义，实现对无法直接归入已有作品类型新表达的著作权保护。但是，这种解释方式可以说破坏了法律体系的内在逻辑。《著作权法》第3条中规定了具体作品类型，而《著作权法实施条例》第2条中进一步规定了抽象的作品定义，从逻辑关系的角度，通过作品类型解释作品定义也是不合理的。

实践中部分案件适用兜底条款创设新的作品类型，将面临"法官造法"的嫌疑。以音乐喷泉案为例，一审法院对于涉案音乐喷泉的作品认定，最终以第3条第9项为判决依据，提出"音乐喷泉作品"。① 但是由于封闭作品条款中要求法律、行政法规才能创设新的作品类型，音乐喷泉作品很难作为独立作品归类，这也使一审判决饱受争议。本案一审法院表现出对作品类型限定性作用的认可，试图在第3条法定作品类型中寻找判决依据。一种观点认为，立法中的作品类型是示例性而非限定性的，司法者完全可以创设新的作品类型②；反对观点则认为，在知识产权法定原则下，即使出现了新类型的表达，司法者也无权创设新的作品类型，只能尽量解释为现有作品类型，或坚

---

① 参见北京市海淀区人民法院民事判决书（2016）京0108民初15322号。
② 参见李琛：《论作品类型化的法律意义》，载《知识产权》2018年第8期。

持作品法定不予扩张保护①。本书认为法院对音乐喷泉可版权性的认定，应当着重分析其作品构成要件，而非着重探讨音乐喷泉的作品类型问题。当然，在《著作权法》第三次修改之前，原本的作品类型兜底条款相对封闭，很难有适用空间。因此，要避免作品认定向一般条款逃逸的质疑，需要明确作品类型条款的开放性以及扩张保护新类型表达的正当性。

在作品类型条款中增设"其他作品"的兜底条款，实质是将创设新作品类型的权力由立法机关转向司法机关。设置兜底条款将判断是否将新表达认定为作品的权力让渡给司法机关，可能使著作权法具有较高的适应性，但法律的一致性、稳定性及确定性就可能受到影响；此外，若删除兜底条款或设定严格的适用条件，即遵从严格的作品类型法定，将该权力保留在立法机构，则可维系著作权法的相对稳定性或确定性，选择以开放的作品概念增加其适应性②。从该角度看，较高的法律适应性未必建立在开放的作品类型兜底条款上。

在现行《著作权法》实施前，作品类型的兜底条款有"法律、行政法规规定"的要求，成为适用兜底条款的障碍。相关案例表明，由于2010年及之前的《著作权法》第3条仅列举作品类型而没有作品定义，法院适用兜底条款为新类型表达提供保护的路径主要有两种：一是不言明适用第9项，含糊其辞地指出该表达符合作品的构成要件，应当属于著作权的保护对象，如音乐喷泉一案③；二是先适用第9项，指出《著作权法实施条例》是其他行政法规，再援引条例中的作品定义条款，认定新表达符合作品定义中的构成要件，属于著作权保护的对象。但是第9项作为作品类型的兜底条款，转而又援引作品定义判断其属于"其他作品"，事实上逻辑并不合理。因此，当前适用兜底条款保护"其他作品"的依据并不充分。

（2）滥用兜底条款的担忧

学者们普遍存在对未来法律适用中滥用兜底条款任意创设作品类型的担忧。尽管第三次修正后的《著作权法》第3条已经修改为开放式立法模式，

---

① 参见陈锦川：《法院可以创设新类型作品吗？》，载《中国版权》2018年第3期。
② 刘银良：《著作权兜底条款的是非与选择》，载《法学》2019年第11期。
③ 参见北京市海淀区人民法院民事判决书（2016）京0108民初15322号。

但是并不意味着法律适用中可以轻易借此扩大著作权的保护对象。由于任何一种知识产权的创设都会制约公众的一部分自由，在如此谨慎创设权利的情况下，司法者更应该深刻领会立法意图，谨慎而有节制地行使司法自由裁量权。音乐喷泉案一审中，法院未将涉案音乐喷泉归入法定作品类型，但也没有明确适用兜底条款，而是语义含糊地将其作为"音乐喷泉作品"保护。① 另一网页设计的案件中，法院认为涉案网站主页应当属于受著作权保护的对象，判决中首先否定其属于现有法定作品类型，又排除汇编作品的认定，最终认为可以归入第3条第9项兜底条款予以保护。② 在新浪诉天盈九州案中，一审判决认为作品认定不应拘泥于作品类别，只要符合独创性和可复制性的要求即可，涉案体育赛事直播画面属于现有框架中没有的"类电视听作品"。③ 上述案件将"法律、行政法规规定的其他作品"等同于"其他作品"，忽略了其中的法律、行政法规限定，作出了超越法律字面意思的扩张解释。由此可见，尽管相关表达可能符合作品的构成要件，但法律适用过程中在当时的法律框架下也有滥用兜底条款、随意创设作品类型之嫌。

4. 汇编作品的定位有待明确

在以汇编作品作为网页设计等对象的作品类型的案件中，需要解释的一个问题是汇编作品是否可以作为八种法定作品类型之外的特殊作品类型，二者是否为并列关系，从而借以保护新表达和创作？由于理论观点和司法判决中都有将汇编作品作为一种"其他作品类型"的情况，应当明确汇编作品与兜底条款"其他作品"的关系。

在第三次《著作权法》修正前适用兜底条款进行扩张时，由于作品类型条款的封闭性，只有极个别案件直接适用了《著作权法》第3条第9项。另外两种方式，一是将作品定义条款作为"兜底"规则，直接通过构成要件认定该表达应当扩张为著作权保护的对象，二是将汇编作品作为作品类型的特殊条款，直接判断是否符合汇编作品的构成要件，将难以归为法定八类作品

---

① 参见王迁：《论作品类型法定——兼评"音乐喷泉案"》，载《法学评论》2019年第3期。
② 参见上海知识产权法院（2015）沪知民终字第14号民事判决书。
③ 参见北京市朝阳区人民法院（2014）朝民（知）初字第40334号民事判决书。

类型的表达以"汇编作品"作为"特殊作品类型"归类,实际上发挥兜底作用。① 这两种兜底方式的定位完全不同,在突破原有法定作品类型适用兜底条款时,应当明确适用的兜底究竟是作品定义还是作品类型的兜底。

法律适用中不乏以汇编作品作为"其他作品"的案例。以"网页设计"为例,网站页面的具体内容结合了数字形式的文字、声音、动画等信息,上述元素的布局、构思形成的整体风格布局、视觉效果所具有的美感,能够反映出设计者的个性化选择及编排,因此法院认为涉案的网站主页可以作为汇编作品成为受著作权保护的对象。② 美国在汇编作品的定位上,规定得较为清晰。美国《版权法》第103条在第102条所列举的八种受保护作品的基础上,特别列举了汇编作品和演绎作品两类受保护的作品。尽管汇编作品和演绎作品的划分标准不同于第102条所列作品的划分标准,但是汇编作品和演绎作品又是以第102条八类作品为基础产生的,仍然可以归入相应的作品种类中。③

无论是将汇编作品作为单独的特殊作品类型,还是将汇编作品视为兜底条款,在法律的解释适用中都应当予以明确,不能使汇编作品成为"万能类型",游离于作品类型体系之外。

(三) 限制的现存问题

著作权保护对象限制的问题不仅表现在具体的法律规则中,还体现于法律适用的个案审判中。剖析保护对象限制在立法与司法中的现存问题,是梳理出合理、合法排除保护对象路径的前提。

1. 保护对象排除条款的内涵与外延有待明确

我国早在1990年首次颁布《著作权法》时便对著作权对象的限制进行了规范,此后三次著作权法修正,伴随着社会现实的巨大变化,这一条款都未有大的改动,以致著作权保护对象的限制制度与实际需求脱节。《著作权法》第三次修正中,将第5条"时事新闻"修改为"单纯事实消息",但是在著作权对象的排除上还有需要厘清与完善之处。一方面,立法技术上应该对不当

---

① 参见王迁:《论汇编作品的著作权保护》,载《法学》2015年第2期。
② 参见上海市知识产权法院 (2015) 沪知民终字第14号民事判决书。
③ 李明德:《美国知识产权法》,法律出版社2014年版,第274页。

列举的对象进行删除，或是对已经列出的排除对象予以明确；另一方面，还应当及时应对新表达方式中应予排除的对象。

(1) 官方文件及其译文之官方汇编的限制

具有公务或公益性质的官方文件及其译文之官方汇编不能作为著作权保护对象，此处"官方汇编"是指具备独创性，以法律规则为内容，对现行法进行的系统性汇编。① 随着法治进程的发展，规范性文件数量的增多客观上促生了汇编的需求，人们经济水平和法治意识的提升扩大了官方文件汇编作品的需求。然而将官方文件汇编认定为著作权保护的对象，又与著作权法排除官方文件的初衷相违背。对于立法性质的公务文件，公众可以自由使用但是并不能汇编出版，此项权利属于文件的发布机构，违背这项规定有违 1990 年国务院颁布的《法规汇编编辑出版管理规定》（2019 年已作修订）。可见不属于著作权保护的对象不代表其不受我国其他法律保护，只是该对象的权利实现方式不是按照著作权法的相关规定进行的。② 因此，应限制具有公务或公益性质文件的官方汇编成为著作权保护的对象。

(2) "单纯事实消息"的限制

我国《著作权法》第三次修正中，将"时事新闻"改为"单纯事实消息"，尽管这一修改一定程度上有助于厘清"时事新闻"与"时事新闻作品"的区别，但是也有观点认为"单纯事实消息"属于著作权法所默示排除的对象，无须在法律规定中赘述，属于"不必要列举事项"③。日本及西方部分发达国家均未在著作权限制对象中列举单纯事实消息。④

---

① 参见冯晓青、徐相昆：《著作权法不适用对象研究——以著作权法第三次修改为视角》，载《武陵学刊》2018 年第 6 期。

② 参见高璎识：《不适用著作权法保护的对象研究》，载《邵阳学院学报（社会科学版）》2014 年第 1 期。

③ 参见冯晓青、徐相昆：《著作权法不适用对象研究——以著作权法第三次修改为视角》，载《武陵学刊》2018 年第 6 期。

④ 也有个别国家有和我国《著作权法》类似的规定。埃及《著作权法》第 141 条第 2 款规定，"具有纯粹新闻信息特征的时事新闻"不受著作权保护。另外还规定："但是，前述新闻如果在编排顺序、呈现方式上存在创新性或者任何其他经由个人加工而合乎保护条件的，则应当受到保护。"参见《十二国著作权法》翻译组译：《十二国著作权法》，清华大学出版社 2011 年版，第 37 页。

一方面，当单纯事实消息不具备独创性时，在立法中再进行明示限制会混淆明示排除规则与默示排除规则的关系；而当单纯事实消息具备独创性时，只需要判断其是否满足可版权要件即可。著作权法中对保护对象的明示排除应聚焦具备可版权要件的"作品"，若单纯事实消息没有独创性，属于不受保护的思想范畴，那自然不能成为受保护作品。此时，即使在著作权法的不适用对象中删除了明示排除的列举，其仍将落入默示排除的范围。另一方面，排除单纯事实消息的著作权保护本身也有待商榷。例如，需要考虑单纯事实消息的转载是否需要注明出处，将有关联的单纯事实消息进行编排组合是否可能构成独创性表达？虽然这一修改符合《著作权法实施条例》对时事新闻的规定和司法实践中的普遍认知，但明示排除对时事新闻保护的可能性显得过于武断。应当在《著作权法》中删除这一明示，不仅有助于法律语言的凝练，也是出于法律规则合理性的考量。将没有独创性的单纯事实消息作为默示排除的对象，而将具有独创性的部分作为著作权保护对象的认定问题留给司法实践，依据保护对象扩张的分析路径结合案件实际更为合理。

2. 保护对象限制的法律依据有待完善

如果说著作权保护对象扩张需要合理性，那么著作权保护对象的限制就应该具有明确的法律依据。我国《著作权法》中明确保护对象限制条款只有第5条，但实践中被限制保护的对象大多并非据此条款确定。

（1）缺少思想表达二分的一般性规定

我国著作权法中并未明确规定思想表达二分法，但这一原则在国际范围内的理论和实践中都被广泛认可。当前，我国仅在《计算机软件保护条例》第6条规定了软件著作权只保护表达而不延及思想。[①] 又如北京市高级人民法院在《关于审理著作权民事纠纷案件适用法律若干问题的解答》第2条指出，著作权保护的是作品对主题、思想、情感以及科学原理的表达而非其本身内容。[②] 对

[①] 《计算机软件保护条例》第6条："本条例对软件著作权的保护不延及开发软件所用的思想、处理过程、操作方法或者数学概念等。"

[②] 北京市高级人民法院《关于审理著作权民事纠纷案件适用法律若干问题的解答》第2条："著作权法对作品的保护，其保护的不是作品所体现的主题、思想、情感以及科学原理等，而是作者对这些主题、思想、情感或科学原理的表达或表现……"

于"思想"范畴的内容,须限制赋予其独占性的私权。尽管我国很多判决中都引用思想表达二分原则进行说理阐述,但是我国不是判例法国家,明确的法律规定尤为必要。第三次《著作权法》修正中,曾在送审稿中增加了"著作权保护延及表达,不延及思想、过程、原理、数学概念、操作方法等"之一般性规定,在著作权法中引进思想表达二分原则,但在第三次《著作权法》生效稿中未保留这一修改。

(2)未排除国家公共考试试题作为保护对象

诸如中考高考、研究生统一考试、公务员考试、注册会计师考试、法律职业资格考试等由国家或者公共管理机构依法进行命制的试题,这种试题创作的目的在于保障参与人员的平等机会,而不是作为一种营利手段。同时命题人员也是出于参与命题的社会荣誉而非获取私权利的经济利益,在国家支付命题人补贴报酬的情况下,再将这类试题作为著作权保护的对象,可能导致作者和公众、使用者之间的利益失衡,不利于考生更加有效地学习备考。[1] 基于以上考虑,尽管国家公共考试试题的编排在一定程度上具有独创性,出于公共利益考量应当由法律明示限制其作为著作权保护的对象。

3. 公共领域范围的界定有待明确

可版权要件中,思想表达二分法是确定公有领域范围、限制表达成为著作权保护对象的主要标准,但是对于思想范畴的界定是非常困难的。

首先,作品的内容和形式紧密关联,思想只有通过一定的形式表达出来才能够为人所知,而完全没有思想内涵的表达也没有现实意义,二者"血肉相连"。作品构成要件也要求表达在具备一定的外在形式的同时能够反映一定的思想感情。思想内容以作品表现形式为载体,借此表达作者主观的精神观念。因此只保护作品的形式而不保护思想难免有舍本逐末之嫌。[2] 其次,随着现代科学技术的发展,已经很难对部分作品的思想与表达进行区分,此时对

---

[1] 参见冯晓青、徐相昆:《著作权法不适用对象研究——以著作权法第三次修改为视角》,载《武陵学刊》2018年第6期。

[2] 参见高璎识:《不适用著作权法保护的对象研究》,载《邵阳学院学报(社会科学版)》2014年第1期。

于作品思想部分的借鉴或复制或多或少都会涉及对其形式部分的侵权，如计算机程序。最后，一些作品脱颖而出的原因正是体现在其观点的独特、论证的新颖。比如评议时事热点的文章可以因其看待评价问题的视角独特而受到关注，它的与众不同是建立在思想内容独特的基础上的。即便如此，出于权利范围的确定性要求，仍需要尽力对思想与表达进行较为准确的区分。著作权法的基本立法原则就是利益平衡，努力维护作者和社会公众之间私权与公益的平衡，向任何一方倾斜保护都无法实现著作权保护对象制度的价值目标。

同时，"固定"在实践中仍被广泛认为是作品可版权要件之一，未经固定的作品在很多国家都被认为是公有领域的范围，不属于著作权保护的对象。但是美国将未固定作品也纳入版权保护的范畴。依据1976年《版权法》，美国将已固定的作品纳入联邦版权法的保护，而没有固定的作品，例如口述作品、即兴表演等，则由各州法律或者版权法予以保护。[1] 在具体的保护实践中，大多数州都是通过判例法予以保护，而少数州则制定了相关的法律。[2] 就美国现有判例来看，未固定作品的保护可能涉及一系列问题，对其赋予版权保护难以实现。一是未固定作品的存在难以证明。[3] 二是即使证明存在尚未固定的作品，法院在何种程度上予以保护，又是一个值得进一步探讨的问题。[4] 三是当联邦法院将未固定作品纳入版权保护时，还可能涉及违反宪法"版权条款"中对"writings"的固定性要求。[5] 因此，是否将未固定作品排除版权保护还有待进一步探讨。

事实上，美国作为判例法国家，版权法排除保护的对象主要有未固定表达、政府作品、思想与表达的统一体这三种，这些规定散见于《美国法典》

---

[1] 参见李明德：《美国知识产权法》，法律出版社2014年版，第261页。
[2] 参见《加州民法典》第980条第1款第1项规定："没有固定于任何有形表达媒介上的独创性作品，作者就其描述或者表达，享有对世的排他性所有权，除非他人独立创作了相同的或者类似的独创性作品。当一部作品没有体现在有形的表达媒介上，或者该作品在有形媒介上的体现，不具有足够的永久性或者稳定性，使其直接或者借助机器、设备，得以感知、复制，或者在暂时的而非较长的时间里得以传播，应当视为没有固定。" See California Civil Code, Section (a)(1).
[3] See Falwell v. Penthouse International, Ltd. 521 F. Supp. 1204 (W. D. Va. 1981).
[4] See Hemingway's Estate v. Random House, 23 N. Y. 2d. 341 (Court of Appeals of New York, 1968).
[5] 参见李明德：《美国知识产权法》，法律出版社2014年版，第264~265页。

第102条、第105条和判例法中。日本则采取封闭式列举规定不受保护的对象。① 另有以说明加封闭式列举方式规定作品排除条款，即在一般性说明之后另起一款对不适用对象进行封闭式列举，例如埃及《著作权法》第141条就做如此规定，② 然后再列举说明不予保护的对象内容。从立法技术上，说明加列举的方式更清晰且易接受。

4. 法律适用中对保护对象的限制有待统一

基于数字技术和网络环境的发展而产生的新表达或传统表达的新形式，在第三章论证的扩张标准不统一之基础上，同样存在限制对象的有待确认的问题。

一是关于游戏设计中的功能性元素，如游戏规则、数值等，是否因其存在丰富的个性化选择空间而成为著作权的保护对象。功能性元素不受保护的原因，一方面是为了划清著作权法与专利法等部门法保护对象的界限，另一方面由于游戏规则等长期以来被认为是思想范畴的内容。自美国 Baker 案提出了簿记方法（技术）和簿记方法之表达（技术之表达）的界限，明确簿记方法不受版权法保护后，美国判例法始终认为游戏规则、数值等具有功能性的对象不受著作权保护。③ 例如在早期 Afiliated Enterprises, Inc. v. Gruber 案中，法院便认为"银行夜"抽奖游戏的规则及其整个系统都无法受到版权保护，"无论思想、规划、计划、系统多么地优异和具有价值，自没有获得专利保护而向公众公开的那一刻起，就变成了公共财产"。④ 同样在2005年高尔夫视频游戏案中，两款虚拟高尔夫游戏具有类似的控制布局，法院指出版权法并不保护任何"操作方法"。⑤ 美国版权局于2011年也明确表明："著作权不保护游戏的思想、名字或名称、方法或玩法。"美国法院保护的是游戏的"视听方面"。⑥ 我国已有多例判决将游戏规则作为著作权保护的对象，只是在将游戏规

---

① 参见日本《著作权法》第13条。
② 参见埃及《著作权法》第141条："著作权保护不包括纯粹的思想、程序、方法、操作手段、概念、原理、探测发现以及数据；即使其被表达、描述、说明或者包含在某一作品中。"
③ 梁志文：《论版权法上的功能性原则》，载《法学》2019年第7期。
④ See Afiliated Enterprises, Inc. v. Gruber, 86 F. 2d 958, 961 (1st Cir. 1936).
⑤ See Incredible Techs., Inc. v. Virtual Techs., Inc., 400 F. 3d 1007, 1012 (7th Cir. 2005).
⑥ See Tetris Holding, LLC v. Xio Interactive, Inc., 863 F. Supp. 2d 394, 404, 408 (2012).

则作为视听作品整体保护还是文字作品保护的问题上出现分歧,事实上仍有观点认为,呈现于游戏动态画面中的"玩法规则"依然是思想而并非表达。①

二是关于音乐喷泉是否能够成为著作权保护的对象也有截然相反的观点。除前章所述的音乐喷泉究竟应作为何种类型作品保护的争议外,也有观点认为音乐喷泉并非著作权保护的对象,应当作为一种表演,属于邻接权保护的范畴。② 音乐喷泉究竟是著作权还是邻接权的保护对象,有待进一步明确。

三是游戏直播画面因其固定性问题,存在扩张与限制两种观点。耀宇诉斗鱼案一审中,法院就以游戏画面"具有随机性"和"缺乏确定性"为由否定其固定性,从而认为游戏直播画面应当排除著作权的保护。③ 是否应当以游戏直播画面缺乏固定性为由限制保护,应当在司法实践中予以明确。

四是体育赛事直播节目的作品认定,实践中同样存在较大分歧。其一,认为具有独创性的体育赛事节目属于类电作品。在央视诉上海聚力案中,法院认为奥运开幕式不是对事实的单纯报道,是在进行选择后对开幕式现场各种要素的拍摄,对各种镜头的选取、编辑,匹配主持人对画面的解说和字幕,最终形成具有独创性的作品,属于著作权法规定的类电作品。④ 其二,认为体育赛事节目难以满足电影类作品的构成要件,应当属于录像制品。例如"央视诉暴风"案中,法院认为摄制者所能对内容和表达的选择非常有限,其独创性不足以达到著作权法中类电作品所要求的高度,因此应当认定为录像制品。⑤ 此案中,体育赛事直播被限制保护的主要依据是独创性要件的认定,这一标准

---

① 参见张伟君:《呈现于视听作品中的游戏规则依然是思想而并非表达——对若干游戏著作权侵权纠纷案判决的评述》,载《电子知识产权》2021年第5期。
② 参见刘银良:《著作权兜底条款的是非与选择》,载《法学》2019年第11期。
③ 参见上海市浦东新区人民法院(2015)浦民三(知)初字第191号民事判决书。
④ 参见上海市浦东新区人民法院(2013)浦民三(知)初字第241号民事判决书。
⑤ 参见北京市石景山区人民法院(2015)石民(知)初字第752号民事判决书。本案中,法院认为涉案赛事节目系通过摄制者在比赛现场的拍摄,并通过技术手段融入解说、字幕、镜头回放或特写、配乐等内容,且经过信号传播至电视等终端设备上所展现的有伴音连续相关图像,可以被复制固定在载体上,摄制者在拍摄过程中并非处于主导地位,其对于比赛进程的控制、拍摄内容的选择、解说内容的编排以及在机位设置、镜头选择、编导参与等方面,能够按照其意志做出的选择和表达非常有限,因此涉案赛事电视节目中的独创性,尚不足以达到构成我国著作权法所规定的类电作品的高度,应当认定为录像制品。

将直接影响体育赛事直播是否在著作权保护对象限制的范畴。综艺节目和体育赛事有类似的特点，北京市高级人民法院在 2015 年发布的《关于审理涉及综艺节目著作权纠纷案件若干问题的解答》中，回应综艺节目著作权属性界定问题时提出综艺节目以作品保护的要求是连续画面反映出制片者的构思，而不是机械地完成录制。① 虽然上述区分标准仍是一种相对原则性的标准，但相较现有法律规定已具有较强的可操作性，可供体育赛事直播之独创性认定参考。在限制体育赛事直播作为著作权保护对象时，除独创性高低、完整稳定的固定外，还有因为无法归入现有作品类型而排除保护的情况。"凤凰网赛事转播案"二审判决中指出因法院无权自行创造作品类型，因此认定涉案赛事公用信号所承载的画面不构成电影作品。② 这显然不符合著作权鼓励创作的立法目的。

此外，法律适用中与著作权保护对象扩张相关的各类新表达或传统表达的新形式，都存在基于独创性判断、固定性要求、思想范畴划分、实用性功能性要素考量等原因导致的保护对象限制标准不统一之问题。究其根本，是需要在保护对象扩张与限制的界定中寻找一条清晰、可遵循的认定路径，以引导法律适用中的作品认定。

通过上述分析不难发现，当下著作权保护对象存在的问题，其原因大多都与著作权保护对象扩张或限制有关。所不同的只是有的问题涉及保护对象的扩张，有的涉及保护对象的限制，有的可能还涉及保护对象扩张与限制的交叉。这些正是后续章节分别进行研究的问题。

---

① 参见北京市高级人民法院 2015 年《关于审理涉及综艺节目著作权纠纷案件若干问题的解答》，构成"类电作品"的综艺节目是指综艺节目影像通常系根据文字脚本、分镜头剧本，通过镜头切换、画面选择拍摄、后期剪辑等过程完成，其连续的画面反映出制片者的构思、表达了某种思想内容；构成"录像制品"的综艺节目是指综艺节目影像系机械方式录制完成，在场景选择、机位设置、镜头切换上只进行了简单调整，或者在录制后对画面、声音进行了简单剪辑"。

② 参见北京知识产权法院（2015）京知民终字第 1818 号民事判决书。

第四章 著作权保护对象扩张分析

著作权法对独创性表达给予保护,以鼓励创作的积极性,推动更多优秀作品的创作和传播。人们进行思想表达的载体形式伴随着科学技术不断发展,创作手段的丰富性和多样性也进一步提升。本章将从著作权保护对象扩张的表现形式展开,进行保护对象扩张的类型化,通过保护对象扩张的合理性分析,以前文梳理的现存问题为导向,探讨不同类型的扩张获取著作权保护的合理路径、考虑因素和判断标准,揭示应然角度下著作权保护对象合理扩张的正当性。

一、著作权保护对象扩张的类型化

类型化就是在现有的扩张表现形式中,分析扩张著作权保护对象的依据或标准,借此寻找扩张的规律。通俗地说就是对新类型表达赋予著作权保护的标准是什么,都有哪些类型。著作权保护对象的扩张作为一种现象,从不同角度对其表现形式进行类型化,有利于更清晰地梳理扩张中产生的问题,确立著作权保护对象扩张的正当性,从而针对性地提出合理扩张之路径。

(一)著作权保护对象扩张的表现形式

我国《著作权法》第3条中的作品类型是对既有著作权保护对象的一种认识,其目的是方便法律的理解与适用,而非穷尽。通过前文实证部分的梳理可以发现,实践中可能或已经予以扩张保护的新类型表达主要有以下表现形式。

1. 寻求扩张保护的新表达

随着数字时代技术发展带来的作品创作与传播技术的变化,出现了许多新表达产生的智力成果,不断寻求着著作权的扩张保护,以下为集中典型的新表达。

第一，体育赛事直播节目，是将比赛现场的客观活动通过摄像机拍摄成图像、以直播的方式传递给观众，完成将客观活动或客观物质拍摄保存于摄像机这一物质上的过程，实现在一定介质上的摄制。① 我国《著作权法》中并无"体育赛事节目"相关规范，且体育赛事直播的对象是客观发生的事，结合其现场性与实时性②，体育赛事直播节目能否成为著作权保护对象的争论由来已久。仅在"凤凰网赛事转播案"中，一、二审判决对作品认定的结果、理由都截然不同，但是该案在 2020 年再审中，法院明确指出通过网络向公众同步直播的涉案超联赛赛事节目，能够扩张解释为类电作品获得著作权保护。③

第二，网络游戏。网络游戏基本上可以分为技术实现层与外在表达层，技术实现层作为计算机软件受到相应的保护几无争议，而对外在表达层如何定性存在一定争议。④ 网络游戏外在表达可版权性的争议对象有三种：游戏连续动态画面、游戏规则和游戏直播。从国外司法实践来看，将游戏整体画面视为著作权保护对象的案例很多。美国和日本均有法院在判决中认为，即使原被告的游戏软件程序代码不同，游戏中的连续画面和声音组成的产物也可以成为视听作品受到保护。⑤ 网络游戏规则由游戏开发者制定、游戏玩家共同遵守，其功能包括设定游戏初始状态、限制玩家数据输入范围、根据输入做出反馈并输出。⑥ 如前章所述，网络游戏规则保护的争议主要在于其究竟属于不受保护的思想还是受保护的表达，以及属于何种作品类型。网络游戏成为著作权保护对象、获取法律保护的呼声很强烈，但我国《著作权法》中尚未出现网络游戏作品的类型，亦未对网络游戏的著作权保护规则作出明确规定。现行法律体系下，部分案件通过保护单个的游戏元素，同时依据反不正当竞

---

① 谢甄珂：《新著作权法视角下的体育赛事直播节目保护》，载《版权理论与实务》2021 年第 4 期。
② 参见卢海君：《论体育赛事节目的著作权法地位》，载《社会科学》2015 年第 2 期。
③ 参见北京高级人民法院（2020）京民再 128 号民事判决书。
④ 卢海君：《网络游戏规则的著作权法地位》，载《经贸法律评论》2020 年第 1 期。
⑤ See Stern Electronics, Inc. v. Kaufman, 669 f. 2D 852, 865 (2D Cir. 1982); Midwaymfg. Co. v. Dirkschneider, 543f. Supp. 466, 480 (d. Ned. 1981); 东京地方法院昭和 56 年（w）第 8371 号损害赔偿案。
⑥ 卢海君：《网络游戏规则的著作权法地位》，载《经贸法律评论》2020 年第 1 期。

争法对恶意模仿、刻意抄袭游戏结构体系及游戏元素匹配关系的具体规则的行为进行规制，或是以反不正当竞争法对游戏整体进行保护。①当前有法院通过发布指导意见对网络游戏案件审理进行指引，如广东省高级人民法院在2020年发布的《关于网络游戏知识产权民事纠纷案件的审判指引（试行）》中，将网络游戏整体认定为著作权法保护的作品。②

第三，人工智能生成内容。人工智能的本质是算法，它是设计员通过模拟人脑而设计的规则，利用机器学习、深度学习、自然语言处理等算法技术，分析和学习人类创作的模式和规律进而生成新的内容。人工智能生成内容是指通过人工智能技术自动生成的信息内容，包括但不限于文字、图片、音频和视频等多种形式。人类已经可以通过各种方式使人工智能按照人类预期的方式从事创作，或者说人工智能技术产生的内容已经能够达到或接近人类的创作水平，这是建立在对人类需求、审美、习惯等方面的深入学习之上的。在具体应用方面，美国早就有音乐家将不同的音乐模式换算为规则，供人工智能创作不同风格音乐作品的事例③，谷歌开发的人工智能软件可以撰写新闻，日本设计的人工智能程序撰写的小说入围了国家文学大奖等。人工智能技术的发展不仅带来了极大的便利，也对现有法律制度提出了挑战，我国也产生了关于人工智能生成物著作权保护的争论④。人工智能生成内容，可能在著作权法意义上具备了"思想表现形式"的作品外观。部分学者认为，人工智能生成内容不能认定为作品，因为其都是应用算法、规则和模板的结果，不能体现创作者的独特个性，该生成内容虽具备一般作品外观，但缺乏内在人格基础。⑤ 多数学

---

① 参见湖南省高级人民法院（2019）湘知民终267号民事判决书。
② 广东省高级人民法院2020年4月12日发布《关于网络游戏知识产权民事纠纷案件的审判指引（试行）》，其中第6条规定，可以就网络游戏整体内容主张权益，即从整体上保护网络游戏规则。
③ 参见［美］约翰·弗兰克·韦弗：《机器人也是人》，郑志峰译，元照出版公司2018年版，第257页。
④ 参见王迁：《论人工智能生成的内容在著作权法中的定性》，载《法律科学（西北政法大学学报）》2017年第5期；熊琦：《人工智能生成内容的著作权认定》，载《知识产权》2017年第3期。
⑤ 参见王迁：《论人工智能生成的内容在著作权法中的定性》，载《法律科学（西北政法大学学报）》2017年第5期；李俊：《论人工智能生成内容的著作权法保护》，载《甘肃政法学院学报》2019年第4期；陈虎：《著作权领域人工智能"冲击论"质疑》，载《科技与法律》2018年第5期。

者主张人工智能生成内容借助机器输出的结果是遵循设计者意志所生成的产物，属于受著作权保护的作品，人在"算法创作"的过程中通过充分参与已经包含了必要的人格要素。① 人工智能生成内容涵盖了广泛的内容形式与领域，包括新闻、小说和诗歌创作、设计、漫画、音乐创作、视频剪辑等，随着技术进步，人工智能生成内容的领域还将不断扩大。

第四，短视频。短视频是一种通过互联网传播的时长较短的视频。② 硬件技术的更新与通信速度的提升，促使以手机为代表的移动智能终端蓬勃发展，视频拍摄与剪辑都趋于简便化，使视听娱乐实现了从 PC 端向手机端的过渡。③ 各大短视频平台带来了操作简单的编辑模式以及高效的网络传播，短视频创作门槛大大降低，制作成本低、发布传播快、内容形式多，能更快速地赢得流量获取利益，因此创作者和原创短视频平台都希望降低短视频的独创性认定门槛，使更多短视频获得视听作品的著作权保护，为视频平台增加创作内容的独特价值并最终转化为著作权运营收益。《2021 中国短视频版权保护白皮书》将短视频分为预告片类、影评类、盘点类、片段类、解说类和混剪类，不是每一种短视频都能被扩张为著作权保护对象，需要分类讨论。对于并非以原创性短视频为主要业务的新媒体平台来说，将短视频"一刀切"地认定为视听作品将显著增加版权侵权风险。

短视频模板是在短视频平台中出现的产物，在实践中也面临着是否能够成为受著作权保护的作品的问题。"短视频模板"是指已经编辑好并可重复使用的固定格式视频，允许用户自行替换其中的音乐、贴纸、特效等素材，进而形成自己的视频，并依托短视频平台发布的视频制作工具，具有录影时间短、主题明确、社交互动性强、制作过程简单的特点。④ 在首例短视频模板案

---

① 参见熊琦：《人工智能生成内容的著作权认定》，载《知识产权》2017 年第 3 期；徐小奔：《人工智能"创作"的人格要素》，载《求索》2019 年第 6 期；孙山：《人工智能生成内容著作权法保护的困境与出路》，载《知识产权》2018 年第 11 期。
② 胡荟集：《短视频侵权现状及治理》，载《版权理论与实务》2021 年第 8 期。
③ 徐俊：《产业视角下短视频平台版权侵权判定中的注意义务研究》，载《知识产权》2021 年第 9 期。
④ 参见杭州互联网法院（2020）浙 0192 民初 8001 号民事判决书。

中，法院认为基于著作权人和社会公众之间利益平衡的考虑，结合短视频模板自身的特性，在判断短视频模板这一智力成果是否具有独创性时，不宜采取过高的判断标准。① 作为集合了多种素材的模板，其是否符合可版权要件主要取决于是否满足独创性要求，独创性认定是否要求一定的高度。

第五，用户生成内容（User Generated Content，以下简称为 UGC）。UGC 最早起源于互联网领域，即网络用户在互联网平台上通过创造性或非创造性的行为生成的内容。② 作为一种用户利用互联网的新方式，用户生成内容在 Web2.0 时代已经成为常态化行为。③ UGC 使用户突破了从互联网下载信息的单一使用方式，实现了在数据上行下行中更为重要的地位。UGC 的特点在于依赖数字技术和网络环境，创作主体大多数是不以创作为职业的公众，没有从中获取经济收益的动机④；创作行为则大多是对已有作品的添加、删除或"重混"，涉及对既有数字作品的使用和传播。UGC 总体上可分为三类，包括用户原创的内容、用户衍生创作的内容和用户复制内容。⑤ 当下用户生成内容主要集中在视频、社交和直播平台中，UGC 的内容并不全都具有可版权性，其是否具有可版权性主要取决于如何认定几类 UGC 的独创性。对于用户原创的内容，由于用户付出了独创性劳动，其内容可能成为版权保护的对象；但对于用户衍生创作的内容，还涉及原版权作品，因此这一保护对象的扩张需要谨慎讨论；对于用户复制的内容，其独创性比用户衍生内容低，确定保护对象同样需要考虑复制的内容和独创性。⑥ 换言之，经常会有 UGC 对已经发表的数字化作品通过添加、删减、重混等手段进行再创作的问题，用户衍生创作的内容和用户复制的内容也一直受到侵犯其他作品版权的指责。尽管

---

① 参见杭州互联网法院（2020）浙 0192 民初 8001 号民事判决书。
② 参见倪朱亮：《"用户生成内容"之版权保护考》，载《知识产权》2019 年第 1 期。
③ 参见熊琦：《著作权法中的私人自治原理》，法律出版社 2021 年版，第 269 页。
④ 用户生成内容的创作者被认为是"业余创作者"，即不以创作行为的收益作为主要收入来源。See Andrew Keen, *The Cult of the Amateur: How Today's Internet is Killing our Culture*, New York: Doubleday, 2007, p. 54.
⑤ 参见李欣：《新媒体环境下 UGC 模式对用户属性的影响》，载《青年记者》2013 年第 14 期。
⑥ Daniel Gervais, "The Tangled Web of UGC: Making Copyright Sense of User-Generated Content", *Vanderbilt Journal of Entertainment and Technology Law*, 2009, No. 4, pp. 858~861.

UGC 可以通过援引"个人使用""适当引用"等条款找到合理使用的空间，但均有各自的适用障碍或局限性。① 因此，在 UGC 本身被质疑侵权的背景下，其作为著作权法保护对象的正当性基础也被削弱。② 用户生成内容是否可以成为著作权保护对象，不可避免地涉及平台基于用户生成内容所产生的竞争性利益的定性问题。

上述几类表达均与技术发展有关，如何协调技术发展与智慧成果表达二者之间的关系，尤其是基于技术发展所产生的新的智力表达，能否受到著作权保护，不仅涉及是否赋予权利和权利归属问题，也涉及基于此而形成的产业发展问题。

2. 寻求扩张保护的传统表达

许多表达不在著作权法明确列举的作品范围之内，如音乐喷泉、烟花秀、灯光秀、香水香味等，但都有是否将这些对象纳入著作权保护范围的争论。这些将现代科技与思想情感表达融为一体的创作对现有著作权保护对象范围提出了挑战。

第一，关于音乐喷泉的认定。结合前文所述音乐喷泉案，将音乐喷泉以美术作品作为著作权的保护对象，面临以下几个问题：一是将音乐喷泉中由音乐、灯光和水型交织变换而形成的"水型三维立体形态"作为"动态立体造型表达"认定为美术作品，但这与"立体美术作品"的法定含义和人们的普遍认识不符③；二是这样一种喷射效果的呈现是否符合"以一定形式表现"的作品法定要件；三是音乐喷泉是有一定时长的，如果一段喷泉有 3 分钟，那么美术作品是在哪一刻形成的，是每一种不同的造型都构成作品还是出现了一个"3 分钟长的美术作品"？这就涉及了作品"持续"时长、原件和复制件区分的问题。本书认为将音乐喷泉扩张为著作权保护对象，首先要解决的争议在于其是否满足客观的可再现性，即是否能够"以一定形式表现"，而其

---

① 参见袁真富：《用户创造内容（UGC）的著作权合理使用问题研究——兼论〈中华人民共和国著作权法修正案（草案二次审议稿）〉合理使用制度的完善》，载《科技与出版》2020 年第 10 期。
② 参见王磊、杜颖：《UGC 版权保护的平台机制研究》，载《知识产权》2021 年第 8 期。
③ 王迁：《论作品类型法定——兼评"音乐喷泉案"》，载《法学评论》2019 年第 3 期。

应当属于美术作品或是落入兜底条款是其次要考虑的问题。因此，需要明确可版权要件中的客观性是否要求固定或可复制，还是只要能够以同样形态再现即可。

第二，关于网页设计的认定。网页是由文字作品、图片、视频、导航栏、交互式表单、按钮等作品及不构成作品的元素组成的。① 关于网页整体设计的作品认定，主要涉及是否具有独创性以及是否构成汇编作品的问题。一种观点认为网页中的大多为公共元素和操作方法，不具有独创性；另有观点认为网页制作对公共元素进行的选择、排列，编排成具有一定视觉效果的整体页面，这一设计具有独创性，可以构成汇编作品。重庆太轮与河南炉石公司案中，法院认为涉案网页是对文字、图片等信息材料的选择和编排，具有一定的独创性，可以成为汇编作品予以保护。② 而在上海艺想与上海帕弗洛公司案中，法院认为涉案网站首页设计利用公共领域中的单个元素，以数字化的方式进行特定组合呈现出美感，因此网站"首页的设计"可以作为汇编作品予以保护，本案中网站首页构成作品，而网站内页不构成作品。③ 可以认为无论是网页内容还是设计满足可版权要件时，法院都可以认定其属于著作权保护的对象。网页是否能成为作品不取决于其是否能落入既有作品类型的范围，应当仅取决于其可版权要件的判断。有观点认为网页如果不能落入任何作品类型的范围，就可能难以构成作品，因此汇编作品在此时也发挥兜底作用。④ 此时相应的网页使用行为（如模仿设计）就不再受著作权法规制，它可能属于反不正当竞争法规范的行为范畴，也可能是自由使用行为。但无论网页设计属于何种作品类型，是否能将其扩张为著作权保护的对象，应当依据构成要件判断。

第三，关于计算机字库与单字的认定。对于计算机字库中的单字是否构成作品，学术界有较大分歧，法院也作出了结论不一的裁判，其主要分歧在

---

① 参见王渊：《著作权法典型案例评析》，知识产权出版社2021年版，第106页。
② 参见重庆市第五中级人民法院（2015）渝五中法民初字第00972号民事判决书。
③ 参见上海知识产权法院（2015）沪知民终字第14号民事判决书。
④ 参见刘银良：《著作权兜底条款的是非与选择》，载《法学》2019年第11期。

于独创性的判断。① "汉仪科印与青蛙王子案"中，法院认为字库单字体现了创作中工具方面的技术创新，但与传统以纸笔创作的美术作品没有本质区别，因此可以类推为美术作品予以保护。② "北大方正诉跃兴旺"案中法院指出，不能因字库字体创作的过程和目的就认为其只能作为工业产品，满足作品构成要件的单字具有可版权性。③ 但是也不乏法院对字库中单字的可版权性持反对意见。④ 对于计算机字库能否构成美术作品，也存在支持⑤和反对⑥意见。然而，是否将计算机字体认定为著作权保护对象，在于如何界定独创性的标准，作为标准字体，计算机字体很难体现创作者的精神、情感、人格。但是即便在独创性标准较低的美国，也没有将计算机字体扩张为著作权保护的对象。美国版权局的注册规则中所列出的不予注册的对象，就包括"作为字体的字体"（typeface as typeface）。⑦

第四，关于民间文学艺术作品或称民间文学艺术表达的认定。民间文学艺术表达是指由一国民族或种族进行集体创作，经由世代相传发展而成的作品。⑧ 具体有语言形式的民间故事、音乐形式的民歌、动作形式的民间戏曲舞蹈，以及物质形式的民间雕塑工艺品等。⑨ 我国是民间文学艺术极其丰富的多民族国家，如何通过著作权法保护民间文学艺术表达，在国际公约和各国著作权法律制度中都存在争议。有观点认为，将民间文学艺术表达作为保护对象会影响其发掘和推广，没有必要使其作为著作权被独占。但是少数民族地

---

① 参见专题评述：《评方正公司诉宝洁倩体字侵权案》，载《知识产权》2011年第5期。
② 参见江苏省高级人民法院（2012）苏知民终字第0161号民事判决书。
③ 参见北京市第三中级人民法院（2014）三中民（知）初字第09233号民事判决书，本案中法院指出："毋庸讳言，从计算机字库字体产品的创作过程和最终目的的角度可以认为其是一种规范化和实用性的工业产物，但并不能因此认为计算机字库中的单字只是工业产品而非艺术作品……不能因为计算机字库中的单字具有工业用途而否认其可以受到著作权法保护的可能性。也就是说，计算机字库中的单字具有一般意义上的可版权性，但对于特定单字能否具有著作权，则应当按照著作权法关于作品构成要件的相关规定进一步进行分析和判断。"
④ 参见北京市海淀区人民法院（2008）海民初字第27047号民事判决书。
⑤ 参见北京市第一中级人民法院（2011）一中民终字第5969号民事判决书。
⑥ 参见张玉瑞：《论计算机字体的版权保护》，载《科技与法律》2011年第1期，第60页。
⑦ 37 C. F. R., Section 202.1（e）.（1992）.
⑧ 参见吴汉东：《知识产权法》，法律出版社2021年版，第164页。
⑨ 吴汉东：《知识产权法》，法律出版社2021年版，第165页。

区的现状是，许多民间文学艺术的利用会歪曲和损害其艺术本身，甚至不尊重少数民族民间文学艺术，这种行为显然不利于保护和发扬民间文化艺术。世界范围内，已经有近 20 个发展中国家对以版权保护民间文学艺术作出了规定，在发达国家中，英国也早已单独进行了规定。①

结合前章分析国际条约中对民间文学艺术表达的示范性立法②，将符合可版权要求的民间文学艺术作为特殊的著作权保护对象，始终是立法尝试的方向。民间文学艺术表达的作品认定主要存在独创性和客观性两方面的问题：一是民间文学艺术表达不是"独立完成"的"个性表达"，而是经集体创作、流传，通过长期不间断模仿完成的，具有主体复杂性和来源多样性；二是部分民间文学艺术表达不具有可再现性，民间歌谣等通过口口相传发展的表达形态，无法被固定再现。因此，鉴于民间文学艺术表达的特殊性，对其直接适用著作权法予以保护有一定争议，这也是我国民间文学艺术作品保护条例迟迟未出台的主要原因。将其作为著作权保护对象应当通过著作权领域的专门规范，需要进一步研究。

第五，关于实用艺术作品的认定。实用艺术作品处于著作权与工业产权的中间地带，在是否属于著作权保护的作品的判断中，"纯粹的美术作品"这一标准常被提起，该标准要求著作权只保护有独立感知价值的艺术作品。但是当独立的感知价值通过主观判断不明显时，就极有可能被认为是工业产权的保护对象。因此，凡是与实用功能相结合的表达，在作品认定中都应当格外谨慎。德国学者认为，实用艺术品的作品认定要求应当明显超出纯艺术作品的平均水平。③ 司法实践中权利人请求保护实用艺术作品时所主张的类型有多样化的特点，有的只主张其实用艺术品构成作品但未明确作品类型，有的进一步主张构成美术作品，甚至有的只主张享有一定权益但是未进行任何界定或归类。法院在处理时也有不同的认定方式。前章所述的最高人民法院公

---

① See UK Copyright, Design and Patent Act 1988, Section 169.
② 参见 UNESCO & WIPO《突尼斯版权示范法（为发展中国家制定）》；WIPO & UNESCO《保护民间文学艺术表达、防止不正当利用及其他侵害行为的国内示范条款》。
③ ［德］M·雷炳德：《著作权法》，张恩民译，法律出版社 2005 年版，第 143 页。

布的第 157 号指导案例中，认为衣帽间家具兼具实用功能和审美意义，属于立体造型的实用艺术作品以美术作品保护。① 此外，花艺设计（插花作品）也被认定为实用艺术作品。法院认为涉案花束满足作品的构成要件，具有审美意义的同时兼具实用性，可以作为美术作品获得保护。② "西湖十景"发型设计案中，法院认为涉案发型设计与一般发型不同，创作并固定在发型上的"西湖十景"造型具有审美意义，属于艺术领域具有独创性的智力表达成果，可以将其类推为立体美术作品予以保护。③ 究竟如何将实用艺术作品合理纳入著作权保护体系，需要进一步分析其审美意义的内涵与判定标准。

第六，关于古籍点校的认定。古籍点校是指在古籍中进行繁简字体转化，加注标点、划分段落、选择用字并拟定校勘的过程。④ 古籍点校在复现古籍原意的同时，也有一定的创作发挥空间，因此产生了古籍点校能否受著作权保护的争议。在王晓泉等与上海世纪出版公司案中，法院从体例编排、校勘成果以及整体内容分析，认为涉案点校凝聚了作者创造性劳动的判断和选择，具有独创性，符合作品构成要件，可以认定为著作权法意义上的作品。⑤ 同样最高法院也在葛怀圣与李子成案中认为古籍点校属于著作权保护的对象。⑥ 但是也有判决认为古籍点校属于事实范畴而非表达，其目的是还原古籍的原意，不具有独创性，因此不属于受保护的作品。⑦ 将古籍点校认定为著作权保护的作品，一方面要解释其独创性，古籍点校的表达是否有限；另一方面也需要明确，点校行为包含的内容是否属于受保护的表达而非思想。

以上表达方式均与传统表达方式相关联，能否基于对现有立法规定的解释适用这些表达方式，并据此判定著作权保护对象范围，不仅是立法技术和水平的体现，也是法律适用过程中能否正确理解和解读法律规定的司法裁判

---

① 参见最高人民法院（2018）最高法民申 6061 号民事裁定书。
② 参见山东省济南市中级人民法院（2017）鲁 01 民终 998 号民事判决书。
③ 参见浙江省杭州市中级人民法院（2011）浙杭知终字第 54 号民事判决书。
④ 参见最高人民法院（2016）最高法民再 175 号民事判决书。
⑤ 参见浙江省温州市中级人民法院（2018）浙 03 民终 1520 号民事判决书。
⑥ 参见最高人民法院（2016）最高法民再 175 号民事判决书。
⑦ 参见上海市高级人民法院（2014）沪高民三（知）终字第 10 号民事判决书。

人员的智慧和水平的体现。

（二）保护对象扩张表现形式的类型化

类型是归纳或具体化某一事实的结果，相较于抽象的概念而言更加灵活具体，便于法律解释与司法适用。类型之于实务及法学研究具有重要意义，以所属行业、扩张原因、扩张所涉及的主体等标准对扩张现象进行类型化，是研究扩张的正当性与问题分析之基础。

1. 以所属行业为标准

当前我国经济正处于加快结构优化升级与发展方式转变的重要时期，云计算、大数据、人工智能等数字技术在不同领域的加速运用，改变着传统行业的运营模式，创意经济等新业态的发展也促进着新产业的形成，进一步改变传统产业的发展路径，行业划分也在动态中不断变化。根据2021年修订的中证行业分类标准，以扩张所涉及的行业作为标准，可以将著作权对象扩张保护的新表达划分为文化娱乐、数字媒体、软件开发行业及其他行业四类，其中文化娱乐和数字媒体都是属于传媒行业的三级行业类型。①

一是文化娱乐行业中的保护对象扩张。文娱行业可以细化为电影、电视剧、动漫相关的影视动漫产业，电子游戏、手机游戏相关的游戏产业，传统及数字出版产业，以及包括互联网电视在内的广播电视产业。② 文娱行业中扩张保护的新类型表达主要表现为电子游戏、体育赛事直播、晚会等电视综艺节目以及古籍点校。以体育赛事直播为例，当前体育产业的主要经济来源已经不是门票，而是赛事的直播、转播许可费，以及赛事节目传播中产生的吸引力和流量价值。③ 体育赛事直播节目能否受到著作权保护，直接关系到"直播权"购买者的切身利益，因此体育产业界对于将体育赛事直播节目认定为著作权保护对象的呼声日益增高。

---

① 参见中证指数：《关于发布中证行业分类结果的公告》，https://www.csindex.com.cn/#/about/newsDetail?id=13866，最后访问时间：2023年5月10日。
② 参见中证指数：《关于发布中证行业分类结果的公告》，https://www.csindex.com.cn/#/about/newsDetail?id=13866，最后访问时间：2023年5月10日。
③ 参见谢甄珂：《新著作权法视角下的体育赛事直播节目保护》，载《版权理论与实务》2021年第4期。

二是数字媒体行业中的保护对象扩张。该行业中涉及新类型表达的主要是音频和视频媒体。音频媒体创作与传播技术的改变引发了对于音频内容的二次创作、智能 AI 声音内容等对象的争议。此外由于拍摄技术的进步,很多视听作品也不需要再使用"类似拍摄电影"一样的"摄制方法",通过手机等设备随手拍摄就可以轻松完成各类视频的创作,还可以利用各种应用软件进行进一步剪辑,或是直接套用已有模板,由此产生原创类、录制类、混剪类等短视频形式。① 这些都属于数字媒体行业中由于技术发展而产生了新的创作与传播方式的智力成果。2020 年 4 月《著作权法修正案(草案)》的说明中,也提出引入"视听作品"是为了"适应新技术高速发展和应用对著作权立法提出的新要求,解决现行著作权法部分规定难以涵盖新事物、无法适应新形势等问题"。② 我国《著作权法》第 3 条将"电影作品和以类似摄制电影的方法创作的作品"修改为"视听作品",也可以认为是考虑到技术发展中的新视听表达方式,减少其成为著作权保护对象的障碍所作出的法律修改。

三是软件开发行业中的保护对象扩张。软件开发行业的技术更新换代更快,但是其涉及保护对象扩张的问题主要集中在数据库、网页内容与设计。数据库在我国作为汇编作品受著作权保护并没有什么争议,但是国际上还有赋予特殊权利保护数据库制作者的人力、物力和资金的投资,使制作者有权禁止他人"抽取"或"反复使用"全部或大量的数据库内容的做法。③ 考虑思想与表达的区分,数据库内容在我国并不是著作权保护的对象,这一点也符合著作权对象的要件。我国司法实践中有将网页内容作为汇编作品保护④的案例,也有将网页设计作为汇编作品保护的案例⑤。但通过汇编作品保护网页内容和设计的路径究竟是作为作品类型还是兜底条款仍有争论,将网页内容

---

① 参见徐俊:《类型化视域下短视频作品定性及其合理使用研究》,载《中国出版》2021 年第 17 期。

② 参见《关于〈中华人民共和国著作权法修正案(草案)〉的说明》,http://www.npc.gov.cn/npc/c2/c30834/202011/t20201111_308704.html,最后访问时间:2023 年 11 月 6 日。

③ 参见李明德、黄晖等:《欧盟知识产权法》,法律出版社 2010 年版,第 186~201 页。

④ 参见重庆市第五中级人民法院(2015)渝五中法民初字第 00972 号民事判决书。

⑤ 参见上海知识产权法院(2015)沪知民终字第 14 号民事判决书。

和设计作为著作权对象扩张保护的路径需要进一步探寻。①

从上述分析可见,法律制度的调整与改进离不开产业的声音,也需要权利人知识产权自我保护意识的进一步觉醒。著作权保护对象的扩张在不同行业中都有其需求,文娱行业中影视、游戏等对象作为新业态中的新产品,其扩张需要考虑是否符合作品构成要件及作品类型归属的争议;数字媒体行业的音视频大多是新技术下经历革新换代后的新表达,除固定性要件外,还要考虑新媒体平台中音频、短视频的类型化与独创性判断;软件开发行业中数据库、网页内容与设计等对象,其扩张应当明确适用作品兜底条款路径的合理性,并进一步考量赋予其独占权利后对公共领域的影响。

2. 以扩张之原因为标准

以扩张著作权保护对象的原因为标准,可以分为因新技术、新业态和新产品而扩张的著作权保护对象。

一是因新技术而扩张保护的对象。著作权对象的利用方式受新技术的影响非常明显,新技术经常催生新的利用方式。现代复制技术催生了对书籍的大批量复制、留声机催生了对表演的大量录制、无线广播技术催生了对作品的大范围传播、互联网技术催生了对作品的信息网络传播等。② 通过云计算、大数据、人工智能等数字技术的发展,传统的智力成果出现新的表达方式,也产生了前所未有的新表达。这些因新技术而出现的表现形式包括电子游戏、人工智能生成内容、UGC、DNA 排列组合等。当前此类对象的扩张尚在探索阶段,电子游戏画面、人工智能生成内容、UGC 都渐渐被接受成为著作权保护对象。但是电子游戏画面与游戏直播的独创性认定、作品类型归属,人工智能生成内容与人类创作作品在"思想表现形式"及其独创性上的要求,以及并非所有"用户生成内容"都属于版权法意义上的创作行为等问题都亟待解决。③ 在保护路径不统一的情况下,尽管认为此类新技术下的新表达能够成

---

① 参见刘银良:《著作权兜底条款的是非与选择》,载《法学》2019 年第 11 期。
② 李雨峰:《知识产权制度设计的省思——以保护对象的属性和利用方式为逻辑起点》,载《当代法学》2020 年第 5 期。
③ 吴汉东:《人工智能生成作品的著作权法之问》,载《中外法学》2020 年第 3 期。

为著作权保护的对象，个案中仍不免存在独创性认定不统一、著作权与邻接权界限不明确等问题。例如游戏规则是否能够成为著作权保护的对象，理论与实务中众说纷纭。美国实务界在历史上对实体游戏规则的可版权性持否定态度，① 但是这一判断明显受缚于时代发展和法官个人的生活经验。在电子游戏问世后，就其规则是否予以版权保护逐渐产生了两种观点：一种坚持否定态度，并且认为游戏规则具有实用性功能，如美国《版权法》第 102 条 b 款排除保护的情形之一；另一种观点则认为如果保护了游戏，就意味着保护抽象的规则和玩法，但由于游戏产品确实需要版权保护，因此仅认定具体、细致的游戏规则成为版权保护的对象。② 总之，技术发展是著作权对象扩张的重要原因，但不是所有因技术变革出现的新表达都能获得著作权的保护。

　　二是因新业态而扩张保护的对象。随着技术的进步和产业的发展，新业态、新形势下出现了新的产业形态。例如在视频直播平台的新业态下，体育赛事直播节目已经成为体育产业获取收益的重要来源。《中国足球协会超级联赛——2020 赛季商业价值白皮书》显示，中超转播累计收视人次从 2007 年的 1.4 亿人次增长到 2020 年的超 6 亿人次，PC 移动端总播放 486 场，占比超 50%。③ 这说明若不能从法律上对未经授权的播出行为进行规制，体育产业将遭受重大冲击。此外，影视娱乐行业中新媒体的发展也产生了短视频等视听作品的新形式。但用户生成内容（UGC）领域版权侵权行为高发，其根本原因就在于大量短视频的作品定性困难。因新业态发展而扩张保护的对象，总体特点是原本已经有较为成熟的版权保护方式，但新业态的出现又提出新的挑战，且亟须通过将新表达纳入著作权保护范围以维护相关产业的稳定发展。但是在纳入保护的前提下，体育赛事直播和短视频的可版权性仍需要建立更加完善的判定规则以应对不同的场景与类型。

---

　　① See Whist Club v. Foster, 42 F. 2d 782, at 782（S. D. N. Y. 1929）. See Chamberlin v. Uris Sales Corp., 56 F. Supp. 987, at 988（S. D. N. Y. 1944）, affd, 150 F. 2d 512（2nd Cir. 1945）.

　　② See Midway Mfg. Co. v. Bandai-America, Inc., 546 F. Supp. 125, at 148（D. N. J. 1982）.

　　③ 德勤：《中国足球协会超级联赛——2020 赛季商业价值白皮书》，https://www2.deloitte.com/cn/zh/pages/technology-media-and-telecommunications/articles/chinese-football-association-super-league-2020-business-value-evaluation-white-paper.html，最后访问时间：2023 年 3 月 10 日。

三是因新产品而扩张保护的对象。除新技术与新业态外，其他领域中零星出现的新产品也存在著作权扩张保护的情形，如音乐喷泉、字体字库、网页设计、家具设计、短视频模板等。短视频模板也属于依托新业态而衍生出的新产品，在首例短视频模板侵权案中，杭州互联网法院对其提出了较低的独创性要求，也是考虑到短视频模板作为一种新兴的互联网产物，基于社交平台的传播特性和方便使用的功能需求，天生具有时长较短、使用现有的公开元素、部分元素可替换等特性，因而在独创性的认定上应采用适当宽松的标准。因出现新产品而扩张保护的对象之间没有特定的规律，其独创性蕴含于每个产品之中，依托产品推广销售获取利益，实践中应根据个案具体情况分别进行判断。

通过上述分析可见，赋予某一对象以著作权保护的原因有很多，但是扩张保护对象的原因总体上可以分为新技术的出现、新业态的发展和新产品的需要，而现有作品体系无法准确直接地适用于这些对象。针对因新技术产生的对象，需要确定一条清晰的路径，指明判断是否扩张时应当考虑的先后因素，避免出现诸如将电子游戏画面与规则混同的情形。① 针对因新业态产生的对象，应当紧密结合产业发展实际，了解体育赛事直播中实际的设计、编排要素，梳理各类短视频的独创性要素，为此类表达的扩张提供有指引性的路径。因新产品而产生的扩张对象则需要个案分析，但即便如此，关于作品定义与类型的关系、兜底条款的适用要求等基本规则应当具有统一性。保守地排斥对新表达的保护，将使著作权对新产品、新业态起到负面作用。

3. 以扩张涉及的利益主体为标准

以扩张保护对象的后果所涉及的利益主体为标准，可以分为涉及双方主体和多方主体的两种扩张类型。

一是扩张仅涉及双方利益主体的表达。扩张为著作权保护对象涉及的双方利益主体是指创作者（权利人）、授权或非授权的实际使用者。此类新表达主要包括：人工智能生产内容、音乐喷泉、字体字库、家具设计等，尚未形成产业

---

① 参见浙江省高级人民法院（2019）浙民终709号民事判决书。

的新表达大多都只涉及创造者和使用者双方利益主体，是否能够成为扩张的著作权保护对象直接影响着创作者或权利人能否借此获取经济利益，也关系着使用者是否能够直接使用以及使用行为的合法性。涉及双方利益主体的表达，在判断其是否能够被扩张为著作权保护对象时，需要考虑双方利益主体的利益平衡。

二是扩张将涉及多方利益主体的表达。扩张为保护对象将涉及多方利益主体的主要有体育赛事直播、网络游戏直播和短视频等表现形式。

首先，体育赛事直播节目和网络游戏直播的利益主体类似，通常包括节目的组织者、制作团队和直播权购买者或传播者这三个主要利益相关方。直播节目的组织者一般指平台搭建方或项目投资方，主要负责投资、拍摄等前期筹备及组织，拥有网络直播节目的转播权和接受赞助等方面的权利，收益方式就是投资回报和销售所得；直播节目的制作者具体是指参与制作过程的编导、导演、摄像师、解说员以及其他现场和非现场的工作人员，此类主体与组织者的权益分配主要通过合同方式进行，界限相对清晰；直播权的购买者或节目传播者通常是节目转播者，通过与组织者签订相关转播协议并支付一定费用而获得相应的"转播权"，并享有转播过程中带来的广告效益和流量效益。体育赛事直播节目通常还存在着体育项目俱乐部或行业协会的参与，这些参与方同样在节目的组织和筹办中付出了一定程度的努力和投入。[①] 是否将体育赛事直播或网络游戏直播纳入著作权保护对象的范围，对组织者来说，将直接影响其享有的是著作权还是邻接权，进一步影响其权利的行使范围、内容和期限；对制作者来说，间接确认法律是否认可其在直播节目中的投入和选择具有个性和创造力，从而影响其创作的积极性；对直播权购买者来说，是否扩张将直接影响其所能获得的经济利益。

其次，将短视频纳入著作权保护对象范围将涉及视频制作者、短视频平台、视频内容涉及的其他权利人、集体管理组织等利益主体。鉴于当前短视频种类的多样性，并非所有的短视频都能成为著作权的保护对象，一般认为

---

① 参见郝明英：《网络直播节目著作权保护研究》，中国政法大学2020年博士学位论文。

评论批评类、二创混剪类、恶搞戏仿类、片花预告类短视频被扩张为著作权保护对象的可能性更高。正是由于短视频涉及多方利益主体，其可版权性认定更应谨慎。然而当前短视频平台上存在着大量对原有视听作品进行剪切、加工等编辑手段产生的侵权作品，如切条搬运类、速看类短视频。尽管有创作者提出以合理使用作为抗辩理由，但合理使用抗辩仅能在版权人主张侵权责任后被触发，短视频制作并不被预先推定享有合理使用的"权利"。[①] 在用户自制短视频本身被质疑侵权的背景下，其作为著作权保护对象的正当性基础也被削弱。在传统媒体与新型短视频媒体的融合过程中，要明确短视频可版权性及其保护模式，需要考虑到其牵涉的利益相关主体，考察平台、权利人和用户之间的利益失衡，以优化短视频版权保护制度。

通过上述分析可见，根据扩张为著作权保护对象的后果所涉及的利益主体可以将扩张划分为涉及双方主体的表达和涉及多方主体的表达。涉及双方利益主体的表达是否能成为著作权保护的对象，主要影响双方的授权使用与权利认定，并为同一表达日后的保护方式提供参照。而涉及多方利益主体的体育赛事直播、网络游戏直播与短视频的作品认定，还将影响相关产业方和投资方的发展意愿，同时也需要考虑公益与私利的平衡。因此，在判断涉及多方利益主体的表达是否能够认定为作品时，应当更加全面地进行分析，衡量各方主体的劳动、投入与诉求，审慎进行认定。

4. 以扩张对象出现的时间为标准

根据某一对象出现的时间与法律制定时间的先后为标准，可将著作权保护对象的扩张分为两类：一是在《著作权法》立法时已经存在但未被保护的对象，因产业发展使得创作形式、表现样态等拓展出新的表现方式，或是出现了需要将该对象纳入著作权保护的需求。此类扩张是在社会发展与技术进步时，传统表达的价值不断被发掘，或是产生新的表达形式，随着表达方式的多样化，实践中也有法院支持了此类表达的作品保护诉求，扩张保护传统表达的主要问题在于探寻为何著作权法未将其纳入保护对象之范畴，是否出

---

① 王磊、杜颖：《UGC 版权保护的平台机制研究》，载《知识产权》2021 年第 8 期。

现了需要扩张的必要理由，遗留的问题是否能够解决。

二是因新技术、新理念等产生的还未纳入著作权体系的新类型表达，出于促进产业发展和保护创作者权益的目的而扩张为保护对象。此类扩张具体表现为人工智能生成物、计算机字体、网络游戏、直播、短视频虚拟现实等因技术发展而产生的新表达，这类表达的扩张保护所产生的争议较多，无论是构成要件的认定还是作品类型的划分都有争议。有观点认为在立法时就未被纳入保护对象的表达不应当成为扩张的对象，否则有损立法者的利益衡量，侵蚀公有领域的空间，但传统表达也可能借助新技术焕发新的创造性，因此这种说法显然缺乏正当性。"一刀切"地认为新表达属于哪种类型而赋予或不赋予其著作权保护是不合理的，著作权保护对象的扩张应当基于多重因素的考量，以合理的路径判定。

通过这种划分可以看出，不能单纯以新表达出现在《著作权法》立法之前或之后决定其是否能够成为扩张保护的对象，但是新表达出现的时间能够作为扩张与否的考虑要素之一。对于立法前已经出现的表达且没有新表现形式的，除逐渐被接受外，一般不能予以扩张；立法前已经存在但是出现了需要纳入著作权保护的新情形的对象，应当更加审慎考量其可版权性，综合考虑此前的限制要素是否改变，是否充分符合作品构成要件等因素；对于立法后出现或渐趋成熟的新表达，应当秉持包容的态度，在符合作品要件的前提下予以合理扩张。

二、著作权保护对象扩张的依据考察

著作权保护对象的扩张意味着扩张已有权利的范围或是赋予一种新方式表达以"权利"，"权利"一词本质为正当性和合理性的问题[①]，那么保护对象扩张的正当性和合理性依据何在？尽管著作权的对象有智力成果、知识、知识产品、信息、符号等称谓，但其区别基本在于作品的不同侧面。这是作品作为事物本体和著作权对象的法学认识的对立与统一。一方面，无论是已经纳入著作权保护对象的表达还是尚未纳入的表达，都是千差万别的；另一

---

① 参见易继明：《知识产权的观念：类型化及法律适用》，载《法学研究》2005年第3期。

方面，著作权法的普遍性又表现出对保护对象确定性和统一性的需求，即保护对象中存在相同的类本质。① 这种本质为新表达扩张为著作权保护对象提供了解释依据，是著作权保护对象相对开放的本质需求。因此，需要通过抽象方法或视角对具体对象扩张为著作权保护对象的同一性进行考察。

（一）劳动价值论与保护对象的扩张

从劳动价值学说的角度，从公共领域中主张知识产权的私人权利，与洛克所说的从自然状态中产生财产权，有相同的逻辑遵循。对洛克而言，在解释财产权正当性方面，"劳动"发挥着关键作用，一个人基于自己的智力劳动和创造所产生的东西应当被赋予财产权。② 证明知识产权这种无形财产权存在合理性是通过引入洛克关于有形财产权的理论，将"我的劳动使他们脱离原来所处的共同状态，确定了我对他们的财产权"③ 理解为智力创造者对其智力劳动的成果享有自然权利，即知识产权。但是在知识产权领域，"纯粹的劳动"并不足以产生某种知识产权，那些受到保护的创造是需要付出极大的努力才能取得的。著作权法律制度保护的并不是由符号和形式构成的信息本身，而是劳动者通过自己的创造性劳动形成的独特的、具有价值的、能被使用的信息，只要这种劳动成果具有著作权的基本属性，符合著作权保护对象的特征，同时符合个人利益和国家利益，就应当被纳入著作权对象制度之中。④

著作权保护对象的历史总体上是一部扩张史。19世纪末，欧洲以自然权利为理论基础，以保护作者权为改革目标，扩大著作权保护对象的范围；美国则以功利主义和激励理论为指引，不断扩张受保护的作品范畴。⑤ 1948年《世界人权宣言》宣示，每一个作者都有基本的权利来维护其作品的精神和物

---

① 参见王坤：《论作品的独创性——以对作品概念的科学建构为分析起点》，载《知识产权》2014年第4期。

② 参见冯晓青：《知识产权法哲学》，中国人民公安大学出版社2003年版，第39页。

③ ［英］洛克：《政府论（下篇）》，叶启芳、瞿菊农译，商务印书馆2008年版，第19页。

④ 参见张媛：《论知识产权的客体结构——以著作权客体为例兼与李杨博士商榷》，载《知识产权》2013年第4期。

⑤ 孔祥俊：《著作权立法与司法的产业利益之维》，载《社会科学辑刊》2021年第6期。

质上的利益。① 这也是从著作权作为一种带有"自然权利"性质的基本人权的角度来阐述保护符合要件的智力成果的合理性。无论任何社会，都必须有一种制度承认人们基于劳动产生的基本权利，包括创造性的智慧活动，以发挥劳动与创造活动的社会功效。洛克在"劳动财产权"的学说，经常被用于论证授予著作权之私权在自然权利中的正当性。②

作品基于作者的劳动"脱离自然状态"而产生，作者就可依劳动财产学说对作品享有财产权。此时著作权保护对象的扩张，就诚如戈斯汀教授所说："支撑所有这些包括著作权在内的知识产权的，是这样一种直觉：人们应当能够获取他们所创造的价值，即'谁播种谁收获'。当某一项知识产权规则从其传统的表面内容看，无法与这种直觉认识相适应时，法院就会扩张该规则的外延，给予创作者以其所应当获得的东西。"③ 无论是传统类型的作品还是基于新领域新业态出现的新表达，创作者基于智慧性的创造活动所取得的成果应当获取相应的权利。

同时，洛克劳动财产权学说的分析框架中也提出要兼顾公共利益，即"在还留有足够的同样好的东西给其他人所共有的情况下"。④ 著作权法强调公共利益能够为社会公众共享知识成果提供基础，也有利于促进人格发展的机会平等。⑤ 我国著作权法公共利益的认识在司法中存在公共利益至上的观点，而理论探究中存在公共利益虚无的反思：一方面，公共利益至上在法律适用中往往以"避免社会资源浪费""社会公众的利益以及公平原则"为理由，并强调"著作权法的立法宗旨在于鼓励作品的创作和传播，使作品能够尽可能地被公之于众和得以利用，不停止侵权作品的传播符合著作权法的立

---

① Universal Declaration of Human Right (1948), Art. 27, para. (2): Everyone has the right to the protection of the moral and material interests resulting from any scientific, literary or artistic production of which he is the author; para. (1): Everyone has the right freely to participate in the cultural life of the community, to enjoy the arts and to share in scientific advancement and its benefit.
② 参见［英］洛克：《政府论（下篇）》，叶启芳、瞿菊农译，商务印书馆2008年版，第17~20页。
③ ［美］保罗·戈斯汀：《著作权之道：从谷登堡到数字点播机》，金海军译，北京大学出版社2008年版，第26~28页。
④ 易继明、李辉凤：《财产权及其哲学基础》，载《政法论坛》2000年第3期。
⑤ 付继存：《著作权法的价值构造研究》，知识产权出版社2019年版，第46页。

法宗旨和公共利益的原则",① 这可能导致在维护公共利益时，避开具体法律规则而向一般条款逃逸；另一方面，公共利益虚无主义在理论批判中认为，这种间接利益难以被感知②，这种对公共利益的质疑将导向虚无主义，减损著作权的正当性。③ 然而事实上，这两种倾向都需要纠正，著作权的公共利益具有实体性，著作权法的价值也具有二元性。④ 公共利益理论既是著作权扩张保护对象、强化个体权利保护的依据，也是限制对象以保护公众利益的来源。

"自然权利说"所蕴含的对创作者劳动的保护，能够成为著作权保护对象宽容扩张的指引，但并不能对所有著作权制度作出正当性解释。一是许多智力成果并非一经出现就能成为著作权的保护对象，而是经过长期争论和实践后才被纳入著作权保护对象的范畴，如计算机程序。二是部分智力成果并不是在所有国家或地区都能被认定为作品，如独创性程度较低的照片在著作权法体系国家不被认为是作品，但在版权体系国家却可以作为作品得到保护。"自然权利说"很难解释这些问题。同样，"劳动财产权"也无法解释许多具有价值的劳动成果不能被扩张为著作权保护对象的原因。例如，电话号码簿、足球赛程表等成果，无疑是基于人们的辛勤劳动而产生并"脱离自然状态"，但它们并不能成为绝大多数国家著作权保护的对象，此时就需要结合其他理论的共同指引。

（二）法经济学视角下的保护对象扩张

从经济学角度看，著作权保护对象的扩张是围绕着作品的社会效用而展开的。从古典主义经济学视角看，通过扩张财产权，财产所有人之间可以有效地分配社会资源，得以充分地主张自己的财产权并排除他人使用。运用在著作权领域，则表现为作者的创造性表达和作品的动态利用可以来自于相同或者类似的市场模型，在避免市场失败的情况下，著作权法能够保障作品整

---

① 参见浙江省杭州市中级人民法院（2015）浙杭知终字第356号民事判决书。
② 李琛：《著作权基本理论批判》，知识产权出版社2013年版，第44页。
③ 参见付继存：《著作权法的价值构造研究》，知识产权出版社2019年版，第42页。
④ 吴汉东：《知识产权基本问题研究（总论）》，中国人民大学出版社2009年版，第145页。

体上发挥其使用价值，同时著作权人能够在作品的流转中获得必要的利益。①

从新古典主义经济学视角看，根据市场转让价值来分配具有创造性的作品是著作权法的重要目的，市场机制是自由分配资源的有效手段，因此作品的创作和传播与市场和消费者绑定，由市场和消费者评判，消费者的需求决定着所有已经存在和未来创作的作品的价值，是否扩张作品的种类内容，应当由消费者决定。也就是说，作品的创作是受市场需求影响的。为实现著作权法分配目标的效率要求，先决条件是清晰的财产权边界。新古典主义经济学理论下的公共利益等同于福利最大化而不是福利的分配，因此著作权体系下的福利最大化也被认为是著作权制度的基础。② 以宽泛的视角理解新古典主义经济学下的著作权保护对象扩张，是源于该理论对著作权人加强作品控制的强调，认为应当严格限制对著作权限制制度的利用，当然包括著作权保护对象的限制，从而使著作权人利用权利私有，在信息市场对其作品的利用达到最大化，使更广泛的创作者能够获得权利独占而充分利用其智力成果。但是如果过分强调创作者对其作品的控制，利用新古典主义经济学的分析会走向极端，即禁止任何未能合理补偿创作者收益的行为，因为其目的在于获取利益的最大化。该理论在著作权领域的合理适用，强调审慎地进行著作权保护的限制，认为著作权人权利的不完全实现会妨碍市场资源依据价格信息分配资源的能力。但是新古典主义经济学并非完全否定限制制度，为避免市场价格机制失灵，法院在必要时需要进行著作权保护限制，因为价格机制是消费者识别作品社会价值的保障。主张严格限制对著作权限制制度的适用，事实上表现出新古典主义经济学对著作权保护对象扩张的支持态度。

另外，就数字时代的著作权保护对象的扩张来说，新古典主义经济学理论也有适用空间，"因为它展现了以更广泛而不是以有限的财产权为基础的著作权现实"。③ 数字时代的使用者对作品的利用具有广泛性、快捷性、隐蔽性

---

① 冯晓青：《著作权扩张及其缘由透视》，载《政法论坛》2006年第6期。
② 冯晓青：《著作权扩张及其缘由透视》，载《政法论坛》2006年第6期。
③ Jessica Litman, "Copyright and Information Policy", *Law and Contemporary Problems*, Vol. 55, 1992, No. 2, pp. 185~209.

的特点，著作权人主张其严格控制作品的权利。此种需求在新古典主义经济学视角下，可以扩张能够获得著作权保护的智力成果，相应地减少限制保护的对象，则创作者得以通过市场分配机制获得作品增值价值，最终实现著作权激励创作鼓励创新的目的。

以经济学视角理解著作权保护对象扩张的正当性，是建立在市场的概念上的。具体分析时从两方面着手，一是从成本收益角度分析，二是从分配效率角度分析。从成本收益角度分析，当创造性活动的收益大于因著作权保护对象扩张而产生的社会成本时，就应当延伸著作权的保护领域。智力成果具有天然的排他性，不是法律加以限制就能避免这种私人权利的独占，作品创作与表达的成本补偿机制往往通过市场机制调节实现，现有的著作权制度通过赋予创造者独占的专有权利，使作者借由市场补偿成本获取收益，以此激励智力成果生产的最大化。法经济学的成本收益分析也在著作权保护对象的演变过程中得到印证。著作权最初只保护图书出版物，当其他独创性表达出现并在市场中得到认可，没有著作权保护的情况下就会使市场价格下跌，作者和出版商可能无法收回其创作成本。因此就需要扩张著作权保护对象的范围，通过专有权给予作者合理的收益。这在作品演变过程中也都得以体现，成本收益的市场规律是促进著作权保护对象扩张的重要原因之一。但是，智力成果又具有非竞争性、可学习性、外溢性等经济属性，对作者独占不加限制地垄断，必然缩减知识产品的效用，减损社会福利。相应的，当过度保护权利导致垄断，使价格超过市场认可的作品价值，则同样无法促进产品市场的积极性。通过成本收益分析保护对象扩张与限制的边界，能够更加直观地体现市场对法律制度的影响。

从分配效率的角度分析著作权保护对象的扩张，旨在解释保护对象扩张所产生的激励创作的社会效果与用于此的社会资源投入非作品的生产相比，是否具有更大的价值。在有限的社会资源中，保护对象的扩张成本在于限制了使用者接近作品，同时，创作者投入创作的成本也会导致社会总投入的减少。适当地扩张著作权保护的范畴会吸引社会资源向作品创作领域的分配，当这部分资源投入创作所获收益大于投入其他领域的效益，自然就能更好地在著作权领域产生成果。此外，智力成果的外溢性与独创性相辅相成。智力成果生成后，著作权人为获得其中的经济利益，会进行发表、上传等传播行为，向公众公开作品及知识，而社会公众在作品公开之后就能够进行学习或共享，这种过程被经济学家称为"知识的外溢性"。智力成果强烈的外溢性会对社会产生正负两种效应，而正效应就是智力成果中溢出的知识被公众利用后，能使其获取新的知识成果，从而提升其未来可能的创作水平，这种溢出现象有助于激励作品的创造与传播，增加整个社会的财富总量。因此，智力成果的外溢性要求合理分配作者与使用者的合理收益，既要使作者的收益足以覆盖其表达成本与复制成本，推动其创作新作品的积极性，又要使使用者在最大限度范围内合法获取智力成果进行学习，提升整个社会的知识总量，以激励创新。①

从功利主义视野看，对新类型表达赋予著作权保护与激励理论相契合。激励理论在版权法体系国家的版权保护正当性解释中占据主导地位，即版权并非是天赋人权，而是立法者为了鼓励、激励更多人投身于特定的有益于社会发展的创作活动而通过立法创设的权利，也称为实用主义。激励理论作为知识产权正当性的理论基础之一，认为著作权法在没有为作品提供足够充分的保护时，就不能以足够的推动力促进公众作为广大创作者进行新作品的创作。换言之，著作权法通过赋予权利人垄断性的独占权，以及一定程度上排他性地利用其作品的权利，激励社会层面的创作热情。美国版权法奉行的就是这样一种观点，"它所关注的并不是作者或者作品存在与否，而是要问著作权是否为确保信息和娱乐产品的生产与传播所必需"。② 因此，美国版权保护对象的演变，大多是在产业发展需求的推动下进行的，也是产业利益直接作用的结果。"在美国版权的政治圈内，通过相互冲突的利益集团之间达成共识而完成立法，已经成为主导性方法。"③ 如前文所述，美国版权法的发展可以

---

① 参见冯晓青：《产权理论中的财产权、知识产权及其效益价值取向——兼论利益平衡原则功能及其适用》，载《湖南大学学报（社会科学版）》2007年第4期。
② 冯晓青：《知识产权法哲学》，中国人民公安大学出版社2003年版，第157页。
③ 冯晓青：《知识产权法哲学》，中国人民公安大学出版社2003年版，第148页。

说是保护对象不断扩张的过程，这些扩张不是法律推理和逻辑建构的产物，而是创作者、版权产业、新兴互联网产业及社会公众利益博弈与妥协的结果。激励理论是将著作权保护对象扩张至新业态下直播、短视频等行业的正当性基础。按照传统的理解，著作权制度通过授予创作者独占权利，保障其通过他人的行为获取收益，以激励作者不断进行更多更好的高水平创作。对创作行为适当地激励能够使社会真正需要的作品不断涌现，保障社会知识总量和知识产品利益。作品具有公共产品属性，正是由于这种属性，对于新出现的表达或者需要保护的传统对象，就有扩张为著作权保护对象的必要。因此，著作权法在激励理论的指引下，需要给予新类型表达的创作与传播以适当的保护与鼓励。

因此，法经济学视域下，作者创作的智力成果一经公开，就能供公众学习、交流和利用，这种智力成果的外溢性，能够对作品的社会生产带来正效应，激励公众创作作品的热情。当这种外溢性达到一定程度，创作者不断接受新知识的同时又利用新的技术手段，就可能带来各种新的表达方式或是使传统表达焕发新的生机，导致著作权保护对象的扩张。若是对符合可版权要件的新表达不赋予著作权的保护，就会减损智力成果的正效应，不利于达成著作权法激励作品创作的目标。这是法经济学视域下保护对象扩张的正当性。我们应当充分认识智力成果的经济属性，并且结合其特殊的成本收益分析与分配效率机制，以激励理论为基础，在合理限度内赋予创作者财产权，实现福利最大化与资源利益的最优配置。

（三）法政策学视角下的保护对象扩张

从政治方面考虑，著作权法服务于一定的民主政治，具有增进民主价值的功能。一国著作权制度的价值取向，不仅关乎国内著作权产业的保护，更关乎综合国力的提升，文化产业的发展也深刻影响着一国的文化自信。因此，著作权保护对象的扩张在立法上必然是谨慎的，不可避免地具有一定的滞后性。此时，需要及时结合国家自身国情和现实需求，以著作权保护对象相关政策的引领，作为新领域新业态中争议性表达认定的理论依据。

关于何种表达能够被认定为著作权意义上的作品，是否将某种表达纳入著作权保护对象，以何种方式水平予以保护，是一个国家根据自身发展状况和需要而做出的公共政策选择和安排。① 著作权的保护对象在各国的司法实践中经历了一个扩张的过程，其中一些表达的扩张体现了一国对潜在利益者和行业发展的公共选择，还有的保护对象的扩张是出于将资源集中化的政治目的。② 从法政策学的角度分析多个国家的知识产权政策，研究其基于国际环境变化与各自国情发展而实施的知识产权政策，就要从实证范畴探讨法政策学对著作权保护对象的影响。

英国是近代版权政策的推行引领者。英国作为近代版权制度的起源地，其版权制度经历了由封建特许权向财产权转变的过程。从14世纪至16世纪的文艺复兴运动，以复兴古典学术和艺术为口号，利用古希腊的科学文化，倡导以"人文主义"为中心的新思想，激励人们改造现世，重视实际有用的知识。③ 文艺复兴宣扬的文化价值观为资产阶级将文化产品作为物质武器、将私权作为法律武器提供了必要的思想准备。④ 由此衍生的特许版权制度就是一种对出版商的行政庇护。在17世纪至18世纪奉行重商主义政策的英国，《安娜女王法》则是一部旨在激励人们创造作品和兴办出版业的法规，将出版特许权改造成作品的"权利"，同时基于商业贸易政策的考量，最初英国的版权保护对象仅限于出版图书。近代知识产权制度在英国形成政策利益，推动新文化价值观的确立。⑤ 美国是现代版权政策的有效运作者。作为最早建立知识产权制度的国家之一，美国1787年宪法的版权和专利权条款就表明了知识产权的激励作用，并提出了包括促进知识传播（the promotion of learning）、公共领域保留（the preservation of public domain）和保护创造者（the protection of author）在内的知识产权"3P"政策。⑥ 由此，美国利用自己的知识产权政策迅速推动了国内版权制度的建立，对内保护私人独占权利，以暂时的垄断换

---

① 参见吴汉东：《利弊之间：知识产权制度的政策科学分析》，载《法商研究》2006年第5期。
② 参见周贺微：《知识产权法政治学研究》，中国政法大学出版社2021年版，第103~106页。
③ 参见王哲：《西方政治法律学说史》，北京大学出版社1988年版，第85~86页。
④ 吴汉东：《利弊之间：知识产权制度的政策科学分析》，载《法商研究》2006年第5期。
⑤ 参见吴汉东：《利弊之间：知识产权制度的政策科学分析》，载《法商研究》2006年第5期。
⑥ 参见美国1787年宪法第1条第8款第8项。

取文化发展；对外以长臂管辖维护国家利益。美国最初奉行明显的本国保护主义，不保护外国人的作品，并且长期拒绝由欧洲国家发起的《伯尔尼公约》。并且在美国蜕变为高水平版权保护的国家后，又开始致力于将版权保护的美国标准推行为国际标准，通过政策联动推动传统文化版权产业改造，通过各项政策大力发展计算机、唱片、电影等产业。正是由于美国的版权国际政策的有效推行，使美国借助版权成为文化产品大国。至20世纪90年代，美国将知识产权政策与国际贸易紧密结合，通过签订国际条约要求各国将计算机软件作为版权保护的对象。美国的版权保护政策深刻地体现出向外扩张趋势，通过强有力的版权政策，积极扩张版权保护对象，有效促进其科学与文化发展。

不同国家也在国际公约的最低保护范围内，结合自身的产业优势和资源优势，制定了基于各国政策的著作权保护对象扩张规则。以计算机程序为例，尽管反对将其作为专利权保护的对象，但基于其经济价值、产业利润和竞争优势，大多数国家将其扩张为著作权的对象加以保护，如美国于1980年规定源程序和目标程序的计算机程序是作品，英国1981年在《版权法》绿皮书中将计算机程序认定为作品。著作权保护对象扩张的基本理念，是认为著作权保护能够潜在惠益每一个社会公众。公共政策也是有一定限度的，对于发展中国家而言，选择适合自己国情的知识产权政策更有利于达成预期目标，加强知识产权保护不仅是国际社会的压力，也是经济发展和科技进步的内在需求。我国于2008年颁布了《国家知识产权战略纲要》，标志着我国正在建立具有中国特色的知识产权公共政策。随后几年发布的多项知识产权强国政策与建设纲要，宏观上强调深化知识产权重点领域改革，微观上对未来我国如何具体实施知识产权强国战略指明了具体方向。[①] 我国现阶段已经将知识产权政策纳入国家创新体系中，强调"全面加强知识产权保护工作，促进建设现代化经济体系，激发全社会创新活力，推动构建新发展格局"[②]。

---

① 参见中共中央、国务院于2021年9月22日印发的《知识产权强国建设纲要（2021-2035年）》。
② 参见习近平总书记在中央政治局第二十五次集体学习时的讲话。

此外，如前文所述，我国相继制定和实施了一系列关于著作权保护的政策。著作权政策有助于防止智力成果的供给不足，同时带来知识财富增长的收益。一是界定知识财产是私有权利。知识产品是公开的，而著作权则是垄断的，著作权作为一种私权，赋权的前提是明确其保护对象。如果不能对作者的独创性表达赋予独占保护，作者就无法通过垄断自己的知识创造获得收益，因此需要合理地扩张赋予私权的保护对象。二是配置知识资源的利用。著作权制度的首要目的就是通过界定著作权保护对象的范围，在保护创作者的合法利益的同时促进知识的共享。三是平衡知识财富的分享。法政策学理论认为，任何政策都会面临受益者与受损者界定的问题，因此公共政策必须在各种利益冲突之间保持平衡，以保证公共政策的公正性与稳定性。① 著作权保护对象制度关系到分配作品相关知识和调整作者、权利人、使用者等利益相关者之间的权利义务关系；还要考虑作者独占权利与作为利益分享者的社会公众之间的利益平衡。四是规范知识利益的保护。在法律实施效益不足的情况下，作品创造、传播和利用中的侵权行为会影响作者创作作品和新类型表达的积极性，从而导致整体"社会福利"的下降。

作为建立与完善我国著作权制度的基础，上述政策对著作权保护对象的完善也提出了纲领性指引。如确立知识产权"严保护"，要求我国针对新领域新业态发展现状，加强体育赛事转播、传统文化、传统知识等领域的保护②，尤其是要针对科技进步和经济社会发展形势需要，适时扩大保护客体范围，提高保护标准③，进一步说明著作权保护对象扩张是国家政策层面的迫切需求，但是同时也必须在"严保护"的指引下合理扩张。此外，我国知识产权政策针对版权公共服务与规则指引提出了具体要求，其中也应当包括明确著作权保护对象的范围，以适应版权服务之需求。一方面加强版权公共服务，

---

① 参见吴鸣：《公共政策的经济学分析》，湖南人民出版社2004年版，第3~5页。
② 参见中共中央办公厅、国务院办公厅于2019年11月24日印发的《关于强化知识产权保护的意见》；国务院2021年10月9日印发的《"十四五"国家知识产权保护和运用规划》（国发〔2021〕20号）。
③ 参见中共中央、国务院于2021年9月22日印发的《知识产权强国建设纲要（2021－2035年）》。

让创新成果更好地惠及公众，如建设知识产权保护机构，建立知识产权预警防范机制和风险预警报告机制，建立海外知识产权法律变化动态跟踪机制等海外维权服务等，并着重关注国内外新业态新领域中新表达认定的需求与发展趋势，及时完善我国保护对象扩张与限制制度。另一方面通过发布著作权保护指南，对应当如何认定新领域新业态中的新表达提出具体指导，在可统一范围内明确扩张或限制的认定方式与程度。例如北京市高级人民法院发布的《侵害著作权案件审理指南》中，对权利客体的审查方式与标准进行详细规定，并单独列举了古籍点校、综艺节目视频、体育赛事节目视频、网络游戏、网络游戏组成要素等有争议的表达的审查。通过紧密结合我国国情和实践经验，有利于进一步建立和完善具有中国特色的著作权保护对象制度。

综上可以看出，运用劳动价值论、法经济学、激励论以及法政策学方法在解读著作权保护对象扩张时都具有一定的合理性，但由于著作权保护对象扩张的后果不仅会涉及扩大作者独占权利的范围，往往也会涉及社会公众共享智慧成果的程度。因此，如何在法律层面平衡这种作者"独占"与社会公众"共享"的冲突，就需要寻求科学合理的扩张路径，实现既能激励作者创作积极性，又能满足社会公众现实需求的制度功能。

（四）知识产权法定主义的缓和与扩张

我国《民法典》第116条规定了物权法定的基本原则。知识产权作为一种绝对权、支配权，通说认为应当参照物权理论实行知识产权法定主义，即知识产权的种类以及诸如获得权利的要件及保护期限等关键内容必须由成文法确定，除了立法机关在法律中特别授权给司法机关以一定的可活动空间外，任何人都不能创设法律规定之外的知识产权。[①] 在著作权领域，表现为著作权的权利内容只能由法律明文规定，而不能由当事人自由创设，这一法定主义进路是可接受的，因此我国《著作权法》第10条规定的权利内容应当是封闭的。

---

① 参见郑胜利：《论知识产权法定主义》，载《中国发展》2006年第3期；李扬：《知识产权法定主义及其适用——兼与梁慧星、易继明教授商榷》，载《法学研究》2006年第2期。

但是知识产权对象的可共用性以及利用方式的特点，特别是新技术引发的利用方式的变革，使知识产权类型封闭这一观点无法立足。① 知识产权是按照行为方式进行立法的，新技术必然会产生新的利用方式。然而，物权作为典型的绝对权，通说和立法中也只有"物权"之种类法定，而非"物"之种类法定。著作权作为绝对权之法定，首要法定的应当是其作用的对象，而非对象之类型。

首先，要正确理解严格的知识产权法定主义。知识产权法定主义具有正当性，但是严格的知识产权法定主义在时代发展中的缺陷也不能忽视。理论上有严格和缓和两种知识产权法定主义的观点。严格的法定主义认为，当知识产权法律规范出现漏洞时，只能通过修改法律以弥补漏洞，对于构成要件认定有争议的对象，就不能擅自扩张进行保护，在有出错风险的情况下赋予独占权利和排除保护之间，应当选择暂且将该对象置于公有领域之中。② 然而数字时代的创作和传播的迅速发展，使私权利的保护具有急迫性，严格的知识产权法定主义注重强调法律的权威、稳定和知识信息的公共性，一定程度上会阻碍新领域新业态下知识产权对创造智慧成果的激励价值。

因此必须正视严格法定主义下封闭式作品条款的弊端：一方面，对于难以归入既有类型的创作成果可能造成保护上的差距和不合理的分歧，例如，拍照场景虽包含了智力创作，但因无法归入摄影作品或视听作品而难以获得著作权保护；另一方面，作品的分类依赖于一定的技术条件，这使得由新技术产生的作品难以为现有作品类型所涵盖，由此引发对作品的扭曲认识。③ 相应的，开放式立法模式所具有的体系上的灵活性，有助于避免不合理地扩大解释现有作品类型。

其次，知识产权法定主义转向缓和具有必要性。严格的法定主义否认法理和司法机关在创设知识产权类型或者权益内容中的作用。有学者认为要限

---

① 李雨峰：《知识产权制度设计的省思——以保护对象的属性和利用方式为逻辑起点》，载《当代法学》2020 年第 5 期。

② 参见李扬：《知识产权法定主义及其适用——兼与梁慧星、易继明教授商榷》，载《法学研究》2006 第 2 期。

③ 参见梁志文：《论版权法改革的方向与原则》，载《法学》2017 年第 12 期。

制法院以民法一般原则的名义过度宽泛地解释创作者对其智力成果的独占权。① 基于知识产权法定主义的诸多功能，限制法院任意创设权利类型不无道理。但是，数字时代新领域新业态的迅速发展不断挑战着僵化的法律规范，能否允许法官运用法律的一般原则来扩张权利保护的对象，法官能够在何种范围内运用扩大解释的方法赋予权利，都是值得讨论的问题。若坚持严格知识产权法定主义，那么知识产权对象的法律规则应当采用封闭式立法，即我国《著作权法》第3条中八种法定作品类型之外的作品都无法成为著作权保护的对象。但是一方面，著作权对象的表现形式的发展常常与技术进步关联紧密，新技术会催生出一些无法直接纳入已有类型的或是有争议的新表现形式，但不将这些表达纳入版权保护又有失公平；另一方面，第三次《著作权法》修改将第3条第9项修改为开放式的兜底条款，一定程度上被认为已经突破了严格的著作权法定主义，为法官解释创设"其他智力成果"作为著作权保护对象在立法上预留了空间。

最后，要区分法定作品类型和作品类型法定的不同。坚持绝对的作品类型法定观点，是依照"知识产权法定—著作权法定—作品类型法定"的逻辑，认为著作权对象的法定和作品类型法定是知识产权法定的应有之义。② 而智慧成果作为无体物，与载体之间存在"可分离性"的特性，法律不加以明确就无法确定权利的"宽度"。作品类型法定并不等于著作权保护对象法定，而是立法的一种选择。只凭借作品定义很难清晰界定作品的内涵和外延。绝对作品类型法定能够保障法律的稳定性，避免私人权利过度扩张而损害公共利益，但是在实践中应当尽量避免"著作权法家长主义"的影响，以防阻碍对创造性新表达的保护和对新兴产业的有效规制。而转向较为缓和的知识产权法定主义，一方面是由于知识产权与技术发展极其密切，著作权法更被称为"技术之子"，③ 严格的法定主义面对快速变化的技术手段，很难及时回应产业发

---

① 崔国斌：《知识产权法官造法批判》，载《中国法学》2006年第1期。
② 参见王迁：《论作品类型法定——兼评"音乐喷泉案"》，载《法学评论》2019年第3期。
③ ［美］保罗·戈斯汀：《著作权之道：从谷登堡到数字点播机》，金海军译，北京大学出版社2008年版，第22页。

展的需求，从而导致著作权法的封闭和僵化；另一方面，考虑到著作权法的二元价值目标，即激励创作者创作作品和公众对知识的共享传承，开放式的立法模式或者开放式的作品条款更有助于创造性新表达在符合作品构成要件时获得著作权法保护，更好地激励公众发挥个人独特的审美意趣和思维模式，运用多样化的创作方式进行富有独创性的智力表达。① 也有观点认为，作品的列举不是限定性的，但在介绍版权人的权利时，却认为"这些列举是完全的、穷尽式的，不可能再推导出其他权利来。"② 与作品的类型列举相比，著作权项的列举具有更强的限定意义。在"音乐喷泉"案一审中，法院认为音乐喷泉应当受著作权保护，但无法将其归入法定作品类型甚至是汇编作品时，就尝试突破了法定的作品类型。③ 在我国首例认定体育赛事直播画面为作品的判决中，法官也认为只要符合可版权要件就应当认定为作品，而不需要拘泥于必须归入某一类作品，因此即使体育赛事直播画面无法被归入对独创性要求较高的类电作品，也可作为"现有法律框架下并没有设定"的"类电视听作品"。④

此外，《伯尔尼公约》也为作品类型法定与法定作品类型的区分提供了依据。尽管公约第2条第1款对作品类型采取开放式定义，未进行穷尽式列举，但是公约历经百年的探讨修改，再加上 TRIPs 和 WCT 的补充，已经充分考虑到了至20世纪末的各种智力表达形式。研究《伯尔尼公约》的权威著作《伯尔尼公约及其超越》更是认为："未被列出，但理论上可能属于第2条第1款中'文学或艺术作品'的情形，在现实中几乎不存在。"⑤ 当成员国对于未被纳入第2条的表达的作品性缺乏共识时，唯一可行的方法是提交国际法院，

---

① 任安麒：《作品类型兜底条款的证成、选择与适用——兼议非典型作品的著作权保护路径》，载《电子知识产权》2021年第4期。

② [美] 谢尔登·W. 哈尔彭、克雷格·艾伦·纳德、肯尼思·L. 波特：《美国知识产权法原理》，宋慧献译，商务印书馆2013年版，第79页。

③ 参见北京市海淀区人民法院（2016）京0108民初15322号民事判决书。

④ 参见北京市朝阳区人民法院（2014）朝民（知）初字第40334号民事判决书。该判决在二审中被推翻，参见北京知识产权法院（2015）京知民终字第1818号民事判决书。

⑤ Sam Ricketson, Jane C. Ginsburg, *International Copyright and Neighbouring Rights: The Berne Convention and Beyond* (2nd edition), Oxford University Press 2006, p. 409.

因此一旦就特定新类型成果属于作品达成充分共识，公约的修订会议就会将其纳入作品清单中。① 这充分说明《伯尔尼公约》的开放式定义和作品类型法定并不冲突，需要法定的是受保护作品的要价，而不是其类型。

综上，传统的知识产权法定主义有严格和缓和之分，严格的法定主义因其僵化与滞后性必然转向缓和主义。即便坚持缓和的知识产权法定主义，遵从著作权法定主义的推论，其法定内容也并非指作品类型的法定。在开放式作品类型条款的适用中，需要坚持的法定是作品定义和可版权要件的法定，只要符合保护的客观要求，就应当将创造性新表达扩张为著作权的保护对象，知识产权法定主义并非扩张的阻碍。

三、著作权保护对象合理扩张的路径

"法律是功能性的，现代社会有一种以法为手段来组织和改革社会的新趋势，法已不再被看作单纯的解决纠纷的手段，而逐渐被公民们，甚至法学家们视为可以创造新型社会的工具。"② 要回答著作权保护对象的扩张是否适当，就必须以著作权法体系的整体构建视角，综合考虑一国的经济、文化、环境等因素，以确保保护对象的扩张是符合著作权法在价值、目标、原则等方面要求的。著作权保护对象的演变表明扩张趋势不可避免，在考虑是否能够扩张著作权的保护对象范畴时，基于各种影响因素慎重决定，如何适用法律才能合理、正当地扩张著作权保护范围，不忽视新类型表达的著作权保护需要，是本部分重点讨论的问题。

（一）保护对象的"宽容扩张"

著作权保护对象的扩张首先应当秉持宽容态度。当今社会每时每刻都在以难以想象的规模生产新信息，制造信息产品如今已成为人人可以践行的生活方式。科技与市场的改变推动社会产出无尽的智慧成果，为这些成果界定恰当的私权边界成为重要议题。著作权制度的发展就是对激励收益与确权成

---

① 参见 WIPO：《世界知识产权组织（WIPO）管理的版权及相关权条约指南以及版权及相关权术语汇编》，https://tind.wipo.int/record/36410，最后访问时间：2023年3月12日。

② ［法］勒内·达维德：《当代主要法律体系》，漆竹生译，上海译文出版社1984年版，第378页。

本最优性价比的探索①，当前著作权法律制度所构建的事后确权模式的优势在于整体性地降低权利的确权成本，可以运用在解决大量创新成果需要进行利益分配的场景。② 著作权的自动保护原则决定了其不适合事先确权，著作权保护的大多是"产生概率低"③ 的对象，为避免社会资源的浪费，针对大量的创造性表达更适合设置足够开放的保护标准，允许将大多数社会生产的创造性表达纳入著作权保护对象范畴。只有采用"宽容扩张"的准入门槛，才能充分发挥著作权制度的激励作用，让大多数小概率成果无需付出昂贵的事前确权成本就能实现合理的利益分配效果。"宽容扩张"原则的实践建立在著作权体系的包容性上。作品数量的增加并不会导致著作权权利范围的扩张，新作品并不意味着新权能。

著作权法具有不同于其他法律的包容性功能，很多情况下文化、艺术与科学领域所产生的新事物可能无法归入其他部门法领域，但是任何符合作品可版权要件的对象都有可能成为著作权法的调整对象。④ 这不仅源于著作权的自动保护原则，也源于著作权权利范围的广泛和期限的长度。为实现著作权法激励创作者创作作品和公众对知识共享传承的二元价值目标，包容性的立法模式或者开放式的作品条款，显然更有助于创造性的表达在符合作品构成要件时获得版权保护。

当然，"宽容扩张"并非随意扩张，应当符合法律的立法目的和价值取向的基本要求。著作权对象的意义性表现在它体现了人类的主观能动性，是有意识的思想或情感的表达，强调了人是文化性的存在。著作权的对象反映了人的认知和选择，那些与人类认知无关的无意识的活动结果，如物理范畴领域的现实存在，就不能成为著作权扩张保护的对象；而那些虽然属于人类意

---

① See Harold Demsetz, "Toward a Theory of Property Rights", *American Economic Review*, Vol. 57, 1967, No. 2, pp. 347~359.
② 蒋舸：《论著作权法的"宽进宽出"结构》，载《中外法学》2021年第2期。
③ 客体产生概率，是指其他生产者处于类似条件下独立生产出实质相似客体的可能性，当客体产生概率降低到适宜赋予排他权的区间内时，人们就会粗略地按照产生概率设计不同的界权模式。参见蒋舸：《论著作权法的"宽进宽出"结构》，载《中外法学》2021年第2期。
④ 参见［德］M·雷炳德：《著作权法》，张恩民译，法律出版社2005年版，第8页。

识活动但没有体现对外部世界的特定价值取向的结果，也无法被认定为作品。① 例如，部分人工智能生成的内容具有主观性，这种主观既有设计人员的意志，也有所有人的客观意志。② 将其作为著作权的保护对象应无理论上的障碍，对其争论更多的是由对象产生的权利应当由谁享有、如何保护的技术问题。

（二）保护对象扩张之路径

在文学、艺术和科学领域，创造性的表达和呈现方式层出不穷，已经完全超出以往所形成的固有思维认知体系。前所未有的素材选择、创作形式等开始被运用在艺术创作中，并发展出了与众不同的作品表现力和感染力。如果拘泥于法律条文和惯常认知，不仅会囿于法律局限、固步自封，也会挫伤权利人积极投入、努力创造的动力，消减智力成果外部性的正效应，最终影响社会公众从中受益。因此，著作权保护对象的扩张是不可避免的，为满足创造性活动和社会发展需求，版权保护对象总是通过不同的方式进行合理的扩张。

1. 版权保护对象扩张的具体方式

结合前文所述，当前新表达的扩张路径主要表现为三种具体方式：一是只考虑该对象是否符合作品构成要件，只要符合构成要件就可扩张保护；二是要求能区分该对象的作品类型，并满足已有法定作品类型的具体要求，才能予以保护；三是严格要求该对象既满足作品的构成要件，又能完全归属于特定作品类型，才能获得著作权保护。尽管出于审慎原则，不同的新类型表达应当有不同的考量因素，但是著作权对新类型表达的扩张保护应当有合理、统一的路径供司法实践遵循。

一是主张著作权保护对象是否扩张只取决于争议对象是否满足作品的可版权性要件，可版权性要件是认定受著作权法保护的作品的唯一标准，暂且不论是否能将争议表达纳入法定作品类型或是如何适用兜底条款归类。

---

① 李雨峰：《知识产权制度设计的省思——以保护对象的属性和利用方式为逻辑起点》，载《当代法学》2020年第5期。
② 袁真富：《人工智能作品的版权归属问题研究》，载《科技与出版》2018年第7期。

二是主张将争议对象直接置于作品类型归属中进行判断。面对争议对象是否能够被扩张为著作权保护对象的问题时，应当分析该对象是否能够被解释或类推为八种法定作品类型。当争议对象既能够通过扩大解释、文义解释等被纳入某类作品，又符合该类作品的构成要件时，才能被扩张。例如音乐喷泉案二审中，法院就通过对比音乐喷泉与美术作品的要件，认定音乐喷泉符合美术作品要求的美感，其动态表达方式也并非为美术作品所禁止，基于此才确认其可以作为立体美术作品的对象。①

三是要求争议对象既满足作品的可版权性要件，又能完全归属于特定作品类型，同时满足这两个条件时才能被扩张为著作权的保护对象。这一路径认为现有作品类型已经基本囊括了可版权的对象，对新表达成为著作权保护对象的要求比较高，对扩张也持谨慎态度。

2. 作品类型归属认定的方式

在作品类型的归属问题上，实践中也存在几种不同的认定方式。一是通过文义解释、扩大解释等方式，将新表达都解释为八种法定作品类型，避免随意适用兜底条款创设新的作品类型。二是将汇编作品视为"兜底"的作品类型，以汇编作品保护部分新表达，同时认为应当删除《著作权法》第3条第9项的兜底条款，避免法律适用向一般条款"逃逸"，也防止给予法官过度的自由裁量权。② 三是适用《著作权法》第3条第9项将新表达认定为"其他作品类型"，如音乐喷泉案一审中，判决中出现了"音乐喷泉作品"的表述。③

本书认为，在新表达是否能被扩张为著作权保护对象的问题上，属于何种作品类型是第二性的问题，当认定某一表达满足可版权性要件时，首先应当判断其是否属于法定作品类型，但是应当避免对作品类型过度地扩大解释，若新表达有显然与该类作品不同的要素，即便部分满足该类作品的要素，也不应再归属于此类作品，此时应当适用《著作权法》第3条第9项兜底条款以"其他智力成果"归类。至于汇编作品、改编作品等特殊作品类型，是用

---

① 北京知识产权法院（2017）京73民终1404号民事判决书。
② 参见王迁：《论汇编作品的著作权保护》，载《法学》2015年第2期。
③ 北京市海淀区人民法院（2016）京0108民初15322号民事判决书。

于确定著作权权利归属的分类方式，与第 3 条中以表现形式为标准的作品分类不同。对符合作品要件的对象进行归类时，是指将其归入《著作权法》第 3 条的八种法定作品类型和"其他智力成果"之中。而作为"其他智力成果"保护的新表达，就需要进一步根据其独创性程度、创作空间及其他因素，确定需要保护的具体内容。

从上述可见，判断某一新类型表达能否被扩张为著作权保护对象，一般采用以下几步：首先，综合判断该表达是否满足作品可版权性要件，只要符合要件的表达都应当成为著作权的保护对象；其次，将能够符合法定作品类型的表达直接归入现有法定作品类型，对于难以归入法定作品类型的表达，结合法律解释的方法，考察其是否能够通过扩大解释被纳入法定作品类型；最后，司法机关充分发挥自由裁量权，综合考虑上述的考量要素，判断是否能够适用作品类型兜底条款以"其他智力成果"保护，并决定其保护程度与内容。

美国对于版权保护对象的扩张，以"经济标准"作为考量因素，判断扩张是否具有激励创作、促进产业投资发展的经济效用；[①] 并以"法律契合标准"考量扩张保护该对象后，是否能与权利内容、期限、救济等整个版权制度相契合；同时以"新情况标准"分析扩张是否基于新类型创作，或是现有表达因创作者、产业环境、利益分配的转变而出现的新情况，否则需慎重考虑扩张的合理性。[②] 此外，美国还以"智慧成果标准"判断扩张保护的表达是否为促进科学进步的智力内容。[③] 这些不同的标准对我们具有一定的启示，建议在判断是否应当适用兜底条款扩张版权保护对象时可以综合考量以上标准。

尽管不同的创造性新表达自身有不同的特征，但其受著作权保护的门槛

[①] See Robert W. Kastenmeier, Michael J. Remington, "The Semiconductor Chip Protection Act of 1984: A Swamp or Firm Ground?", *Minnesota Law Review*, Vol. 70, 1986, pp. 417, 440~442.

[②] See Caroline Reebs, "Sweet or Sour: Extending Copyright Protection to Food Art", *DePaul Journal of Art, Technology & Intellectual Property Law*, Vol. 22, 2011, pp. 41~49.

[③] Pamela Samuelson, "Evolving Conceptions of Copyright Subject Matter", *University of Pittsburgh Law Review*, Vol. 78, 2016, No. 1, p. 57.

应具有同一性。厘清创造性新表达获取著作权保护的标准与方式，形成清晰的体系化判定规则，既有助于划定著作权保护之边界，实现著作权制度激励创作与维护公益之平衡的二元价值目标，也有利于构建清晰的作品类型体系，从动态维度把握作品类型的形成与演变，从而为正确认定和处理新业态下创造性新表达引发的版权纠纷提供指引。

（三）保护对象扩张之考量标准

结合上文"宽容扩张"的基本态度，以及实践中扩张保护对象所能采取的方式，在具体考量某一智慧成果是否能够被扩张为著作权的保护对象时，应当确立基本的考量标准，并综合考量新技术新领域下所面临的特殊情况。

1. 可版权性要件是作品扩张的首要标准

满足作品的定义和构成要件是判断某一智慧成果能否获得版权保护的前提。可版权要件是创造性表达能否被扩张为作品的认定中必要且唯一的要求，这意味着只有满足作品构成要件才能被扩张为著作权保护的对象。著作权保护对象的"宽容扩张"，首先就是对可版权要件的解释不能过于严格。但近年来，部分案件和学者对作品可版权要件的解释愈发严格：一方面对独创性和思想表达二分这类传统有争议的要件以更高要求和更严格的方式解释；另一方面，固定性、人类智力成果等以往不受关注的要件，也开始经常被用以将新表达排除在著作权保护对象范畴之外。① 考量某一成果是否具备可版权性应坚持以下判断标准：

一是统一独创性的认定标准，以独创性"有无"的最低程度作为标准。作品的表达方式随着技术发展越来越多样化，不同作品类型的具体表达方式及其可创造性空间都有所区别，很难达成一个能够普遍适用的创作高度标准。作为作品构成要件判断的焦点，独创性之"创"应当是最低程度的创作说。② 区分表达是著作权还是邻接权对象的标准是独创性的"有无"而非"高低"，仅仅以表达的独创性高度不足为由否定其作品性是缺乏依据的。我国理论和

---

① 蒋舸：《论著作权法的"宽进宽出"结构》，载《中外法学》2021年第2期。
② 孙山：《〈著作权法〉中作品类型兜底条款的适用机理》，载《知识产权》2020年第12期。

实务中对此一直存在较大的争议，一般而言，独创性要求作者独立完成某种思想情感内容的呈现并形成外在表达，同时包含有作者自身对要素的取舍、选择、设计和安排，最低限度的独创性要求作品能够体现作者的个性。此外，我国理论和实践中，一直有将字体认定为受著作权保护的作品的观点，个别法院的判决中也曾经认定计算机"字体"属于作品。① 然而，字体是否能够满足独创性的要求？显然字体很难满足作者权体系所要求的精神、情感、人格要素，即使是独创性标准很低的美国《版权法》，也并未将字体作为作品予以保护。尤其是美国版权局的注册规则中明确规定的不予注册的客体就包括"作为字体的字体"（typeface as typeface）。②

在体育赛事直播节目等新类型表达出现之前，法院一般以表达的独创性作为认定争议表达能否成为著作权保护对象的主要判断要件，在独创性被否定的情况下，争议表达基本就无法获得著作权保护，只能寻求其他权利的保护或是进入公共领域。然而在近年以体育赛事直播为代表的可版权性争论中，这一现象出现变化。很多案件中法院和学者都认可为直播画面提供保护，但认为其只能成为录像制品制作者权、广播组织权或《反不正当竞争法》一般条款的保护对象，而不属于狭义的著作权保护范围。③ 关于体育赛事直播节目的摄制和编排是否具有独创性，同一案件中甚至存在截然相反的两种观点。④ 这意味着在独创性未达成一致的情况下，可版权性的认定又出现了新的分歧。

对于如何妥善处理独创性高低与有无这两种标准，不仅需要在原则上确立相对统一的判断标准，还需要把握不同类型表达的特点，结合相关保护领域的特殊需求，尽可能协调新类型表达的独创高度与保护强度，才能合理地扩张著作权保护对象的范围。本书认为，以宽容理念扩张版权保护对象，结

---

① 参见江苏省南京市中级人民法院（2011）宁知民初字第60号民事判决书。
② 37 C. F. R., Section 202.1.（1992）.
③ 否认体育赛事直播可版权性的代表性判决，参见北京知识产权法院（2015）京知民终字第1818号民事判决书；肯定体育赛事直播可版权性的代表性判决，参见北京市高级人民法院（2020）京民再128号民事判决书。学术争论可参见《苏州大学学报（法学版）》2019年第4期，关于体育赛事知识产权保护的专题讨论。
④ 北京市朝阳区人民法院（2014）朝民（知）初字第40334号民事判决书；北京知识产权法院（2015）京知民终字第1818号民事判决书；北京市高级人民法院（2020）京民再128号民事判决书。

合著作权法二元价值目标与激励理论的指引,独创性的"高低"标准已经不符合当前实践中对于作品的版权保护需求,某种表达能否成为版权保护的对象,应当适用"最低限度的独创性"标准予以判断。

二是以"可再现性"取代"固定性"要件。在体育赛事直播的一系列案件中,都有以"随摄随播"为由从固定性角度限制著作权保护对象的情况。① 在网络游戏直播的可版权性判断中,也有以游戏画面"具有随机性"和"缺乏确定性"为由否定其固定性,从而拒绝将其纳入著作权保护对象体系中的情况。② 作品借以表现的介质多种多样,可以是纸张、音符、形体、光盘或者是任何其他能够表现作品的物质,但不论通过何种方式进行再现,都不影响其成为具有独创性的智慧成果。例如,我国第三次《著作权法》修改删除了《著作权法实施条例》中电影及类电作品"摄制在一定介质上"的要件,采用了"视听作品"的表述方式,这一修改具有显著的进步性,从概念上避免了法律意义上的"电影作品"和生活中"电影作品"认知的混淆可能性,也为电子游戏、网络游戏直播、体育赛事节目等创造性表达被扩张为著作权保护对象排除了法律上的障碍。相较于强调以"摄制"技术为创作方式的概念,视听作品的核心内容是具有独创性的作品。在现代科技条件下,很多视听作品不需要如拍电影一样的"摄制方法",在网络环境下用手机随手拍就可以轻松完成视频的创作和传播。因此,认定视听作品时,在独创性和固定要件的基础上,应结合实践中新类型视听表达的特点,对画面、音乐、字幕和剪辑等元素的选择和编排进行综合考量,减少对"摄制在一定介质上"要件的固定方式要求,以适应新媒体发展中视听作品的新形式需求。当然,从立法角度,依据我国《著作权法》规定,著作权法保护的是以一定形式表现的表达,只要"表达的形式"能够通过一定的介质再现,处于一种可识别的状态,就是一种适格的智力表达,就应该成为著作权保护的对象。

三是以文学、艺术和科学领域区分著作权与其他权利的保护对象。虽然

---

① 参见北京知识产权法院(2015)京知民终字第1818号民事判决书。
② 参见上海市浦东新区人民法院(2015)浦民三(知)初字第191号民事判决书。

我国立法中作品定义一直存在"文学、艺术、科学领域内"的限定,但作品的领域要件始终缺乏足够的重视,领域要件的意义在于将实用性表达从著作权保护对象中排除,使之成为外观设计、实用新型等工业产权法保护的对象。① 如果"领域"是就符号媒介而言,那并不存在一种独立的科学作品形式,科学作品可以是文字的、线条色彩的或声像的,是"以符合科学立场要求的方式处理问题的作品",例如工具书、科普作品等。② 对作品领域的限定应当是对作品功能或目的的要求。尽管有观点认为还应增加"商业领域",因为产品说明书、商业广告是脱离纯粹审美范畴的作品,但是从世界范围内的共识和著作权法的根本目的出发,增加"商业领域"的理由并不充分。有学者也认为,作品领域限定的理论依据是"实用与非实用二分"原则。③ 日本学者在解释作品的领域限制时指出领域限定的主要争议点在于实用品。④ 可见领域要件的主要目的是区分著作权与工业产权。在现代科技与审美艺术的发展中,有时很难做出一项成果是否是文学艺术作品的判断,如果其既是科学创造的成果,又融入了人类表达的因素,则会陷入两难。各国不同的著作权思想逻辑也会产生影响,作者权利体系国家往往更加强调人格权的保护,只要作品中融入作者人格的印迹,就倾向于提供保护,如前章所述法国和荷兰的香水气味案。但是版权体系国家更倾向于实用主义,通过比较新智慧成果中人类创造与科学创造的贡献大小决定是否对其提供保护,如美国的花园设计案⑤。因此,作为作品可版权要件中最为宽泛的要件,在重视领域限定的基础上,也应明确如何区分表达的审美艺术性与工业实用性,尽管著作权保护对象强调的是智慧成果的文学艺术价值,在包含个性创造的基础上,不能因表达具有实用价值就将其排除在著作权保护范围之外。

四是正确理解思想与表达的区分。以游戏玩法规则的可版权性判断为例,

---

① 李琛:《论作品定义的立法表述》,载《华东政法大学学报》2015 年第 2 期。
② 世界知识产权组织编:《著作权与邻接权法律术语汇编》,刘波林译,北京大学出版社 2007 年版,第 231 页。
③ 金渝林:《论版权理论中的作品概念》,载《中国人民大学学报》1994 年第 3 期。
④ [日] 田村善之:《日本知识产权法》,周超等译,知识产权出版社 2011 年版,第 421 页。
⑤ See Kelley v. Chicago Park District, 635 F. 3d 290, 304 (7th Cir. 2011).

法院以足够具体的游戏规则可以作为表达为由，以视听作品"整体保护"的名义保护了游戏"玩法规则"。"太极熊猫"诉"花千骨"案①和"蓝月传奇"诉"烈焰武尊"案②都传达了同一个思想，即便"游戏玩法规则"呈现在连续游戏画面之中，依然是不受著作权保护的思想，但因为它已经被连续画面具体地"表达"出来，因此可以成为受著作权法保护的对象。③ 法院的这一认定方式受到了一定质疑，有学者认为只通过简单推理就认定游戏规则已经被"表达"，此类案例为电子游戏规则提供了过度保护，很可能使不受保护的思想转变成为可以受保护的表达，违背了思想表达二分的基本原理。④ 有观点指出，依照如此逻辑，长期不受保护的综艺节目模式被制作成影视作品后，该综艺节目模式也应当享有著作权，这显然是不合理的。然而本书认为，网络游戏规则不仅是创造性劳动的智慧成果，而且是网络游戏诸多构成元素中最有价值和最凸显独创性的部分⑤。正如花千骨一案中法院指出，游戏规则是否得以保护取决于其是否被足够具体地表达，⑥ 蓝月传奇案中法院也提出相同的观点。⑦ 将所有游戏规则一概归类于"思想"的范畴并不符合产业发展的需求，将足够具体的游戏规则设计作为版权保护的对象并不会垄断游戏开发设计的思想，亦不会妨害游戏产业的持续创新，反而有利于刺激创作热情、

---

① 参见江苏省苏州市中级人民法院（2015）苏中知民初字第 201 号民事判决书；江苏省高级人民法院（2018）苏民终 1054 号民事判决书。
② 参见浙江省杭州市中级人民法院（2018）浙 01 民初 3728 号之一民事判决书；浙江省高级人民法院（2019）浙民终 709 号民事判决书。
③ 参见张伟君：《呈现于视听作品中的游戏规则依然是思想而并非表达——对若干游戏著作权侵权纠纷案判决的评述》，载《电子知识产权》2021 年第 5 期。
④ 参见张伟君：《呈现于视听作品中的游戏规则依然是思想而并非表达——对若干游戏著作权侵权纠纷案判决的评述》，载《电子知识产权》2021 年第 5 期。
⑤ 卢海君：《网络游戏规则的著作权法地位》，载《经贸法律评论》2020 年第 1 期。
⑥ 参见江苏省苏州市中级人民法院（2015）苏中知民初字第 201 号民事判决书，本案中法院认为："区分游戏作品中相应的玩法规则属于思想还是表达，应当要看这些玩法规则是属于概括的、一般性的描述，还是具体到了一定程度足以产生感知特定作品来源的特有玩赏体验，如果具体到了这一程度，足以到达思想与表达的临界点之下，可作为表达。"
⑦ 参见浙江省高级人民法院（2019）浙民终 709 号民事判决书，本案中法院认为："《蓝月传奇》中所表达的这些情节是由其创作者经过对大量的创作元素经过智力劳动，自主地进行选择与安排的结果，无证据表明其属于公有领域或由他人创造的领域，且其创造水准达到相当之高度，故具备独创性，应认定为独创性表达。"

引导产业的良性发展。

2. 法定作品类型的示例性而非限定性

一般情况下，作品基于构成要件即可获得著作权保护，只有要区分特殊作品类型的特殊权利时，类型的划分才有其独特意义。将作品归入法定作品类型并非保护对象认定之关键。"原则上，《德国著作权法》为每一种作品类型提供同样的法律保护。只有在针对特定作品类型的法律有特殊规定的情况下，是否归属于该特定作品类型才具有重要意义"。①

受作品类型法定主义的影响，有观点认为一种表达形式如果并不能够清晰地被归入现行《著作权法》所列举的法定作品类型，那么这种表达就无法受《著作权法》保护。② 实践中也有因此而无法获得版权保护的案例，即使该对象符合作品的一般构成要件。在"地下城与勇士"一案中，法院坚持作品类型法定，认为网络游戏在整体上并不属于《著作权法》列明的任何一种法定作品类型，并且目前也并没有"法律、行政法规"将网络游戏明确为某种"其他智力成果"。③ 在这种作品类型的封闭式列举模式下，司法裁判不能突破法定作品类型创设新类型作品，因此不能突破法定作品类型将网络游戏整体作为保护对象，否则有滥用裁量权之嫌。但是行业的发展与相关纠纷又切实体现了网络游戏产业对著作权保护的现实需求，扩张保护对象范围是大势所趋。上述案例中法院所坚持的严格的作品类型法定主义，一方面混淆了作品构成要件与作品类型在认定著作权保护对象时的地位，另一方面反映了司法实践无法满足新领域新业态发展的现实需求，法律解释适用与产业发展出现脱节。

事实上，能否归入某种现有法定作品类型，并不是决定该对象是否满足著作权可版权要件的关键要素。通常情况下，能否归入特定的作品类型并不会对表达的可版权性产生完全相反的法律结果，作品定义中蕴含的构成要件

---

① ［德］图比亚斯·莱特：《德国著作权法》，张怀岭、吴逸越译，中国人民大学出版社2019年版，第31页。
② 参见王迁：《论作品类型法定——兼评"音乐喷泉案"》，载《法学评论》2019年第3期。
③ 参见湖南省高级人民法院（2019）湘知民终267号民事判决书。

才是决定作品可版权性的根本标准。在一些涉及是否应当扩张保护新类型表达的案件中，判决中也未直接说明涉案表达属于何种作品类型。[1] 这些案件中，法院将目光聚焦在作品构成要件的判断上，并未因作品归类问题而放弃对新表达的保护，这是值得肯定的，因为一种表达能够清晰地类型化并非其属于创造性智慧成果的障碍。

当然，在法定作品类型的法律解释中，要注意不能过度扩大解释作品类型的外延。著作权法所列举的具体作品类型已经给予了司法实践足够的裁量空间。过度扩大解释不仅会模糊现有法定作品类型之边界，还会对我国的著作权国际保护体系提出挑战。出于《伯尔尼公约》的要求，对于法院自行扩张著作权保护对象，只要宣称这是依我国国情需要认定为"其他作品"的表达，且不属于《伯尔尼公约》保护的作品，就不需要适用最低保护标准并提供国民待遇；但是若通过扩大解释将某一类表达纳入公约第2条第1款中已有的作品类型，如将音乐喷泉认定为美术作品，就必须对其他成员国的此类表达按照最低保护标准和国民待遇提供著作权保护。但与此同时，我国的同类表达在国际上又很难获得此种保护，从而片面扩大了我国著作权保护对象之范围。

我国《著作权法》第3条的法定作品分类只是对既有作品以表现方式为标准进行了划分，其目的是方便理解，而非穷尽作品的类型。人类的认识水平永远无法超越技术的发展，而法律制定修改又远远落后于认识的进步。因此，新的表达产生后并不一定要将其强行归入为哪一类型，只要它具有一定的独创性并能以一定形式再现，就应当受法律保护。[2] 一个创造性智慧成果受到著作权法保护，不在于它的名称，也不在于它的价值，更无关它的类别。基于这一认识，最高人民法院曾指出："在网络环境下无法归于著作权法第三条列举的作品范围，但在文学、艺术和科学领域内具有独创性并能以某种有

---

[1] 参见上海市知识产权法院（2015）沪知民终字第14号民事判决书。

[2] 参见易继明：《知识产权的观念：类型化及法律适用》，载《法学研究》2005年第3期；易继明：《知识产权法定主义及其缓和——兼对〈民法总则〉第123条条文的分析》，载《知识产权》2017年第5期。

形形式复制的其他智力创作成果,人民法院应当予以保护。"① 因此,新的表达产生后并不一定要将其强行归入哪一类型,只要它具有一定独创性并能以一定形式再现,就应当成为版权保护的对象。

3. 审慎适用兜底条款认定"其他智力成果"

我国《著作权法》第 3 条兜底条款的规定,无疑为扩张版权保护对象提供了立法依据,但实践中扩张版权保护对象并非常例,故应正确理解并审慎适用兜底条款。

一是正确理解设置兜底条款的必要性。兜底条款的设立是作品类型开放与否的关键。关于设立兜底条款的必要性研究并不多,我国研究者的论述集中在兜底条款的理解适用和修正完善上,但也不乏观点认为,作品类型兜底条款缺乏法律适用意义,造成了法律文本的繁琐与累赘,有损著作权法的确定性,并无设置的必要性、可行性与合理性。② 这一观点值得商榷,兜底条款有其存在的制度价值,通过分析兜底条款的必要性与可行性,能够明确其制度设计的目的。

我国《著作权法》第三次修改前,第 3 条"内涵+外延"的定义模式和相对封闭的兜底条款,体现出立法者只能就文学、艺术和科学领域内现有的表现形式列举出典型的作品类型,而无法涵盖所有非典型或未来可能出现的作品类型。从逻辑学定义理论看,定义项和被定义项的外延必须相等③,外延定义是对被定义词项所适用对象的汇集,是对上述所指对象的列举。④ 因此在逻辑学上现有的作品类型存在列举不完全的缺陷,有悖逻辑学的基本规则。而从分类理论论证,作品划分类型的三要素包括:母项——作品;子项——各类型作品;划分标注——作品表现形式与主要内容。其中划分的各子项之

---

① 参见《最高人民法院关于审理涉及计算机网络著作权纠纷案件适用法律若干问题的解释》(法释〔2004〕1 号)第 2 条。现已失效。
② 刘银良:《著作权兜底条款的是非与选择》,载《法学》2019 年第 11 期。
③ 陈波:《逻辑学十五讲》,北京大学出版社 2016 年版,第 80 页。
④ 〔美〕欧文·M·柯匹、卡尔·科恩:《逻辑学导论》,张建军、潘天群等译,中国人民大学出版社 2014 年版,第 137 页。

和必须等于母项的外延。① 而《著作权法》修改前,八种法定作品类型和相对封闭的兜底条款显然也无法涵盖所有作品类型的外延。因此,无论从逻辑学定义还是分类理论上看,兜底条款的存在能够弥补作品类型列举小于作品本身外延的缺憾,具有逻辑上的必要性。从立法的前瞻性看,兜底条款的设立为未来的新表达预留了空间。立法机关认为随着技术的发展将出现许多新的表达方式,此时开放式立法的灵活性就为法院接纳创造性的新表达预留了空间。从政策目的上看,考虑到作品类型兜底条款的功能,以及我国《著作权法》修订进程漫长的现状,作品类型兜底条款的规定,有助于充分发挥版权政策的激励导向作用,激发广大创作者的积极性和主动性,鼓励创作者多出、快出、出好作品,从而推动我国优秀作品成果传播与使用。从制度功能上看,兜底条款同样为法官预留了解释空间,以"其他智力成果"解释那些符合作品要件但尚未被法律明确纳入法定作品类型的创造性表达,更符合司法实践的需求。②

二是严格区分兜底条款与汇编作品的不同。有观点认为当新表达无法解释为现有法定类型时,应考虑其是否构成汇编作品,即使设立"其他智力成果"的兜底条款,我国现有法律规范也足以对新表达给予保护。③ 即如果汇编行为能够形成独立表现思想或文艺美感的内容,则汇编行为仅仅是创作《著作权法》第3条各种作品的手段,产生的成果也属于《著作权法》第3条中的作品类型,而非是第15条中的汇编作品。如果汇编行为产生的成果无法归入第3条中的作品类型,则可以通过第15条中的汇编作品进行保护。本书对此观点持谨慎态度,尽管《著作权法》一般作品类型不能全面覆盖实践中所有的作品种类,作品类型主要发挥着示例性而非限定性的作用,但是汇编作品作为一类特殊的规定,其主要设立目的是明确作品权利归属并强调汇编作品特殊的权利义务。

---

① 陈波:《逻辑学十五讲》,北京大学出版社2016年版,第85页。
② 参见孙山:《〈著作权法〉中作品类型兜底条款的适用机理》,载《知识产权》2020年第12期。
③ 参见杨岸松:《论我国〈著作权法〉对"新类型作品"的保护》,载《北京政法职业学院学报》2019年第2期。

将汇编作品作为兜底的特殊作品类型，体现为将体育赛事节目、游戏画面、春晚等认定为汇编作品而成为著作权保护的对象①，这在法解释学上是不合理的。汇编作品从分类标准上就与第 3 条不同；文义解释上，汇编作品与八种法定类型依据的表现形式不同；体系解释上，汇编作品属于"著作权归属"之法律规范；按照目的解释，汇编作品无法对表达的权利配置、保护期限等问题作出回应。《著作权法》第 3 条以外的其他作品类型是从不同视角、运用不同标准进行的划分，也称为学理上的划分。汇编作品有其特殊性，以汇编方式创作的作品可能构成第 3 条中所有类型的作品，汇编作品与《著作权法》第 3 条作品类型的划分并非采用同一标准，对汇编作品的法律界定实质上是为了明确该作品的权利归属。

将新表达以汇编作品作为兜底的"其他智力成果"这一方式有待商榷。美国 1976 年《版权法》中演绎作品和汇编作品并非一种独立的作品类型，而是第 102 条规定的八种作品类型的下位概念。本书认为，一方面，汇编作品以创作方法作为分类标准，这与第 3 条中以表现形式划分的法定作品类型显然不同；另一方面，从《著作权法》整体的体系位置来看，第 3 条作品条款位于总则部分，汇编作品则定位于"著作权归属"一节，是解决权利归属问题的规定。因此，若要采纳汇编作品属于"其他智力成果"的论断，可能导致对具体作品类型规定适用的回避。是否能够将汇编作品作为独立的作品类型，取决于是否存在不属于八类法定作品类型而构成汇编作品的表达，事实上并不存在完全脱离八种作品而只能认定为汇编作品的情形。从立法体系上看，法定作品类型应限于第 3 条的八种类型和兜底的"其他智力成果"。汇编作品是协助利益分配的条款，而不是法律中新设的作品类型，所有对象的作品类型认定都应当在《著作权法》第 3 条之下进行。

三是审慎适用兜底条款。适用兜底条款将表达认定为"其他智力成果"本身属于例外情况，结合著作权保护对象扩张方式的考量因素，实践中应依

---

① 参见赵双阁、艾岚：《体育赛事网络实时转播法律保护困境及其对策研究》，载《法律科学（西北政法大学学报）》2018 年第 4 期；崔国斌：《认真对待游戏著作权》，载《知识产权》2016 年第 2 期；王迁：《论汇编作品的著作权保护》，载《法学》2015 年第 2 期。

照以下步骤审慎作出判断。

首先，针对法律制定前已经广泛存在却未被保护的表达，同时并未有新情况或新的表达方式出现，那么在现有保护对象范围适用兜底条款予以扩张就应当审慎对待。因为现有法定作品类型是立法机关基于我国基本国情、知识产权政策、该类作品的特点等多种因素综合考虑作出的选择，在立法者经过审慎利益衡量并排除保护的情况下，贸然突破现有作品范围而扩张保护是不适当的，很有可能与立法价值冲突，并可能引发兜底条款滥用之嫌。对于此类已经长期存在的智力成果而言，已经具有行之有效的社会规范体系与行为模式，没有著作权制度的介入也能够通过其他方式获得保障。如果同时又赋予其著作权法的保护，就有可能为私权提供过度保护而导致公共利益受损，也可能会破坏领域内原本的制衡状态，这种扩张是缺乏正当性的。其次，如果法律制定时已经存在的对象有了新的表达形式或内涵，那么应当综合考虑各种因素，判断是通过扩张解释将其纳入已有作品类型，还是在开放的作品条款下适用兜底条款。如果该智慧成果属于因新技术、新理念等产生的新类型表达，并且满足作品的可版权要件，与作品定义相吻合的同时无法归入任何一类已列举的作品类型，那么此类智力成果可以适用兜底条款，以"其他智力成果"之名扩张为著作权保护的对象。但要注意的是，新表达的扩张保护没有经过大量时间检验，保护时应当尽量充分地论证其作品属性，并排除其他权利保护之可能，确保兜底条款适用的必要性及正当性，从而保持司法的谦抑性。

综合上文分析，为避免兜底条款的滥用，在判断创造性新表达是否能够适用兜底条款予以扩张时，应当考量以下因素：一是激励创作与利益平衡标准。著作权法的立法目的就是鼓励作品的创作与传播、促进文化科学视野的繁荣，同时也要保障作品创作者、传播者与公众之间的利益平衡。因此一方面要分析对一种对象的扩张保护是否能够促进作者的创作积极性，或促进投资者加大产业投入；另一方面也要分析扩张是否会造成对知识的垄断，损害社会公众利益，导致权利人独占智力成果和社会公众共享知识的利益失衡。二是新技术新理念标准。如果并未产生新的作品类型或是现有的未被保护的对象出现了创作方式、产业环境等新情形，则一般不轻易为争议表达创设新的作品类型，因为这种新的创作在很大程度上已经在立法时被排除。① 比如早在 17 世纪就已经出现各种具有设计感的音乐喷泉，此时就要考虑，要对现有音乐喷泉扩张保护，是否出现了不同于传统的新技术或新理念，而不能轻易适用兜底条款创设新的作品类型对其进行保护。三是排除其他保护路径标准。知识产权的部分保护对象之间存在相似甚至重合之处，如具有美感的立体商标图案，既能作为美术作品，也能用以申请注册商标，还有可能成为产品的外观设计。因此，在面对某一新类型表达是否能够被著作权保护时，若是可版权性过于牵强，也应当考虑专利、商标或其他法律制度是否已经对其提供了足够或恰当的保护，以避免对同一智慧成果提供重复保护或过度保护。

总体来看，当司法实践中适用修改后的《著作权法》所采用的开放式兜底条款解释某种新类型表达时，应当明确该种新类型表达的可版权性、兜底条款的定位、该表达适用兜底条款的合理性，以及兜底条款与所要保护的新类型表达之间内在的关联程度，并据此审慎判定。

---

① 参见任安麒：《作品类型兜底条款的证成、选择与适用——兼议非典型作品的著作权保护路径》，载《电子知识产权》2021 年第 4 期。

第五章　著作权保护对象限制分析

"(版权)法必须有其限度,并非所有的概念艺术都能获得版权保护。"① 无论是著作权国际公约规定,还是各国域内著作权立法,在对著作权保护对象不断扩张的过程中,总是伴随着对著作权保护对象的限制。考虑到一国文化政策与技术发展水平,从利益平衡的角度来看,著作权保护对象的限制具有必要性,只是限制的"度"不同而已。从著作权法的价值取向来看,似乎限制越少越能更好地进行文化传播与利用,权利的利用率也会越高。因此,限制应当以不阻碍作品的创作、传播利用、不侵害公共利益为边界。本章将从理论上探讨著作权保护对象限制的正当性,并对司法实践中著作权保护对象限制的表现形态进行类型化分析,结合我国著作权保护对象限制中的具体需求,寻求解决限制著作权保护对象现实问题的合理路径。

一、著作权保护对象限制的依据考察

限制将某一对象纳入著作权保护的范畴,就是限制对该对象赋权。权利的限制必须有严格依据,以确定权利范围的边界。著作权法一直致力于平衡权利人与社会公众的利益配置,以达到促进文化创新、社会发展的最终目的,"从未授予版权人全面权利以彻底控制其作品所有的使用可能"。② 当赋予某一智慧成果著作权可能会阻碍作品的利用与传播,或损害公共利益时,限制就应当出现。法学理论是指导人们进行法学研究的重要依据,也是思考的逻

---

① See Kelley v. Chicago Park Dist. 635 F. 3d 290, 304 (7th cir. 2011).
② 刘春田主编:《知识产权法》,中国人民大学出版社 2009 年版,第 66 页。

辑起点。① 通过探讨公共领域保留下的利益平衡、法政策学、激励论和知识产权法定主义等理论基础，结合著作权法立法目的实现之需求，厘清著作权保护对象限制在立法层面的理论依据与边界，以维持权利人、使用者与社会公众之间一种谨慎的平衡，彰显社会公平正义；此外，通过理论分析为保护对象的限制提供正当性依据，探求符合法理逻辑同时又不伤及法律经验性的新途径。②

(一) 公共领域视角下限制的正当性

洛克财产权劳动学说的分析框架中就存在权利人与他人和社会利益之间的平衡，即"在还留有足够的同样好的东西给其他人所共有的情况下"。③ 贾斯汀·休斯根据洛克的劳动理论的先决条件认为，有两大类"核心思想"绝不能被授予私人产权，而应永久地保留在公有领域：第一类是人们日常生活中的各种想法；第二类是揭示世界真理的超凡思想，例如毕达哥拉斯定理、日心说等。④ 休斯认为，这些"核心思想"不能被授予专利，否则权利人将借助所掌握的这些思想被分配到巨额财富，而对于社会上的其他公众来说，公共领域中并未被留下足够好的东西。由于这些思想的重要性和普遍使用使得它们不能属于私人控制的范围，否则将损害社会。⑤

公共领域是指"不受知识产权保护的内容"，即对人类有价值的知识可以分为受知识产权保护的知识领域与公共领域。⑥ 公共领域的知识是供社会公众自由使用的部分，其核心诉求就是促进知识传播与共享这一社会公共利益的实现。公共领域可以视为对知识产权对象范畴的限制，即以智力成果的私人

---

① 参见高璎识：《不适用著作权法保护的对象研究》，载《邵阳学院学报（社会科学版）》2014年第1期。
② 参见高璎识：《不适用著作权法保护的对象研究》，载《邵阳学院学报（社会科学版）》2014年第1期。
③ 易继明、李辉凤：《财产权及其哲学基础》，载《政法论坛》2000年第3期。
④ Justin Hughes, "The Philosophy of Intellectual Property", *Georgetown Law Journal*, Vol. 77, 1988, pp. 287, 319~320.
⑤ Justin Hughes, "The Philosophy of Intellectual Property", *Georgetown Law Journal*, Vol. 77, 1988, pp. 287, 319~320.
⑥ 王太平、杨峰：《知识产权法中的公共领域》，载《法学研究》2008年第1期。

权利为原则，公共领域则是为保障知识产权的正当性而存在的。首先，公共领域是社会公众学习知识和创作作品的必需品。任何作品都是在继承既有知识的前提下进行的再创作，而不是简单地从无到有，著作权人也只是基于其作品中具有独创性的一部分表达享有权利，而其借鉴或继承的部分表达则仍旧属于公共领域。① 此外，公共领域还具有高度的社会属性、公益性以及权利义务的复合性。② 著作权法中公共领域的相关规范是为保障社会公众自由使用知识资源的权利，并且在必要时对著作权保护的智力成果范围进行限制，也是为保障公众使用公共领域资源的措施。借助公共领域限制保护对象的范围，能够为人们的创作行为和良性互动提供行为模式，促进知识在社会范围内广泛地传播与共享。

知识具有的公共性与私人性，③ 知识的产生和消费都具有社会性，这同样要求在著作权法律规范中构建相应的公共利益制度，保障公众自由接近知识的权利。④ 任何智慧成果公开后，公众均可以通过学习而在大脑中获得他人创造出来的知识。利用智慧成果的学习性，可以避免重复开发和创造的成本。知识的私人性也是知识传承共享发展的结果⑤，基于知识的公共性和公共利益的需求，著作权保护对象的限制旨在营造作品创作的自由，维护知识公共领域的空间。

公共领域理论随着劳动价值论的出现应运而生，在著作权领域和思想表达二分原则又有密切关联。现代著作权历史上，文学财产支持者认为作品属于文学财产的专有领域，是作者用以表达思想感情而产生的一系列思想和表达。⑥ 将作品内容分为思想和表达两部分，既满足财产适用的需要，又保留了

---

① 参见李建华、梁九业：《我国〈著作权法〉中公有领域的立法构造》，载《河南大学学报（社会科学版）》2020年第2期。
② 参见李建华、梁九业：《我国〈著作权法〉中公有领域的立法构造》，载《河南大学学报（社会科学版）》2020年第2期。
③ 付继存：《著作权法的价值构造研究》，知识产权出版社2019年版，第32~33页。
④ 参见付继存：《著作权法的价值构造研究》，知识产权出版社2019年版，第32~33页。
⑤ 参见付继存：《著作权法的价值构造研究》，知识产权出版社2019年版，第37~41页。
⑥ 参见［澳］布拉德·谢尔曼、［英］莱昂内尔·本特利：《现代知识产权法的演进：英国的历程（1760－1911）》，金海军译，北京大学出版社2012年版，第39页。

知识共有的领域，即作品本身蕴含着作者自己的表达和归属于公众的思想。

因此在当前著作权保护对象不断扩张的背景下，公共领域理论既是著作权法律制度的理论基础，也是对保护对象扩张的必要限制。无论将何种对象扩张为著作权的保护对象，都是将一部分知识的表达认定为私人权利的范畴，也必然会缩减公众可自由利用的公共知识。不管是为了保护公众有足够的空间利用知识，还是为了鼓励全社会投入创作，基于公共领域保留的著作权保护对象限制都是必要的。

（二）法政策学视角下限制的必要性

著作权保护对象的扩张给人们带来的是以发展权为中心的负面影响，与公众表达的自由形成冲突。结合前章国际公约中和几个典型国家著作权保护对象演变的历史分析，可以发现保护对象的扩张，一方面是科技进步引起的作品创作手段与利用方式变化，产生了智力成果利益分配的新需求，另一方面也是既得利益者和潜在受益人对独占权利的渴求，影响着政策制定者的资源分配规则。从法政策学视角分析，对著作权保护对象进行限制有以下几点必要性。

其一，基于公共政策的著作权保护对象扩张不是无限度的。著作权最初是政府控制言论自由的制度，逐渐发展成为知识集中于某些群体的合法工具。[1] 作品定义和类型条款的开放式表述，某种程度上可能导致知识的垄断。忽视公众学习增进对知识获取的估量，无限制、大范围扩张保护对象，表面上达成了维护作品秩序、激励公众创作和学习的积极性的目标，实际上忽视了个体对知识的基本需求，缺乏对信息渠道的公平分配。

其二，适当抑制著作权保护对象的扩张，一定程度上有利于促进民主的进步。[2] 美国 Fox News Network v. TVEyes 一案中，法官认为只有在公共对话蓬勃发展时，民主才能发挥最好的作用。[3] 著作权对象扩张将缩减公共知识利用的空间，在一定范围内阻碍公众接近知识，导致人们学习创作的现实困难，

---

[1] 周贺微：《知识产权法政治学研究》，中国政法大学出版社2021年版，第107页。
[2] 参见周贺微：《知识产权法政治学研究》，中国政法大学出版社2021年版，第118页。
[3] See Fox News Network, LLC v. TVEyes, Inc. –883 F.3d 169 (2d Cir. 2018).

民主参与社会交流的机会也将减少。甚至过度扩张著作权保护的范围所带来的法律不稳定，也会削弱民主，成为社会整体文明进步的隐患。保护对象的限制有助于缓解权利的过度集中，保障公众学习和传递知识的空间。① 著作权保护为著作权人提供了一定期限的专有权利，这种独占在某种意义上是对人们言论自由的法定限制。世界范围内著作权的发展目标，是促进文化进步、推动知识传承，而非在政治势力主导下无限制扩张私权范围，最终挤压民主的发展空间。②

其三，著作权保护对象的限制，是知识接近自由的需求。知识产权领域的自由主要体现为接近自由下的信息自由、表达自由、竞争自由、科研自由和网络自由，是指社会上大多数人都具有知识可及性，不会因为私权利的过度扩张而使知识脱离触及范围。③ 这种接近知识的自由并非要求免费使用作品，而是应当使知识产品对公众来讲具有可期待性，使作品中蕴含的知识能够对人们实现自我生存与发展发挥作用。作品所蕴含的知识是从公共领域传承中来的，著作权所带来的多方面的知识接近不足，必然要求在一定情况下限制著作权保护对象的扩张。

国家的著作权政策考虑的是社会大多数人的利益与需求，尽管在法政策学自身和激励理论下，保护对象扩张都有极大的必要性和正当性，政策所蕴含的政治性同样为著作权保护对象的限制提供依据。

（三）激励论视角下的保护对象限制

作为功利主义的一种理论，激励论认为赋予人们通过自己劳动所产生的智力产品的一定权利，就能增加社会智力产品的总量从而促进社会进步，只有赋予创造者对创造物独占的财产权，才可以激励有价值的知识产品的创造。④ 但另一方面，激励理论建立在物品稀缺的一般观念之上，然而如今互联

---

① See Neil Weinstock Netanel, "Market Hierarchy and Copyright in Our System of Free Expression", *Vanderbilt Law Review*, Vol. 53, 2000, No. 5, pp. 1879~1882.
② See Michael D. Birnhack, "Global Copyright, Local Speech", *Cardozo Arts & Entertainment Law Journal*, Vol. 24, 2006, No. 2, pp. 491~496.
③ 周贺微：《知识产权法政治学研究》，中国政法大学出版社2021年版，第174页。
④ 参见冯晓青：《知识产权法哲学》，中国人民公安大学出版社2003年版，第183页。

网、大数据等数字技术领域的发展,使得作品的稀缺性至少在创造领域不再是一个难题。这就导致建立在物品稀缺性基础上的激励理论受到质疑,有学者认为著作权制度对作品创造的激励应当是有限度的,不加以区分地激励无须著作权保护就能源源不断被创作的表达,就是一种过度的激励,因此可以从创作可能性的角度对表达的创作主观能动性予以区分,仅对需要法律保护才能被创作的作品提供激励。① 应当对传统激励理论予以修正,追求无需激励就能进行有效创作的激励论,这要求对扩张保护和激励范围保持谨慎。所以把符合作品构成要件的所有智力成果不加以区分地扩张为著作权保护的对象,实际上并不符合修正的激励理论。对于不属于法定作品类型列举中的表达,若是属于立法前已经广泛存在的对象,那么立法者可能已经进行了是否予以保护的利益衡量,并不需要司法机关依据激励理论对其进行扩张保护。对于立法之后才出现的新表达或是才开始广泛利用的创作方式,过于严格的保护标准则会使得此类作品缺乏激励,尤其是对于新形势新业态下出现的新创作方式,适当的激励措施能够促进产业的活力,激发创作的积极性。一概拒绝保护新类型表达,或是认为新类型表达必须满足归类要求才能予以扩张的观点缺乏正当性基础。

本书认为,在自然权利与功利主义中,功利主义的解释更符合现代著作权保护对象演变的现实,在界定保护对象扩张与限制中更具有实践意义。当然,"自然权利说"可以成为有益的补充,因为其更适合解释保护精神权利的正当性。著作权激励理论不仅以经济利益作为激励核心,还包括精神价值的激励。在一个没有监管的市场中,知识信息的创造者很难获得预期收益,若不赋予其私人独占的专门保护和精神上的鼓励,个人创造的成本无法得到补偿时就会打击创造的热情。② 著作权制度作为一种激励机制,只有通过合理的保护对象范围扩张并赋予创作者以专有权以确保其独占,才能充分激励个体

---

① Kal Raustiala, Christopher Sprigman, "The Piracy Paradox Revisited", *Stanford Law Review*, 2009, No. 3, pp. 1201~1202.

② 参见侯纯:《知识产权客体的扩张与利益平衡》,载《燕山大学学报(哲学社会科学版)》2004年第2期。

创造者继续从事知识创造的积极性。但另一方面，激励理论对保护对象扩张的支持是有界限的。当受保护作品的扩张突破了社会的合理需求和法理的必要限度，专有权利就会挤占公共领域的知识，抑制社会公众的创作空间和可能性，最终对文化、科学和艺术领域的作品总量产生负面影响。

从上述可见，著作权保护对象的扩张与限制是同一理论在不同场景下的考察，扩张与限制在新领域新业态下的著作权保护对象制度中以激励理论的指引，不仅能够为保护对象的扩张提供正当性，在限制场景下也能为公共领域空间的保留提供支撑。

（四）知识产权法定主义与保护对象的限制

结合前章所述知识产权法定主义的合理性以及作品类型法定与法定作品类型之区分，知识产权法定主义对著作权保护对象的限制也提供了立法层面的正当性依据。

首先，知识产权法定主义具有正当性。知识产品的首效性与社会性决定了知识产权需要由法律进行限制，最先被授予知识产权的权利人享有知识产品的全部利益，但是知识本身却应当由全社会共享。① 因此法律必须在权衡权利人和社会公共利益之后对权利授予的对象进行衡量。但是私权利的限制必须由法律来进行，在知识产权法定主义原则的视角下，依据法经济学理论，当创作行为的私权授予给公众获取知识带来了负外部性、减损了创作的积极性时，这种创作行为所产生的智慧成果就属于被限制保护的对象。② 知识产权的权利获取需要明确的授权规范，遵从自然权利理论可能会无限扩张著作权保护对象的范围，此时知识产品的首效性与社会性就要求功利主义的制定法加以修正。③ 鉴于知识产权法定主义的正当性，我国《民法典》第 123 条第 2 款肯定了知识产权严格法定主义，依据此规定，知识产权的对象必须由法律

---

① 参见李扬：《知识产权法定主义及其适用——兼与梁慧星、易继明教授商榷》，载《法学研究》2006 第 2 期。

② 李雨峰：《知识产权制度设计的省思——以保护对象的属性和利用方式为逻辑起点》，载《当代法学》2020 年第 5 期。

③ 李扬：《知识产权法定主义及其适用——兼与梁慧星、易继明教授商榷》，载《法学研究》2006 第 2 期。

或行政法规进行规定,排除了司法机关或第三人的自由创设。如前章所述,知识产权法定主义正在由严格转向缓和,但是我们认为,哪怕是严格的法定主义也有其优势,这种严格限制扩张保护对象的观点具有限定权利保护范围的功能,防止著作权对象范畴在私人利益的激励下不当扩大,此种确定性恰恰是开放式立法模式的欠缺。同时,严格的知识产权法定主义也认为,我国的著作权理念应当是功利主义的,向自然权学说的转变可能会导致法院依一般民法原则扩张受保护权益范围的问题。自然权学说与功利主义事实上是个人利益与社会公共利益之间矛盾的表现。[1] 仅从一方面解释以财产权劳动学说为代表的自然权利论,就可能会无限扩张保护对象的范围,从而损害社会公益,因此需要对功利主义的制定法加以修正。[2]

著作权法定是从知识产权法定主义衍生而来的。著作权作为一种绝对权,应当通过法律的明确规定昭示权利的边界,以此指示公众行为的边界,避免侵害他人著作权。具体到著作权保护对象时,涉及作品概念和作品类型两方面。首先,基于作品创作方式的多样性、公众知识的差异性和利益关系的复杂性,作品定义仅能在一定程度上揭示受保护作品的内涵与外延,符合作品构成要件是构成作品的"必要但非充分条件"。[3] 但这不代表所有符合著作权法可版权要件的表达都是受保护的作品。诸如《伯尔尼公约》的作品条款所采用的开放式作品概念,容易被误认为任何在形式上符合作品可版权要件智力成果都能够被纳入著作权法所保护的对象,此时著作权法中法定作品类型及其他相关规定都不能影响据此完成的作品认定,如《法国知识产权法典》中的规定,[4] 这显然是不合理的。著作权法中设有明确的保护对象排除规则,实践中也存在许多看似符合可版权要件的表达无法被著作权保护。因此许多采用开放式作品概念的国家,在法律适用时尽可能将新的表达形式解释为现

---

[1] 参见杜颖、郭珺:《论严格知识产权法定主义的缺陷及其缓和——以〈民法总则〉第123条为切入点》,载《山西大学学报(哲学社会科学版)》2019年第4期。
[2] Adam D. Moore, "Intellectual Property, Innovation, and Social Progress: The Case Against Incentive Based Arguments", *The Hamline Law Reviewing*, Vol. 26, 2003, pp. 602~630.
[3] 王迁:《论作品类型法定——兼评"音乐喷泉案"》,载《法学评论》2019年第3期。
[4] See French Intellectual Property Code, Article L112-1, L112-2.

有作品类型，但同时也为无法归类的作品保有空间。

在遵从知识产权法定主义的基础上，有观点认为在作品类型上也应坚持"作品类型法定"。[①] 这种观点实际上是依据作品类型法定原则进行作品认定，将作品类型及其表现形式作为作品限定要求，而不是在进行可版权要件判断后再将其归入具体的作品类型。此种认定方式意味着使用各种表达或创作手段的智力成果，只有具备法律规定的特定表达形式，才可能被认定为受著作权法保护的作品。[②] 反对观点则认为，作品类型法定原则是混淆了作为第一性存在的作品与作为第二性存在的著作权法之间的关系，属于典型的著作权法家长主义，著作权法应当建立明确的开放式作品类型条款。[③] 知识产权法定可能衍生出著作权保护对象法定原则，但保护对象法定并不等于作品的类型法定，不能将"法定作品类型"与"作品类型法定"混为一谈。民法的"物权法定"是指物权种类与内容的法定，而非"物的种类法定"。[④] 可见，"法定作品类型"是一个名词，是由法律明确规定的作品类型，如法律规定明确列举的文字作品、音乐作品等；而"作品类型法定"则是一种原则，二者是有明显区别的。

我国 2020 年《著作权法》修改之前的作品类型兜底条款实质上是较为封闭的，只有法律或行政法规能够规定前 8 项法定作品类型之外的作品。然而第三次《著作权法》修改后，第 3 条第 9 项被修改为"符合作品特征的其他智力成果"，结合第 3 条中的作品定义，法律为还未出现的作品类型保留了法官自由裁量的空间，作品类型条款被认为由"封闭式"改为"开放式"。此时引发的问题是，作品类型的兜底条款是否破坏了知识产权法定主义原则，著作权法律制度中是否需要遵循作品类型法定？遵循作品类型法定，在当前环境中就要在现有作品类型的框架内，通过法律解释为创造性新表达寻找归属，并且严格适用兜底条款，不轻易放开法官创设作品类型的门槛。现有新

[①] 参见王迁：《论作品类型法定——兼评"音乐喷泉案"》，载《法学评论》2019 年第 3 期。
[②] 王迁：《〈著作权法〉修改：关键条款的解读与分析（上）》，载《知识产权》2021 年第 1 期。
[③] 参见卢海君：《"作品类型法定原则"批判》，载《社会科学》2020 年第 9 期。
[④] 李琛：《论作品类型化的法律意义》，载《知识产权》2018 年第 8 期。

类型表达基本能够在遵循作品类型法定的基础上，获得著作权保护，这就可能导致法官认为某种新表达应当被认定为作品时，迂回地将新表达解释为某一类作品。例如"音乐喷泉案"二审中，法院认为"其他作品"受"法律、行政法规规定"的限制，不能对该条进行扩大解释适用，于是通过对比分析音乐喷泉的呈现与美术作品的要件，"勉强"将音乐喷泉解释为一种能够持续一段时长的立体美术作品。① 尽管法院并未突破作品的法定类型，但是通过对美术作品的扩大解释，实质上突破了作品类型法定的内涵。《伯尔尼公约》中列举的作品类型对于确定成员国保护其他国家智力成果的范围有重要意义。法院适用兜底条款创设新的作品类型或是不合理地扩大解释某种作品的内涵，都会导致我国与其他《伯尔尼公约》成员国在保护义务方面的不对等。② 然而新技术必然会产生新的利用方式，当这些新的利用方式触及了权利人的利益时，突破权利法定的机会就产生了。③ 尤其是我国《著作权法》第 3 条第 9 项将作品类型由封闭转为开放后，为不属于前 8 项规定作品类型的新类型表达受著作权法保护扫清了法律障碍。但是开放式的作品类型并不等同于不加限制的保护对象扩张。相反，法律应当对限制保护的对象进行明确规定。

（五）著作权法价值目标与保护对象的限制

排除保护对象是对作者潜在权利的限制，必须做到有法可依。首要条件就是限制该对象更有利于著作权法促进作品的传播利用与维护公共利益之双重价值目标与立法宗旨的实现。著作权法围绕作品的利益关系确定法律的调整对象，在秉承保护著作权人专有权利的同时，坚持维护普通社会公众一般利益基础之上更加广泛的公共利益价值目标。

作品是个人劳动与社会劳动的产物，其社会性要求作品被广泛传播和利用，以满足社会公众对知识的学习需求。为实现此种需求，著作权法应安排相应的限制制度，除了保护期限限制、权利行使限制等制度外，明确著作权

---

① 参见北京知识产权法院（2017）京 73 民终 1404 号民事判决书。
② 王迁：《论作品类型法定——兼评"音乐喷泉案"》，载《法学评论》2019 年第 3 期。
③ 参见郑胜利：《论知识产权法定主义》，载《中国发展》2006 年第 3 期；李扬：《知识产权法定主义及其适用——兼与梁慧星、易继明教授商榷》，载《法学研究》2006 年第 2 期。

保护对象即作品认定的限制也是重要制度之一。明确作品保护的排除范围和认定标准，有助于更加清晰地确定著作权保护对象的边界和范围。公共信息边界的明晰，有利于人们对知识和信息的接近，提升社会文化和教育的整体水平。因此，无论是我国还是国外的立法规范中，都尝试着建立一种鼓励创新、创造与学习知识，促进信息的传播与利用的激励平衡机制。① 美国1961年版权登记报告中指出，版权以授予作者专有权为手段，实现增进学习和公共福利文化之目的，即为了公共福利而促进智力作品的创作和传播，作者的报酬则是第二位考量。② 欧共体于1988年发布的绿皮书中指出，著作权保护的最终目的是全社会的利益。③ 我国《著作权法》第1条开宗明义地表明该法以保护权利人以及鼓励创作和传播、促进我国文化科学事业的发展与繁荣为双重目的。④

国内外大量司法案例体现了在尊重和保护作者利益基础之上，著作权增进和实现公共利益的更高层次的目的。例如美国的 *Forgerty v. Fantasy* 案和 *Twentieth Century Music* 案中，法院明确指出，"著作权法通过创造性作品，获取作者从创造性劳动中获得公正的报酬的直接效果，但最终目的是为一般的公共利益激励艺术创造性活动，从而服务于一般公众"。⑤ 同时，我国也有相关案例论证了思想作为社会共同财富，不能认定为著作权保护对象被独占。最高人民法院发布的第81号指导性案例中指出，著作权不保护诸如作品的题材主线、整体线索脉络等思想范畴的要素，这是社会共同的财富。⑥ 也有部分

---

① 参见冯晓青：《知识产权法利益平衡理论》，中国政法大学出版社2006年版，第378页。
② See Register of Copyright, Report of the Register of Copyrights on the General Revision of the U. S. Copyright Law (1961).
③ Commission of European Communities, Green Paper on Copyright and Challenge of Technology – Copyright Issues Requiring Immediate Action, COM/88/172 Final. （"关于版权和技术挑战——需要立即采取行动的版权问题"绿皮书）
④ 参见《著作权法》第1条："为保护文学、艺术和科学作品作者的著作权，以及与著作权有关的权益，鼓励有益于社会主义精神文明、物质文明建设的作品的创作和传播，促进社会主义文化和科学事业的发展与繁荣，根据宪法制定本法。"
⑤ See Forgerty v. Fantasy, Inc. , 510 U. S. 517, 527 (1994); see Twentieth Century Music Corp. v. Aiken, 422 U. S. 151 (1975).
⑥ 参见最高人民法院发布的指导性案例第81号，最高人民法院（2013）民申字第1049号民事裁定书。

案件中司法机关不予保护超出法律已列举作品类型之外的新型作品，其核心裁判观点在于坚持作品类型法定，并认为现行《著作权法》中封闭式的作品类型列举要求表达必须能归入某类型作品才能成为著作权的保护对象。在著作权与邻接权二元结构立法的国家，保护对象的限制还体现在著作权保护的作品和邻接权保护的制品的区分上，即认为作品创作者的创作活动相较于使用者的劳动，具有更高的创造性。司法实践中，关于体育赛事、网络直播、短视频等创造性新表达是"电影作品"还是"录像制品"的争论不断，裁判的不统一也直接影响着视听产业的有序性。尤其是关于是否能够扩张体育赛事节目与网络直播节目作为著作权保护的对象，持反对意见者的主要观点都在于认为二者是属于邻接权保护的录像制品，而非独创性程度更高的视听作品。

促进作品的传播利用，以公共利益为最终目的，就需要对著作权保护对象予以适当规范，既要达到鼓励创作的目的，也要防止不当垄断作品阻碍正常的知识信息的传播和利用。因此，完善的保护对象限制制度是必要的，以防不恰当地扩张对公共利益的侵蚀。

二、著作权保护对象限制的类型化

著作权保护对象的限制，通常表现为著作权不适用对象或著作权不予保护的对象等，其实质是对某些表达受著作权保护的明示排除，尤其是一些明显符合作品的可版权要件，但基于公共政策、公共利益和著作权立法宗旨等方面的考虑不宜给予著作权保护的智慧成果。从不同角度分析著作权保护对象限制的表现形式并对其进行类型化，有利于更清晰地梳理限制中产生的问题，针对性地提出合理限制的标准，依法有据地界定著作权保护对象限制的边界范围。

（一）保护对象限制的领域及表现形式

著作权保护对象限制的表现形式，除法律明确规定的不受保护的对象外，大多表现为司法机关基于各种原因在个案中未将涉案对象认定为受著作权保护的作品。结合近年来我国司法机关审理的具体案件，实践中著作权保护对

象限制的方式可以归纳为以下几个方面:

一是限制将网络游戏整体画面纳入保护对象。在"地下城与勇士"案中,一审法院认为网络游戏不属于封闭式作品类型列举模式中任何一种现有法定作品类型,且不是"其他法律、行政法规"规定的"其他作品",因此不能突破现行法律将网络游戏整体纳入著作权保护的对象。① 二审法院则指出可以依据《著作权法》,通过拆解保护单个的游戏元素,而游戏结构体系、游戏具体规则和游戏整体则通过反不正当竞争法进行规制。本案中法院是在原《著作权法》与新业态发展出现脱节的情况下做出的符合著作权立法目的的选择。但整体上还是以网络游戏无法归入现有封闭式法定类型为由而限制将其纳入保护对象的范围。

二是对于体育赛事连续画面,也始终存在着不能将其认定为电影作品的观点。法院在"新浪诉天盈九州"案二审判决指出,法院无权自行创设新型作品,而体育赛事的直播属于事实而非表达范畴,同时既未稳定地固定在有形载体上,也不符合电影作品的独创性高度。本案不仅认为体育赛事画面不属于表达,同时还认为要对某一表达赋予著作权保护,需要在将其归入某一法定类型的前提下满足该类作品的特殊要求。②

三是限制将古籍点校纳入保护对象。当前关于认定古籍点校作品属性的案件中,尽管不乏判决认为从体例编排、校勘成果以及整体内容分析,古籍点校凝聚了作者创造性劳动的判断和选择,具有独创性,符合作品构成要件即可认定为著作权法意义上的作品。③ 但是也有众多判决认为古籍点校属于事实范畴而非表达,指出对古籍进行断句和标点的目的是方便读者进行阅读,并未改变原有作品的表达,也没有产生新的表达,故不符合独创性要求,只能作为一种民事权益予以保护。④ 单纯的古籍点校版本并不构成著作权法意义上的作品,在比较法上,德国、英国和欧盟都认为,对于已经进入公有领域

---

① 参见湖南省长沙市中级人民法院(2017)湘01民初4883号民事判决书。
② 参见北京知识产权法院(2015)京知民终字第1818号民事判决书。
③ 参见浙江省温州市中级人民法院(2018)浙03民终1520号民事判决书。
④ 参见北京市第二中级人民法院(2011)二中民终字第12056号民事判决书;参见上海市高级人民法院(2014)沪高民三(知)终字第10号民事判决书。

的作品，经过科学点校、批判性整理而形成实质区别的新版本，可以以科学版本权保护，作为邻接权保护的对象。① 这一观点值得参考。

四是限制公共考试题作为著作权保护的对象。公共考试试题尤其是国家统一考试题，是否成为受保护作品仍有争议。一种观点认为，尽管试题没有被法律明示排除保护，但是为了考生更好地备考并促进教育水平发展，公共考试试题应当作为限制保护的对象。② 但相反观点认为，考试试题也有独创性，只要不属于官方正式文件、禁止考试试题传播的规范性文件，就不影响其受著作权保护，公共考试题能够作为著作权对象受到保护。③

五是限制将字库中的单字认定为作品。如前文所述，有判决为计算机字体提供了著作权保护，但是在"方正与宝洁"案中，法院认为汉字作为一种实用性的工具，应当适用较高的独创性标准，字库中每一个单字都应有独创性依据，且不能限制公众使用汉字的自由。④ 包括美国在内的很多国家，也都对字体的著作权保护进行了限制。

六是对服装设计进行有条件的保护。服装设计图和服装样板在符合可版权要件时可以被认定为作品，但是成衣作为实用性较强的对象，其艺术性难以判断，应当谨慎赋予权利范围更广的著作权保护。⑤ 在2021年首例服装设计产业的著作权案件中，重庆自贸法院认为，对于符合作品要件且艺术性与实用性能够分离的服装，就能够认定为实用艺术作品，并且作为美术作品成为著作权保护的对象。⑥ 此时服装设计的实用性与艺术性的判断就很难有明确的标准和界限。

七是限制部分实用艺术作品的保护。实践中法院对于不同的权利主张会

---

① 彭学龙：《古籍点校科学版本的邻接权保护》，载《法商研究》2023年第4期。
② 参见肖志刚：《浅析试题的著作权》，载《知识产权》2000年第1期；游闽键：《从新东方案看试题的著作权保护》，载《电子知识产权》2003年第11期；宋鱼水：《知识产权商业化与高考试题》，载《人民法院报》2008年11月5日，第5版。
③ 参见陈绍玲：《依法举行的考试试题应受著作权保护——以"国家医学考试中心诉第四军医大学出版社著作权纠纷案"为例》，载《中国知识产权报》2010年10月20日，第010版。
④ 参见北京市第一中级人民法院（2011）一中民终字第5969号民事判决书。
⑤ 参见广东省广州市南沙区人民法院（2013）穗南法知民初字第423号民事判决书。
⑥ 参见重庆自由贸易试验区人民法院（2021）渝0192民初994号民事判决书。

有不同的认定方式,对相同的产品也存在不同的认定。例如在"Paradis 扁形酒瓶设计"相关案件中,有的法院认为其艺术性和实用性可以在观念上分离,构成美术作品;① 但针对同一款设计,另一法院则认为,为平衡公共利益,实用艺术品的艺术设计部分应当达到一定的艺术创作高度,避免外观设计专利保护落空,因此该设计由于设计艺术创造性不高,不构成受著作权保护的作品。② 在"贝壳形"吸顶灯著作权侵权案中,法院认为实用艺术作品不属于我国现有法定作品类型,因此即便该涉案对象属于实用艺术作品,鉴于著作权的法定性,也不能成为保护的对象,除非原告以美术作品主张权利。③ 可以发现法院将实用艺术品排除著作权保护的原因,一方面是对艺术设计高度的要求,另一方面是认为实用艺术作品不是法定的作品类型,应当通过著作权法定原则予以限制。

八是同人作品中的虚拟角色。"同人作品"是指使用既有作品中相同或近似的角色创作新的作品。④ 同人作品可能使用原作的各种元素或元素组合,因此难免与其所依附的原作之间产生版权冲突,其中使用原作中的虚拟角色是一种较为普遍的涉及可版权性问题的情形。由于同人作品中的虚拟角色能够脱离作品而被单独识别,其艺术和经济价值日渐凸显,给予其独立版权保护的呼声不断增强,但引发的著作权认定问题频发,原因在于文学作品中思想与表达的分界及表达的实质性相似更难把握。⑤ 其中具有代表性的是同人作品首案——"金庸诉江南案",本案中一审法院认为,同人作品中被挪用的作品元素组合属于思想范畴,因此不是著作权保护的对象,构成不正当竞争。⑥ 但

---

① 参见广州知识产权法院(2017)粤 73 民初 3414 号民事判决书。
② 参见上海市浦东新区人民法院(2018)沪 0115 民初 12691 号民事判决书。
③ 参见广东省中山市第二人民法院(2018)粤 2072 民初 5801 号民事判决书。
④ 参见王迁:《同人作品著作权侵权问题初探》,载《中国版权》2017 年第 3 期。
⑤ 参见广东省广州市天河区人民法院(2016)粤 0106 民初 12068 号民事判决书。持相同观点的判决还有完美世界(北京)软件有限公司等与昆仑万维科技股份有限公司等著作权侵权与不正当竞争纠纷案,北京市第一中级人民法院(2014)一中民初字第 5146 号民事判决书。这些判决反映了学术界的主流看法,参见王迁:《同人作品著作权侵权问题初探》,载《中国版权》2017 年第 3 期。只有少数文献认为被挪用的元素组合构成作品,参见骆天纬:《同人作品的著作权问题研究——以〈此间的少年〉为例》,载《知识产权》2017 年第 8 期。
⑥ 参见广东省广州市天河区人民法院(2016)粤 0106 民初 12068 号民事判决书。

是在二审中，法院认为将《此间的少年》与查良镛的四部作品相比，二者的表达不构成实质性相似，但是相关人物群像已经足够具体到形成内部各元素联系密切的逻辑体系，属于著作权保护的表达。① 在大多数国家，虚拟角色未被明文规定为版权法保护的对象。② 针对同人作品的认定，需要进一步明确其在何种程度上能够成为著作权保护的对象。除了同人作品，影视剧的衍生品中的核心部分也常常包含虚拟人物形象，值得进一步讨论。

九是生物遗传资源。我国 2017 年公开的《生物遗传资源获取与惠益分享管理条例（草案）》（征求意见稿）中，界定了生物遗传资源和生物遗传资源相关传统知识的概念，可以发现"生物遗传资源"的核心在于其遗传功能，而不在于包含遗传功能单位的具体的遗传材料，"生物遗传资源相关传统知识"作为"知识、创新和做法"，当然也是一种信息。③ 尽管不少学者对于是否可以将生物遗传资源纳入著作权对象范畴做了很多尝试，但是对生物遗传资源的扩张保护与现有著作权制度的智力成果属性的"不契合"，是这一表现形式扩张为著作权对象的主要争议点。

（二）保护对象限制的类型化

符合可版权要件的表达，一般都可以成为著作权保护的对象。但各国出于文化政策和技术发展水平的影响，从本国现实和公共利益的需求出发，会明确规定对某些对象不认定为作品，或对某些作品不予保护或有条件保护，以及因技术发展和理解的局限性而暂且给予其他权利保护。通过对保护对象限制表现形态类型化分析，有助于我们能够更好地发现保护对象限制中存在的问题。

1. 非"作品"表达的限制：不能以作品保护的对象

各国著作权法中均有明确规定的不能认定为作品的表达，这部分表达是

---

① 参见广州知识产权法院（2018）粤 73 民终 3169 号民事判决书。
② 丛立先、刘乾：《同人作品使用原作虚拟角色的版权界限》，载《华东政法大学学报》2021 年第 4 期。
③ 参见徐家力、赵威：《生物遗传资源与知识产权的属性冲突与契合》，载《社会科学辑刊》2020 年第 5 期。

由于不符合可版权要件而无法被认定为作品,包括具有公务或公益性质的表达、单纯事实消息及明显不符合作品构成要件的表达。此类大体包括以下形态:

其一,具有公务或公益性质的表达。国家政权机关及有关部门公布的法律、条例、规章等法律文件及政府官方文件,以及报纸、杂志等新闻媒体公开发布的单纯事实消息等,虽具备作品的一般特征,但各国法律大多不予保护,以保证上述表达得以广泛传播和不受阻碍地利用。如日本采取单纯封闭式列举立法例,法律未明示排除的对象都是著作权的保护对象,因此日本《著作权法》第13条中列举了四种明示排除保护的对象。① 其二,单纯事实消息。《伯尔尼公约》第2条第8款规定,公约不保护日常新闻或纯属报刊消息性质的社会新闻。日本《著作权法》第10条第2款也规定,只是传播事实的杂闻和时事报道不属于作品。我国第三次修改《著作权法》时,将"时事新闻"修改为"单纯事实消息",将"通过报纸、期刊、广播电台、电视台等媒体报道的单纯事实消息"排除在可版权客体范围之外。② 需要区别的是,不同于"时事新闻","时事性文章"是应受著作权法保护的对象③。其三,常识性表达等不符合著作权保护目的的表达。将这类表达排除保护的原因,一是没有创造性或属于常识性的表达,二是符号的简单排列,三是用来记录知识而本身不表达知识。我国《著作权法》第5条第3项排除保护的历法、通用数表、通用表格和公式属于常识性作品,是人类生产生活中经过长期实践积累的社会共同财富,若是将其授予私人专有独占权,将极大地阻碍信息的交流、技术的进步和科技的发展,造成权利人和社会公众利益的严重失衡,

---

① 参见日本《著作权法》第13条:"符合下列情形之一的作品,不得成为著作权的对象:其一,宪法和其他法令;其二,国家或者地方公共团体机关、独立行政法人或者地方独立行政法人发布的告示、指示、通知等;其三,法院的判决、决定、命令以及行政厅按照准司法程序作出的裁决、决定;其四,国家或者地方公共团体机关、独立行政法人或者地方行政法人对前三项所列作品的翻译或者汇编。"

② 《著作权法》第5条:"本法不适用于:(一)法律、法规,国家机关的决议、决定、命令和其他具有立法、行政、司法性质的文件,及其官方正式译文;(二)单纯事实消息;(三)历法、通用数表、通用表格和公式。"

③ 参见卢海君:《著作权法中不受保护的"时事新闻"》,载《政法论坛》2014年第6期。

违背知识产权制度的利益平衡原则。

此类非"作品"表达限制的核心问题,就是要明确限制的内涵和外延。例如部分案件就引发了关于"时事新闻"的讨论[①]。不受著作权法保护的"时事新闻"的基本含义是什么,摄影作品是否属于著作权法中不受保护的"时事新闻"?根据《著作权法实施条例》的规定,时事新闻是指通过报纸、期刊、广播电台、电视台等媒体报道的单纯事实消息。因此,即便是已经明文规定的限制保护对象,也应当通过思想表达二分、合并理论等著作权基本原理对"非作品"表达的内涵与外延进行明确,确保"严格限制"法律依据的确定性与稳定性。

2. 非保护"作品"的限制:未列入著作权法范畴的对象

非保护的"作品"应当是由法律明示排除的对象,此类对象的特征在于其已经满足表达的可版权要件,根据一般法律逻辑应当赋予著作权而非其他权利来保护,因此对这一类"作品"的限制,应当有充分的理由为支撑。这些理由往往是基于有违著作权立法目的、有损公共利益等作出的特殊制度安排,且限制该对象更能增益社会价值。此类限制基本有以下情形:

其一,一国是否将某种表达认定为著作权保护的对象,取决于社会经济发展水平和各国文化政策的需要,不同历史时期的对象需求也不尽相同,与一国著作权法的立法目的或价值目标无法契合的作品,也不会被列入保护对象的范畴。[②] 例如,1842年英国的著作权保护对象增加了音乐作品;1865年美国增加了摄影作品;1985年法国增加了节目与杂技、广告作品、计算机程序等。然而在法律修订之前,上述作品虽具备作品的一般要件,但并不受著作权保护。

[①] 2011年6月23日下午北京遭遇一场突如其来的暴雨,暴雨导致多条环路及主干道积水拥堵,地铁部分停运,航班延误。杨某就此所拍摄的"地铁4号线陶然亭站成瀑布"的照片于当天17时04分发布到微博上,短短几分钟内,转发量就达到了上千条。与此同时,这张图片被多家新闻媒体采用,但其中只有两家获得了杨某的授权,一家标注了杨某的姓名,另一家还向杨某支付了报酬。对于这种未经授权擅自刊发其"地铁瀑布"照片的行为,杨某极为不满。该案并未进入司法程序,但引起了广泛的著作权讨论。参见曹新明:《论〈中华人民共和国著作权法〉第5条第2项之修改》,载《法商研究》2012年第4期。

[②] 吴汉东、王毅:《著作权客体论》,载《中南政法学院学报》1990年第4期。

其二，还有部分即便符合可版权要件的作品，在各国也有因公序良俗不能被著作权法保护的情形。我国就对违反宪法、法律和损害公共利益的作品权利之行使设置了严格的限制。一是禁止出版、传播的作品，我国1990年《著作权法》和2001年修改的《著作权法》第4条，都以作品违反出版法、传播法的有关规定为角度对保护对象进行限制。但是著作权是私权，"依法禁止出版、传播"则属于一国公权机构为了维护社会公共秩序或者维护国家政治需要，对出版和言论自由的限制，属于公法的范畴。① 仅凭作品内容不符合出版、传播相关法律的要求就否认其享有著作权模糊了公法和私法的界限，因此在2010年《著作权法》修改时，这一限制被删除。二是违禁作品，"违禁作品"的范围更加广泛，作品的内容可能违反法律、政策性规定甚至社会的善良风俗。② 但是著作权的保护对象只需要符合可版权要件即可，所谓的"违禁作品"自然也能够自作品完成之时自动成为著作权保护的对象。我国2010年《著作权法》修改之前，在第4条明示排除了违禁作品的保护，但受到其他国家的质疑，最终在WTO"美国诉中国知识产权保护与执法措施案"中，这一规定被裁决为违反《伯尔尼公约》和TRIPs协定有关作品自动保护之规定。③

违禁是一定社会历史时期，不符合当下社会道德或法律正义的情形，但是不同历史时期的观念可能有翻天覆地的变化，囿于历史的局限性，无论从法理层面的考量是否违禁，仍旧可以认为违禁作品属于著作权保护对象这一事实，即便国家出于社会秩序等原因对其发行传播进行了限制，也并不改变其作品认定的结果，二者不能混为一谈。

3. 其他权利保护路径的排除

不同法律有不同的分工，一种对象在符合可版权要件受著作权保护的同时，可能更符合商标、专利、反不正当竞争法等部门法的规范，出于利益平

---

① 参见高璎识：《不适用著作权法保护的对象研究》，载《邵阳学院学报（社会科学版）》2014年第1期。

② 参见高璎识：《不适用著作权法保护的对象研究》，载《邵阳学院学报（社会科学版）》2014年第1期。

③ 参见王迁：《著作权法》，中国人民大学出版社2015年版，第75页。

衡和节省司法资源的考量，结合法律体系之价值取向，考虑将其排除于著作权保护对象的范围。① 著作权法保护的对象须符合其价值目标与职能定位，某一对象可能既包含著作权要素，也包含商标、专利等其他知识产权的要素，其他要素也有受到法律保护的价值，不应将其全部纳入著作权的保护范围，如虚拟角色、家居设计等。

实践中也存在因为著作权保护对象认定的门槛低，导致创造者倾向于尽可能优先诉诸著作权保护的情形。美国法院就不支持因遭遇专利保护的高门槛再转而寻求版权保护的做法，这不仅会使发明创造者放弃专利申请而破坏专利体系，同时版权保护的低门槛、长保护期、自动保护原则，可能使大量技术被不适当地垄断。诸如权利人试图将人工合成 DNA 排列诉诸著作权保护，以获取更全面、长期的保护。我国的司法实践中，还有短视频权利人考虑到以著作权逐个保护的效率较低，转而选择用反不正当竞争保护的情况。

在著作权法律制度内部，被纳入邻接权保护的对象也是被著作权限制保护的对象。例如时常将体育赛事直播节目认定为录像制品而纳入邻接权保护对象的范畴，从而限制其成为著作权保护对象，这一问题的核心在于著作权与邻接权边界的划分问题，即独创性程度高低的认定不同，导致了两种权利对象的不确定性。

需要注意的是，虽然我国《著作权法》第 6 条规定"民间文学艺术作品的著作权保护办法由国务院另行规定"，但此条不属于保护对象的排除规定，民间文学艺术仍是我国著作权保护的对象，只是鉴于其自身创作传播的特殊性，具体保护方式与内容有待另行确定。民间文学艺术作品在立法缺失的情况下实际上已经进入了公有领域，公众可以随意利用作品中的元素，其直接后果便是民间文学艺术创作群体的利益严重受损，甚至可能遭到曲解，威胁我国社会主义精神文明建设和文化安全。因此近年来已有不少民间文学艺术作品在尝试获得著作权的保护。不可否认，对民间文学艺术作品保护的规则

---

① 参见龙文懋：《同人作品的文化层累功能及其与在先作品竞争法上的法益关系——以〈此间的少年〉为例》，载《电子知识产权》2016 年第 12 期；参见吴汉东：《形象的商品化与商品化的形象权》，载《法学》2004 年第 10 期。

确立困难重重：权利主体难以确定，表达形式具有复杂性，甚至不具有独立的文化表达形态，民间文学艺术的传承性使其成为公共知识领域的一部分等，民间文学艺术通过单行条例保护并不意味着设立了新的权利保护路径，但是尽快完善具体保护制度仍旧是当务之急。

4. 有条件的限制保护

此类保护对象的限制是指当表达基本符合可版权要件时，依据利益平衡等理论，结合著作权的立法目的或个案认定的需要，将该表达附条件地认定为保护对象更有利于知识信息的传播或利用时，则对该表达认定的著作权保护对象进行一定程度的限制。主要包括以下情形：

一是虚拟角色的保护。文字作品当中的虚拟角色究竟是思想抑或具体表达，是其是否被限制成为著作权保护对象的关键所在。作为重视版权中蕴含的经济利益的代表国家，前文详述了美国法院对虚拟角色保护判断标准的变化，整体上表现为开放态度。我国司法实践一定程度上吸收借鉴了美国的经验，在相关案件中对虚拟角色的著作权保护问题进行了分析。在《摸金校尉》与《鬼吹灯》一案中，上海浦东新区人民法院认为，作品中的人物形象来自文学作品，往往只是作品情节展开的媒介和作者叙述的工具，很难构成表达本身。[①] 只有当人物形象在作品情节展开过程中得到充分而独特的描述，并由此成为故事内容本身不可分割的部分时，才可能成为著作权的保护对象，可以看出法院对"被叙述的故事"测试和"充分描绘"测试均有借鉴。

虚拟角色的描绘不可能是完全创新的，其中必然涉及公有领域的部分，将虚拟角色认定为受保护的作品应当秉持谨慎的态度，尽可能减少主观判断的差距和争议。因此，对于同人作品中文字表达的虚拟角色，应当将侵权判断集中在涉案文字表达的描绘是否构成实质性相似，是否侵犯文字作品的著作权，从而避免进行虚拟角色的可版权性判断。[②] 法官据以判断的对象应当是原作和争诉作品中关于虚拟角色的描绘，而非虚拟角色本身；著作权法保护

---

① 上海市浦东新区人民法院 (2015) 浦民三 (知) 初字第 838 号民事判决书。
② See Leslie A. Kurtz, "The Independent Legal Lives of Fictional Characters", *Wisconsin Law Review*, 1986, pp. 429~474.

的对象是虚拟角色与故事情节、语句等诸多要素共同构成的整体描绘,而非直接保护表达所塑造出的虚拟角色的特征。具体而言,争议虚拟角色并非孤立存在于故事中,而是与人物关系、故事情节等其他要素有所结合,作品中的诸多表达共同形成对于该虚拟角色的整体性描绘,且表达具有较强的独创性时,这部分虚拟角色描绘可独立于整部作品成为著作权的保护对象。例如"琼瑶诉于正"案中,法院认定复杂多样的文字叙述、情节安排、人物关系等多种要素共同结合,整体所构成的描绘才可能受到版权保护并成为实质性相似的比较对象。① 因此,在认定虚拟角色的保护范围时,只赋予符合独创性要件的描绘以著作权保护,其他部分都不能成为著作权保护的对象。

二是生物遗传资源。相比产生于人脑的信息,遗传资源是自然界客观存在的事物本身的信息而非智力成果。② 但是无法否认的是,生物遗传资源与著作权保护对象之间具有相似关联性。③ 生物遗传资源具有无形性,基因资源的生物结构只是基因信息的载体,其中真正的知识产品是人们经由各种生物科技方法所获得的基因资源上的遗传信息。④ 生物遗传资源也具有可复制性,附着在遗传材料上的遗传信息和基于生物遗传资源的知识、创新和做法等传统知识都具有可复制性。生物遗传资源作为著作权保护对象的主要限制,在于其很难被认定为一种智力成果,也经常被认为属于公有领域内的资源,因为遗传资源的创造性可能是一群人在很长的历史时期内,对区域内的动物和植物养护、使用,进而积累出的关于其功效、用途的相关知识。⑤ 当生物遗传资源赖以建立的信息以一种表达的形态出现,无以按照有形物的方式去建构产权模型时,就有可能按照著作权的构建方式去建构。⑥

三是人工智能生成内容。著作权制度是围绕着自然人构建的,并未考虑

---

① 参见北京市高级人民法院(2015)高民(知)终字第1039号民事判决书。
② 钭晓东等:《遗传资源知识产权法律问题研究》,法律出版社2016年版,第229页。
③ 何平:《论遗传资源的财产属性和权利构造》,载《法学评论》2019年第2期。
④ 周蒔文:《基因资源产权安排的多维性研究》,法律出版社2014年版,第30页。
⑤ 参见徐家力、赵威:《生物遗传资源与知识产权的属性冲突与契合》,载《社会科学辑刊》2020年第5期。
⑥ 参见徐家力、赵威:《生物遗传资源与知识产权的属性冲突与契合》,载《社会科学辑刊》2020年第5期。

人工智能参与智力创造并作为创作者的问题，也面临着人工智能创作是否符合可版权要件中"人类的智力成果"的问题。人工智能生成内容是基于预先设定的算法和训练数据集生成的，其中的"创造性"要素更多地来自机器的计算能力，而不是人类的。由此创作，人工智能生成内容是否符合可版权要件存在较大争议。限制人工智能生成内容的著作权保护，是著作权法律制度的体系逻辑要求，但是如果其不能成为著作权的保护对象，应该如何保护投入大量资源开发算法和收集、训练数据的公司的利益？但是赋予人工智能生成内容以著作权又面临着主体难以确定、可版权要件认定有争议的难题。人工智能生成内容牵涉着广大的文学艺术市场和公共利益。如前章所述美国版权局对《Zarya of the Dawn》科幻漫画版权注册的结果变化，以及2023年3月16日美国版权局发布了《版权登记指南：包含人工智能生成材料的作品》，① 美国对人工智能生成内容的扩张保护逐渐开放，但是仍旧强调人类创作的作品才能受到版权保护，对人工智能的扩张保护进行了相应条件的限制。

三、著作权保护对象合理限制的路径分析

著作权保护的基本理念和原理，是通过法律赋予作者或其他著作权人以独占作品的权利，并在此基础上获取收益以激励创作投入，而著作权保护对象的限制也是限制制度中的基础。权利的限制有赖于明确的法律规定，限制须依法，因此构建一条合理的保护对象限制路径，并完善相关法律规范，是社会公众对作品使用和传播的有力保障。

（一）不受著作权保护的思想

思想表达二分法是著作权法的基本原则，其基本含义是著作权法保护的是思想的表达，而并非思想本身。因此，首先应依据作品可版权要件分析，不能作为著作权保护对象的表达大多是一定程度上无法满足这些要件而被排除在范围之外的，属于著作权默示排除的对象。在保护对象限制中需要特别

---

① United States Copyright Office：Copyright Registration Guidance：Works Containing Material Generated by Artificial Intelligence，https://copyright.gov/ai/ai_policy_guidance.pdf. Accessed on：2023－6－10.

讨论的是思想与表达的二分，属于思想的部分应当被限定于公共领域中。

一是正确理解不受保护的思想范畴。随着人类经济、社会与科学的不断进步与发展，作品的表达方式呈现多样化。作品不仅包括诗歌、戏剧等人文类作品，也包括自然类、社会科学类作品。① 传统的思想表达二分法已经不能满足著作权法保护的现实需求，因此如果只从原则上规定思想表达二分，是不能覆盖所有著作权保护对象的。如果从资源本位的角度出发，作者独立完成作品的表达过程是受到著作权法保护的，但是作品中蕴含的思想感情不能被约束，属于公共领域的自由资源。② 而在其他的自然科学作品和社会科学作品中所运用的过程、原理、数学概念、操作方法等，都已经进入了社会的公共领域，成为社会基本知识范畴中的一部分，如果将其纳入权利独占的范畴，将极大地阻碍科学、文学和社会的发展与进步。③ 此外，如果对某些符合可版权要件的作品给予著作权保护将导致激励机制失灵，阻碍法律价值目标的实现，此种权利独占就失去了激励意义，而应当将其留存于公共领域或者给予其他形式的限制。

《伯尔尼公约》并未明确规定思想表达的二分原则，而是由1996年WCT从TRIPS协定第9条第2款中借用来补充完整的。其中思想、程序、操作方法或数学概念仅为"思想"一词所指范围中的几个典型，信息本身、纯事实、原始数据、概念或者风格等也是不受著作权保护的。域外立法中对于思想的排除，也是基于著作权立法目的的要求，还有通过司法判例或将保护限于创造性表达的"作品"以默示排除对思想的保护。④ 我国并未明确规定思想表达二分原则，尽管这并未影响司法实践中法官对此原则的适用，但是在我国

---

① 参见高璎识：《不适用著作权法保护的对象研究》，载《邵阳学院学报（社会科学版）》2014年第1期。

② 参见冯晓青：《著作权法中思想与表达二分法原则探析》，载《湖南文理学院学报（社会科学版）》2008年第1期。

③ 参见高璎识：《不适用著作权法保护的对象研究》，载《邵阳学院学报（社会科学版）》2014年第1期。

④ Séverine Dusollier, Scoping Study on Copyright and Related Rights and the Public Domain, WIPO, https://www.wipo.int/edocs/mdocs/mdocs/en/cdip_4/cdip_4_3_rev_study_inf_1.pdf, accessed on 2023-5-1.

《著作权法》第 5 条的限制条款中增加一条总括性说明，排除思想作为保护对象，一定程度上能够与第 3 条作品认定条款中的定义相对应，分别发挥保护对象扩张与限制的兜底作用，更有利于明确著作权保护对象的边界，协调社会公共利益和权利人个人利益之间的平衡。①

二是合理适用合并理论与情景原则。表达方式具有有限性，当特定思想只有一种或者有限的几种表达方式时，因为思想不应受著作权法保护，所以该思想的表达也不应该受到著作权的保护，这种处理方式称之为"合并原则"，其目的是防止垄断思想而进行限制。② 合并原则与思想表达二分具有共同的理论基础，当思想的表达方式具有唯一性或有限性时，该思想和表达便不可分离，如果使权利人独占该种表达，实际上就是在思想之上设立了垄断性权利。作品表达形式是由人们所共同认可的意义符号构成的，但是由于人类共同的符号表达有限，在表达特定思想时就可能体现出符号的有限性，因此有必要规定以有限表达方式表达特定思想时，该表达同思想合并，构成不受著作权保护的思想。合并原则主要适用于功能性和事实性的作品。根据这一理论，思想观念与表达合并的作品属于限制保护对象的范围。例如，讨论"时事新闻"的表达是否应受著作权保护时，就是看"时事"用"新闻"来表达的方式是否是唯一或有限的。但即便是不受合并原则限制的时事新闻，是否应受著作权保护还应该接受可版权性要件的检验。

"情景原则"是合并原则中的一种特殊情形，集中体现在小说、戏剧等文学作品上，特指当讨论一个特定话题、故事线索或流派时，必须使用的特定主题、情节事件、角色类型或背景，否则无法完成特定主题的表达。③ 根据这一理论，文学作品中的某些要素，如事件、人物的特性和背景等，不能作为著作权保护的对象。因为这些要素是特定主题或思想观念的必然派生物，或者说作者在处理同一主题时不可避免地会使用到类似的要素，对这些要素提

---

① 参见高璎识：《不适用著作权法保护的对象研究》，载《邵阳学院学报（社会科学版）》2014 年第 1 期。
② 卢海君：《著作权法中不受保护的"时事新闻"》，载《政法论坛》2014 年第 6 期。
③ 卢海君：《著作权法中合并原则及其适用》，载《中国出版》2015 年第 21 期。

供版权保护必然会阻止其他人就同一主题或思想观念进行创作，因此"情景原则"也是保护对象限制的重要因素。

三是确立思想表达二分下的公共领域。公共领域作为著作权制度的基础与核心，与思想表达二分法相伴而生。我国现行《著作权法》中并没有一般的公共领域条款，但学界已就著作权公共领域的立法及司法适用问题展开了较为深入的研究。著作权保护对象的扩张虽然是技术发展的必然产物，但不加限制的扩张，极有可能对公共领域造成不当取代。在我国《著作权法》中增加"公共领域条款"，是应对著作权保护对象扩张对公共领域侵蚀的现实需要，应当从立法角度确立公共领域在著作权法中的基础性地位。[①] 公共领域理论作为著作权法的核心概念之一，涉及一切不符合著作权保护要件的知识信息，主要包括以下几部分：在《著作权法》实施前已经存在的作品、保护期届满的作品、著作权人放弃私权利的作品、不满足可版权要件的作品、出于著作权制度的原则和立法目的应当由公众共享的作品及要素。[②] 此外，公共领域在功能上要求设定著作权的前提是"为他人留下足够多足够好的同样的东西"，然而公共领域的范围明显大于保护对象的限制范围，但就确定保护对象的限制条款来说，反而因范围过于宽泛而无法统一。因此，在我国《著作权法》第5条不受保护的对象条款中，可以通过增加说明性的一般条款，以明确"思想表达二分"原则在著作权法中的地位，即"著作权保护延及表达，不延及思想、过程、原理、数学概念、操作方法等"。

(二) 法律明示限制保护的对象

法律上保护对象的排除分为明示与默示两类，明示排除规则排除具有权利保护对象的一般特征，但在逻辑上应当基于其他价值考量而予以排除。此类被明示限制保护的表达的前提，是不考虑其他影响因素时，有可能满足作品的独创性要求，但出于公共利益或著作权立法目的之要求，著作权法予以明示排除，因此其核心问题在于确定限制的内涵与外延。我国《著作权法》

[①] 参见李建华、梁九业：《我国〈著作权法〉中公有领域的立法构造》，载《河南大学学报（社会科学版）》2020年第2期。

[②] 参见黄汇：《版权法上的公共领域研究》，载《现代法学》2008年第3期。

明示属于"非作品"的表达，包括官方文件及其译文，单纯事实消息，历法、通用数表、通用表格和公式。法律明示排除保护的对象所依据的理由并不相同，前两者是出于公共政策和社会整体利益的需要，无需提供额外的激励；而后者则是出于思想表达二分的限制。但不论依据何种标准限制其成为著作权的保护对象，都是法律需要明示排除的对象。

首先，在判断是否属于不能被认定为作品的"官方文件及其译文"时，可以从以下几个因素考虑。一是创作此类官方文件的目的不在于获得创作报酬，而在于通过官方文件实现特定的社会治理效果；二是官方文件体现的是国家的意志；三是再赋予官方文件专有权则可能带来重复收费的问题；四是公务或公益性质的创作不受市场调整，因此是否给予著作权法的利益激励并不会导致创作量的增加或减少。通过以上因素的考量，能够确定不保护公务或公益性质的表达的正当性。在我国现行《著作权法》第 5 条规定的基础上，还应当增加"法律、法规、规章，国家机关的决议、决定、命令和其他具有立法、行政、司法性质的文件，及其官方正式译文"的"官方汇编"不适用《著作权法》的列举，限制官方文件及其译文的"官方汇编"成为著作权保护的对象。值得注意的是，上述官方文件的非官方译文和汇编仍是著作权保护的对象，因为此时它不代表立法、司法和行政机关的意志，而是作者个人独创性智力成果的体现。

其次，在判断是否属于不能被认定为作品的"单纯事实消息"时，主要是判断其与"时事新闻"的区别。根据思想表达二分法，时事属于信息，应当归类为思想，但"时事新闻"作为一种表达方式并非一定不应该受著作权法保护。时事新闻必然包括媒体自身对于这些事件的看法和评价，是记者对于事件的捕捉、整合和分析判断，是具有独创性的智力活动成果。[①] 早年一些学者对"时事新闻"和"时事新闻作品"作出了严格的区分，强调前者不具有独创性而不受著作权法保护，后者具有独创性而受到著作权法的保护。[②] 但

[①] 参见高璎识：《不适用著作权法保护的对象研究》，载《邵阳学院学报（社会科学版）》2014 年第 1 期。

[②] 参见梅慎实：《简论不受著作权保护的对象》，载《河北法学》1990 年第 1 期。

著作权法不保护的对象，强调的是不含任何创作成分和作者主观价值判断的事实的讲述，只是单纯的事态的重现，单纯事实消息是更为准确的用词。① 所以，一概规定"时事新闻"不受著作权保护并不科学，单纯事实消息作为原本就不受保护的对象，不需要再在著作权法中予以明示排除，否则一方面将不利于区分著作权保护对象限制制度的明示与默示排除规则之不同，也不利于立法的简洁性；另一方面对于促进信息及时传播、维护公共利益也并无助益。

此外，历法、通用数表、表格和公式是从社会利益角度出发对公共领域的保留。此类公共领域的表达是全人类共享的财富，包括客观事实、真实事件、通用表达和超过保护期的作品。② 同时，通用数表等属于唯一的表达方式，依据合并原则也是限制保护的对象。

最后，应当考虑增加对"国家或者公共管理机构依法组织的各类考试试题"的明示排除。国家公共考试试题的编排在一定程度上可能具有独创性，但结合前文所述原因，应当明示排除。需要明确的是，此处排除著作权保护的考试试题是指国家统一考试中的试题，不包括私立机构组织的各类考试，也不包括官方对考试试题有独创性的汇编。如 ETS 和 GMAC 诉新东方学校案中，法院均认为不仅涉案的每道试题具有独创性，而且整套试题也具有独创性，构成汇编作品。③ 但两案中涉及的 TOEFL 与 GRE 试题均不属于国家考试试题。此外，有人主张国家考试试题的性质可以参照我国台湾地区，属于"具有行政性质的文件"。显然考试试题无法发挥行政公文文件的领导管理等作用。④ 国家统一考试组织实施机构组织命题属于履行行政职能，国家统一考试试题命制机构命制试题的公布，将涉及社会公众的利益，应当予以明示

---

① 参见高璎识：《不适用著作权法保护的对象研究》，载《邵阳学院学报（社会科学版）》2014年第1期。

② 参见张今：《著作权法》，北京大学出版社2020年版，第47页。

③ 参见北京市第一中级人民法院（2001）一中知初字第34号民事判决书；北京市高级人民法院（2003）高民终字第1393号民事判决书；北京市第一中级人民法院（2001）一中知初字第33号民事判决书；北京市高级人民法院（2003）高民终字第1391号民事判决书。

④ 李敏编著：《新编公文处理规范与实务》，蓝天出版社2015年版，第3页。

排除。

(三) 其他排除或限制成为保护对象的新表达

符合可版权要件的对象，或是作品认定有争议的新表达，不属于上述两种限制范围时，还可能因个案中具体认定而成为限制保护的对象。依据相关理论、著作权的立法目的或法律适用的解释，该智慧成果更适合全人类共享，或对其限制保护更有利于知识信息传播等因素，对该对象进行排除或一定程度地限制保护。

对于有争议的新类型表达，限制其成为著作权法的保护对象必须有法律依据，具体可以分为法律的明示排除与默示排除。

1. 法律明示排除保护新表达

判断新表达是否属于法律明示排除的对象，首先在可版权要件判断中未被排除的新表达，已经可以认为其构成"作品"，但这一"作品"要成为著作权保护的对象，还应当判断其是否落入法律明示限制的范畴。我国《著作权法》明示属于"非作品的表达"，包括官方文件及其译文，单纯事实消息，历法、通用数表、通用表格和公式。① 在此基础上，还应当限制前文所述官方文件及其译文之"官方汇编"，以及国家公共考试试题。需要注意的是，有观点认为不符合著作权法基本原则也属于保护对象的限制依据。一是基于鼓励优秀作品传播之原则，著作权保护应当限制不利于社会文化繁荣和精神文明发展的对象。② 二是基于维护公共利益之原则，应当限制不利于社会公众之共同利益，阻碍知识的传播利用的对象，如违禁作品等。但我国 2010 年《著作权法》修改删除了违禁作品的排除条款，即证明有违禁内容的作品也能够依据自动保护原则获得著作权，损害公共利益不能成为保护对象限制的依据。当然，违反宪法或损害公共利益的作品，法律可以限制其发行、传播，通过公权力限制其著作权的具体行使利用，故不再需要将违反宪法或损害公共利益作为保护对象限制的依据。因此，我国法律明示排除的对象，仅限于《著

---

① 参见吴汉东：《知识产权法》，法律出版社 2021 年版，第 172~174 页。
② 参见来小鹏：《知识产权法学》，中国政法大学出版社 2019 年版，第 42~43 页。

作权法》第 5 条规定之内涵与外延。

2. 法律默示排除保护新表达

法律默示排除的保护对象是指完全不具备著作权保护对象一般特征、在逻辑上是不证自明的对象，即任何不符合可版权要件的表达都应当是被默示排除的对象。

其一，思想表达二分是限制保护对象的首要判断因素。在认定游戏规则、同人作品或影视剧中的虚拟角色等思想表达界分有争议的对象时，可以细化对"思想"的划分，对"著作权法不保护作品的思想"这一绝对笼统性的规定稍作调整，在认定时进行一定程度的细化，有条件地将其认定为限制保护的对象。① 比如对于已经广为流传，为公共领域所公知的思想，自然属于排除保护；而对作品的独创性具有决定性作用甚至是已和作品的表达融为一体的思想，细化到一定程度的思想或规则就可以认定为著作权保护的对象，例如当前对游戏规则和虚拟角色的认定，已经逐渐有采用此种方法的案例。虽然这在一定程度上构成了司法实践中对于思想判断的双重标准，不过从维护创作者利益、激励创新的角度上来说具有积极意义。

其二，在可版权要件中，"固定性"要件不应成为保护对象的排除依据。如前章所述，作品的"固定性"要件随着网络环境下创作和传播方式的变化，应理解为"可再现性"，仅因表达没有明确物质载体、不符合固定性要件而排除，不符合实际情况。在"新浪诉凤凰"案中，二审法院根据 2002 年《著作权法实施条例》中对电影作品的定义，要求电影类作品至少应符合固定性及独创性要求。② 尤其是将电影和类电作品"摄制在一定介质上"，要求已经稳定地固定在有形载体上。再审法院则认为，对于电影作品"摄制在一定的介质上"的规范意义在于摄制者能够证明作品的存在，并据以对作品进行传播。但作品创作有整体完成与局部完成之分，尽管涉案赛事节目的内容在录制时还未完成全部固定，但是不能因此而否定赛事节目已满足作品"可再现性"

---

① 参见高璎识：《不适用著作权法保护的对象研究》，载《邵阳学院学报（社会科学版）》2014 年第 1 期。

② 参见北京知识产权法院（2015）京知民终字第 1818 号民事判决书。

要求。尤其是在我国 2020 年《著作权法》修改中，第 3 条仅要求作品"能以一定形式表现"，即作品具有"可再现性"即可，具体作品类型定义的要求并不能成为限制保护对象的依据。

其三，依照"最低限度的创造性"判断才能排除体育赛事节目的著作权保护。在认定体育赛事直播时，通常做法是严格遵循著作权法对连续动态画面保护的"二分法"，即对连续动态画面版权属性的认定，在视听作品（类电作品）或者录像制品中择一予以保护。另一种做法则是仅根据作品的一般定义进行判断，该做法实质上是为回避体育赛事节目构成类电作品还是录像制品的争议。北京市高级人民法院发布的《侵害著作权案件审理指南》，就遵循了连续动态画面关于视听作品与录像制品的二元划分，① 但实践中二者的划分缺乏明确的可操作标准。体育赛事节目性质的认定不能一概而论，应当结合具体赛事节目特点，重点考量体育赛事节目的制作过程、制作方式以及最终的画面表现，依据其独创性的"有无"认定其属于视听作品还是录像制品。②

结合上述分析，在判断表达是否属于被限制的保护对象时，一般有以下几种情况：一是该表达不满足可版权要件，那么自然就属于保护对象的限制范围；二是该表达是不受著作权保护的思想，属于公共领域的范畴，前两者就属于法律的默示排除；三是该对象可能满足作品的可版权要件，但出于公共利益或立法目的的要求，被著作权法以"非作品表达"明示排除；四是符合可版权要件，或是作品认定有争议的新表达，依据相关理论、著作权的立法目的或法律适用的解释，该表达更适合全人类共享，或限制更有利于知识信息传播等因素，对该对象进行排除或一定程度地限制保护。

通过本章分析，无论是著作权保护对象的限制的理论依据还是现实需求，总是伴随着著作权保护对象的扩张而演变。"扩张"与"限制"既有内在的关联性，又有各自不同的价值取向，二者既对立又统一。在著作权保护对象

---

① 北京市高级人民法院《侵害著作权案件审理指南》第 2.13 条："体育赛事节目视频符合以类似摄制电影的方法创作的作品构成要件的，受著作权法保护。"

② 亓蕾：《〈侵害著作权案件审理指南〉条文解读系列之二》，知产力 2018 年 8 月 1 日，https://www.zhichanli.com/p/560259374，最后访问时间：2023 年 6 月 3 日。

的历史演变过程中,"扩张有理"是著作权保护对象发展的主旋律,而"限制有据"总是作为著作权保护对象发展的例外。保护对象的扩张要求合情合理,在符合法理的正当性基础上兼顾情理,故无论是国际公约还是各国著作权立法和司法,在对待著作权保护对象扩张时,基本上持开放、包容的态度,以激励创新;而保护对象的限制则需要明确的法律依据,因此在对待著作权保护对象限制时,基本上持严谨、审慎的态度,以平衡权益。

第六章　完善我国著作权保护对象扩张制度的对策

著作权法律制度的最终目的不仅仅是创造智力成果，更是为了促进对智力成果的充分利用，以达到促进版权产业和文化发展之最终目的。因此我们不能一味强调对私权利的保护，还有必要考虑如何促使智力成果利用的便利化并平衡各方利益。① 著作权保护对象是著作权理论体系的基础，保护对象扩张与限制的界定是确定权利内涵与外延的前提，也是权利独占与知识权益共享的边界。本章以著作权保护对象扩张的原则为基础，从立法和法律适用层面规范和完善扩张制度。

一、我国著作权保护对象扩张的原则

法律原则是法律的基础性真理、原理，或是为其他法律要素提供基础或本源的综合性原理或出发点。② 著作权法律制度的原则在承继民法基本原则的同时，也有其独特之处，体现着著作权法的制度精神与二元价值目标，贯穿于著作权法律体系当中。由于目前并没有知识产权法的"总则"，且著作权法中也没有明确的原则性规定，著作权作为民法体系的一部分和知识产权中的一种，可以从中抽象总结出适用于著作权保护对象扩张的基本原则。当下学者对知识产权法律制度的基本原则尚未达成统一意见③，但可以认为其由两部

---

① ［日］田村善之：《日本知识产权法》，周超、李雨峰等译，知识产权出版社2011年版，第4页。
② 张文显：《法理学》，高等教育出版社2007年版，第121页。
③ 有学者认为，知识产权法的基本原则为鼓励和保护智力创造活动的原则，促进智力成果推广应用的原则，遵守国家法律和社会公德的原则，本国法与参加的国际条约相一致的原则。（参见刘春茂：《知识产权原理》，知识产权出版社2002年版，第24～29页。）也有学者认为，知识产权法基本原则为诚实信用原则、公序良俗原则、利益平衡原则、合理保护原则。（参见陶鑫良、袁真富：《知识产权法总论》，知识产权出版社2005年版，第14～20页。）

分组成，一是作为民法体系的一部分，应适用民法基本原则，具体包括私权神圣、平等、自愿、公平、诚实信用、公序良俗和绿色原则；① 二是通过总结知识产权单行法抽象出基本原则，如激励原则、平衡原则、技术中立原则等。法律原则主要具有三方面的功能，包括行为指导功能、法律解释功能和作为法的渊源成为审判依据。②

（一）激励创新原则

习近平总书记在中央政治局第二十五次集体学习时，提出加强知识产权保护工作顶层设计的四大原则是以我为主、人民利益至上、公正合理保护以及严格保护知识产权与确保公共利益和激励创新兼得。③ 其中严格保护知识产权与确保公共利益和激励创新兼得原则，正是对新时代如何界定著作权保护对象扩张这一重大问题基本原则的回答。知识产权制度是国家通过制度配置和政策安排对知识资源的创造、利用、管理、保护和服务等进行指导规制，旨在实现知识传播的效益目标。④ "创新是引领发展的第一动力，保护知识产权就是保护创新"。⑤ 我国发布了《知识产权强国建设纲要》，实施国家知识产权战略与创新驱动发展战略，并且现阶段已经将知识产权政策纳入国家创新体系中。强化知识产权保护是促使经济转型升级的基础之一，要"全面加强知识产权保护工作，促进建设现代化经济体系，激发全社会创新活力，推动构建新发展格局"。⑥ 因此从国家知识产权政策的角度来看，在著作权保护对象扩张中需要坚持激励创新原则。⑦

在激励理论的语境下，智力成果的权利独占并不是最终目的，保护对象扩张仅是一种为了更好地促进科学、文学和艺术领域进步的手段。著作权保

---

① 参见《民法典》第3条至第9条。
② 郝明英：《网络直播节目著作权保护研究》，中国政法大学2020年博士学位论文。
③ 参见习近平总书记在中央政治局第二十五次集体学习时的讲话。
④ 参见吴汉东：《中国应建立以知识产权为导向的公共政策体系》，载《中国发展观察》2007年第5期。
⑤ 参见习近平总书记在中央政治局第二十五次集体学习时的讲话。
⑥ 参见习近平总书记在中央政治局第二十五次集体学习时的讲话。
⑦ 参见冯晓青：《〈民法总则〉"知识产权条款"的评析与展望》，载《法学评论》2017年第4期。

护对象范畴之界定是权利人获取收益的基本依据，智力成果的创作者通过使用、许可等行为获得报酬，是其最基础的创作动力来源。同时，保护对象范畴也决定了创作者之外的公众所能自由传播、利用的知识之界限，一味扩张保护对象范畴对公众的创作空间可能会带来负面效应。无论是通过扩张保护对象以激励作者进行创作，或是通过限制保护对象以增加公众自由利用知识的空间，其核心都在于尽可能在扩张与限制保护对象的界定中寻找一种动态平衡，从而能够兼顾个人与公众在文学、艺术和科学领域的创新激励。对著作权保护对象的扩张建立在激励创新的基础上，只有鼓励创新，才会产生更多更优秀的作品，也才能实现智力成果的有效传播与运用，使得作品著作权产生更积极的社会和经济效果。因此，著作权保护对象的扩张应始终奉行激励创新原则。

（二）包容审慎原则

在现代著作权法律制度的发展中，受保护的作品从最初仅包括图书，到如今美国版权法中的 8 类作品，法国著作权法中的 14 类作品，德国著作权法中的 7 类作品，以及我国著作权法中的 9 类作品，著作权的保护对象总体上呈现出扩张的趋势，但是这种扩张并不是一蹴而就的。每一种表达被纳入著作权保护的范畴都是在现实需求、理论分析与实践验证的共同作用下实现的。尤其是信息时代下，数字技术、传播技术和计算机网络的发展，使得创作者或作者以外的其他权利人对著作权保护对象扩张的呼声愈演愈烈，但赋予作品作为绝对权的著作权时应当谨慎。结合前章保护对象扩张的历史分析能够总结出，对于新型智力成果的接纳应当秉持包容审慎的态度，既要顺应时代发展适时地扩张保护对象范围，拓宽保护门槛；又要注意限制制度的协调功能，注重公共利益。尤其是在体育赛事直播、网络游戏直播、数据侵权等新类型案件中，既要以包容的态度适度扩张保护对象以保障新业态的规范发展，也要以严谨的态度审慎地限制可获得独占性权利的对象范围。因此，在著作权保护对象的扩张过程中奉行包容审慎原则，契合著作权法的二元价值目标。

（三）技术中立原则

知识产权的发展与社会经济、科学技术的进步密切相关，著作权法律制

第六章 完善我国著作权保护对象扩张制度的对策

度更是随着科学技术发展不断面临挑战,因此亟须回应著作权保护对象的扩张问题。美国最高法院在 Sony 案①中率先将对技术问题的考量纳入版权保护领域,为技术发展开辟"避风港",所确立的规则被广泛地称为技术时代的"大宪章"。② 本案中美国最高法院借用专利法上的"通用产品规则",提出著名的"非实质性非侵权用途"原则,认定被告未构成侵权,实现了涉科技创新领域的版权保护利益平衡。③ 这就是我国网络著作权保护领域中所说的技术中立原则,该原则为技术创新和新产业发展开辟了更大的空间和余地。尽管技术中立本质上属于法律规则,但也不乏学者认为其属于法律制度中应当遵循的原则,因而我们在学理上将其称之为原则,此时的"技术中立原则"实质上与法律意义上的"基本原则"之内涵有所不同。

技术中立原则是在法律制度的制定与完善过程中,不把特定的技术作为法律规定的基础,不特别要求或者限制特定技术,也不会阻碍技术的发展,有利于保持立法的稳定性。④ 开放的技术发展需要著作权制度的完善,保护对象的扩张也需要顺应技术发展的需求。结合技术的双面性,还应当充分考虑其不利因素,通过扩张保护对象将技术发展纳入著作权制度的演变之中,同时通过合理地界定作品范畴规避技术发展的不利因素。需要注意的是,无论新技术的出现带来的是新的作品创作方式,还是传播、利用作品的方式,这些新情况并不必然决定保护对象的扩张或是限制。在应对新技术的挑战时,要优先利用现有立法规范,充分关注新技术发展带来的行为变化和产生的后果,在现有立法的基础上进行法律解释,从而通过法律适用来解决新技术带来的挑战。⑤ 如果无法通过现有著作权法律规范有效解决新技术带来的问题,则恰好说明现有法律已无法满足新领域新业态下技术发展的需求,应当进行

---

① See Sony Corp. of America v. Universal City Studios, Inc., 464 U. S. 417 (1984).

② 索尼案规则是一项使革新者豁免非其控制事项的责任的大承诺。See Lital Helman, "Pull Too Hard and the Rope May Break: on the Secondary Liability of Technology Providers Copyright Infringement", *Texas Intellectual Property Law Journal* (Summer 2010), Vol. 19, No. 1, 2010, pp. 111~166.

③ See Sony Corp. of America v. Universal City Studios, Inc., 464 U. S. 417 (1984).

④ 参见郝明英:《网络直播节目著作权保护研究》,中国政法大学 2020 年博士学位论文。

⑤ 参见郝明英:《网络直播节目著作权保护研究》,中国政法大学 2020 年博士学位论文。

法律修订，从根本上应对新技术的挑战。

（四）利益平衡原则

利益平衡原则与激励创新原则关系紧密，二者属于同一个问题的不同角度。利益平衡原则是指通过法律的权威来协调各方面冲突因素，使相关各方的利益在共存和共容的基础上达到合理的优化状态。① 只有在实现利益平衡的法律框架中，才能发挥财产权设计在社会交往中的作用，达成权利设置满足人们相互交往需要的目的。② 在著作权保护对象中则体现为在创作者之独占与公众之共享知识之间建立利益平衡，因此作为权利基础的保护对象范围之界定，一方面要兼顾私益与公益，另一方面要兼顾独占与共享，这一原则是著作权保护对象扩张与限制都应遵循的基本原则，是两种制度协调构建的基础。

著作权保护对象的界定涉及创作者、传播者和社会公众三方主体的利益与平衡。创作者是作品和著作权的源泉，作者利益的维护主要通过保护对象的扩张，使更多类型的表达被认定为享有专有权利的作品，而传播者和公众的利益更多地涉及对著作权对象的限制。著作权保护对象扩张与限制的制度设计是各方利益博弈的结果，也是利益平衡的法律表达。著作权制度在立法层面通常尽力维护各方利益的平衡，进入法律适用阶段后，这种静态平衡就极易被打破。因此，法律适用中著作权保护对象的扩张与限制如何促进经济发展和技术创新并维持二者关系，已然成为利益平衡所关注的重要问题。在商业活动全球化日益增强的同时，版权数字化范围不断扩张，对版权产业也提出了新的挑战与机遇。数字环境下著作权保护对象的合理扩张与限制，就是在此种理念下追求利益平衡的重要体现。

首先，著作权保护对象的扩张与限制应当兼顾私益与公益。著作权法的目标包括保护创造者的直接目标与社会公共的利益目标，而"平衡"则是著作权法律制度价值二元取向的内在要求。著作权是由法律授予的独占的垄断

---

① 陶鑫良、袁真富：《知识产权法总论》，知识产权出版社2005年版，第17页。
② 易继明：《知识产权的观念：类型化及法律适用》，载《法学研究》2005年第3期。

第六章　完善我国著作权保护对象扩张制度的对策

权利,权利人不合理地利用其专有权利,有可能损害社会公共利益,因此要通过利益平衡原则协调冲突。美国版权法在历史上曾很大程度地回应了某些特殊利益集团的诉求,甚至不惜牺牲公共利益而为其提供一定的法定利益,充分体现了监管俘获理论。① 如美国最高法院所说,"1976 年版权法是二十年间创作者与版权使用产业代表之间协商的产物",② 版权法集中反映了个人或企业的私益。正是在这种意义上,美国上诉法院第二巡回法庭华克法官认为,版权法的立法宗旨是为了建立这种"微妙的平衡点":一方面需要保障著作权人的权益,以维持其创作诱因;另一方面也必须进行必要的限制,以避免因独占造成经济停滞,因此法院在援引联邦法规审理新的案件的时候,必须牢记法律的这种调和目的。③ 近年来一些国际公约和多国立法都不断提升对相关知识产权保护的力度并扩张有关著作权保护对象的范畴,例如英美等发达国家试图在全球推广"超 TRIPs"水平的知识产权保护。在著作权领域,互联网、人工智能、大数据等技术发展也促使著作权保护对象范围逐步扩张。在这一背景下,著作权保护对象的扩张与限制应当兼顾权利人的私益与社会公众的公益,尝试建立能够维护良性社会经济秩序的著作权保护对象制度。在立法和司法的各个环节中,不应造成随时可能侵犯著作权的客观形势和社会效果。④ 就权利人与社会公众间的利益平衡而言,一方面需要合理扩张著作权保护对象以赋予私权,另一方面更需要注重限制保护对象以维护公共利益,因为确保公共领域保留有足够且良好的知识也是知识产权利益平衡原则的具体体现。若是只注重权利人的私益,而忽视社会公众的公益,将使得社会公众在学习与运用知识中举步维艰,最终导致抑制创新、阻碍传播,与著作权保护制度的初衷南辕北辙。

---

① 监管俘获理论认为,如果特殊利益集团规模较小、同质化程度较高并且成员拥有较大个体利益,这些小集团在影响政府决策者方面比更加多元化和拥有较小个体利益的大集团更加有效。最有可能因知识产权过度保护而获益的人是知识产权人,他们在大多数知识产权法相关问题上是一个同质化程度相当高的特殊利益集团。参见孔祥俊:《著作权立法与司法的产业利益之维》,载《社会科学辑刊》2021 年第 6 期。
② Community for Creative Non-Violence v. Reid, 109 S. Ct. 2166, 2174 (1989).
③ See Computer Associate International. Inc. v. Altai, Inc. Nos. 91 – 7893, 91 – 7935, (1992).
④ 陶鑫良:《网络时代知识产权保护的利益平衡思考》,载《知识产权》1999 年第 6 期。

其次，著作权保护对象的扩张与限制应当兼顾独占与共享。著作权保护对象制度的演变已表明，伴随着科技与社会的不断发展，人类创新的无限性及创新智慧成果的多样性，激励和保护创新需求使得保护对象的不断扩张具有必然性；然而智慧成果的传承性及对人类社会整体利益的影响力，又需要从法律制度层面对保护对象进行合理限制，即著作权保护对象的扩张要求权利人依法可独占，限制要求由全人类共享，二者应当相互协调，立法与司法中都应当兼顾独占与共享。

作为法律制度的著作权具有正义与效益的双重价值目标，著作权法律制度具有私人独占和公众共有的天然矛盾，不仅需要法律的私权保护，也是国家公共政策的选择。[①] 自然权利认为私权的目的在于划清公私界限，强调独占；而知识强权则强调私权激励的同时，体现更高目标的社会秩序价值，强调共享。知识产权法中专有权的法定垄断是权利独占的一种体现，也是知识自由流动的人为障碍，在一定条件下可能构成经济垄断的重要因素。[②] 限制随意授予新表达以独占的著作专有权是解决垄断和防止权利滥用的有效途径，但同时在合理、必要的前提下对著作权保护对象进行扩张，也是保障创造力，激励创新的必然要求。

针对创造性新表达的可版权性分析，在界定过程中要综合考虑创作者、传播者和社会公众的利益。不论是体育赛事直播、综艺节目直播还是大型游戏直播节目，将其认定为作品，给予其著作权法保护，有利于促进节目制作者和传播者的创作与传播，使社会公众获取相应的作品和信息。当然，在对相关表达进行扩张保护的过程中，也需要考虑依法限制保护对象。从上述分析可见，在判断创造性新表达是否构成作品，是否能够被扩张为著作权保护对象时，应综合考量创作者、传播者和社会公众的利益，坚持利益平衡原则，以防止垄断与滥用为核心，兼顾独占与共享。

[①] 参见吴汉东：《知识产权本质的多维度解读》，载《中国法学》2006年第5期。
[②] 参见王源扩：《试论与知识产权有关的反竞争行为及其法律控制》，载《政法论坛》1996年第4期。

二、规范我国著作权保护对象扩张的立法对策

著作权保护对象扩张的法律规范，应充分体现著作权保护的政策立场，并在我国知识产权战略的要求下，完善著作权保护对象的法律制度体系，从而促进著作权的创造和运用，在加强著作权保护的同时培育著作权文化，鼓励著作权法在激励创新的基础上促进知识的传播与共享。从应然角度讨论著作权保护对象的扩张，就是仅从法律规范的角度，分析面对创造性新表达时怎样认定扩张保护在立法论上最为合理，即考虑扩张保护对象时应当有怎样的立法支持。

（一）明确可版权要件相关概念的法律规定

符合可版权要件是扩张保护对象的基础，是否满足作品的定义和构成要件是某一智慧成果获得著作权保护的前提。著作权保护对象扩张的依据体现为著作权法作品定义规定中所蕴含的构成要件，只有符合可版权要件，才能被认定为受著作权保护的对象。同时可版权要件也是创造性新表达在作品认定中的必要且唯一的要求，这意味着只要满足作品构成要件就能被扩张为著作权保护的对象，反之不符合任一要件都应当限制其成为受保护的对象。我国《著作权法》第3条修改后，增加了作品定义的规定，"文学、艺术和科学领域内具有独创性并能以一定形式表现的智力成果"可以被认定为受著作权保护的作品。这一作品定义中的构成要件包括：文学、艺术和科学领域，独创性，一定形式表现和人类的智力表达。从应然角度看，只要创造性新表达符合这四项构成要件，且没有落入法定作品排除条款，都应当属于著作权的保护对象。

可版权要件是著作权保护对象扩张的基础，基于我国著作权法有关作品定义和具体构成要件存在的问题，建议从以下方面对作品定义的相关概念予以明确。

其一，明确作品独创性的标准。独创性是判断某一智慧成果能否成为作品的关键因素，应当借由法律规范进一步明确独创性标准。作品必须具有独创性，作为成文法国家，我国著作权法并未规定独创性的认定标准，而独创

性判断的主观性导致对其标准有不同理解。一是区分独创性的有无，只要具有独创性就可以成为作品；二是区分独创性的高低，只有具有较高独创性的成果，才能成为著作权的保护对象。① 理论和实务中对此一直存在较大争议，对独创性标准的理解是著作权保护对象制度中的核心问题。例如关于体育赛事直播节目的摄制和编排是否具有独创性，同一案件中就有截然相反的两种观点。② 可以说对独创性标准的理解直接决定了一种表达的定性，尽管个案分析中仍需要具体问题具体分析，至少在法律规范层面可以对独创性标准进行统一，尽量避免截然相反的判决结果。因此，有必要对独创性进行适当的解读，明确相关规定，为新技术新产业中作品认定的确定性提供基础保障。独创性应当包含以下要素：独立完成、个性表达、创作活动。尽管我国著作权法律制度是以作者权体系为基础建立的，但是结合我国著作权法的二元价值目标，可以适当借鉴版权体系的认定经验，在法经济学的成本收益和效率论分析下，独创性判断应当兼顾作品权益与作者利益，避免因独创性要求过高或是主观判断不统一妨碍产业发展。基于此，我国著作权法中的独创性，应限于"独立完成"和"最低限度创造"的独创性，即以客观形式为标准，以"有无"而非"高低"作为认定对象。这一概念并不是一定要在《著作权法》中进行解释，可以通过《著作权法实施条例》作出进一步规定。规定作品独创性的标准时，首先需要明确独创性的内涵，即作者是独立创作完成而非抄袭的，并且具有最低限度的创造性，即作品的创作能够体现作者一定的个性，而不是机械的体力劳动。其次还需要进一步说明独创性标准的"有无"还是"高低"。具体而言，某一成果能否被扩张为著作权的保护对象，在于其是否具有独创性，而非其独创性的高低。

其二，"以一定形式表现"应理解为"客观性"或"可再现性"。作品借以表现的介质多种多样，无论再现的介质是什么，通过任何方式再现的智慧成果，都可以满足"以一定形式表现"的要求。《著作权法》修改前，"有形

---

① 参见郝明英：《网络直播节目著作权保护研究》，中国政法大学 2020 年博士学位论文。
② 参见北京市朝阳区人民法院（2014）朝民（知）初字第 40334 号民事判决书；北京知识产权法院（2015）京知民终字第 1818 号民事判决书；高级人民法院（2020）京民再 128 号民事判决书。

形式复制"被理解为是作品的"固定性"要件,尤其体现在电影和类电作品的认定中。学界之前虽然对于"固定"是否应当被设定为电影和类电作品的构成要件,以及"随录随播"是否符合"固定"要求存在争议,但大都承认"摄制在一定介质上"就是指对"固定"的要求。①《著作权法》第三次修改中,一方面将作品定义中的"有形形式复制"修改为"以一定形式表现",另一方面又将"电影作品和以类似摄制电影的方法创作的作品"修改为"视听作品"。前者抛弃了有形介质的要求,为新技术手段下通过网络等无形介质表现的智力成果的认定扫清障碍。同时也不再局限于传统"复制"手段的再现,避免了关于复制是对作者创作过程的复制还是对作品物质载体的复制的分歧,任何能够使智慧成果被再现的方式都是被认可的。而"视听作品"的修改,避免了体育赛事直播、网络游戏直播和短视频等智力成果的作品认定中,关于"摄制在一定介质"要件的争议,以视听作品保护此类表达的认定更为明确。在"凤凰网赛事转播"案中,二审法院强调了"固定在物质载体上"的要件,认为直播的方式不能满足作品"固定性"的构成要件,无法纳入著作权保护的范畴。②我国不仅没有像美国等其他国家一样,直接在《著作权法》中将"作品被固定在物质载体上"规定为可版权要件,同时还明确将"口述作品"作为法定作品类型,这就充分说明我国《著作权法》并不要求保护的作品必须被"固定在物质载体上"。③随着电影和类电作品被修改为视听作品,"摄制在一定介质上"的要求更加淡化,作品认定中不再强调"有形介质"和"已固定"要件。这表明在数字技术时代,固定性要件应当理解为以任何形式可再现的表达,"可复制性"应被界定为"能够被客观感知的外在表达"。著作权法保护的是能够再现的表达,只要"表达的形式"能够通过一定的方式再现,处于可识别的状态,就满足"以一定形式表现"之要求,可以成为著作权保护的对象。

---

① 王迁:《体育赛事现场直播画面著作权保护若干问题——评"凤凰网赛事转播案"再审判决》,载《知识产权》2020年第11期。
② 参见北京知识产权法院(2015)京知民终字第1818号民事判决书。
③ 王迁:《论体育赛事现场直播画面的著作权保护——兼评凤凰网赛事转播案》,载《法律科学(西北政法大学学报)》2016年第1期。

其三，关于"人类的智力表达"与"智力成果"。依据著作权法的规定，著作权保护的对象是人类的智力成果，成果是一个比较宽泛的概念，成果的具体表现形式多种多样。现有法律规定的"智力成果"一般指智力创造活动所产生的精神成果，可以是思想内容的技术方案，也可以是思想内容的表现形式。① 著作权法保护的是表达而非思想，这一点在理论和实务界都已达成共识。我国现行《著作权法》落脚于"智力成果"，这一表述的范畴较大，成果一词并不能准确表达出这一内容，从广义来讲，科技成果的发明、外观设计等都是智力成果，但其中包含的很多技术、思想的成分是著作权所排除保护的，因此可以说知识产权保护的范畴是智力成果，而非著作权独有的。② 根据TRIPs协议的规定，受知识产权保护的智力成果，就包括作品、表演、录音、广播、商标、技术发明、地理标志、集成电路布图设计和商业秘密等。在定义作品时，采用"智力表达"更能凸显出著作权保护对象的本质属性，更好地揭示出作品是作者独创性劳动的产物。③ 有关游戏规则在太极熊猫诉花千骨案④、蓝月传奇诉烈焰武尊案⑤中，法院均认为"玩法规则"在一定条件下可以作为"表达"，具体的玩法规则可以等同于视听作品的情节，并认为具体化后的游戏规则具有独创性，得出游戏规则属于受著作权保护的对象的结论。本书认为，将保护对象扩张至游戏规则应当谨慎，尽管特殊的具体游戏规则有独创空间，但是应当通过"抽象—过滤—对比"对游戏规则加以全面对比，综合分析其是否具有独创性，避免造成思想垄断。游戏规则和游戏情节确实都通过游戏画面表现，但二者不能与游戏画面混为一谈，就像电影剧本和电影连续画面属于性质完全不同的表达一样。因此，智力成果一词可以修改为"智力表达"，以明确作品的本质特征。当前有观点开始舍弃以自然人作者为中心的创作观，认为作品是由谁创作的并不重要，"无问其是否体现了

---

① 参见吴汉东：《知识产权法》，法律出版社2021年版，第150页。
② 参见孙山：《〈著作权法〉中作品类型兜底条款的适用机理》，载《知识产权》2020年第12期。
③ 冯晓青：《我国著作权客体制度之重塑：作品内涵、分类及立法创新》，载《苏州大学学报》2022年第1期。
④ 参见江苏省高级人民法院（2018）苏民终1054号民事判决书。
⑤ 参见浙江省高级人民法院（2019）浙民终709号民事判决书。

人类的智慧本性"。① 但是此类观点是出于认定人工智能创作物构成作品的出发点加以论证的，在其他对象上适用时，则有违法律的逻辑性。因此有学者指出，假设我国著作权法特别规定了人工智能生成的内容不需要考虑创作主体是否为自然人，那么基于这一"但书"规定，可以有例外规则，但不能因此认为作品可以源于非人类。② 此外北京市高级人民法院《侵害著作权案件审理指南》明确将"人"作为作品的创作主体，只有人的创作才能成为作品。③这一要求实际上也反映出我国实践中对人工智能创作的态度，即在著作权保护对象上始终坚持人类的"智力表达"。

(二) 明确作品类型条款的示例性与开放性

作品类型条款的理解对于著作权保护对象的界定有重要的意义。有观点认为，一种智力成果要想成为著作权保护的对象，不仅需要满足"作品"的构成要件，还需要对应到具体作品类型，满足该类型作品的特殊构成要件。但如前文分析，将新表达扩张为著作权保护对象的唯一标准就是符合可版权要件。面对不同保护特点和需求的表达，著作权本身也对不同类型作品"区别对待"。例如计算机软件和建筑作品等更具实用功能和科技属性的技术性表达，以及更具欣赏功能和文化属性的艺术性表达，在独创性认定和保护范围上就存在很大的区别。

我国《著作权法》第三次修改前，由于第3条并未直接规定作品的定义，同时第3条第9项的兜底条款几乎没有适用的空间，作品类型条款被认为是封闭式列举。所有受著作权保护的作品都应当属于八种法定作品类型或特殊的汇编作品，导致实务中出现了将作品构成要件和作品类型同时认定，甚至直接依据作品类型的特殊构成要件作为保护对象扩张的依据。第三次修改后的《著作权法》在规定作品定义的基础上，将兜底条款修改为"符合作品特征的其他智力成果"，从前无法认定为八种法定类型的符合作品构成要件的表达，可以通过

---

① 参见黄汇、黄杰:《人工智能生成物被视为作品保护的合理性》，载《江西社会科学》2019年第2期。
② 参见王迁:《再论人工智能生成的内容在著作权法中的定性》，载《政法论坛》2023年第4期。
③ 北京市高级人民法院《侵害著作权案件审理指南》第2.1条。

适用兜底条款成为著作权保护的对象。所以作品类型的划分不应是保护对象扩张的依据，而是确定著作权权利主体与内容的基础，将新表达纳入法定作品类型不是强制性的，第3条中列举的八种法定作品发挥的是示例性作用。

作品类型条款的示例性，并不意味着可以轻率地对待作品分类。作品类型条款的设立在立法上还具有便于作品登记、与著作权权利内容的其他规则衔接等规范性功能。尤其是在界定新表达是否能被扩张为著作权保护对象时，若无法将新表达顺利解释为现有法定作品类型，就应当更为谨慎，即把"新表达无法在现行法中归类"作为其作品性存疑的考量因素之一。换言之，类推的方法为新型作品的司法保护提供了类型归属的可能，并建立了一定标准，即结合独创性、表现形式、保护必要性以及与之最相似的作品类型予以确定。尽可能适用已列举的法定作品类型为新表达归类，能够有效避免对新表达的过度保护以及不恰当的自由裁量。

（三）完善视听作品与录像制品的规定

视听作品和录像制品的界分是诸如体育赛事直播等新表达扩张为版权保护对象的主要争议，也是当前著作权保护对象与邻接权保护对象划定不清晰的原因之一。版权体系国家大多选择将录像制品纳入视听作品的范畴，避免进行独创性程度判断。如美国《版权法》中没有邻接权制度，录音、录像制品是作为"电影作品和其他视听作品""录音作品"进行保护的，这与美国较低的独创性要求密切相关，因此加以固定的体育赛事、社会事件和政治事件的电视转播，都构成电影或其他视听作品。而诸如德国、日本、中国等作者权体系国家的著作权法中，录音、录像制品则作为邻接权客体予以保护。由于要判断独创性的高低，"录像制品"的二分立法模式会增加法律适用的难度。当涉案画面处于具有很强的创造性和完全没有个性表达之间时，法院就必须进行复杂的个案分析。从本质上讲，作品与制品都属于非排他的公共物品，著作权与邻接权的立法模式就是为克服其公共物品属性并且激励该知识产品的私人提供。①

---

① 卢海君：《论体育赛事节目的著作权法地位》，载《社会科学》2015年第2期。

作品和制品最大的区别在于作品系创作、制品系制作；前者是著作权保护对象，后者是邻接权保护对象。有观点认为视听作品与录像制品的区分不利于作品的保护，视听作品与录像制品的差距仅在于独创性判断，应当将录像制品纳入视听作品的范畴，作为著作权保护的对象。① 但是如果将制品纳入作品的范畴并采取著作权保护，必须回答以下问题：录像制品是否经过创作行为完成；是否具有独创性，无论高低；是否能够以一定形式再现。当前对录像制品作为邻接权保护对象的重要问题，在于实践中与视听作品的区分缺乏统一的裁判标准。结合前文分析，关于独创性应采取"有无"还是"高低"的问题，基于我国法律规定现状，作品的独创性应采用"有无"作为标准。电影作品和类电作品与录像制品之间独创性的判断依赖于法官的主观判断，司法实践中也存在意见完全相左的观点，以独创性"高低"判断极易造成"同案不同判"。立法导致的不确定性，增加了权利人、投资人及社会公众在做出相应行为之前选择及鉴定的成本，不利于发挥法律的指引作用。

因此，要避免法律规范对制作手段和传播方式的限制，视听作品的定义就不能沿用电影和类电作品之规定。应当删除"摄制在一定介质上""能被技术设备感知"等限定要求，直接规定为"是指由一系列有伴音或无伴音的连续活动画面组成的作品"。因为本书认为，要解决视听作品与录像制品认定这一问题，立法上可以规定表述更为清晰的可版权要件，司法上可以通过指导性案例统一裁判标准，贸然将录像制品纳入著作权保护对象的范畴，需要面对我国著作权体系的整体协调问题。采用"有无"的独创性标准，能够有效减少主观判断造成的法律适用之不确定性，减少审判中法官判断文学性艺术性之独创性的难度。

三、完善我国著作权保护对象扩张的司法对策

著作权的司法审判对于优秀文化具有引领和导向功能。② 近年来，计算

---

① 参见卢海君：《论体育赛事节目的著作权法地位》，载《社会科学》2015 年第 2 期。
② 参见最高人民法院于 2021 年 4 月 22 日发布的《人民法院知识产权司法保护规划（2021－2025 年）》。

机、人工智能、大数据等技术的发展对著作权保护对象提出的挑战需要法律予以回应，但法律的滞后性及稳定性使保护对象扩张与限制的界定问题无法及时、快速得到立法回应，造成了司法实践中的不确定性。法律适用不仅仅是与法律规定的简单对号入座，更在于对法律的创造性适用。① 法律适用有时不仅要进行微观考量，还要进行宏观考量；不仅关注法律的技术性适用，有时也关注政策性考量。② 由于技术的迅速发展，现有法律规定并不能明确界定新表达在作品认定中的扩张与限制，有关作品定义、可版权要件、兜底条款和作品限制条款等方面尚存在不足之处，亟须通过法律解释加以完善。

（一）保护对象扩张的法律解释方法

法律解释是"由具有解释权的国家机关对具有法律效力的规范性文件的内容和含义所做的说明"。③ 法制建设的重点不仅仅在于立法机关法律制度的设立，也在于司法机关对于法律的适用与解释，只有通过不断地解释，法律才能获得真正的理解与适用，逐渐趋于完善。④ 解释法律时需要遵循一定的原则，包括合法性原则、合理性原则、法律统一原则、历史与现实相统一的原则等。⑤ 著作权保护对象的扩张的认定是法律解释主要的适用之处，面对创造性新表达是否能够被认定为著作权保护的作品时，要在现有法律体系下扩张保护，主要通过各种法律解释的方法。

对于如何适用法律，有学者认为需要考虑历史与现实的关系。⑥ 关于法律解释中历史与现实的关系的理解，一种观点认为是解释法律时如何看待立法原意、法律发展史与现实需求之间的关系；另一种观点认为是对于案件本身涉及的复杂和客观的历史因素如何看待。⑦ 也有学者认为，对法律的解释应从

---

① 参见孔祥俊：《法律解释与适用方法》，中国法制出版社2017年版，第147~149页。
② 孔祥俊：《著作权立法与司法的产业利益之维》，载《社会科学辑刊》2021年第6期。
③ 张文显：《法理学》，高等教育出版社2007年版，第279页。
④ 陈兴良：《法的解释与解释的法》，载《法律科学（西北政法学院学报）》1997年第4期。
⑤ 参见陈兴良：《法的解释与解释的法》，载《法律科学（西北政法学院学报）》1997年第4期。
⑥ 参见［美］卡多佐：《司法过程的性质及法律的成长》，张维编译，北京出版社2012年版，第25页。
⑦ 孔祥俊：《知识产权法律适用的基本问题——司法哲学、司法政策与裁判方法》，中国法制出版社2013年版，第561页。

客观角度出发,因为立法者在立法时不可能预见社会事态的发展,因此立法时赋予法律的意义及期待在法律解释与适用中并不具有拘束力。① 本书认为,对著作权保护对象扩张与限制之制度进行法律适用时,需要结合历史与现实综合考量。其一,从文义角度对著作权相关法律规范进行解释,即法律规定的作品本义;其二,从历史角度分析著作权法设立的目的以及法律规范完善中的考量因素,作为法律解释的参考因素;其三,结合著作权保护对象在新领域新业态中的现实发展,判断是否可以对作品可版权要件进行扩大解释,以适应版权产业发展的需求。

一是文义解释。文义解释一般是指针对规范性文件的既有规定,对其文本内容作出的解释,根据解释尺度的不同,文义解释具体可分为字面、限制和扩充解释三种类型。② 文义解释的重点在于理解法律规范文本本身的内容与含义,将视野局限于法律条文本身,对于突破文本既有含义、创设新的法律规则的解释,则坚持审慎的态度。文义解释是法律适用中最为常用的解释方法。如梦幻西游直播案中,法院对类电作品就采用了文义解释,认为涉案游戏连续画面可以被认定为类电作品,其认定要件主要在于连续画面,固定手法和制作过程并不重要。③ 符合可版权要件是著作权保护对象扩张的唯一标准,在对某种表达的独创性和可再现性进行分析时,首先要通过解释《著作权法》作品定义的含义,判断其是否符合作品的构成要件。例如法院在分析作品独创性要求究竟是以有无还是高低为标准时,采用文义解释,认为一般作品定义要求"具有独创性",此时对于创作这一事实行为,只能定性其是否存在,无法定量其有多少,同理,对于创造性的程度,也只能进行有无的事实判断,无法定量其高低。④

二是体系解释。体系解释又被称为系统解释,是从法律规范的语境及不

---

① 梁慧星:《法解释方法论的基本问题》,载《中外法学》1993 年第 1 期。
② 陈兴良:《法的解释与解释的法》,载《法律科学(西北政法学院学报)》1997 年第 4 期。
③ 参见广州知识产权法院(2015)粤知法著民初字第 16 号民事判决书;广东省高级人民法院(2018)粤民终 137 号民事判决书。
④ 参见北京市高级人民法院(2020)京民再 127 号民事判决书。

同法律规范的关系来确定其含义。① 运用体系解释的方法时，重点在于法律规范的前后联系，及其在整个法律体系中的地位和作用是否合乎逻辑，必要时也需要联系其他法律规范来进行说明。② 体系解释更有利于全面分析法律条文的含义，避免孤立、片面地理解法律。"立法者与法官必然从不同的角度来看待法律问题。立法者制定法律时将社会看作一个整体；而法官裁判的却是特定个体之间的纠纷。"③ 通常而言，立法更多是进行宏观判断和总体性的利益平衡，而司法则是基于个案，就案论案，使一般性法律得到个别化适用。④ 但是这并不意味着司法裁判只关注个案和微观的法律条文，法律适用有时还要进行宏观考量。在著作权保护对象扩张的界定中，对争议表达的可版权性判定，不仅仅要聚焦于作品类型的构成要件，也需要从体系角度，即著作权法律制度的整体逻辑上进行分析，这种分析过程实质上就是对立法规定进行体系解释。如在赫哲族乡人民政府与郭颂、中央电视台及北辰购物中心一案中⑤，涉及诉讼主体资格、著作权保护对象、作品权利归属以及适用法律等问题，司法机关在认定民间文学艺术作品是否应适用我国《著作权法》相关规定时，正是采用了体系解释的方法，根据《著作权法》对民间文学艺术作品的规定，以及该类作品与著作权法的逻辑关系，分析确定民间文学艺术作品属于著作权保护对象。

三是历史解释。历史解释属于目的解释的一种类型，亦称论理解释，即从逻辑上、以合理的目的对法律文本进行解释。法律制定的基础是当时的社会、政治、经济、文化和技术环境，法律制度一般不具有"超前性"，在适用法律过程中遇到新问题、新情况，而现有法律制度不能予以规范时，探究制定法律时的历史背景能够有助于更加准确地理解法律的本义。⑥ 尤其在当前数

---

① 参见孔祥俊：《法律解释与适用方法》，中国法制出版社 2017 年版，第 291~292 页。
② 张文显：《法理学》，高等教育出版社 2007 年版，第 286 页。
③ [美] 莱曼·雷·帕特森、斯坦利·W. 林德伯格：《版权的本质：保护使用者权利的法律》，郑重译，法律出版社 2015 年版，第 1 页。
④ 孔祥俊：《著作权立法与司法的产业利益之维》，载《社会科学辑刊》2021 年第 6 期。
⑤ 参见北京市第二中级人民法院（2001）二中知初字第 223 号民事判决书，北京市高级人民法院（2003）高民终字第 246 号民事判决书。
⑥ 郝明英：《网络直播节目著作权保护研究》，中国政法大学 2020 年博士学位论文。

字技术时代，新技术、新产业、新业态、新模式下版权产业中的作品创作、传播和利用的方式不断演变，产业发展的新需求对法律的认定标准、遵循原则和利益考量都进行了强化，不断为科技创新和产业发展提供新的动力。法律适用既需要促进产业发展与维持利益平衡，又需要解决由科技创新和产业发展带来的著作权保护对象扩张的难题，这些都需要从历史与现实的统一中作出解释。

四是类推解释。类推解释又称为类推适用和比照适用。在网络游戏画面的作品认定中，法院就通过类推适用与游戏动态画面特点最为接近的作品类型的相应规则进行判定。① 就游戏动态画面而言，既无法通过形式解释将其严格纳入现有法定作品类型中，也不能适用实质解释创设一种新的作品类型，由于游戏动态画面与"类电作品"在形式上的差异和实质上的相似，采取类推适用的方法将"类电作品"的规则适用于游戏动态画面，是在《著作权法》修改前的封闭式作品条款下可供选择的合理保护路径。②

（二）法律适用中保护对象扩张的完善

社会经济发展中各种新问题、新矛盾不断出现，需要法律加以规制，囿于成文法的稳定性要求不允许频繁进行法律修改，可能导致社会经济发展的新需求与法律滞后性之间的矛盾，仅靠法律条文本身无法解决这些问题。同时，这些新问题具有复杂性和易变性，为维护法律的稳定性、权威性和可预期性，法律规定不能事无巨细，法律适用中就可能存在模糊地带，因此法官在具体解释著作权保护对象范畴时的态度就格外重要。法律适用中，著作权保护对象的扩张应当遵循"宽容"的态度，将符合可版权要件而非可归入法定作品类型作为作品认定的标准。

1. 对新表达的扩张遵循"宽容"态度

当今时代，著作权保护与网络数字技术的发展密切相关，既承载着保护智力成果与发展产业经济的使命，又肩负着激励社会创新的平衡任务。因此，

---

① 参见广东省高级人民法院（2018）粤民终 137 号民事判决书。
② 参见焦和平：《形式解释论下网络游戏动态画面的著作权保护路径》，载《现代法学》2021 年第 2 期。

著作权保护的对象已超越了传统意义上的文学、艺术和科学作品，在新领域新业态下与经济发展和科技创新有着更为紧密的联系。

立法经常具有滞后性，在回应新技术对于著作权新保护对象的需求时不免迟缓，即便予以回应，也受制于诸多情形。① 在复杂的数字技术环境下，司法在满足著作权对象调整的需求中发挥着调整法律认定标准和适应实践发展的作用。如戈斯汀教授所说："随着技术变革的速度越来越快，国会根据技术变化而调整著作权法的能力，看起来却变得越来越小。国会自通过美国首部著作权法以来的两个世纪中，一直扮演着追逐新技术……的角色，通常落后于新技术大约20年……著作权所有人通常期望联邦法院，尤其是最高法院来保护他们免受新技术所带来的威胁。如果说国会得花上20年时间，才能将一种由新技术所带来的作品使用方式纳入其中，也许能够更快些。"② 传统的著作权保护理论和界定标准为适应产业的发展已经做出了与时俱进的新突破。为了保护数据库、计算机软件等成果，美国等国家甚至通过降低著作权保护标准的方式将其纳入保护范围，使得版权的保护强度与范围和经济社会的现实需求相匹配。例如，在计算机软件、数据库等对象的著作权保护中，通过新的独创性标准之解读，将计算机软件作为文字作品保护③，而数据库也通过降低独创性标准的方式作为作品或者参照作品保护的方式得到保护。④ 美国最高法院在甲骨文诉谷歌案中指出，计算机程序在某种程度上与许多其他受著作权保护的作品有所不同，因为计算机程序总是出于功能目的。⑤ 该案的审理可能影响到上万亿的美国软件市场，因而也获得了业界广泛的关注。可见美国在版权保护对象的扩张问题上秉持着相对宽容的态度，在可解释的范围内

---

① 孔祥俊：《著作权立法与司法的产业利益之维》，载《社会科学辑刊》2021年第6期。

② ［美］保罗·戈斯汀：《著作权之道：从谷登堡到数字点播机》，金海军译，北京大学出版社2008年版，第22页。

③ 参见［美］罗伯特·P. 墨杰斯等：《新技术时代的知识产权法》，齐筠等译，中国政法大学出版社2003年版，第731页；［英］埃斯特尔·德克雷主编：《欧盟版权法之未来》，徐红菊译，知识产权出版社2016年版，第380页。

④ 参见［英］埃斯特尔·德克雷主编：《欧盟版权法之未来》，徐红菊译，知识产权出版社2016年版，第155页。

⑤ See Google LLC v. Oracle America, INC., 593 U. S.（2021）, Decided April 5, 2021.

第六章 完善我国著作权保护对象扩张制度的对策

尽量将新表达纳入版权的保护范围。

我国《著作权法》第三次修改前对作品的规定有较强的封闭性，采取的是"列举+兜底"的方式。但是，产业创新和科技发展不断催生新的作品类型，司法实践不得不积极应对，法院通过扩张适用的方式进行开放性适用。例如，前些年对于新出现的作品类型，先是尽可能通过扩张其他列举性规定的方式变通解决，最后仍不敷使用，于是法院不得不在司法适用中对于"其他作品"进行开放性解读："人民法院完全可以运用著作权权利的兜底性规定和独创性裁量标准，对于确有保护必要、有利于产业发展的客体或者客体使用方式，根据最相类似的作品类型或者运用兜底性权利"对游戏提供保护。① 法律适用从来都是动态的和因应式的，在法律既定的背景下，司法应当以一种"宽容"的态度面对著作权保护对象的扩张，通过与时俱进的客观解释和漏洞填补，使法律适用符合实践发展的时代需求。这并不意味着要扩张整个著作权制度的保护范围，相反的，著作权法中除了保护对象之外，还有保护期限、法定许可、合理使用等权利内容和期限的限制，用以保障使用者和社会公众的利益。以宽容的态度扩张著作权的保护对象范畴，这些智力成果进入著作权法律体系后，还需要面对法定排除条款、权利内容和期限等相关制度的规制，扩张保护对象并不一定导致著作权的整体权利扩张，不会导致权利的滥用。

总体而言，传统的著作权保护领域相对稳定，新科技新产业则对著作权保护不断提出新要求，涉及这些领域的著作权创新异常活跃。在前沿版权产业中，利益博弈异常激烈，著作权保护对象的扩张认定直接影响着产业发展和科技创新，因而成为产业博弈的重要战场。相关条款在具体适用中仍难免需要进行创新性解释，在新表达的作品认定中，遵循"宽容扩张"态度，尽量将有版权保护需求的新技术、新产业中的创新性智力表达纳入著作权保护

---

① 在"央视国际诉聚力"案中，浦东新区人民法院判决指出，著作权所保护的权利内容是相对开放的……人民法院完全可以运用著作权权利的兜底性规定和独创性裁量标准，对于确有保护必要、有利于产业发展的客体或者客体使用方式……运用兜底性权利给予保护。参见上海市浦东新区人民法院（2017）沪0115民初88829号民事判决书。

的范畴，是司法发挥其灵活性的合理路径。

2. 统一作品可版权性要件的裁判标准

法律的确定性在实践中的具体体现是同案同判，即相同的法律事实，在适用同一法律文件的前提下，可以得到同样的解释与适用，相同的案件可以得到类似的判决。法律的确定性、统一性、秩序性和连续性是实现社会正义的主要构成因素。① 著作权与邻接权保护对象认定的冲突，主要表现为视听作品与录像制品界限的模糊，这是由于作品可版权要件中的独创性和可再现性认定缺乏统一的裁判标准。在法律的适用过程中，对于法律事实相同或者相似的案件在具体适用标准上能否统一，关乎当事人的合理预期，同时也关乎司法机关的公信力，更关乎我国法律制度能否有效运行。② 要想"同案同判"，就需要统一法律适用中的裁判标准。

其一，统一独创性要件的认定标准。在作品可版权要件的裁判中，独创性是判定是否构成作品的基础，统一的独创性标准是问题的核心。本书认为，"独创性"判定中应统一解释为以下几点。一是独创性认定的基本条件为"独立创作"和"最低程度的创造性"。二是独创性认定应以"有无"而非"高低"为界限。邻接权受著作权法保护并不是因其具有地域作品的独创性，也不是因为对独创性本身的认识，而是因其涉及作品的传播，相关主体投入了大量的资金和精力。邻接权和著作权的立法赋权目的不同，其侧重保护传播作品中的劳动和资金以鼓励作品的传播。因此无论邻接权对象是否具有独创性，都不会影响这一立法目的的实现。同时，将录像制品限制于复制性、机械性录制的连续画面，而只要在画面拍摄、取舍、剪辑制作等方面能够反映任何构思、表达或个性的就应当认定为视听作品。录像制品和其他邻接权对象一样，都没有独创性，但是具有商业利益。是否存在独创性是认定某种表达能否受到著作权保护的主要标准，不应将作品独创性设立为"抽象而无法

---

① 参见［美］卡多佐：《司法过程的性质及法律的成长》，张维译，北京出版社2012年版，第31页。

② 郝明英：《网络直播节目著作权保护研究》，中国政法大学2020年博士学位论文。

捉摸"的较高标准。① 尽管我国是著作权法体系的国家,但我国著作权法的设计和适用更接近美国版权法的标准。以"有无"作为独创性的认定标准,能够减少法律适用的不确定性,尽可能排除独创性高低带有的美学和艺术价值的主观判断,从尽量客观的法律角度评价作品是否存在独创性,既有利于法律适用的确定性,也有利于权利人或投资人确定合理的预期收益,增强投资信心,促进版权产业的稳定发展。这是为所有类型作品提供平等保护的理论共识。三是在独创性判定过程中,可确定一系列参考要素增加判定的准确性。例如作者的创作意图、作品是否包含作者的个性以及作品是否包含了作者的劳动与投入,以及不同类型作品独创性的空间大小、参考要素等也都有区别。因此,体育赛事节目通过镜头的选择、编排而具有独创性,能够被认定为视听作品中的"其他视听作品"。

其二,统一可再现性要件的认定标准。首先将体育赛事直播等直播类节目扩张为作品的一大壁垒,在于"随录随播"是否满足类电作品"摄制在一定介质上"的固定性和一定介质的要求。考虑到信息存储传播技术的进步,存储更加快捷、存储介质更加多元,要实现保护对象的扩张,对"介质"作广义解释是更为合理的路径。② 实践中法院已经认为"信号即可以视为一种介质",可以被信号传送的体育赛事直播画面就已经存在于信号之中,则该直播画面就已经被"固定"到了"介质"之中。其次,作品的构成要件是"可再现性"而非"固定",只要体育赛事直播是可再现的表达,就应当成为著作权保护的对象。因此,实践中应当对可再现要件做广义解释,其不只是再现手段,还包括再现的介质,坚持技术中立原则。

其三,统一思想与表达保护的认定标准。思想表达二分作为著作权保护对象认定中广泛适用的规则,明确指出著作权只保护表达。当前相关争议表现为两个方面,一是电子游戏设计的"游戏规则"属于受著作权保护的"表达"还是不受保护的"思想",二是著作权绝对不保护思想内容的规

---

① 参见郝明英:《网络直播节目著作权保护研究》,中国政法大学2020年博士学位论文。
② 王迁:《体育赛事现场直播画面著作权保护若干问题——评"凤凰网赛事转播案"再审判决》,载《知识产权》2020年第11期。

定是否合理①。本书认为，著作权的保护对象只能是表达而不是思想，游戏规则的具体表述可以作为文字作品得到保护，但他人若只是借鉴游戏规则而没有体现在游戏画面上，就不一定构成侵权，因为著作权的保护对象是电子游戏画面而不是游戏规则。"思想"在一定程度上确实是能够被具体地表达出来，然而这并不能得出"思想"可以受著作权保护的结论。此外，有案例认为具体到一定程度的网络游戏规则已经脱离思想范畴，蜕变成表达，可以被扩张为著作权的保护对象。②但是界定"具体到一定程度"时，法院提到了通过游戏玩家的"可感知性"判断，法律适用的确定性需求不能建立在普通公众的判断上，"玩家清晰感知"也并不足以使游戏"玩法规则"成为受著作权保护的"表达"。

3. 法定作品类型是新表达类型化的首选

实践中法院将新类型表达纳入著作权保护的路径之一，就是在不突破法定作品类型的前提下，将符合作品构成要件的表达通过文义解释、扩大解释等方法，或经类推纳入已有作品类型进行保护，以保持开放性的保护态度，而经过类推无法归入已有作品类型的表达则不能成为著作权保护的对象。能够纳入法定作品类型不是智力表达成为受保护作品的必要条件，无法纳入法定作品类型也并非限制的依据。艺术创作与技术传播都是非常有动力的因素，出现前所未有的新作品类型，在逻辑上是完全可能的。③"凤凰网赛事转播案"再审中，法院区分了"作品"的构成要件与"作品类型"的特殊要求之间的差别，指出判断表达只需要分析其独创性与可复制性，而无关乎其属于何种作品类型。④

作品类型化的意义，一方面在于不同类型作品的特殊要求影响作品享受的权利内容、行使方式和期限；另一方面在于当新表达难以被归入现有法定类型时，应更为谨慎地检验其是否属于作品。不同的作品类型可能对应不同

---

① 参见胡来强：《论作品思想内容与著作权保护之关系》，载《湖南文理学院学报（社会科学版）》2008年第1期。
② 参见杭州市中级人民法院（2018）浙01民初3728号民事判决书。
③ 李琛：《论作品类型化的法律意义》，载《知识产权》2018年第8期。
④ 参见北京高级人民法院（2020）京民再128号民事判决书。

第六章 完善我国著作权保护对象扩张制度的对策

的保护规则，对新作品归类时，要重点考虑该作品与保护规则是否匹配。作品类型立法模式的开放与否也是影响新表达能否顺利进入作品清单的重要因素。而作品类型条款的开放性解释取决于对缓和的知识产权法定主义的坚持。

鉴于知识产权法定主义的功能和价值，我国《民法典》第123条"法律规定的其他客体"，肯定了知识产权法定主义，知识产权保护对象必须由法律规定，排除了当事人的自由创设。[1] 著作权法定是从知识产权法定主义衍生而来的，著作权法定的内容可能包含作品内涵、作品类型和权利内容的法定，其中作品类型法定是保护对象扩张的主要障碍。坚持著作权法定，并不必然要求作品类型法定，二者不能混为一谈。"著作权客体法定"只需要将认定作品的标准事前确定，而不意味着法律只能保护已经列举的八种作品类型。本书不赞同"绝对作品法定主义"，即承认某种新表达毫无争议地符合作品要件，立法也没有排除保护，但仅仅因为无法在现行法中归类而拒绝予以著作权保护的立场。"绝对作品法定主义"违反了作品类型的示例性。因此，著作权的作品法定主义，是指作品的构成要件法定以及作品类型开放的法定。在严格的知识产权法定主义的指导下，应当遵循缓和的作品法定主义，即在现有著作权保护对象的制度框架下，坚持作品构成要件的标准必须由法律规定，同时在现有作品类型的框架内，通过法律解释为新类型表达寻找归属，并且以法定的方式适用兜底条款，不轻易放开法官创设作品类型的门槛。缓和的法定主义并不否认行政法规和司法创设知识产权的权利，以缓和知识产权法定主义的僵化。[2] 克服法定主义局限性的方法，除了对法律规范进行不断修改、增加弹性条款之外，还可以考虑将知识产权纳入整个民事权利体系和制度框架当中，强化知识产权的私权属性，以民法理论弥补知识产权法定主义的缺陷，从而在司法救济中获得平衡。[3]

因此，立法中的作品类型条款是示例性而非限定性的，"新作品类型的出

---

[1] 参见《民法典》第123条第2款第8项。
[2] 参见郑胜利：《论知识产权法定主义》，载《中国发展》2006年第3期。
[3] 易继明：《知识产权的观念：类型化及法律适用》，载《法学研究》2005年第3期。

现,有益于社会文化而无损于公共利益"。① 然而作品类型虽然不能作为排除作品保护的直接依据,其在具体权利内容、实质性相似认定和侵权行为认定等方面仍旧具有重要作用。因此,对于不能直接判断类型归属的新表达,要妥善运用已列举作品类型的内涵与外延,在适当的解释空间下,对于确有保护必要、有利于产业发展的新型作品,根据最相类似的作品类型给予著作权法保护。将法定作品类型作为作品归类的第一选择并不等于其是唯一选择。例如因网络游戏规则难以被归入现行《著作权法》法定的作品类型就否定其能够成为著作权保护对象,颠倒了保护对象认定的第一性问题,即应当将游戏规则扩张为保护对象,至于如何保护则是第二性的问题。至于汇编作品、改编作品等特殊作品类型,是用于确定著作权权利归属的分类方式,与《著作权法》第 3 条中以表现形式为标准的作品分类不同。对符合作品要件的对象进行归类,是指将其归入《著作权法》第 3 条的八种法定作品类型和"其他智力成果"之中。

实践中,在保护对象扩张将作品类型认定与要件认定并列的错误路径中,为了将新型表达纳入现有法定类型,出现了许多过度扩张解释作品类型内涵的情形。但这种适用可能会导致更不合乎逻辑的解释,违背作品类型法定主义的初衷。同时,过度的扩大解释也并未能为新表达的认定提供合理、合法且符合逻辑的解释路径,未能解决保护对象扩张的本质需求。在非必要情况下,法律适用应保持谦恭且不进行过度扩张也是法律解释时应当遵循的规则,因此不能过度扩大解释法定作品类型的范畴。综上,在保护对象扩张时,要在认定作品要件问题的基础上,再考虑作品的归类问题,无法被直接归入法定作品类型的新表达,扩张时应当更为谨慎,同时也要注意法律解释的合理性,避免过度扩张解释作品类型的内涵和外延。

4. 兜底条款审慎适用

作品类型兜底条款的功能,是明确赋予法官解释的权力,将符合作品特征但未被立法者明确列举的新类型表达,以"其他智力成果"之名予以保护。

---

① 李琛:《论作品类型化的法律意义》,载《知识产权》2018 年第 8 期。

人类的有限理性决定了兜底条款的必要性，但考虑到部分学者对滥用兜底条款任意创设作品类型的担忧，应当以审慎的态度，在明确路径的指引下适用兜底条款。

首先，必须以审慎的态度适用兜底条款。虽然随着技术的进步，确实可能出现在立法时未曾预料的新型表达形式，但将以一定形式表达的智力成果认定为作品，意味着设定相对意义上的垄断权，本质上是对他人创作自由的限定，应当非常谨慎。其次，在某些实行"作品类型开放"模式的国家（如美国），法院在法律中明文规定的作品类型之外去认定作品的情形罕见。尽管《伯尔尼公约》中以"科学和文学艺术领域内的一切作品，不论其表现方式或形式如何"作为兜底，但是《伯尔尼公约保护指南》指出，在《伯尔尼公约》第2条第1款中，"实际上主要的作品类型全部都列举出来了"。[①] 法院也应对认定新作品采取谨慎态度。更大的权力意味着极强的责任。可以在个案中认定一种《著作权法》未予明确规定的表达形式"符合作品特征"，从而将其作为作品提供著作权保护，建议法院审慎行使由此所获得的强大权力，避免著作权侵入其他法律的领地甚至公共领域。当法院面对要求在《著作权法》明文规定的作品类型之外，将一种表达形式认定为作品的情形时，应认真比较其他国家的立法与司法实践。我国法院并非不可以"创新"，但著作权是绝对权，认定新作品、提供绝对权保护，意味着对他人行动自由的限制，必须谨慎赋权。

在此基础上，关于兜底条款的适用，可以遵循以下四个步骤。第一步，该对象符合可版权要件，同时不属于作品法定排除范围，且扩张与著作权法的立法目的、价值取向相契合；第二步，通过文义解释、体系解释等法律解释方法，将该对象纳入现有法定作品条款中的类型；第三步，对于难以归类的作品，尝试通过适当的扩张解释，将其归入法定作品类型；第四步，仍旧无法归类的作品，考虑适用兜底条款将其作为"其他智力成果"保护。法院

---

① 世界知识产权组织编：《保护文学和艺术作品伯尔尼公约（1971年巴黎文本）指南》（附英文文本），刘波林译，中国人民大学出版社2002年版，第13页。

在据此审理涉及所谓新型表达形式的案件中,需要参考以下因素:一是激励创作与利益平衡标准;二是新情况标准,即出现了创作方式、传播手段、产业环境、利益分配等情形的变化;三是排除其他权利的保护路径。也有学者提出了四步骤认定的方法,但是在第二步就直接运用扩张解释的"归入法",第三步则是考虑特殊权利请求对作品类型解释的影响。[①] 这种认定步骤一定程度上否定了构成要件是保护对象扩张的唯一标准,并且过早适用扩张解释可能导致法定作品类型的过度扩张,同时未考虑到保护对象限制条款的影响,应当在归类之前先进行排除条款的判断。

5. 发挥指导性案例的指导作用

指导性案例在法律适用中有特殊的地位,最高人民法院发布指导性案例,是希望其发挥指导司法实践的作用。指导性案例的指导、补充作用在必要时能够适当突破现有法律规定。

指导性案例无疑对各级法院司法审判工作发挥指导作用,并能够促进著作权保护对象扩张与限制在法律适用中标准的统一。2015 年 6 月 2 日,最高人民法院颁布《〈关于案例指导工作的规定〉实施细则》,第 1 条即指明"统一法律适用标准,维护司法公正"。2014 年,《中共中央关于全面推进依法治国若干重大问题的决定》中将"加强和规范司法解释和案例指导,统一法律适用标准"写入党的文件中。由此可见,法律适用标准的统一是指导性案例制度的目标。最高人民法院拥有法律解释的制度性功能,以及法律规范的复合型确证授权和试行立法的制度性实践,指导性案例已经成为司法裁判中"基于附属的制度性权威并具有弱规范拘束力的裁判依据",具备了"准法源"的地位。[②] 尤其是面对数字技术发展中出现的新表达和传统表达的新形式,现有法律制度并不能很好地解释作品认定问题时,就需要司法领域的突破与实践,无论是法的解释或是类推适用,都无法突破立法规定,但是指导性案例在一定程度上能够对法律的适用发挥指导或补充作用,必要时突破立

---

① 参见任安麒:《作品类型兜底条款的证成、选择与适用——兼议非典型作品的著作权保护路径》,载《电子知识产权》2021 年第 4 期。

② 雷磊:《指导性案例法源地位再反思》,载《中国法学》2015 年第 1 期。

法的规定。将事实认定清楚、适用法律正确、说理充分的案件确定为指导性案例，对于后续出现相同或者相似对象作品认定的法律适用具有极强的指导作用，有助于法律适用的统一。

只有构建统一的法律适用标准，创设著作权保护对象扩张与限制的司法规则，方能规范法官的裁判活动。以司法案例形式生成的裁判规则，可以建立一种具有中国特色且富有效率的全新规则生成机制，满足社会发展中多变的司法需求。[1] 我国司法规则的创制并非"法官造法"，本质上是在现有法律规范体系内对相关规定的具体化适用，如对于抽象的一般法律条款进行具体性、创造性的补充，从而创制相应的司法规则，指导后续司法裁判。[2] 法官在对争议性对象进行作品认定时，对法律、法规、司法解释的适用有一定的自由裁量的空间，通过指导性案例制度对法官自由裁量权的约束是以"遵循先例"的方式予以体现的，这种规则的适用具有针对性。综上，对于新表达作为著作权保护对象的扩张与限制认定问题中，通过指导性案例确定相应的裁判规则，一方面可以对法律适用发挥指导作用，另一方面也可以为法律的进一步修改、完善提供素材与论证依据。

落实指导性案例的上述作用，才能在司法实践中指导法院在著作权保护对象的扩张与限制的界定中保持立场一致。

首先，明确参照指导性案例的依据。指导性案例具有准立法地位，虽然法官在案件审理过程中并不能直接援引指导性案例，但根据最高人民法院的相关规定，指导案例具备了事实上的拘束力和准法律渊源地位。[3] 一是要明确要求各级法院注意参照最高人民法院发布的相关指导性案例，赋予指导性案例辅助法律适用的效力。二是明确如何具体地在判决中参照指导性案例，对法官应当通过何种方式"参照""注明"或"引用"指导性案例作出具体指引。三是从理论上解决指导性案例裁判要点的法律定位问题，明确裁判要点

---

[1] 宿迟：《案例指导制度的作用和意义》，载《法制日报》2017年7月1日，第7版。
[2] 参见何欣：《我国知识产权案例指导制度研究》，中国政法大学2020年博士学位论文。
[3] 参见最高人民法院《〈关于案例指导工作的规定〉实施细则》（法〔2015〕130号），第11条。

是说理还是裁判的依据。①

其次，增加关于著作权保护对象扩张与限制的指导性案例，及时填补法律规范中保护对象扩张与限制相关规定的漏洞。现有关于著作权保护对象认定的指导性案例中，第 81 号案例强调同一历史题材中的主线、脉络属于社会公共领域部分的财富，不能被个人独占。本案一方面是以思想表达二分为出发点，结合合并原则与情景原则，限制将创意、素材、公共领域信息、创作形式、必要场景，以及具有唯一性或有限性的表达形式作为著作权保护的对象；另一方面也强调社会公共领域的财富不能为私人所垄断。② 第 157 号案例即左尚明舍家居用品一案中，法院在判断涉案衣帽间家具是否能被认定为受著作权保护的作品时，首先明确家具的实用功能属于思想范畴，不受著作权保护；其次分析涉案家具艺术性部分的可版权要件，判断其具备可复制性、独立完成且具备美术作品的艺术创作高度。在涉案衣帽间家具的实用功能与艺术美感能够分离的情况下，其可以作为立体造型艺术作品，并属于美术作品，成为著作权保护的对象。③ 上述指导性案例分别对著作权保护对象扩张与限制的标准和路径进行了一定的回应，但是对于大量的争议表达来说亟待补充完善。

---

① 参见胡云腾：《打造指导性案例的参照系》，载《法律适用（司法案例）》2018 年第 14 期。
② 参见最高人民法院（2013）民申字第 1049 号民事裁定书。
③ 参见最高人民法院（2018）民申字第 6061 号民事裁定书。

第七章　完善我国著作权保护对象限制制度的对策

在著作权保护对象扩张完善的基础上，本章进一步加深对限制制度的认识，在限制保护对象基本原则的指导下，提出规范和完善我国著作权保护对象限制的立法和司法路径，从而达到著作权保护对象限制制度的科学化、现代化以及精准化，合理有效地维护公共利益。

一、我国著作权保护对象限制的原则

法律原则因其根本性内容和贯穿始终的效力作用具有重要价值。① 立法的过程既是设立法律制度和规则的过程，也是制度中相关价值目标博弈与权衡的过程。② 著作权保护对象的限制也不例外，同样需要我们从不同视角予以考量。

（一）符合立法目的

著作权保护对象扩张与限制的界定，应当契合著作权法的立法目的。著作权法的价值目标蕴含在人们的知识观念与主体诉求中，"知识为公"要求著作权法维护充分的公共领域空间，"表达为私"则要求著作权法为正当的个人投入提供保护。③ 法律制度的建立与完善并非是孤立的，其与产业发展密切相关，可以说法律制度的建立与完善根本目的在于促进产业的发展。④ 在著作权保护对象的法律制度演变中，技术是动因和推手，市场调整是灵魂，技术与

---

① 参见来小鹏主编：《知识产权法学案例研究指导》，中国政法大学出版社2019年版，第18页。
② 吴占英、伊士国：《我国立法的价值取向初探》，载《甘肃政法学院学报》2009年第3期。
③ 参见付继存：《著作权法的价值构造研究》，知识产权出版社2019年版，第30页。
④ 郝明英：《网络直播节目著作权保护研究》，中国政法大学2020年博士学位论文。

市场的结合共同推动着著作权制度的变革发展。

受功利主义影响，版权法体系的国家大多认为版权法的立法目的在于激励作品的创作。① 英国《安娜女王法》作为世界上第一部真正意义上以保护作者为核心的版权法，主要是由出版商进行推动的，出版商通过推动授予图书作者和所有权人以印刷和重印其作品复印件的权利，再说服作者将权利转让，使其可以获得图书的某些控制权。② 可见，著作权法最初设立的目的是满足出版产业的发展需求，为保障出版行业的发展，通过法律授予其一定期限的独占垄断权。③ 美国版权法的立法奉行功利主义，即以社会需要为目的，确定版权保护对象的范畴。④ 美国的版权保护体现的就是功利主义，通过保障作者在一定期限内的专有权利以促进科学的发展。在美国版权法颁布之前，在市场监管缺失的情况下，印刷商与书商是文化产业的主导者，他们以侵犯作者利益为代价谋求暴利。为改变这一现状，美国于1790年发布第一部《版权法》，确保本国创作者在一定期限内对自己的作品享有排他性权利。⑤ 美国版权保护的对象从最初的书籍、地图与图表，逐步扩张至如今的八大类作品，不只是回应印刷技术和数字技术对作品创作、复制与传播的巨大影响，同时也是法律制度出于社会经济和国家文化发展需求的选择。1966年美国最高法院"Graham"一案中，杰斐逊确立了鼓励机制在美国知识产权法律制度中的理论基础。⑥ 版权作为一种人为的社会设计，是国家和法律为诱导人们生产更多的新知识而授予的权利。能否将版权保护扩张至某些智力成果，完全是出于一国法律制度之目的而确定的，个人作为创作者无权就此作出决定。⑦

与英美相反，著作权体系国家大多从自然权利说的角度理解著作权保护

---

① 参见王迁：《著作权法》，中国人民大学出版社2015年版，第8~9页。
② 参见[澳]布拉德·谢尔曼、[英]莱昂内尔·本特利：《现代知识产权法的演进：英国的历程（1760-1911）》，金海军译，北京大学出版社2012年版，第12~13页。
③ 参见郝明英：《网络直播节目著作权保护研究》，中国政法大学2020年博士学位论文。
④ 美国宪法第1条第8款第8项"版权与专利条款"中指出，"为了促进科学……的发展"，国会有权"保障作者在有限的期间内……就他们各自的作品享有专有权利"。
⑤ 参见李明德：《美国知识产权法》，法律出版社2014年版，第227~232页。
⑥ Graham v. John Deere Co., 383 U.S. 1, 148 U.S.P.Q. 459 (1966).
⑦ 参见李明德：《美国知识产权法》，法律出版社2014年版，第11~12页。

第七章 完善我国著作权保护对象限制制度的对策

对象扩张的正当性，如法国国会明确否定了保护作品是为了刺激文学和艺术创造的功利主义观念。① 《世界人权宣言》中提出，"人人对由于他所创作的任何科学、文学或美术作品而产生的精神的和物质的利益，有享受保护的权利。"② 然而，当前很多新型表达并非一经创作出来就能够被扩张为著作权的保护对象，而是经历了激烈的讨论和反复的验证。若依自然权利说之立法目的理解，只要是作者创作出的作品，都应当被扩张保护，更不应当以独创性程度较低为由而限制保护。

从我国著作权法来看，其立法目的一是要鼓励作者创作以激励知识创新，二是强调促进版权产业的发展。我国《著作权法》第1条开宗明义地规定了赋予智力成果以著作权保护的目的，是为了"鼓励有益于社会主义精神文明、物质文明建设的作品的创作和传播"，从而为社会提供更多福利。同时，以科技创新和产业发展为集中表现的产业利益在塑造著作权法中的作用也愈加重要，使著作权法不断加强顺应产业发展的制度建构。"传统观点将版权视为作家和艺术家的法律，然而事实却是版权源于出版商且长期以来为企业家而非创作者的利益服务。"③ "实际上，被视为作者权利的版权其实有利于出版商，尽管这样命名，版权继续起着出版商权利的作用，在这一点上倒是从版权产生就一贯如此。"④ 版权产业的发展由多方主体参与，法律制度的完善与版权产业发展的需求密切相关。有学者提出作品需要给社会带来经济价值和社会效益。⑤ 在《著作权法》第三次修改过程中，曾增加了"经济"一词，修改为"促进社会主义文化、科学和经济的发展与繁荣"，⑥ 说明在著作权法的修

---

① See Jane C. Ginsburg, "A Tale of Two Copyrights: Literary Property in Revolutionary France and America", *Tulane Law Review*, Vol. 64, 1990, pp. 991~992.
② 参见《世界人权宣言》第27条第2款。
③ ［美］莱曼·雷·帕特森、斯坦利·W. 林德伯格：《版权的本质：保护使用者权利的法律》，郑重译，法律出版社2015年，第3页。
④ ［美］莱曼·雷·帕特森、斯坦利·W. 林德伯格：《版权的本质：保护使用者权利的法律》，郑重译，法律出版社2015年，第138页。
⑤ ［澳］布拉德·谢尔曼、［英］莱昂内尔·本特利：《现代知识产权法的演进：英国的历程（1760－1911）》，金海军译，北京大学出版社2012年版，第207~210页。
⑥ 参见2014年《著作权法（修订草案送审稿）》第1条。

改中，曾考虑在法律上明文强调著作权法促进版权产业经济发展的目的，尽管最终未予保留，但一定程度地说明了我国著作权法的立法目的。

本书认为，著作权限制制度在排除保护对象时，必须符合著作权法激励创新的立法目的，既需要为作品创作与传播提供保障，也需要为版权产业利益发展提供基础。著作权法通过对上述立法目的的判断与取舍而追求社会价值与实效，体现出著作权法立法目的的社会学意义，即通过对各方利益的安排与平衡，体现法律对社会的控制。法律通过规范保护对象的扩张，赋予作者或其他著作权人对其作品的专有权利，激励文学、艺术和科学领域内作品的创作以及对创作的投入，同时以保护对象的限制条款确保社会公众对知识的共享和传播，进而在此基础上实现促进文化科学事业发展与繁荣、促进经济社会发展的终极目的。

（二）符合法律的价值取向

法律既是一种行为规范，也是一种价值导向。因此，立法国家对法律内在的价值原则和价值追求，也是人们参与立法活动时普遍认同并努力追求的理念、普遍原则和目标。价值取向一方面指国家制定法律时希望通过立法所达到的目的或追求的社会效益，另一方面指法律所追求的多个价值目标出现矛盾时的最终选择。① 而著作权保护对象限制之法律制度的价值取向，具体可以表现为在秩序与自由相统一中坚持自由价值优先，以及在效率与效益相统一中坚持效益价值优先。

其一，秩序与自由价值都是法律的基本价值取向，但是在二者出现矛盾时，应当将自由价值置于优先地位。法律一定程度上是为了建立和维护秩序而制定建立的，无论是社会秩序或是产业秩序，可以说秩序是立法的基本价值取向之一。② 自由作为法律追求的基本目标则是法律的精神内核和价值追求，体现、保障和发展自由是所有法律的精髓。法律是保障自由的准则和依据，"法律规范是为了确认和保障自由而制定，法律权利和义务也是为了实现

---

① 吴占英、伊士国：《我国立法的价值取向初探》，载《甘肃政法学院学报》2009年第3期。
② 参见吴占英、伊士国：《我国立法的价值取向初探》，载《甘肃政法学院学报》2009年第3期。

自由而设定，法律实施的出发点和归宿都是为了自由"。① 秩序与自由虽然都是立法的价值取向，但两者并非处于同等的地位。著作权保护对象限制的界定，应当建立在追求秩序与自由价值相统一的基础上。当保护对象的扩张引发社会秩序与个人权利自由出现冲突时，应当明确自由价值取向的优先性。秩序是自由的前提和基础，而自由则是秩序的目的和追求。立法活动所建立的秩序，最终是为了保证公众自由权利的实现，秩序是立法的直接价值追求，自由则是以秩序为基础的法律目标，可以说秩序和自由是工具性价值和目的性价值的对立统一。②

其二，效率和效益价值都是法律追求的价值目标，界定著作权保护对象的限制时，不仅要体现法律的效率价值，更要强调效益价值，应当将效益价值置于优先位置。立法层面上，效率与效益紧密相关的同时也有明显区别。"立法效率"一般是指立法的投入成本与立法的产出收益之间的关系，立法效率的衡量标准就是一定的立法资源是否有最大量的法律产出，追求事物过程的经济性、节省性；"立法效益"则是指立法行为所产生的合目的的有益效果的多少，追求结果的有用性、利益性。③ 市场经济环境下，法律规范通过一定的"投入"或"消耗"来实现或创造效益已成为共识，立法作为社会活动中一种特殊的价值取向有其明确的目的性和自觉性。著作权立法本质上是对有限公共资源利用的过程，固然要讲究效率，但同时必须保证法律的效果是有益的产出，否则不仅不能被良好地实施、浪费立法资源，也无法达成著作权法鼓励创作的目的，甚至破坏法律本身的权威性。可以说，立法作为一种资源配置的手段，其内在本质和意义都体现了对效益价值的追求。在界定是否应当限制某种表达成为著作权保护的作品时，不仅要兼顾效率与效益的价值取向，实现立法效率与效益的最大化，在二者冲突时，更应当优先实现著作权法的效益价值。

---

① 付子堂：《关于自由的法哲学探讨》，载《中国法学》2000 年第 2 期。
② 参见吴占英、伊士国：《我国立法的价值取向初探》，载《甘肃政法学院学报》2009 年第 3 期。
③ 李步云、汪永清主编：《中国立法的基本理论和制度》，中国法制出版社 1998 年版，第 71 ~ 78 页。

（三）保持法律的确定性

法律制度构建的是一套行为规范体系，它可以调整并指引人的行为，因此法律应具有确定性。① 法律规定的确定性是统一法律适用标准的前提，如果为司法机关留下了较大的自由裁量空间，则势必会影响其适用效果。尤其是个案裁判中，法官自由裁量权的大小会影响法律的可预期性，法官在进行司法审判过程中所具有的个人特色，使法律适用不可避免地具有主观性、随意性，将会大大降低法律的可预期性和公信力。法律的终极目的是社会福利，而法律的确定性作为社会福利的主要构成因素之一，必须被充分考虑。②

版权产业的稳定有序发展，有赖于相关法律规范的确定性。无论是出版业、影视娱乐还是其他版权相关产业的发展，都需要确定性的法律，以保护投资人的资金劳动投入，并保障其预期收益，否则会影响其对投资判断的正面预期，不利于版权产业的发展与繁荣。在著作权保护对象扩张与限制的相关法律规范中，如何理解作品定义、适用作品类型条款，如何理解保护对象的排除条款，借此判断体育赛事直播、网络游戏直播、人工智能生成内容等对象是否属于受保护作品，这些都需要法律规范对此进行提前规划，形成明确的指引。若法律规定不能确定，那么就无法使投资者、创作者、使用者获取信赖利益，这样的法律环境将对版权产业的稳定发展产生负面作用。尤其是著作权保护对象的限制制度，由于排除保护必然涉及对私权利的限制，因此，在完善保护对象限制的法律规定时，要着重考量法律的确定性因素，即立法在限制的相关规定中相对明确，不会给司法留下过大的自由裁量空间。

法律的不确定性危害巨大，法律规定不明确，司法适用不统一，人们对于行为没有合理的预期，会直接影响立法目的的实现。著作权保护对象限制规则的完善，有赖于确定的法律环境。当然除了法律的确定性外，在进行法律解释和制度完善时，还需要考虑法律对权利义务设置的合理性，以及法律制度预期的可行性，对多方利益进行平衡，从而促进法律制度的良好适用。

---

① 郝明英：《网络直播节目著作权保护研究》，中国政法大学 2020 年博士学位论文。
② 参见［美］卡多佐：《司法过程的性质及法律的成长》，张维编译，北京出版社 2012 年版，第 31 页。

二、我国著作权法限制的立法完善

在前文分析的现行立法中有关保护对象限制的现存问题的基础上，以应然的角度讨论我国著作权法中相关法律规范的完善思路，从著作权的立法目的、价值取向等多视角进行考察，同时将经济、文化、环境等因素融入其中，分析保护对象限制规则应当如何规定，以及如何从立法上完善限制的规范。

（一）法定排除条款是限制保护对象的主要依据

著作权保护对象的限制，也可称为著作权保护对象的排除、著作权不适用对象等，其实质是对某些作品获得著作权保护的明示排除，尤其是一些明显符合可版权要件，但基于公共政策、公共利益和著作权立法宗旨等方面考虑不宜给予著作权保护的作品。[1] 著作权法规定的限制保护的对象，应当符合著作权法保护权利人与维护公共利益的双重价值目标与立法宗旨。[2] 著作权法独特的调整对象和立法宗旨是围绕作品的利益关系规范的，其立法宗旨上的双重价值目标表现为，保护作者和其他著作权人之专有权利，并维护一般的社会公众利益基础之上更广泛的公共利益，二者缺一不可。[3] 尽管当前普遍强调知识产权的私权属性，同样需要关注著作权法实现公共利益的价值取向与目标。

著作权保护对象的限制可通过三个步骤予以认定：第一步，该表达不满足可版权要件，或该表达属于不受著作权保护的思想，属于公共领域的范畴，自然属于保护对象的限制范围；第二步，该对象可能满足作品的独创性要件，但出于公共利益或立法目的的要求，被著作权法明示排除；第三步，对于符合可版权要件或是作品认定有争议的新表达，若依据相关理论、著作权的立法目的或法律适用的解释，该表达更适合全人类共享，或限制更有利于知识

---

[1] 参见冯晓青、徐相昆：《著作权法不适用对象研究——以著作权法第三次修改为视角》，载《武陵学刊》2018年第6期。

[2] 参见冯晓青、徐相昆：《著作权法不适用对象研究——以著作权法第三次修改为视角》，载《武陵学刊》2018年第6期。

[3] 参见《著作权法》第1条。

信息传播等因素，则对该对象进行排除或一定程度地限制保护。

因此，限制保护对象在法律规范中的依据，主要是《著作权法》第 5 条法定排除条款。此处排除保护的对象，理论上应当是一种独创性表达，符合著作权关于作品的可版权要件。因为如果某个对象不符合作品的一般要件，根据默示规则其已经在作品认定或扩张的过程中予以排除，当然不适用著作权法，就更不具有明示排除的必要性。因此，如果某特定对象在逻辑上明显不属于受著作权保护的对象，就不必在保护对象的法定限制条款中予以列举。

（二）保护对象限制条款的完善

为限制立法不适当地限制作者的正当权利，著作权法的保护对象限制条款对于符合独创性的智力成果予以排除时，应当有充分的法律依据为支撑，同时应避免对特殊类型作品给予保护而造成著作权立法目的无法实现，尤其是著作权法追求在激励作品创作的同时，实现更广泛的知识接近和信息共享之目的。[①] 因此，对符合可版权要件对象的排除，往往是基于立法目的无法实现或公共利益无法保障等根本原因作出的特殊制度安排，必须有法律的明确规定。

针对我国《著作权法》第 5 条著作权保护对象的法定排除条款，笔者认为，该规定的内涵和外延需要考虑从以下方面予以完善。一是增加一般原则性规定，增设"思想表达二分"和"公共领域"的一般性条款，与作品定义条款对应，发挥限制保护对象的兜底作用，即引入规定"著作权保护延及表达，不延及思想、过程、原理、数学概念、操作方法等。"[②] 二是删除"单纯事实消息"的明示排除规定。法律明确排除的对象具有的共同基础是符合独创性要件，对于不符合独创性的表达，在扩张的认定阶段已经能够予以排除，不需要单独在排除条款中进行限制。这种删除一方面是区分明示排除规则和默示排除规则，以满足立法简洁性的需求，另一方面是基于促进信息及时传播的公共利益价值的维护。三是增加"法律、法规、规章，国家机关的决议、

[①] 参见冯晓青、徐相昆：《著作权法不适用对象研究——以著作权法第三次修改为视角》，载《武陵学刊》2018 年第 6 期。

[②] 参见李建华、梁九业：《我国〈著作权法〉中公有领域的立法构造》，载《河南大学学报（社会科学版）》2020 年第 2 期。

决定、命令和其他具有立法、行政、司法性质的文件，及其官方正式译文"的"官方汇编"不适用著作权法的列举，包括对指导性案例的汇编。指导性案例不同于一般的裁判文书，无法纳入第 5 条第 1 项之下。四是增加"国家或者公共管理机构依法组织的各类考试试题"作为著作权的排除对象，但仅限于国家统一考试的试题，不包括法人、非法人或自然人对试题的汇编。

三、我国著作权保护对象限制的司法完善

在明确对著作权保护对象扩张的宽容态度的基础上，保护对象的限制应当强调合法性，要求在法律适用中以审慎的态度解释保护对象的排除。

（一）限制保护对象应遵循"严谨"态度

著作权保护对象的限制，一方面是传统的不受保护的作品，另一方面是排除新表达的作品认定。由于当前有争议的新型表达之扩张与限制极大地影响着新领域新业态的创新动力和预期收益，将一种表达排除在著作权保护范围之外对该产业或技术的发展可能产生较大的负面影响，限制私权利的取得，因此限制新表达成为著作权的保护对象应该遵循一种"严谨"的态度，简单来说就是必须有法可依，必须具有合法性。

对于涉及新技术、新产业、新业态、新商业模式的发展方向或者行业性行为标准等问题的新型作品案件，涉及重大法律标准创设或者改变的案件，需要加强宏观考量，注重把握科技和经济发展大势，在宏观把握的指导下取得更好的微观适用效果，避免过度陷于法律适用的技术主义和技术性思维、固守简单的法条主义。[①] 与传统著作权保护相比，科技创新和产业发展中的新领域对著作权法律制度提出新的要求，结合宏观政策的趋势与微观法律规范的考量，尤其要防止机械的法条主义和简单的法律技术主义进路。如果在法律适用时还不能确定未来的发展趋势或是无法判定对象的本质问题，那么更宜采用司法渐进主义进路。

要注意并不是新技术必然能获得"新保护"，不是所有新领域新业态下的

[①] 孔祥俊：《著作权立法与司法的产业利益之维》，载《社会科学辑刊》2021 年第 6 期。

创造性新表达都能被扩张为著作权的保护对象,限制保护对象所遵循的严谨态度并不意味着不能发挥限制调节著作权范围的作用。例如在菲林律师事务所人工智能生成内容一案中,法院就因其不是自然人的创作成果,在内容的生成过程中研发者和使用者都没有创作行为,认定其不构成作品。① 这是法律适用中审慎适用法律规定的可版权要件和排除制度的结果,也是在著作权限制制度中坚持了严谨态度的体现。

(二) 功能性要素的排除

前文所述实用艺术的认定争议中,具有功能性的形状可以受工业品外观设计保护,其中可以与功能性分离的艺术性部分,则能够成为著作权保护的对象,然而实践中美学与功能性特征真正能够分离的对象很少。由于计算机软件的功能性特征,工业品外观设计与计算机软件的知识产权保护可能会有重叠。甲骨文诉谷歌案中,美国最高法院认为计算机程序与许多其他受著作权保护的对象有所不同,其某种程度上总是出于功能目的。② 这种特性使计算机软件易于成为著作权、专利和商业秘密等重合保护的对象。面对这一难题,2017 年美国最高法院的分离性测试为认定实用物品是否能够成为版权保护对象提供了可借鉴的标准:一是分离性,即该特征在脱离原先所依附的物件后仍可被视为构成一个二维或三维的艺术作品;二是独创性,无论是其本身或是其依附于其他的有形载体作为表达,均需符合受到著作权保护的绘画、图形或雕塑作品的定义。③

另一个因功能性而在作品认定中争议颇多的对象就是服装设计。2019 年,欧盟法院在 Cofemel 案中对服装设计的可版权性认定作出解读,指出服装设计若想获得著作权保护,需要满足两个要件:一是属于作者个人的智力原创;二是对于该创作的表达属于应受保护的作品类型要素。④ 服装设计的"美学效

---

① 北京知识产权法院(2019)京 73 民终 2030 号民事判决书。
② See Google LLC v. Oracle America, INC., 593 U.S. (2021), Decided April 5, 2021.
③ See Star Athletica, LLC v. Varsity Brands, Inc., 580 U.S. (2017).
④ Case C‐683/17, Cofemel-Sociedade de Vestuário SA v. G-Star Raw CV, Judgment of the Court of Justice of the European Union (Third Chamber) of 12 September 2019.

果"或"艺术价值"不应成为著作权保护所需要考量的因素。这些司法先例使得版权与外观设计的保护界限更为模糊,但显然是在扩张保护对象的空间,更利于版权法在对服装产业的保护中发挥积极作用。2021年11月8日,我国首例关于服装设计产品著作权保护案一审宣判,法院认为对于"具有独创性、艺术性、实用性、可复制性,且艺术性与实用性能够分离的服装",可以认定为实用艺术作品,并作为美术作品受著作权法的保护。① 将实用艺术作品作为美术作品受著作权法保护,除需要满足关于作品的一般构成要件及美术作品的特殊构成要件外,还应满足其实用性与艺术性在物理上或观念上可以相互分离的要求。

实用艺术作品的著作权法保护一直极具争议。从原理上讲,实用艺术作品兼具实用性与艺术性,司法的保护既需要对其艺术性贡献予以认定,又不能使其功能性特征被个人所垄断。② 因此,我国司法实践对实用艺术作品的保护主要是通过美术作品的保护方式,即判断其具有艺术性美感的部分能否从观念上被分离出来,从而决定是否对该部分实施单独的保护。但是如果功能性和艺术性难以分离,那么必然不能成为著作权保护的对象,以避免不合理地扩大著作权范围,导致知识产权权利体系的混乱。法律适用中可以借鉴域外对功能性要素排除的方法,严格进行判断,如果无法排除其实用性部分,则应当予以限制。

(三) 与其他权利重叠保护并非限制的依据

传统的知识产权保护奉行"各行其道"的规则,即各类知识产权各具独特的理念、理论、标准和方法,相互并不重叠交叉。③ 知识产权需要维护私权利与公共领域的界限与平衡,但权利之间的交叉保护事实上扩张了权利保护的范围和内容,不利于利益平衡的构建。著作权与专利权的保护对象原本是各行其道的,但近年来,两种权利具有共同的激励创新之价值目标,权利范围的各自扩张使得保护对象的交叉现象层出不穷。著作权和专利权在实用艺术作品等保护功能上殊途同归,著作权法律制度关于实质性非侵权用途的技

---

① 参见重庆自由贸易试验区人民法院(2021)渝0192民初994号民事判决书。
② 孔祥俊:《著作权立法与司法的产业利益之维》,载《社会科学辑刊》2021年第6期。
③ 参见孔祥俊:《著作权立法与司法的产业利益之维》,载《社会科学辑刊》2021年第6期。

术中立原则也借鉴自专利法领域。因此，对象交叉导致的重叠保护，引发诸如实用艺术品等对象在权利保护中的冲突，例如实用艺术作品的外观设计专利权到期后，能否继续受著作权保护。有的观点认为不应再给予著作权保护；有观点认为仅能对专利权未保护的部分继续给予著作权保护；主流观点主张专利权的失效，并不影响其受著作权保护。①不同观点代表了不同的价值取向和利益平衡，重合保护的态度显然有利于权利人，但为公共利益带来危害。

近年来，以反不正当竞争法补充保护著作权的案件也有所增多，尤其是当新型表达尚未被扩张为著作权的保护对象时，实践中倾向于利用反不正当竞争发挥事实上的过渡性"孵化"作用。②例如在刚出现体育赛事直播节目的保护需求时，出现了体育赛事直播属于反不正当竞争还是著作权的保护对象的争议和分歧，尤其是在作品属性存疑的情况下，权利人就倾向于利用反不正当竞争保护，以提高维权效率，尽管实务中逐步有案件判决将体育赛事直播认定为著作权保护的对象，但是也不能回避二者在部分权益保护中存在模糊地带。随着知识产权保护逐渐趋于向权利人倾斜，知识产权不断扩张，各类知识产权法律之间的交叉重叠保护现象时有发生。③著作权与其他知识产权的保护对象不是泾渭分明的，交叉重叠可能导致更为复杂的法律冲突和利益平衡问题，在扩张时更需要审慎考量，但不能将著作权与其他权利的对象重叠作为排除保护的依据。如网络服务提供者通过技术手段收集、处理用户信息所产生的生成物，是纳入著作权保护对象运用《著作权法》保护，还是适用《个人信息保护法》或《反不正当竞争法》予以确认和保护，可能会涉及网络用户、拥有或控制生成物的网络服务提供者以及其他网络平台等不同主体的多种权利和利益问题。但是无论利用何种法律规范主张权利，都不影响在应然视角下智力表达的可版权性，和其他权利对象的重叠保护不能成为限制著作权保护对象的原因，以避免异化著作权法律制度本身的权利边界。

---

① 参见杨柏勇主编、北京市高级人民法院知识产权庭编著：《著作权法原理解读与审判实务》，法律出版社 2021 年版，第 75 页。

② 孔祥俊：《著作权立法与司法的产业利益之维》，载《社会科学辑刊》2021 年第 6 期。

③ Viva R. Moffat, "Mutant Copyrights and Backdoor Patents: The Problem of Overlapping Intellectual Property Protection", *Berkeley Technology Law Journal*, vol. 19, 2004, No. 4, pp. 1473–1532.

第八章　数字经济和高质量发展需求下的扩张与限制对策

随着互联网、大数据、物联网、云计算,特别是人工智能的快速发展和广泛应用,数字经济正在逐渐成为推动我国经济高质量发展的新支点。习近平总书记多次对数字经济发展作出重要指示:"发展数字经济是把握新一轮科技革命和产业变革新机遇的战略选择"。[①] 文化产业直面新技术对著作权保护的冲击,依托新技术探索出多种作品的创作方式,瞬间传播也成为可能,极大提高了作品创作和传播的效率。二创短视频、电子游戏、网络直播等文化产业新业态催生着我国著作权保护对象不断扩张,促进着文化消费的新增长。

一、数字经济领域著作权保护对象扩张与限制问题

数字技术和经济社会的进步使得作品的创作手段和传播方式都出现了新的变化,著作权的保护对象、权利主体范围、权能范围、保护期限及保护力度都呈扩张趋势,且这种扩张的趋势在全方位、多层次、宽领域地继续扩大和加强,尤其是数字时代新领域、新业态下大数据、人工智能等对创作、传播方式的影响,出现了许多新的版权扩张的表现形式,冲击着现有的著作权法律制度。就国内面向而言,著作权扩张并未实现动态平衡,危及公众对信息的接触,增加了知识垄断的可能性;而著作权扩张通常以论证新表达构成受著作权保护的作品的方式实现,这又可能使现有版权理论体系愈加混乱。数字技术作为一把双刃剑,在促进产业发展的同时,也给著作权保护对象制

---

① 习近平总书记2021年10月18日在十九届中央政治局第三十四次集体学习时的讲话。

度带来了新的问题与挑战。

(一) 数字经济发展对著作权保护对象制度的理论挑战

数字经济下,大数据、人工智能等技术在版权领域的运用,对知识产权法哲学提出了挑战,在进行保护对象扩张与限制的界定时,冲击着劳动价值论、激励理论在分析著作权制度中发挥的基础作用,同时数字版权下新业态的发展对公共利益考量也有所欠缺。前文对著作权保护对象扩张与限制的理论基础分别进行了探讨,指出了传统哲学理论视角下保护对象扩张与限制的正当性依据。数字经济下网络游戏、人工智能等新业态在获取著作权扩张保护的过程中,也对著作权基础伦理带来挑战。

其一,从劳动价值论看人工智能生成内容的可版权性,人工智能的"劳动"是否契合知识产权的"智力劳动"?人工智能的劳动体现在设计者、使用者、训练者的努力,也体现在人工智能本身的运行上。但是设计者、使用者的劳动成果是人工智能本身,真正生成内容的则是人工智能运行后的结果。人的创造性劳动包括思考、创作并融入情感,而人工智能的"劳动"包括数据输入、自我学习、算法运算以及输出结果,二者存在本质差别,远远超出了劳动价值论的概念范畴,很难用这一著作权基础理论分析其正当性。

其二,数字经济下新表达的扩张也可能导致激励理论的失灵。激励论作为以促进生产为基础论证知识产权正当性的基础理论,在传统著作权领域发挥着促进知识生产、激励作品创作的重要价值。然而激励理论生效的前提是知识产权的稀缺性,因此通过扩张版权保护对象,赋予创作者私权保护以促进新表达的生产传播。但是数字版权产业中所依赖的大数据和信息技术自身就因经济利益而获得激励,人工智能的"创作"过程也不需要激励而进行。本文所讨论的著作权保护对象的扩张与限制,是基于著作权法二元价值目标和现实需求而言的,诸如人工智能生成物的认定其实并不影响人工智能和相关软件获取经济收益,反而是在涉嫌侵权时才需要进行作品认定。有学者指出,知识产权制度的目标在于通过授予排他性权利促进创新,如果无需激励也能产生成果,则权利无保护之必要。① 换言之,如果人工智能软件的设计者、使用者在没有著作权激励的情况下,也会促使人工智能"创作"出成果,并且人工智能生成内容速度快、成本低、产量大,那么这种生成内容还属于激励论视角下需要激励的稀缺性产品吗? 还需要针对其进行著作权的扩张保护吗? 因此,数字经济下产业发展的特点也可能导致激励理论在著作权领域的失灵。

其三,数字版权扩张可能引起利益失衡。著作权法保护作者或著作权人利益的最终落脚点是实现公共利益,著作权人行使权利不得损害公共利益。② 数字经济时代大数据、人工智能的数据抓取、自动生成和传播等行为,其内容创作和权利问题都涉及公共利益的衡量。人工智能技术的应用带来了作品创作的新形式,AI 音乐、AI 绘画、AI 文章等成果都可以通过算法生成。著作权法是否应当将人工智能生成内容扩张为受保护的"作品",核心争议是人工智能生成内容应当被赋予私权利,还是应该处于公共领域中供公众自由使用。公共利益的地位在人工智能技术迅速发展的背景下也受到冲击,大数据、算法需要进行的数据信息收集,都有可能对现有作品、个人隐私及数据权益进行使用,实践中也出现涉及用户隐私保护及数据使用的公共利益。随着人工智能生成"作品"数量的显著增加和内容的不断丰富,社会公众对人工智能的使用需求稳步增长。如何在促进人工智能产业发展的私权制度和保障公众获取知识信息的公共利益之间获得平衡,也是数字经济时代版权理论制度面临的重要挑战。

(二) 数字经济领域保护对象相关政策法规滞后

数字经济下的数字版权是指在数字化知识中,享有著作权并受著作权保护的各类智力表达,主要表现为网络文学、网络视频、网络游戏、网络音乐、网络新闻和网络直播等,每一种类型的数字作品,都是数字经济时代的独立

---

① See Pamela Samuelson, "Allocating Ownership Rights in Computer-Generated Works". *Pittsburgh Law Review*, Vol. 47, 1986, pp. 1185, 1190~1101. 转引自梁志文:《论人工智能创造物的法律保护》,载《法律科学(西北政法大学学报)》2017 年第 5 期。

② 参见《中华人民共和国著作权法》第 4 条。

产业，因此必须妥善对待数字版权产业发展中的著作权问题，具体在保护对象领域，就表现为对象范围的扩张。从"电子作品""数字作品"到"人工智能生成作品"，出于创作主体、独创性和可再现性的要求，主要问题在于是否认可其符合可版权性的要件。其中具有代表性的创造性新表达包括体育赛事节目、电子游戏和人工智能生成内容，它们都与保护对象的扩张有关。

一是数字经济发展需求与立法理念的冲突。法律制度是与社会、经济、科技、文化等诸多因素紧密相关的，任何法律问题，包括数字版权的保护对象扩张与限制，都需要置于复杂的社会背景之下予以解决。尽管现行《著作权法》和相关政策规定针对数字时代的版权保护新特征进行了回应，但是人工智能的出现对法律人本位的体系提出了挑战，法律法规的步伐并未与数字经济的快速发展步伐一致。当然，法律的滞后性与立法理念有很大的关系，著作权体系国家强调的自然法哲学基础注重作品创作的事实和作者的精神权利。① 将作者权利置于首位，且享有绝对的不可转让的著作人身权，这与人工智能创作（生成）的特征具有天然矛盾。人工智能生成过程很难说全部来源于人类的智力劳动，尽管其生成的结果和人类智力表达难以区分，但是仍旧很难满足著作权法以人类作为权利主体的基本理念，要解决数字经济下创作型新表达的扩张与限制问题，首先要解决作品认定中的立法理念基础。

二是数字版权领域缺少针对性的法律规范。结合前章所述当前针对体育赛事、人工智能等新业态的法律法规现状，可以发现当前规范多以政策性文件为主，缺少立法的直接回应。数字经济下技术变化迅速，新作品类型本身也有较大的不稳定性，但适当的立法指引或是法规能够更好地促进产业的规范性、发展的积极性。就数字版权对象的扩张与限制而言，首先要解决的是新业态下的成果是否能够被认定为作品，与传统作品表现形式有所不同的要素，例如体育赛事的随录随播能否满足可再现性、人工智能生成内容是否满足"人类的智力成果"、网络游戏规则是否属于表达范畴等，能否符合可版权性要件的要求，应当由法律规范予以明确。

---

① 李明德、黄晖等：《欧盟知识产权法》，法律出版社 2010 年版，第 137 页。

三是人工智能知识产权立法和需要解决主体资格认定问题。人工智能程序本身能够获得著作权保护，人工智能的算法部分也可以由专利法保护。在有关人工智能生成内容的著作权实践中，自然人作为创作主体的相关规定是其受版权保护的主要阻碍，这不仅是著作权保护对象扩张的基础问题，也是伦理问题，是否因其主体资格予以限制，是人工智能生成内容版权保护模式不可回避的关键。日本《著作权法》要求作品"创造性地表达思想或感情"，人工智能不能表达如同自然人的思想感情，因此可能就无法被扩张为著作权的保护对象。在独创性的认定问题上，通常要求由作者独立完成并体现一定的创造性，基于独创性的"主观性"和"客观性"理解不同，可能对人工智能是否满足独创性存在不同的理解。这也说明在当前版权保护对象扩张路径的基础上，现行著作权法无法对无人类参与创作的人工智能生成内容提供有效保护，理论、实践和产业领域对处理人工智能生成内容的版权保护问题目前缺乏统一的认识。

（三）数字版权保护对象的司法实践规则有待统一

数字经济领域的创造性新表达认定尽管在立法上难以快速构建系统规范，但是司法实践中已经进行了一系列尝试。前章已经对体育赛事和网络游戏相关案例进行了分析，可以发现在扩张保护对象上仍旧存在着认定标准不统一的问题，司法实践对可版权性有不同理解，对于扩张版权保护对象的态度也有宽容和谨慎之分。司法实践中也在积极探索对新类型表达的作品认定规则，以鼓励创造性智慧成果的创新与运用。同时，在"元宇宙"下随着人工智能、脑学科、5G技术等科技发展而创造出的"显著改变"的NFT艺术作品、区块链游戏、虚拟旅游中的建筑作品等虚拟数据作品，同样存在是否能扩张为版权保护对象的问题。[1]

其中，关于人工智能生成内容的可版权性认定，在我国实践中就有不同的观点。关于人工智能写作软件生成文章的作品认定，一种观点认为著作权保护对象扩张不能突破自然人创作的要件。例如在菲林律师事务所诉百度网

---

[1] 李晓宇：《"元宇宙"下虚拟数据作品的著作权扩张及限制》，载《法治研究》2022年第2期。

讯案中，北京互联网法院认为通过计算机软件智能分析所生成的文章内容不是由菲林律师事务所通过智力劳动创作所得，尽管随着科技发展，人工智能生成的"作品"在内容、形态以及表达上都与自然人作品趋近，但是自然人创作完成仍是当前《著作权法》所保护的文字作品的必要条件，因此涉案表达不能被扩张为著作权保护对象。① 现行法律体系已经对当前的科技和产业投入给予了充分保护，不应再突破民事主体资格的规定。尽管软件研发和使用环节有自然人的参与，但是这两个环节中的自然人行为都没有传递出该行为人对生成内容包含思想、感情的独创性表达，不能认定为创作者。

另一种观点对保护对象扩张更加"宽容"，认为人工智能生成内容是经过个性化的安排和选择的，符合可版权要件。在腾讯诉盈讯案中，深圳市南山区法院通过判断表达的独创性以及是否体现出创作者的个性化选择等因素后，认为 Dreamwriter 软件生成的文章是经过主创团队相关人员的个性化的安排与选择决定的，"表现形式非唯一且具有独创性"，能够构成著作权保护的作品。② 这是全国首例认定人工智能生成内容能够作为著作权保护对象的案件，并且一审判决已生效。本案说明，在法律适用中也有观点认为，尽管对部分表达的可版权性存在各方面的争议，但是只要法律没有明确排除经由人工智能为主体创作的作品，就不能限制其成为著作权保护的对象，这是一种对著作权保护对象认定极为"宽松"的态度。也有学者支持这种观点，认为人工智能不是"人"，但也不是"物"，不能因为人工智能生成内容的创作主体不是自然人就否定其可版权性，认为这是一种由人工智能对设计版权的演绎作品。③

MOBA（Multiplayer Online Battle Arena）网络游戏是指多人在线战术竞技游戏，涉及到游戏地图及游戏规则的作品认定问题。在《英雄联盟》诉《英雄血战》一案中，一审法院认为游戏地图缩略图和游戏场景图属于原告的图

---

① 参见北京互联网法院（2018）京 0491 民初 239 号民事判决书。
② 参见广东省深圳市南山区人民法院（2019）粤 0305 民初 14010 号民事判决书。
③ 参见易继明：《人工智能创作物是作品吗?》，载《法律科学（西北政法大学学报）》2017 年第 5 期。

形作品和美术作品;① 二审广州知识产权法院认为,游戏地图缩略图中属于公有领域的表达或者通用元素应当予以排除,在二者内部防御塔、水晶、大小龙、野怪等游戏元素的结构、布局以及相同元素的表达方面都存在明显差异,二者具有独创性表达的部分不同,因此不构成实质性相似,游戏静态画面应当着重对比具有审美意义的美术表皮。② 可以发现在本案网络游戏缩略图的作品认定中,法院采取了较为宽松的独创性认定,有利于激励市场创新和创作投入。同样在前文所述《炉石传说》案中,法院认为卡牌游戏规则整体在说明书中体现可以作为文字作品保护,而游戏规则本身并不能作为著作权保护的对象。③ 司法实践中对网络游戏的版权对象扩张是较为审慎的,在不扩张认定为作品的情况下利用《反不正当竞争法》进行规制。

关于短视频特效道具是否能够被扩张为受著作权保护的对象,应当属于何种作品类型的问题,在"窗花剪剪案"中,法院认定抖音短视频平台的特效道具是具有独创性的连续创造性画面,特效页面、图标是美术创作,明确了人机交互特效道具可以认定为视听作品的保护路径。④ 同样在另一起"梦幻云"短视频特效案中,该特效通过用户面部表情的变化触发云朵散去的动态效果,法院认为其能够体现独特的设计、编排和个性化选择,有一定的视觉美感,符合独创性要求,用户参与的交互过程未超出特效本身的设定效果,不构成著作权法意义上的创作行为,该短视频特效可以作为美术作品保护。⑤ 可以发现对于此类短视频平台上的创造性新表达,法院倾向于认定其为受著作权保护的作品,以激励产业的创新发展。

诸如以上在大数据、人工智能技术下的创造性新表达带来的问题,法律制度的滞后性和司法实践的不统一不利于人工智能生成内容的保护,不利于为公众提供稳定的预期,也不利于产业健康有序发展。

---

① 参见广东省广州市天河区人民法院(2018)粤0106民初20222号民事判决书。
② 参见广州知识产权法院(2020)粤73民终5293号民事判决书。
③ 参见上海市第一中级人民法院(2014)沪一中民五(知)初字第23号民事判决书。
④ 参见浙江省杭州市中级人民法院(2021)浙01民终12535号民事判决书。
⑤ 参见浙江省杭州市中级人民法院(2021)浙01民终12577号民事判决书。

(四) 数字版权国际保护有待进一步加强

全球范围著作权保护对象的基本原则和规定在很大程度上是统一的，在国际公约保护框架下，各国在实际操作中的立法规范与司法政策可能受一国文化背景、经济发展水平、科技发展速度和立法精神等因素影响而有所不同。在数字经济下的数字版权保护领域，这种保护程度的差距更为明显，一方面当前尚未出台针对数字版权的国际公约，另一方面各国针对大数据、人工智能等新业态的应对理念和措施也有较大的差别。

各国著作权制度对于人工智能发展应对也有不同。美国版权局发布《版权登记指南：包含人工智能生成材料的作品》，明确版权只保护人类创作的作品，美国当前认为人工智能生成内容不受版权保护。① 欧盟对人工智能相关知识产权问题关注密切，发布多个文件就相关知识产权问题进行分析。2017年欧洲议会发布《就机器人民事法律规则向欧盟委员会提出立法建议的报告》议案，该议案是关于在机器人和人工智能技术发展背景下，法律领域面临的困难与挑战问题，其中关于受著作权保护作品的问题，报告指出应当在现代科技领域中明确划定著作权保护界限，针对计算机或机器人生成的内容制定"自主智力创作"（own intellectual creation）标准，通过合适的法律框架解决该领域可能面临的问题。② 2020年欧盟委员会发布了《人工智能趋势和发展——对知识产权框架的挑战》报告，研究认为当前不存在且在可见的将来也不存在完全自主进行创造的人工智能，现有欧盟规则完全能够解决当下人工智能协助产出带来的挑战。③ 报告明确提出，人工智能生成内容要认定为作品需要满足四项作品构成要件，且绝大部分人工智能生成内容都存在一定程度的"人类智力活动"，如果能够满足独创性和表达要件，就能被认定为作

---

① United States Copyright Office：Copyright Registration Guidance：Works Containing Material Generated by Artificial Intelligence，https：//copyright.gov/ai/ai_policy_guidance.pdf. Accessed on：2023-6-10.

② European Parliament：Report with recommendations to the Commission on Civil Law Rules on Robotics，A8-0005/2017，available at：https：//www.europarl.europa.eu/doceo/document/A-8-2017-0005_EN.html，accessed on 2023-6-10.

③ Copyright Registration Guidance：Works Containing Material Generated by Artificial Intelligence，available at：https：//copyright.gov/ai/ai_policy_guidance.pdf.，accessed on 2023-7-1.

品。当然如果人工智能系统通过编程自动生成作品，没有人类参与形成或修改过程，就不能作为受著作权法保护的作品。2023年6月14日欧盟《人工智能法案》通过，针对不同类型的人工智能制定监管措施，明确了相应的义务，是人工智能产业立法的重要成果。[1]

世界各国针对人工智能、大数据的发展，也在不断推进立法对策，这是技术发展和国家政策的需求。我国知识产权制度的变革与全球的知识产权制度息息相关，需要根据世界范围内各国的数字版权保护变化做出应对。数字时代信息数据交流便利，也为著作权国际保护的协调提出挑战，有必要在国际范围内形成初步共识，同时也需要根据我国自身情况进行调整和完善，进一步加强数字版权的国际保护。

二、高质量发展著作权保护对象扩张与限制的应对建议

数字经济下的技术革新催生了作品创作方式和传播手段的快速发展，著作权制度与科学技术、市场经济的发展密切相关。大数据、人工智能等新业态下的创造性表达是否能够被扩张为著作权的保护对象亟待解决，这是著作权制度有效利用资源，实现效率最大化的必然要求，也是著作权制度鼓励创作、激励创新，从而增进社会公共福祉的现实需求。

（一）数字经济中保护对象制度完善的原则遵循

数字经济下技术发展和更新迭代的速度极快，数字版权领域也需要相应变革，通过完善著作权保护对象制度促进数字经济高质量发展，需要遵循一定的原则。

一是技术中立原则。著作权保护对象的扩张和技术发展密切相关，数字版权领域对著作权保护对象范围的挑战都是来源于网络直播、大数据、人工智能等技术的突破。针对技术发展与著作权制度的关系，不仅要看到技术对著作权法律变革的推动作用，也应在法律制度完善过程中坚持技术中立原则。

---

[1] EU Artificial Intelligence Act, available at: https://artificialintelligenceact.eu/the-act/, accessed on 2023-7-10.

技术中立原则是在法律制度的制定与完善过程中，不把特定技术的理解作为法律规定的基础，这样法律制度的规定不要求或者限制特定技术，也不会阻碍技术的发展，有利于保持立法的稳定性。技术本身是开放的，尤其是著作权立法应当顺应技术的发展。但是技术具有两面性，要充分考虑其促进作用和不利因素。当然，新技术的出现并不一定引起著作权保护对象的扩张，应对挑战时应优先适用现有法律规定，随时关注新表达的变化和后果，通过法律适用解决新技术的挑战。当现有法规不能解决新技术对版权保护的争议时，再考虑法律的修改。法律是调整人的行为的规范，而非着重关注技术，因此在数字版权领域著作权保护对象制度的完善中，主要应考虑行为的规范性，保持技术中立，才能使司法实践具有适用性。

二是利益平衡原则。利益平衡是贯穿著作权法始终的基本原则，符合著作权法的二元价值目标。探讨数字经济下著作权保护对象制度的完善，需要更加关注公共利益。在数字领域背景下，公众获取和分享信息的需求日益增加，方式愈加多样，著作权法律制度在适应社会变化的同时，也要兼顾创作者的私人权利。但是数字经济领域中人工智能、大数据等技术除了通过著作权获利外，本身也能够获得一定经济利益以激励创新。因此，在扩张保护对象激励创作的基础上，著作权也必须有相应的限制制度，以确保公共领域的知识共享空间。前述"梦幻云"一案中，法院就指出当新类型表达已经通过著作权法获得充分保护，短视频平台权利人继续主张其竞争优势和经济利益时，也需要综合考虑利益平衡，被纳入著作权保护的行为就不宜再适用反不正当竞争法予以救济。[①] 数字经济下新业态的创新性成果要被扩张为版权保护的对象，不仅要解决立法和司法层面的复杂问题，也要尝试建立符合著作权基本伦理、法律逻辑和产业发展规律的制度，更要在促进技术发展与维护公共利益之间寻找平衡。

三是以促进产业发展为重点考量因素。法律制度的完善和产业发展密切相关，著作权的历史演变中有很多产业行业的身影，例如《安娜女王法》就

---

① 参见浙江省杭州市中级人民法院（2021）浙01民终12577号民事判决书。

第八章　数字经济和高质量发展需求下的扩张与限制对策

主要是出版商为获得特许出版权而推动的。数字版权产业是数字内容产业在法律上的称谓，是"通过网络技术和应用，从事版权内容创造、生产与制造、表演、传播与展出、发行与销售行为，并依赖网络和版权保护的内容的产业"，① 深刻体现了版权相关产业发展的特征。从印刷版权、电子版权、网络版权到数字版权的变化，反映出著作权制度与产业变迁的历史过程。数字版权产业是现代文化产业的核心业态，也是数字经济的重要组成部分。② 在完善数字经济背景下著作权保护对象制度的过程中，应着重考量其背后的产业利益，针对产业发展的新诉求及时作出回应，而不是只关注法律问题。

（二）建立健全相关法规以完善数字经济版权治理体系

推动高质量发展要以数字经济健康运行为基础，因此要在著作权法领域建立健全法律法规，从顶层设计上完善数字经济治理体系，规范数字经济发展。③

面对互联网、大数据和人工智能技术下的网络游戏、体育赛事直播、人工智能生成内容等有可版权争议的创造性新表达，法律的滞后性在一定程度上会影响产业的有序发展。尤其是人工智能所引发的一系列问题，世界主要国家和地区也采取了一定措施予以应对。美国版权局发布《版权登记指南：包含人工智能生成材料的作品》，指出对人工智能生成内容进行版权保护，需要考虑在多大程度上人类可以对作品的表达进行控制以及多大程度上"实际构成"传统作者因素。欧盟在《人工智能趋势和发展——对知识产权框架的挑战》中提出，人工智能完全自主创造并不存在并且在可见的将来也不存在，人工智能主要是作为人类的工具存在的。虽然人工智能协助产出无法获得著作权保护，但可以一定程度上获得邻接权、数据库权等的保护。2023年7月10日我国七部门共同发布《生成式人工智能服务管理暂行办法》，为我国人

---

① 参见国家版权局网络版权产业研究基地：《中国网络版权产业发展报告（2020）》，http://www.ncac.gov.cn/chinacopyright/upload/files/2021/6/9205f5df4b67ed4.pdf，最后访问日期：2023年5月15日。
② 参见吴汉东：《数字内容产业发展与网络版权保护》，载《版权理论与实务》2023年第3期。
③ 薛英杰、屈满学：《发挥数字经济优势 助力高质量发展》，载《光明日报》2023年7月3日，第6版。

工智能立法作出了有益探索，体现出我国对人工智能技术发展的重视和明确法律规则的需求。① 但是当前无论是针对人工智能的单独立法还是著作权法律制度中的现有规定，均不能完全解决人工智能可版权性的认定问题，是否应当扩张人工智能生成内容为著作权的保护对象，什么情况下应当限制其成为作品，都应当有更加明确的回应。

除前文所述网络直播、电子游戏的可版权问题外，人工智能生成内容的独创性判断是实践中争议较大的问题。人工智能创作的过程通常可能涉及大量对现有作品和知识的抓取、学习以及再创作。这种情况下，有观点认为可以将人工智能生成内容认定为受著作权保护的作品，人工智能通过学习，可以创作出独一无二的新作品，这种创作过程和结果符合可版权要件的独创性要求。② 人工智能生成内容已达到最低限度的创造性，因为从表象上无法区别人创作的作品与人工智能生成内容的差别，"当我们已无法区分所欣赏的作品为人类创作还是机器生成时，就意味着该内容应被认定为作品，所以人工智能生成内容客观上应视为满足独创性要件中对最低创造性的要求"。③ 也有学者论证人工智能生成物在表现形式上构成作品，例如 AI 绘画在形式上属于"以线条、色彩或其他方式构成的审美意义的平面造型艺术"，但是否符合可版权要件还需要判断其生成作品的过程是否符合创作活动的要求。④ 因此就有观点认为，人工智能创作的过程是"现有表达—重组表达—表现"的路径，与人类的"思想情感—表达—表现"创作过程显然不同，作为一种源于计算而非创作的表达，无法构成著作权所保护的作品。⑤ 人工智能利用大数据和信息技术生成内容的过程和人类的创作活动相去甚远，无法构成人类的智力表

---

① 《生成式人工智能服务管理暂行办法》，http://www.cac.gov.cn/2023-07/13/c_1690898327029107.htm，最后访问日期：2023 年 7 月 15 日。

② R. Abbott, "Everything is obvious: How common sense reasoning explains the takedown of copyright in AI authorship", *Connecticut Law Review*, Vol. 51, 2019, No. 2, p. 615.

③ 熊琦：《人工智能生成内容的著作权认定》，载《知识产权》2017 年第 3 期。

④ 王迁：《论人工智能生成的内容在著作权法中的定性》，载《法律科学（西北政法大学学报）》2017 年第 5 期。

⑤ 龙文懋、季善豪：《论人类作品创作与人工智能生成的异同》，载《科技与法律（中英文）》2023 年第 4 期。

达。仅依靠人工智能生成、没有人类参与创作的内容不能构成著作权保护的对象，无论是通过"创作行为"还是主体要求，都不符合《著作权法》第3条的智力表达。

当然，除了人工智能生成内容，网络直播和电子游戏的可版权性争议也层出不穷，立法的滞后性也是导致争议的重要原因之一。从上述分析可知，数字经济下新技术产生的创造性成果有着与传统创作方式截然不同的创作手段，是否构成著作权保护对象需要更加明确的针对性法律规范。尽管我国已经开始在人工智能领域建立相关的政策规定，但是相比域外国家的讨论进程，我国应抓紧相关领域的立法完善，帮助新业态下的新表达有明确的确权依据，通过专门性法律法规助力数字经济下相关产业的稳定发展，真正意义上做到激励创新与平衡利益。

(三) 统一法律适用以助力数字版权高质量发展

数字经济下存在的著作权保护对象扩张与限制之争，也集中表现为权利独占和知识共享的博弈。法律适用中也需要寻求利益平衡，既要以可版权要件判断争议表达是否能够被"宽容"扩张，又要以审慎的态度分析其是否属于法律明示或默示排除的对象。只有统一法律适用中对新领域新业态下创造性新表达的认定标准，才能有效弥补法律规范的滞后性，助力数字版权高质量发展。

当前，我国司法实践中对数字版权领域所涉及的电子游戏规则、游戏地图缩略图、短视频特效、体育赛事直播以及人工智能生成内容等对象的可版权性认定都在不断探索中发展，其中不乏有许多针对同一表达意见相左的案例，在前文均已论述。法律适用中对数字技术参与创作的理解不同，会导致不同的认定思路和结果，并不利于法律的确定性。事实上，无论是上述哪种争议表达，都采用同样的可版权要件进行分析，可能是更为直接的做法。一方面，根据思想表达二分原则，著作权保护的是智力表达，那么如果电子游戏规则并未形成表达而属于思想范畴，或是属于必要场景、有限表达，就不能认定为作品。另一方面，独创性要求作者独立完成并有一定程度的创造性，是否要求必须由"人类"进行创作活动？如果答案是肯定的，那么人工智能生成内容在没有人类参与创作活动时，就不应当获得著作权的扩张保护。问题是，法律适用中应当如何理解这些要件，它们是否应当基于数字经济下技术发展的新特征而予以变通？

根据北京市高级人民法院《侵害著作权案件审理指南》，构成作品的判断因素有"是否属于在文学、艺术和科学范围内自然人的创作，是否具有独创性，是否具有一定的表现形式，是否可复制"。① 该指南明确将"自然人"作为作品的构成要件，只有人的创作活动才能成为著作权法所保护的作品。2019 年全国首例有关人工智能生成内容著作权案中，北京互联网法院认为，关于计算机软件智能生成的内容可否构成作品的问题，文字作品应由自然人创作完成，涉案作品由软件自动生成，不属于著作权法保护范围。② 可以发现当前的司法实践中并不认可完全由人工智能生成而无人类参与的表达被扩张为著作权保护的作品，这也是对可版权要件的坚持。

但是针对 5G 时代出现的大量数字虚拟作品，就有观点认为，当立法者创设法律制度时无法预测到的技术带来了非典型新作品，如果不通过司法的弹性扩张将其纳入著作权保护范围，将极大地打击创作者和投资者所投入的巨大精力和投资，最终妨碍新兴数字产业的长远发展。③

但是无论对数字版权领域的新表达如何进行认定，都应当在坚持著作权法律制度的基础上进行判断，通过法律解释合理进行扩张和限制，不能过度扩大解释可版权要件和法定作品类型，在坚持利益平衡的基础上依据现行著作权法建立相对统一的认定标准，面对新技术新表达保持司法适用的谦抑性。同时也要注意与时俱进，发挥法律适用的灵活性，助力数字版权的高质量发展。

（四）完善数字版权产业建设推动全方位发展

数字经济下著作权保护对象制度的变革也需要遵循产业发展的基本规律，以适应技术和市场的实际发展需求。随着大数据、人工智能的不断普及，技术的挑战需要著作权制度不断调整适应，满足不断变化的市场需求。我国数

---

① 北京市高级人民法院《侵害著作权案件审理指南》第 2.1 条。
② 参见北京互联网法院（2018）京 0491 民初 239 号民事判决书。
③ 李晓宇：《"元宇宙"下虚拟数据作品的著作权扩张及限制》，载《法治研究》2022 年第 2 期。

字经济规模至2022年达到45万亿。其中,版权产业对数字经济发展作出重要贡献,2020年相关市场规模就突破1万亿元。① 数字版权产业的稳步发展为数字经济高质量发展提供了空间。

首先,数字版权保护对象制度的完善应当时刻关注大数据、人工智能产业的高质量发展。技术的进步意味着能够出现越来越多新的创作方式和创新成果。著作权保护对象的扩张旨在保护创作者权益以激励创新。诸如人工智能快速发展下机器的创新和创作能力不断提升,此类人工智能生成内容应当扩张著作权保护还是限制著作权保护,什么情况下能够认定为作品,保护对象制度的设计能否契合产业、技术发展的现实需求,都是数字经济下著作权制度变革所应考虑的问题。

其次,数字版权保护对范畴的变革也会影响创新活动,数字版权保护应当遵循产业发展的基本规律。如前章所述,著作权法律制度的演变和技术发展紧密相连,有研究表明,严格的知识产权保护可能会阻碍创新。② 技术创新是巨大资金资源和实践成本共同投入的成果,著作权扩张保护对象以保护创作者权益,也是保障技术创新的经济利益。如前文所述,是否需要扩张保护人工智能生成内容,进而以著作权激励人工智能的发展,如何认定其主体资格等问题,都是著作权保护对象扩张与限制变革中需要考量的因素。

最后,数字版权的对象范畴变革应当注重利益平衡,从而推动数字经济的高质量、全方位发展。大数据、人工智能的发展对社会进步有重要的推动意义,数字版权也应当适应技术发展、鼓励创新,提供相应的法律保障。著作权对象的变化与技术发展有密切联系,数字技术的发展引发的新表达方式层出不穷,面对现有法律在保护对象扩张与限制方面存在的漏洞或者不明确,立法与司法层面都应当予以回应,更迅速地回应产业发展对保护对象确定性的需求,切实推进高质量发展。

---

① 参见国家版权局网络版权产业研究基地:《中国网络版权产业发展报告(2020)》,http://www.ncac.gov.cn/chinacopyright/upload/files/2021/6/9205f5df4b67ed4.pdf,最后访问日期:2023年5月15日。

② Petra Moser: "How Do Patent Laws Influence Innovation? Evidence from Nineteenth-Century World's Fairs", *American Economic Review*, Vol. 95, 2005, No. 4, pp. 1214~1236.

结　论

数字时代对著作权最大的冲击在于改变了作品创作、复制和传播的方式，作品能够以数字化的形式存储并传播给公众。人类智慧成果作为知识产权的保护对象，伴随着总量的增加，其保护范围也在不断扩张，这是世界范围内知识产权法律制度发展的客观趋势之一。我国自 2008 年颁布《国家知识产权战略纲要》以来，具有中国特色的知识产权制度逐步建立，其中在著作权领域关注的重点内容之一就是重视互联网、大数据、人工智能等新技术发展的需求，并准确把握作品的认定标准[①]，同时针对版权产业和经济社会发展的需要，适时扩大保护对象的范畴，也说明国家知识产权政策对著作权保护对象扩张的需求。此外，我国文化、出版、电影和唱片等行业在新技术的推动下繁荣发展，孕育了新的表达方式，若要与国际版权产业接轨，就需要我国不断提升版权保护水平与保护能力的现代化，完善著作权保护对象制度，为我国企业与创作者参与著作权国际交流与合作提供有力支撑。

保护对象扩张与限制之理论范畴的构建，是建立著作权理论体系的基本前提和出发点，为顺应国际范围内著作权制度的未来发展趋势，解决司法实践中对作品认定标准的需求，不可避免地需要探讨新表达或传统表达的新方式是否能够被扩张为著作权保护的对象。科学合理的著作权保护对象范畴，有助于实现著作权法的立法目的，在保护作者独创性表达的同时，鼓励公众自由利用表达所蕴含的思想进行新创作，既立足于激励作品的创作和投入，

[①] 参见最高人民法院于 2020 年 11 月 16 日印发的《关于加强著作权和与著作权有关的权利保护的意见》（法发〔2020〕42 号）。

又致力于促进知识文化在公共领域的共享与传承，是国家产业与文化发展的法律保障。作为著作权保护对象的作品，其多样性的表达方式亦寻求法律上的保护。

立法上，我国第三次《著作权法》修改中，对第3条作品定义与类型条款以及第5条不受保护的作品条款进行了完善。应当如何理解我国的作品定义与可版权要件，如何将新表达归入法定作品类型，如何解释法律的明示与默示排除，以及可版权要件与法定作品类型的关系等问题都有待明确。司法上，许多争议表达寻求著作权保护的利益诉求也为我国司法实践带来难题。关于体育赛事节目、网络游戏直播、网络游戏规则、喷泉秀、人工智能生成内容、人工合成DNA排列以及用户生成内容等对象，是否能认定为受著作权保护的作品、属于何种作品类型、应如何进行扩张与限制等问题，亟需从法理上作出回应。

本书以发现问题、分析问题、解决问题为主线，寻找著作权保护对象扩张与限制中的问题根源，探讨问题产生的原因，结合我国实际需求提出相关制度的完善对策。

著作权保护对象的概念包括内涵与外延，其中保护对象的内涵需要明确"保护对象"与"客体"的区别，以及对象的本质；外延则需要通过历史分析法总结其趋势及规律。权利"客体"和"对象"应采"区别说"，二者的内涵及意义是有差异的。著作权的对象是作品，基于作品方可产生著作权；作品之上承载的法益则是权利客体，即著作权法律关系主体权利行使和义务履行所指向的目标。在知识产权对象的"知识说""符号说""信息说"等诸多说法中，本书认为知识产权的本质是知识产品，这符合当前知识产权对象的商品和财产属性。著作权保护对象制度是由很多因素共同促成的。从历史发展看，保护对象扩张与限制的成因蕴含着多种因素的历史耦合或被动结合，著作权保护对象的历史演变呈现出传统保护对象范围不断扩张、新类型表达陆续出现的趋势。就二者的关系看，著作权保护对象的"扩张"与"限制"不是割裂分离的，尽管二者有各自的价值取向，但扩张和限制指向同一对象，是同一理论基础在两个场景下的考察，具有内在的关联性。此为本书研究著作权保护对象扩张与限制制度的基础和前提。

为明确著作权保护对象扩张与限制的具体问题，本书从立法论和解释论两个层面分析保护对象在立法和法律适用中发展演变的整体进展与趋势。从作者权利时期至世界权利时期，技术发展催生了著作权保护对象的范围不断扩张，国际著作权保护公约也基本采取开放式态度。各国著作权立法基于本国发展需求不同，尽管在保护对象的范围上宽严程度不同，但总体趋势是不断扩张著作权保护对象的范围。国际范围内版权保护对象从封闭走向融合，初步形成国际版权保护体系。我国《著作权法》经过三次修改，已经基本形成符合我国版权产业特点的著作权法律体系。第三次修改后，我国作品构成要件包括属于文学、艺术和科学领域，具有独创性，能够以一定形式表现，并为人类的智力成果这四要素，辅之以概括性、示例性的开放作品条款，共同构成了作品认定的基础规范。

从法解释论角度，通过对2011至2021年我国法院审理的著作权案件进行分析，在需要进行作品认定的案件中，争议较大的作品类型集中在电影和类电作品、计算机软件和美术作品中，此外还有综艺节目、新闻资讯、体育赛事、晚会典礼和动画等对象，其中超过40%的电影和类电作品案件涉及是否构成作品的认定。在作品可版权要件中，主要存在争议的是独创性标准的界定，创造高度说和个性说是司法实践中的主流观点。关于我国法律适用中将新类型表达扩张为著作权保护对象的路径，一是通过扩张解释法定作品类型将新表达纳入的"归入保护法"，二是将新表达拆分为不同要素分别保护的"拆分保护法"，三是主张只要满足作品构成要件而不必归入作品类型的"构成要件法"。通过立法论与解释论之分析探讨，著作权保护对象扩张与限制的共存问题主要在于应当以更为合理、明确的可版权要件作为认定著作权意义上作品的标准，同时作品类型法定原则的理解适用有待完善。

著作权保护对象扩张的现存问题主要包括：一是作品认定的依据不明确，在作品构成要件和作品类型认定的关系上存在争议；二是实践中依照"归入保护法"扩张保护对象可能过度扩大解释法定作品类型；三是适用兜底条款进行扩张尚待实践检验，需要解决适用依据不充分和滥用兜底条款的担忧；

四是汇编作品的定位有待明确,不能使汇编作品成为"万能类型"。而著作权保护对象限制的现存问题主要表现为:一是对象排除条款的内涵与外延有待明确;二是限制的法律依据有待完善;三是公共领域的边界有待规范;四是法律适用中限制保护的新表达有待统一。

著作权保护对象的正当性建立在相关理论的指引上。著作权的法哲学分析影响着权利的价值取向。洛克的财产权劳动学说一定程度上对赋予著作权保护以私权利进行了确认,智力成果的创作者应就其智力劳动和所蕴含人格获取财产和精神权利,但扩张必然会限制公众传播和利用信息的空间。因此,"先决条件"和公共领域保留理论,要求著作权制度为公众保留"足够而良好"的部分。著作权激励理论认为若不赋予知识产品创造者以私人独占的权利,个人创造在缺乏覆盖成本的经济补偿和精神激励时,就无法激励其继续从事智力成果的创造。但是激励理论对扩张的支持是有界限的,当受保护作品的范畴超出社会的合理需求和法律的必要限度,专有权利就会挤占公共领域的知识,抑制社会公众的创作空间和可能性,最终对文化、科学和艺术领域作品总量产生负面影响。立足于激励理论、社会规划论等法哲学视角,一方面赋予智力创作者对新表达的独占权利,是激励新业态新领域智力成果的创作,鼓励人们提出创造性的表达,从而为文化艺术领域提供支持的基础;另一方面,知识产权基于服务公共之目标,以及公有观念和公共领域之考量,都要求为公众保留"足够好"的部分,在一定程度上限制著作权保护对象的认定,能确保必要且充分的知识在公共领域的自由传播、流通和共享。

从经济学的视角理解保护对象扩张与限制的正当性。作品的创作需要投入成本、时间和精力,作品的发表、复制、传播也需要投入,在不赋予独占权的情况下,仍可能通过自然市场调节为创作者提供报偿机制,但与此同时盗版和搭便车行为就会泛滥,导致对创作者的激励减少。著作权法作为分配作品权益的均衡机制,核心内容在于协调不同利益主体对智力成果的权利范围。效率理论在著作权制度中主要涉及分配知识产品的经济利益,在保护对象扩张与限制的博弈中,如何在作品利用效益和权利人利益中发挥最大限度的效率价值、促进社会更好地运行仍有待研究。而成本收益理论则印证保护对象的扩张，以独占权为作者回收成本、提供收益。公共选择理论运用经济学的方法和理论考察著作权领域中的集体决策和其他非市场决策对制度的影响，提出著作权对象的选择也是知识产权领域内维持利益平衡的政治博弈的结果。著作权人对表达的专有权与公众对知识的利用范围存在着此消彼长的关系，需要创建正当合理的成本与收益、投入与效率协调机制。

从法政策学视角理解正当性，可以解释保护对象扩张与限制相关立法背后的政策立场，评价司法过程中的政策效果，突出著作权法律变革的政策选择。我国正在建立具有中国特色的知识产权公共政策，要求加强文学、艺术和科学领域的著作权保护，"适时扩大保护客体范围，提高保护标准"[①]，说明了著作权保护对象扩张的政策需求。著作权保护对象的范畴受社会团体总目标影响，一定程度上反映着政治团体的意志，与一国自身文化发展的需求相适应。

无论是已经纳入著作权保护对象的表达还是尚未纳入的表达，作为著作权保护对象时，著作权法的普遍性要求是保护对象的确定性和同一性。因此，需要通过类型化对具体对象扩张为著作权保护对象的同一性进行考察。在对保护对象的扩张进行类型化之后，结合各类扩张的具体情形，可以发现当前各行业基于新技术、新业态、新产品而出现的各类新表达牵涉的扩张需求各有千秋。由于不同类型作品的独创性判断要素不同，对独创性的要求也不同，导致司法机关常常会先判断作品类型再认定是否符合构成要件。不同作品类型需要考虑的要素应当是赋予作品何种程度的著作权保护的判断依据，而不是该对象能否成为作品的标准。作品的非物质性增加了可版权要件的判断难度，思想表达二分法和独创性标准作为界定智力成果作品属性的重要标准，在立法和司法中都有重要意义。将新表达扩张为著作权保护对象，需要突破传统的"作品类型法定"，并应坚持缓和的知识产权法定主义。我国《著作权法》中列举作品类型，一方面是对国际公约中要求必须保护的对象进行转化

---

① 参见中共中央、国务院于 2021 年 9 月 22 日印发的《知识产权强国建设纲要（2021—2035年）》。

适用,另一方面是强调我国特有的且有必要给予保护的作品,如杂技艺术作品、曲艺作品等。权利法定原则与作品类型法定是不同的,著作权的权利法定是权利种类与内容的法定,只要符合作品的构成要件,即使不属于法律明确列举的作品类型,也可以成为著作权法的保护对象,享有法定种类与内容之著作权。

权利的限制必须有严格依据,以确定权利范围的边界、避免不合法地限制私人独占之权利。排除保护对象是对作者潜在权利的限制,其首要条件就是限制这一对象更有利于著作权法促进作品的传播利用与维护公共利益之双重价值目标与立法宗旨的实现,因此限制应当以不阻碍作品的创作、传播、利用,不侵害公共利益为边界。著作权保护对象的限制有赖于明确的法律依据,通常表现为著作权不适用对象或著作权法不予保护的对象等,其实质是对某些表达受著作权保护的明示排除,尤其是对于明显符合独创性等作品要件,但基于一国公共政策、公共利益的考量,为实现著作权法的立法宗旨,不宜给予著作权保护的智力成果。结合实践中保护对象限制的表现形式,可以将限制分为几类:一是"非作品表达",包括具有公务或公益性质的表达、单纯事实消息、常识性表达等不符合著作权保护目的的表达,此类限制的核心问题在于要明确其内涵和外延;二是"非保护作品",即已经满足表达的可版权要件,但是基于著作权法理论失灵、著作权立法目的无法实现、公共利益无法得到保障等,经法律明示作出的特殊制度安排;[①] 三是其他权利保护路径排除,在某一对象包含应由其他权利保护的要素时,不应将其全部纳入著作权保护的范畴;四是有条件的限制,当表达基本符合可版权要件时,依据利益平衡等理论,结合著作权的立法目的或个案认定的需要,将该表达附条件地认定为保护对象更有利于知识信息的传播或利用时,则对该表达认定的著作权保护对象进行一定程度地限制。因此,在判断表达是否属于被限制的保护对象时,可以通过三个步骤排除对象:一是该表达不满足可版权要件,

---

① 参见高璎识:《不适用著作权法保护的对象研究》,载《邵阳学院学报(社会科学版)》2014年第1期。

或是不受著作权保护的思想，属于公共领域的范畴，那么自然就属于保护对象的限制范围；二是该对象可能满足作品的可版权要件，但出于公共利益或立法目的的要求，被著作权法明示排除的"非作品表达"；三是符合可版权要件或是作品认定有争议的新表达，依据相关理论、著作权的立法目的或法律适用的解释，该表达更适合全人类共享，或限制更有利于知识信息传播等因素，对该对象进行排除或一定程度地限制保护。

结合以上分析，本书以著作权法基本原理为出发点，考量著作权保护对象的域外发展趋势和经验，结合我国著作权法律制度和社会发展需求，并针对著作权保护对象扩张与限制的现存问题，提出完善我国著作权保护对象扩张与限制制度的对策。著作权保护对象制度的运行不能仅仅依靠法律规定与政策考量，要建立确定性和可预见性的权利对象制度，需要借助一定的法律原则。著作权保护对象扩张与限制的原则，是指结合著作权法的价值目标，在著作权保护对象扩张或限制的立法、司法及整个过程中应遵守的基本准则。首先在扩张保护对象时，应兼顾激励创新、包容审慎、技术中立和利益平衡四项基本原则；其次保护对象的限制则必须符合著作权法激励创新的立法目的，在秩序与自由相统一中坚持自由价值优先，在效率与效益相统一中坚持效益价值优先，并保证法律的确定性；最后在立法层面，著作权保护对象的扩张应当以符合可版权要件作为作品认定的唯一标准，不以新表达无法在现行法中归类作为排除保护的依据，在坚持缓和法定主义的前提下，著作权保护对象的限制则以法定排除条款为主要依据。

因此，本书在著作权保护对象的法律规范方面提出以下完善建议。其一，针对保护对象的扩张：一是明确可版权要件相关概念的法律规定，以"最低程度的创造性"作为独创性认定的标准，以"可再现性"取代固定性要件，在作品条款中明确具体的可版权要件，即文学艺术和科学领域、独创性、可再现性以及人类的智力表达；二是完善视听作品与录像制品的相关规定，明确区分著作权和邻接权的保护对象。其二，针对保护对象的限制：一是完善保护对象的限制条款，增加思想表达二分和公共领域的一般性规定，删除"单纯事实消息"的明示排除规定，增加"法律、法规、规章，国家机关的决议、决定、命令和其他具有立法、行政、司法性质的文件,及其官方正式译文"的"官方汇编"不能认定为保护对象的规定,包括对指导性案例的汇编;二是制作手段及传播方式的限定不符合技术中立原则,要避免法律规范中因对技术手段的要求而产生的对保护对象的限制。

在司法层面,保护对象的扩张与限制需要结合历史与现实综合考量,从文义角度对法律规范的本义进行解释,从历史角度分析法律设立的目的和修改的考量因素,结合著作权保护对象在新领域新业态中的现实发展,判断是否可以对作品可版权要件进行扩大解释,以适应版权产业发展的需求。在司法机关的法律适用中,面对著作权保护对象扩张,应当遵循"宽容"的态度,将符合可版权要件而非可归入法定作品类型作为作品认定的标准,这是著作权保护对象扩张的首要条件。只要满足作品的构成要件,并且不属于保护对象限制的范畴,就可以属于著作权的保护对象,至于应当通过归入法还是拆分法,抑或是适用"其他作品"进行作品类型的划分,是第二性的问题。面对保护对象的限制时,则应当强调限制的合法性,遵循"严谨"审慎的态度解释保护对象的排除,不因该对象可能受到其他权利的重叠保护而限制其成为著作权保护的对象。

关于法律适用中需要统一可版权要件的裁判标准问题,实践中法院主要对涉案智力成果的"独创性"进行考察。独创性认定与表达的艺术价值、新颖性和创作意图无关,是以独立创作和最低程度的创造性作为标准,以独创性的"有无"而非"高低"作为界限;而"可复制性"要件或固定性要件则基本处于被漠视的尴尬境地,对可再现要件中的再现手段和再现的介质都应作广义解释,并坚持技术中立原则,只要"表达的形式"能够通过一定的介质再现,处于一种可识别的状态,就是一种适格的智力表达;统一思想与表达认定的标准,避免独占权垄断思想范畴的对象。同时应当明确法定作品类型是法律适用中新表达类型化的首选,避免兜底条款的滥用。此外,应当发挥指导性案例对扩张与限制的指导和补充作用,尤其是网络环境下新类型表达层出不穷,指导性案例在必要时弥补立法的滞后性,有助于法律适用的统一和灵活。

最后，数字经济背景下大数据、人工智能的发展正在成为推动我国经济高质量发展的新支点，我国正在从国家战略层面推动数字经济的发展。新技术的出现也冲击着传统文化产业的模式，作品的创作和传播方式日新月异，对著作权制度提出全方位的挑战。一是对著作权保护对象的传统理论提出挑战，人工智能的"劳动"与劳动价值论的概念范畴存在区别，数字经济下新表达的扩张也可能导致激励理论的失灵，以及权利人和公众利益的失衡。二是数字经济的发展体现出当前著作权法律制度在保护对象相关的政策法规上具有滞后性，如何解决网络直播、电子游戏、人工智能生成内容等对象的扩张与限制争论，需要立法予以回应。三是数字版权保护对象的司法实践规则有待统一，现有案例中对新表达的可版权性判断有不同的理解，不利于产业的健康有序发展。四是需要根据我国自身情况进行调整和完善，进一步加强数字版权的国际保护。为高质量发展著作权保护对象，数字版权领域的变革应坚持技术中立、利益平衡和促进产业发展原则；建立健全人工智能和大数据领域的法律法规，使新业态下的新表达有明确的确权依据；司法实践中应运用法律合理扩张、合法限制保护对象，发挥法律适用的灵活性；遵循产业发展的基本规律，回应产业发展的需求，切实推进数字版权产业的高质量、全方位发展。

本书以著作权保护对象扩张与限制的整体为视角进行系统、全面的研究，反映出智力成果在著作权领域中独占与共享的博弈。我国正在建立具有中国特色的知识产权制度，知识产权对象的范围也是一国知识产权保护水平的直接体现，而我国《知识产权强国建设纲要（2021—2035年）》中指出要"适时扩大保护客体范围，提高保护标准"，在著作权中的体现则为适时扩张著作权保护对象。作品作为作者创作的智力劳动成果，是个人劳动与社会劳动的产物，其本身具有高度的社会性，需要被广泛传播和利用。著作权法围绕作品的利益关系确定的调整对象与立法宗旨，在秉承着保护作者和其他著作权人之独占权利的同时，也坚持维护一般社会公众利益基础之上更广泛的公共利益的价值目标。新领域新业态下，著作权保护对象面临许多新的挑战，尤其是伴随着作品构成要件认定的变化，以及原先不为著作权法承认的表达方式逐渐被认可,导致传统著作权保护对象的范围不断扩张;随着数字化技术和网络环境的迅猛发展,体育赛事节目、网络游戏直播、人工智能生成内容等新类型表达也不断出现。基于科技和社会发展产生的新型智力成果是属于个人独占还是公众共享,其博弈无疑需要通过著作权保护对象扩张与限制制度的完善予以实现。著作权法一方面对作品可版权性要件予以明确,确立保护对象扩张的路径;另一方面明示哪些作品不能成为受保护对象,清晰地确立著作权保护的边界和范围,有利于公众对知识和信息的共享,也有利于社会文化和教育水平的整体提升。[①]

著作权保护对象的扩张与限制决定着著作权的宽度。扩张与限制有各自的价值取向,但二者作为同一理论在不同场景下的考察,具有内在的关联性。著作权保护对象扩张与限制制度的完善,应当兼顾激励创新、包容审慎、技术中立和利益平衡原则,在法哲学、激励理论和法政策学的指引下,以开放、包容的态度面对扩张,以严谨、审慎的态度面对限制,从而在激励创新的同时平衡权益,实现著作权法的价值目标。结合我国实际需求对著作权保护对象的范畴进行明确,最终形成具有中国特色和文化自信的著作权保护对象法律制度体系。本书希望对我国著作权保护对象扩张与限制制度的立法与司法提供参考,著作权保护对象在新领域新业态下仍在不断变化发展,虽然在法律规范和适用上都存在诸多问题,但不可否认我国正在建立具有中国特色、符合我国国情的著作权保护对象制度,并且仍在不断探索完善。随着世界范围内版权产业与技术的发展,著作权保护对象扩张与限制制度仍将发挥重要的制度价值。

[①] 参见高璎识:《不适用著作权法保护的对象研究》,载《邵阳学院学报(社会科学版)》2014年第1期。

参考文献

一、中文类

（一）著作类

1. 王利明等：《民法学》，法律出版社 2011 年版。
2. 郑成思：《知识产权法》，法律出版社 1997 年版。
3. 史尚宽：《民法总论》，中国政法大学出版社 2000 年版。
4. 王泽鉴：《民法总则》，中国政法大学出版社 2001 年版。
5. 刘春田主编：《知识产权法》，高等教育出版社 2007 年版。
6. 吴汉东：《知识产权法》，法律出版社 2021 年版。
7. 卢海君：《版权客体论》，知识产权出版社 2014 年版。
8. 吴汉东、闵锋编著：《知识产权法概论》，中国政法大学出版社 1987 年版。
9. 段瑞林：《知识产权法概论》，光明日报出版社 1988 年版。
10. 李明山主编：《中国近代版权史》，河南大学出版社 2003 年版。
11. 吴汉东等：《知识产权基本问题研究（分论）》，中国人民大学出版社 2009 年版。
12. 王迁：《著作权法》，中国人民大学出版社 2015 年版。
13. 李明德：《美国知识产权法》，法律出版社 2014 年版。
14. 李明山、常青等：《中国当代版权史》，知识产权出版社 2007 年版。
15. 来小鹏：《知识产权法学》，中国政法大学出版社 2019 年版。
16. 吴汉东主编：《中国知识产权理论体系研究》，商务印书馆 2018 年版。
17. 来小鹏主编：《知识产权法学案例研究指导》，中国政法大学出版社 2019

年版。

18. 胡波：《专利法的伦理基础》，华中科技大学出版社 2011 年版。
19. 王太平：《知识产权客体的理论范畴》，知识产权出版社 2008 年版。
20. 冯晓青：《知识产权法哲学》，中国人民公安大学出版社 2003 年版。
21. 周贺微：《著作权法激励理论研究》，中国政法大学出版社 2017 年版。
22. 吴鸣：《公共政策的经济学分析》，湖南人民出版社 2004 年版。
23. 周贺微：《知识产权法政治学研究》，中国政法大学出版社 2021 年版。
24. 唐安邦主编，王利明等著：《中国知识产权保护前沿问题与 WTO 知识产权协议》，法律出版社 2004 年版。
25. 孔祥俊：《知识产权法律适用的基本问题——司法哲学、司法政策与裁判方法》，中国法制出版社 2013 年版。
26. 王哲：《西方政治法律学说史》，北京大学出版社 1988 年版。
27. 李响：《美国版权法：原则、案例及材料》，中国政法大学出版社 2004 年版。
28. 朱庆育：《民法总论》，北京大学出版社 2016 年版。
29. 尹田：《物权法》，北京大学出版社 2017 年版。
30. 张明楷：《刑法格言的展开》，法律出版社 2003 年版。
31. 李明德、黄晖等：《欧盟知识产权法》，法律出版社 2010 年版。
32. 李明德、闫文军：《日本知识产权法》，法律出版社 2020 年版。
33. 王渊：《著作权法典型案例评析》，知识产权出版社 2021 年版。
34. 李扬：《著作权法基本原理》，知识产权出版社 2019 年版。
35. 曹新明主编：《知识产权法学》，中国人民大学出版社 2016 年版。
36. 黄茂荣：《法学方法与现代民法》，中国政法大学出版社 2001 年。
37. 吴汉东：《知识产权前沿问题研究》，中国人民大学出版社 2019 年版。
38. 陈波：《逻辑学十五讲》，北京大学出版社 2016 年版。
39. 南振兴、温芽清：《知识产权法经济学论》，中国社会科学出版社 2010 年版。
40. 刘春田主编：《知识产权法》，中国人民大学出版社 2009 年版。

41. 冯晓青：《知识产权法利益平衡理论》，中国政法大学出版社 2006 年版。
42. 斜晓东等：《遗传资源知识产权法律问题研究》，法律出版社 2016 年版。
43. 周蒔文：《基因资源产权安排的多维性研究》，法律出版社 2014 年版。
44. 张今：《著作权法》，北京大学出版社 2020 年版。
45. 张文显主编：《法理学》，法律出版社 2007 年版。
46. 刘春茂主编：《知识产权原理》，知识产权出版社 2002 年版。
47. 陶鑫良、袁真富：《知识产权法总论》，知识产权出版社 2005 年版。
48. 李琛：《著作权基本理论批判》，知识产权出版社 2013 年版。
49. 付继存：《著作权法的价值构造研究》，知识产权出版社 2019 年版。
50. 吴汉东：《知识产权基本问题研究（总论）》，中国人民大学出版社 2009 年版。
51. 李步云、汪永清主编：《中国立法的基本理论和制度》，中国法制出版社 1998 年版。
52. 孔祥俊：《法律解释与适用方法》，中国法制出版社 2017 年版。
53. 杨柏勇主编，北京市高级人民法院知识产权庭编著：《著作权法原理解读与审判实务》，法律出版社 2021 年版。

（二）译著类

1. ［德］拉伦茨：《德国民法通论》，王晓晔等译，法律出版社 2003 年版。
2. ［法］费夫贺、马尔坦：《印刷书的诞生》，李鸿志译，广西师范大学出版社 2006 年版。
3. ［日］小野昌延：《知识产权 100 点》，李可亮、马庆田译，专利文献出版社 1992 年版。
4. ［德］黑格尔：《法哲学原理》，范扬、张企泰译，商务印书馆 1961 年版。
5. ［澳］彼得·德霍斯：《知识财产法哲学》，周林译，商务印书馆 2017 年版。
6. ［美］理查德·A. 波斯纳：《法律的经济分析》（上册），蒋兆康译，中国大百科全书出版社 1997 年版。
7. ［美］罗伯特·考特、托马斯·尤伦：《法和经济学》，史晋川、董雪兵等译，格致出版社、上海三联书店、上海人民出版社 2010 年版。

8. ［美］罗宾·保罗·麦乐怡：《法与经济学》，孙潮译，浙江人民出版社 1999 年版。

9. ［美］威廉·M. 兰德斯、理查德·A. 波斯纳：《知识产权法的经济结构》，金海军译，北京大学出版社 2016 年版。

10. ［美］理查德·A. 波斯纳：《超越法律》，苏力译，中国政法大学出版社 2001 年版。

11. ［美］弗兰克·费希尔：《公共政策评估》，吴爱明、李平等译，中国人民大学出版社 2003 年版。

12. ［日］田村善之：《田村善之论知识产权》，李扬等译，中国人民大学出版社 2013 年版。

13. ［日］田村善之：《日本知识产权法》，周超、李雨峰、李希同译，知识产权出版社 2011 年版。

14. ［美］戴维·伊斯顿：《政治体系——政治学状况研究》，马清槐译，商务印书馆 1993 年版。

15. ［德］图比亚斯·莱特：《德国著作权法》，张怀岭、吴逸越译，中国人民大学出版社 2019 年版。

16. ［英］埃斯特尔·德克雷主编：《欧盟版权法之未来》，徐红菊译，知识产权出版社 2016 年版。

17. ［德］M·雷炳德：《著作权法》，张恩民译，法律出版社 2005 年版。

18. ［美］E·博登海默：《法理学：法律哲学与法律方法》，邓正来译，中国政法大学出版社 2017 年版。

19. ［日］田村善之编：《日本现代知识产权法理论》，李扬等译，法律出版社 2010 年版。

20. ［美］John Frank Weaver：《机器人也是人：人工智能时代的法律》，郑志峰译，元照出版有限公司 2018 年版。

21. ［美］欧文·M. 柯匹、卡尔·科恩：《逻辑学导论》，张建军、潘天群等译，中国人民大学出版社 2014 年版。

22. [美] 保罗·戈斯汀：《著作权之道：从谷登堡到数字点播机》，金海军译，北京大学出版社 2008 年版。

23. [美] 谢尔登·W. 哈尔彭、克雷格·艾伦·纳德、肯尼思·L. 波特：《美国知识产权法原理》，宋慧献译，商务印书馆 2013 年版。

24. [法] 勒内·达维德：《当代主要法律体系》，漆竹生译，上海译文出版社 1984 年版。

25. [德] 恩斯特·卡西尔：《人论》，甘阳译，上海译文出版社 1985 年版。

26. [日] 中山信弘：《多媒体与著作权》，张玉瑞译，专利文献出版社 1997 年版。

27. 《十二国著作权法》翻译组译：《十二国著作权法》，清华大学出版社 2011 年版。

28. [英] 约翰·洛克：《政府论（下篇）》，叶启芳、瞿菊农译，商务印书馆 1964 年版。

29. [澳] 布拉德·谢尔曼、[英] 莱昂内尔·本特利：《现代知识产权法的演进：英国的历程（1760–1911）》，金海军译，北京大学出版社 2012 年版。

30. [美] 莱曼·雷·帕特森、斯坦利·W. 林德伯格：《版权的本质：保护使用者权利的法律》，郑重译，法律出版社 2015 年。

31. [美] 卡多佐：《司法过程的性质及法律的成长》，张维编译，北京出版社 2012 年版。

32. [美] 罗伯特·P. 墨杰斯等：《新技术时代的知识产权法》，齐筠等译，中国政法大学出版社 2003 年版。

（三）期刊报纸类

1. 徐兴祥、顾金焰：《论著作权客体的演变》，载《西南交通大学学报（社会科学版）》2014 年第 4 期。

2. 王迁：《论作品类型法定——兼评"音乐喷泉案"》，载《法学评论》2019 年第 3 期。

3. 卢海君：《"作品类型法定原则"批判》，载《社会科学》2020 年第 9 期。

4. 李琛：《论作品类型化的法律意义》，载《知识产权》2018年第8期。
5. 刘银良：《著作权兜底条款的是非与选择》，载《法学》2019年第11期。
6. 丛立先：《体育赛事直播节目的版权问题析论》，载《中国版权》2015年第4期。
7. 王迁：《论"春晚"在著作权法中的定性》，载《知识产权》2010年第4期。
8. 王坤：《知识产权对象、客体的区分及其在民法学上的意义》，载《法治研究》2020年第1期。
9. 刘春田：《知识财产权解析》，载《中国社会科学》2003年第4期。
10. 刘德良：《民法学上权利客体与权利对象的区分及其意义》，载《暨南学报（哲学社会科学版）》2014年第9期。
11. 刘春田：《跨越世纪的伟大觉醒——发现创造和知识产权》，载《知识产权》2019年第8期。
12. 张玉敏、易健雄：《主观与客观之间——知识产权"信息说"的重新审视》，载《现代法学》2009年第1期。
13. 张勤：《知识产权客体之哲学基础》，载《知识产权》2010年第2期。
14. 彭学龙：《商标法基本范畴的符号学分析》，载《法学研究》2007年第1期。
15. 胡来强：《论作品思想内容与著作权保护之关系》，载《湖南文理学院学报（社会科学版）》2008年第1期。
16. 卢海君：《著作权保护对象新解》，载《黑龙江省政法管理干部学院学报》2007年第4期。
17. 吴汉东、王毅：《著作权客体论》，载《中南政法学院学报》1990年第4期。
18. 金渝林：《论版权理论中的作品概念》，载《中国人民大学学报》1994年第3期。
19. 乔新生：《著作权法保护的对象》，载《青年记者》2020第18期。
20. 丁丽：《版权制度的诞生：从古登堡印刷术到安娜女王法》，载《编辑之友》2016 年第 7 期。

21. 张乃和：《论近代英国版权制度的形成》，载《世界历史》2004 年第 4 期。

22. 关永红：《论知识产权控制效力作用范围的扩张与限制》，载《学术研究》2013 年第 3 期。

23. 卢海君：《论体育赛事节目的著作权法地位》，载《社会科学》2015 年第 2 期。

24. 严波：《论春晚的影视作品性质——基于著作权法下的作品独创性视角》，载《现代传播（中国传媒大学学报）》2015 年第 6 期。

25. 张爱国：《"春晚"著作权的法律定性问题——从央视国际诉快车网侵权案谈起》，载《理论探索》2011 年第 2 期。

26. 刘春田、熊文聪：《著作权抑或邻接权——综艺晚会网络直播版权的法理探析》，载《电视研究》2010 年第 4 期。

27. 孙昊亮：《全媒体时代摄影作品的著作权保护》，载《法律科学（西北政法大学学报）》2021 年第 3 期。

28. 吴汉东：《关于〈著作权法〉"作品"条款的法教义学解读》，载《版权理论与实务》2021 年第 1 期。

29. 李雨峰：《知识产权制度设计的省思——以保护对象的属性和利用方式为逻辑起点》，载《当代法学》2020 年第 5 期。

30. 胡波：《知识产权法哲学研究》，载《知识产权》2015 年第 4 期。

31. 张媛：《论知识产权的客体结构——以著作权客体为例兼与李杨博士商榷》，载《知识产权》2013 年第 4 期。

32. 侯纯：《知识产权客体的扩张与利益平衡》，载《燕山大学学报（哲学社会科学版）》2004 年第 2 期。

33. 徐坤宇：《著作权合理使用制度的法经济学分析》，载《法制博览》2015 年第 1 期。

34. 周泽夏：《知识产权法经济分析的理论基础——基于〈知识产权法的经济结构〉的讨论》，载《政法论坛》2018 年第 4 期。

35. 吴汉东：《知识产权本质的多维度解读》，载《中国法学》2006 年第 5 期。

36. 吴汉东：《中国应建立以知识产权为导向的公共政策体系》，载《中国发展观察》2007 年第 5 期。

37. 吴汉东：《利弊之间：知识产权制度的政策科学分析》，载《法商研究》2006 年第 5 期。

38. 郑胜利：《论知识产权法定主义》，载《中国发展》2006 年第 3 期。

39. 李扬：《知识产权法定主义及其适用———兼与梁慧星、易继明教授商榷》，载《法学研究》2006 第 2 期。

40. 易继明：《知识产权的观念：类型化及法律适用》，载《法学研究》2005 年第 3 期。

41. 王迁：《〈著作权法〉修改：关键条款的解读与分析（上）》，载《知识产权》2021 年第 1 期。

42. 孙山：《新类型作品著作权保护的现实选择——〈著作权法〉第三条中"其他作品"的解释适用》，载《电子知识产权》2020 年第 7 期。

43. 王迁：《论视听作品的范围及权利归属》，载《中外法学》2021 年第 3 期。

44. 戴娜娜：《著作权的客体本质及其现实意义》，载《电子知识产权》2008 年第 6 期。

45. 易继明：《知识产权法定主义及其缓和——兼对〈民法总则〉第 123 条条文的分析》，载《知识产权》2017 年第 5 期。

46. 杜颖、郭珺：《论严格知识产权法定主义的缺陷及其缓和——以〈民法总则〉第 123 条为切入点》，载《山西大学学报（哲学社会科学版）》2019 年第 4 期。

47. 孙山：《〈著作权法〉中作品类型兜底条款的适用机理》，载《知识产权》2020 年第 12 期。

48. 任安麒：《作品类型兜底条款的证成、选择与适用——兼议非典型作品的著作权保护路径》，载《电子知识产权》2021 年第 4 期。

49. 王迁：《论汇编作品的著作权保护》，载《法学》2015 年第 2 期。

50. 冯晓青、徐相昆：《著作权法不适用对象研究——以著作权法第三次修改为视角》，载《武陵学刊》2018 年第 6 期。

51. 张伟君:《呈现于视听作品中的游戏规则依然是思想而并非表达——对若干游戏著作权侵权纠纷案判决的评述》,载《电子知识产权》2021年第5期。

52. 王迁、袁锋:《论网络游戏整体画面的作品定性》,载《中国版权》2016年第4期。

53. 郭壬癸、周航:《著作权视域下网络游戏画面的作品定性与思辨》,载《中国石油大学学报(社会科学版)》2018年第2期。

54. 崔国斌:《认真对待游戏著作权》,载《知识产权》2016年第2期。

55. 祝建军:《网络游戏直播的著作权问题研究》,载《知识产权》2017年第1期。

56. 万勇:《功能主义解释论视野下的"电影作品"——兼评凤凰网案二审判决》,载《现代法学》2018年第5期。

57. 柯林霞:《"埃菲尔铁塔夜间拍摄侵权"之辩》,载《电子知识产权》2016年第4期。

58. 易玲、杨泽钜:《著作权客体法定疏证——兼论"非典型作品"的保护》,载《商学研究》2021年第2期。

59. 熊琦:《中国著作权法立法论与解释论》,载《知识产权》2019年第4期。

60. 王迁:《论体育赛事现场直播画面的著作权保护——兼评"凤凰网赛事转播案"》,载《法律科学(西北政法大学学报)》2016年第1期。

61. 金松:《论作品的"可复制性"要件——兼论作品概念条款与作品类型条款的关系》,载《知识产权》2019年第1期。

62. 刘文琦:《论著作权客体的扩张——兼评音乐喷泉著作权侵权纠纷案》,载《电子知识产权》2017年第8期。

63. 赵双阁、艾岚:《体育赛事网络实时转播法律保护困境及其对策研究》,载《法律科学(西北政法大学学报)》2018年第4期。

64. 谢甄珂:《新著作权法视角下的体育赛事直播节目保护》,载《版权理论与实务》2021年第4期。

65. 卢海君:《网络游戏规则的著作权法地位》,载《经贸法律评论》2020年第 1 期。

66. 王迁：《论人工智能生成的内容在著作权法中的定性》，载《法律科学（西北政法大学学报）》2017 年第 5 期。

67. 熊琦：《人工智能生成内容的著作权认定》，载《知识产权》2017 年第 3 期。

68. 李俊：《论人工智能生成内容的著作权法保护》，载《甘肃政法学院学报》2019 年第 4 期。

69. 陈虎：《著作权领域人工智能"冲击论"质疑》，载《科技与法律》2018 年第 5 期。

70. 徐小奔：《人工智能"创作"的人格要素》，载《求索》2019 年第 6 期。

71. 孙山：《人工智能生成内容著作权法保护的困境与出路》，载《知识产权》2018 年第 11 期。

72. 胡荟集：《短视频侵权现状及治理》，载《版权理论与实务》2021 年第 8 期。

73. 徐俊：《产业视角下短视频平台版权侵权判定中的注意义务研究》，载《知识产权》2021 年第 9 期。

74. 倪朱亮：《"用户生成内容"之版权保护考》，载《知识产权》2019 年第 1 期。

75. 李欣：《新媒体环境下 UGC 模式对用户属性的影响》，载《青年记者》2013 年第 14 期。

76. 王磊、杜颖：《UGC 版权保护的平台机制研究》，载《知识产权》2021 年第 8 期。

77. 张玉瑞：《论计算机字体的版权保护》，载《科技与法律》2011 年第 1 期。

78. 徐俊：《类型化视域下短视频作品定性及其合理使用研究》，载《中国出版》2021 年第 17 期。

79. 吴汉东：《人工智能生成作品的著作权法之问》，载《中外法学》2020 年第 3 期。

80. 曹博：《人工智能生成物的智力财产属性辨析》，载《比较法研究》2019

年第 4 期。

81. 陈锦川：《法院可以创设新类型作品?》，载《中国版权》2018 年第 3 期。

82. 杨岸松：《论我国〈著作权法〉对"新类型作品"的保护》，载《北京政法职业学院学报》2019 年第 2 期。

83. 梁志文：《论版权法改革的方向与原则》，载《法学》2017 年第 12 期。

84. 崔国斌：《知识产权法官造法批判》，载《中国法学》2006 年第 1 期。

85. 杨述兴：《固定后的口述作品》，载《电子知识产权》2009 年第 4 期。

86. 冯晓青：《著作权法之激励理论研究——以经济学、社会福利理论与后现代主义为视角》，载《法律科学（西北政法大学学报）》2006 年第 6 期。

87. 蒋舸：《论著作权法的"宽进宽出"结构》，载《中外法学》2021 年第 2 期。

88. 冯晓青：《我国著作权客体制度之重塑：作品内涵、分类及立法创新》，载《苏州大学学报（法学版）》2022 年第 1 期。

89. 黄汇、黄杰：《人工智能生成物被视为作品保护的合理性》，载《江西社会科学》2019 年第 2 期。

90. 参见王迁：《再论人工智能生成的内容在著作权法中的定性》，载《政法论坛》2023 年第 4 期。

91. 袁真富：《人工智能作品的版权归属问题研究》，载《科技与出版》2018 年第 7 版。

92. 易继明、李辉凤：《财产权及其哲学基础》，载《政法论坛》2000 年第 3 期。

93. 李建华、梁九业：《我国〈著作权法〉中公有领域的立法构造》，载《河南大学学报（社会科学版）》2020 年第 2 期。

94. 肖志刚：《浅析试题的著作权》，载《知识产权》2000 年第 1 期。

95. 游闽键：《从新东方案看试题的著作权保护》，载《电子知识产权》2003 年第 11 期。

96. 卢纯昕：《法定作品类型外新型创作物的著作权认定研究》，载《政治与法律》2021 年第 5 期。

97. 王迁：《同人作品著作权侵权问题初探》，载《中国版权》2017 年第 3 期。

98. 骆天纬：《同人作品的著作权问题研究——以〈此间的少年〉为例》，载《知识产权》2017 年第 8 期。

99. 丛立先、刘乾：《同人作品使用原作虚拟角色的版权界限》，载《华东政法大学学报》2021 第 4 期。

100. 徐家力、赵威：《生物遗传资源与知识产权的属性冲突与契合》，载《社会科学辑刊》2020 年第 5 期。

101. 卢海君：《著作权法中不受保护的"时事新闻"》，载《政法论坛》2014 年第 6 期。

102. 彭学龙：《古籍点校科学版本的邻接权保护》，载《法商研究》2023 年第 4 期。

103. 龙文懋：《同人作品的文化层累功能及其与在先作品竞争法上的法益关系——以〈此间的少年〉为例》，载《电子知识产权》2016 年第 12 期。

104. 吴汉东：《形象的商品化与商品化的形象权》，载《法学》2004 年第 10 期。

105. 林雅娜、宋静：《美国保护虚拟角色的法律模式及其借鉴》，载《广西政法管理干部学院学报》2003 年第 5 期。

106. 何平：《论遗传资源的财产属性和权利构造》，载《法学评论》2019 年第 2 期。

107. 高璎识：《不适用著作权法保护的对象研究》，载《邵阳学院学报（社会科学版）》2014 年第 1 期。

108. 梁志文：《论版权法上的功能性原则》，载《法学》2019 年第 7 期。

109. 冯晓青：《著作权法中思想与表达二分法原则探析》，载《湖南文理学院学报（社会科学版）》2008 年第 1 期。

110. 梅慎实：《简论不受著作权保护的对象》，载《河北法学》1990 年第 1 期。

111. 冯晓青：《〈民法总则〉"知识产权条款"的评析与展望》，载《法学评论》2017 年第 4 期。

112. 孔祥俊：《著作权立法与司法的产业利益之维》，载《社会科学辑刊》2021 年第 6 期。

113. 陶鑫良：《网络时代知识产权保护的利益平衡思考》，载《知识产权》1999 年第 6 期。

114. 王源扩：《试论与知识产权有关的反竞争行为及其法律控制》，载《政法论坛》1996 年第 4 期。

115. 吴占英、伊士国：《我国立法的价值取向初探》，载《甘肃政法学院学报》2009 年第 3 期。

116. 陈兴良：《法的解释与解释的法》，载《法律科学（西北政法学院学报）》1997 年第 4 期。

117. 梁慧星：《法解释方法论的基本问题》，载《中外法学》1993 年第 1 期。

118. 焦和平：《形式解释论下网络游戏动态画面的著作权保护路径》，载《现代法学》2021 年第 2 期。

119. 雷磊：《指导性案例法源地位再反思》，载《中国法学》2015 年第 1 期。

120. 胡云腾：《打造指导性案例的参照系》，载《法律适用（司法案例）》2018 年第 14 期。

121. 章凯业：《版权保护与创作、文化发展的关系》，载《法学研究》2022 年第 1 期。

122. 黄汇：《版权法上的公共领域研究》，载《现代法学》2008 年第 3 期。

123. 梁志文：《论人工智能创造物的法律保护》，载《法律科学（西北政法大学学报）》2017 年第 5 期。

124. 郝明英：《融合出版时代我国视听作品的界定与权属分析》，载《科技与出版》2022 年第 11 期。

125. 吴汉东：《数字内容产业发展与网络版权保护》，载《版权理论与实务》2023 年第 3 期。

126. 薛英杰、屈满学：《发挥数字经济优势 助力高质量发展》，载《光明日报》2023 年 7 月 3 日，第 6 版。

127. 龙文懋、季善豪：《论人类作品创作与人工智能生成的异同》，载《科技与法律（中英文）》2023 年第 4 期。

128. 胡波：《知识产权法正当性理论的批判与重构》，载《社会科学研究》2023 年第 3 期。

129. 冯晓青、郝明英：《人工智能生成发明专利保护制度研究》，载《湖南大学学报（社会科学版）》2023 年第 2 期。

130. 郝明英：《人工智能语音合成有声书著作权保护研究》，载《中国出版》2023 年第 1 期。

131. 杨利华：《人工智能生成物著作权问题探究》，载《现代法学》2021 年第 4 期。

132. 龙文懋：《人工智能法律主体地位的法哲学思考》，载《法律科学（西北政法大学学报）》2018 年第 5 期。

133. 李晓宇：《"元宇宙"下虚拟数据作品的著作权扩张及限制》，载《法治研究》2022 年第 2 期。

134. 易继明：《人工智能创作物是作品吗？》，载《法律科学（西北政法大学学报）》2017 年第 5 期。

135. 刘铁光：《非例示类型作品与例示类型作品之间的司法适用关系》，载《法学评论》2023 年第 4 期。

(四) 论文集

1. [美] 威廉·费舍尔：《知识产权的理论》，黄海峰译，载刘春田主编：《中国知识产权评论（第一卷）》，商务印书馆 2002 年版。

2. 刘春田：《知识产权的对象》，载刘春田主编：《中国知识产权评论（第一卷）》，商务印书馆 2002 年版。

3. 吴汉东：《从电子版权到网络版权》，载吴汉东：《知识产权前沿问题研究》，中国人民大学出版社 2019 年版。

(五) 学位论文类

1. 张俊发：《论著作财产权配置的效率原则》，南京师范大学 2020 年博士学位论文。
2. 郝明英：《网络直播节目著作权保护研究》，中国政法大学 2020 年博士学位论文。
3. 何欣：《我国知识产权案例指导制度研究》，中国政法大学 2020 年博士学位论文。

（六）案例类

1. 最高人民法院（2010）民提字第 16 号民事裁定书。
2. 北京市海淀区人民法院（2016）京 0108 民初 15322 号民事判决书。
3. 北京知识产权法院（2017）京 73 民终 1404 号民事判决书。
4. 北京市海淀区人民法院（2016）京 0108 民初 15322 号民事判决书。
5. 北京市朝阳区人民法院（2014）朝民（知）初字第 40334 号民事判决书。
6. 北京知识产权法院（2015）京知民终字第 1818 号民事判决书。
7. 北京市高级人民法院（2002）高民终字第 279 号民事判决书。
8. 贵州省贵阳市中级人民法院（2015）筑知民初字第 17 号民事判决书。
9. 最高人民法院（2013）民申字第 1049 号民事裁定书。
10. 最高人民法院（2018）最高法民申 6061 号民事裁定书。
11. 江苏省苏州市中级人民法院（2015）苏中知民初字第 201 号民事判决书。
12. 江苏省高级人民法院（2018）苏民终 1054 号民事判决书。
13. 浙江省杭州市中级人民法院（2018）浙 01 民初 3728 号民事判决书。
14. 浙江省高级人民法院（2019）浙民终 709 号民事判决书。
15. 江苏省苏州市中级人民法院（2015）苏中知民初字第 201 号民事判决书。
16. 重庆市第五中级人民法院（2019）渝 05 民初 1477 号民事判决书。
17. 重庆市高级人民法院（2020）渝民终 468 号民事判决书。
18. 广东省广州市中级人民法院（2010）穗中法民三初字第 196 号民事判决书。
19. 广东省深圳市福田区人民法院（2015）深福法知民初字第 174 号民事判决书。
20. 北京市石景山区人民法院（2015）石民（知）初字第 752 号民事判决书。

21. 北京市第一中级人民法院（2014）京一中民终字第3199号民事判决书。
22. 上海市闵行区人民法院（2015）闵民三（知）初字第1057号民事判决书。
23. 上海知识产权法院（2016）沪73民终190号民事判决书。
24. 上海知识产权法院（2017）沪73民终241号民事判决书。
25. 上海知识产权法院（2015）沪知民终字第14号民事判决书。
26. 北京市高级人民法院（2020）京民再128号民事判决书。
27. 湖南省高级人民法院（2019）湘知民终267号民事判决书。
28. 杭州互联网法院（2020）浙0192民初8001号民事判决书。
29. 重庆市第五中级人民法院（2015）渝五中法民初字第00972号民事判决书。
30. 上海知识产权法院（2015）沪知民终字第14号民事判决书。
31. 江苏省高级人民法院（2012）苏知民终字第0161号民事判决书。
32. 北京市第三中级人民法院（2014）三中民（知）初字第09233号民事判决书。
33. 北京市海淀区人民法院（2008）海民初字第27047号民事判决书。
34. 北京市第一中级人民法院（2011）一中民终字第5969号民事判决书。
35. 山东省济南市中级人民法院（2017）鲁01民终998号民事判决书。
36. 浙江省杭州市中级人民法院（2011）浙杭知终字第54号民事判决书。
37. 浙江省温州市中级人民法院（2018）浙03民终1520号民事判决书。
38. 最高人民法院（2016）最高法民再175号民事判决书。
39. 上海市高级人民法院（2014）沪高民三（知）终字第10号民事判决书。
40. 上海市浦东新区人民法院（2015）浦民三（知）初字第191号民事判决书。
41. 最高人民法院（2013）民申字第1049号民事裁定书。
42. 湖南省长沙市中级人民法院（2017）湘01民初4883号民事判决书。
43. 北京市第二中级人民法院（2011）二中民终字第12056号民事判决书。
44. 广东省广州市南沙区人民法院（2013）穗南法知民初字第423号民事判

决书。

45. 重庆自由贸易试验区人民法院（2021）渝0192民初994号民事判决书。
46. 广东省中山市第二人民法院（2018）粤2072民初5801号民事判决书。
47. 广东省广州市天河区人民法院（2016）粤0106民初12068号民事判决书。
48. 北京市第一中级人民法院（2014）一中民初字第5146号民事判决书。
49. 北京市第三中级人民法院（2014）三中民初字第07916号民事判决书。
50. 最高人民法院（2005）高民终字第539号民事判决书。
51. 北京市第一中级人民法院（2001）一中知初字第34号民事判决书。
52. 北京市高级人民法院（2003）高民终字第1393号民事判决书。
53. 北京市第一中级人民法院（2001）一中知初字第33号民事判决书。
54. 北京市高级人民法院（2003）高民终字第1391号民事判决书。
55. 浙江省杭州市中级人民法院（2015）浙杭知终字第356号民事判决书。
56. 广州知识产权法院（2015）粤知法著民初字第16号民事判决书。
57. 广东省高级人民法院（2018）粤民终137号民事判决书。
58. 北京市高级人民法院（2020）京民再127号民事判决书。
59. 北京市第二中级人民法院（2001）二中知初字第223号民事判决书。
60. 北京市高级人民法院（2003）高民终字第246号民事判决书。
61. 上海市浦东新区人民法院（2017）沪0115民初88829号民事判决书。
62. 北京互联网法院（2018）京0491民初239号民事判决书。
63. 广东省深圳市南山区人民法院（2019）粤0305民初14010号民事判决书。
64. 广东省广州市天河区人民法院（2018）粤0106民初20222号民事判决书。
65. 广州知识产权法院（2020）粤73民终5293号民事判决书。
66. 上海市第一中级人民法院（2014）沪一中民五（知）初字第23号民事判决书。
67. 浙江省杭州市中级人民法院（2021）浙01民终12535号民事判决书。
68. 浙江省杭州市中级人民法院（2021）浙01民终12577号民事判决书。

二、外文类

（一）著作类

1. Goldstein Paul, *Goldstein on Copyright* (3rd edition), Walters Kluwer, 2020.
2. Patterson Lyman, *Copyright in Historical Perspective*, Nashville: Vanderbilt University Press, 1968.
3. Dharos Peter, *A Philosophy of Intellectual Property*, Dartmouth Publishing Company Limited, 1996.
4. R. Dye Thomas, *Understanding Public Policy* (9th edition), NJ: Prentice Hall, 1998.
5. D. Lasswell Harold, A. Caplan, *Power and Society*, NH: Yale University Press, 1970.
6. Ricketson Sam, C. Ginsburg Jane, *International Copyright and Neighbouring Rights: The Berne Convention and Beyond* (2nd edition), Oxford University Press, 2006.
7. W. Cornish, D. Llewellyn, T. Aplin, *Intellectual Property: Patents, Copyright, Trade Marks and Allied Rights* (8th edition), Sweet & Maxwell, 2013.
8. Phillips Jeremy, Firth Alison, *Introduction to Intellectual Property Law* (4th edition), Oxford University Press, 2001.
9. E. Schechter Roger, R. Thomas John, *Principles of Copyright Law*, West Academic Publishing, 2010.
10. Thierer Adam, Wayne Crew, *Copy Fights: The Future of Intellectual Property in the Information Age*, Cato Institute Washington D. C., 2002.

（二）论文期刊类

1. G. Palmer Tom, "Justifying Intellectual Property: The Philosophy of Property and Ideal Objects", *Harvard Journal of Law and Public Affairs*, Vol. 13, 1990.
2. Ryan Maureen, "Cyberspace as Public Space: A Public Trust Paradigm for Copy-

right in Digital World", *Oregon Law Review*, Vol. 79, No. 3.

3. A. Kurtz Leslie, "Speaking to the Ghost: Idea and Expression in Copyright", *University of Miami Law Review*, Vol. 47, 1993, No. 5.

4. C. Ginsburg Jane, "No 'Sweat'? Copyright and Other Protection of Works of Information after Feist v. Rural Telephone", *Columbia Law Review*, Vol 2, 1992.

5. Torrance Andrew, "DNA Copyright", *Valparaiso University Law Review*, Vol. 46, 2011, No. 1.

6. M. Holman Christopher, "Copyright for Engineered DNA: An Idea Whose Time Has Come?", *West Virginia Law Review*, Vol. 113, 2011.

7. Samuelson Pamela, "Evolving Conceptions of Copyright Subject Matter", *University of Pittsburgh Law Review*, Vol. 78, 2016, No. 1.

8. Gervais Daniel, "The Tangled Web of UGC: Making Copyright Sense of User-Generated Content", *Vanderbilt Journal of Entertainment and Technology Law*, 2009, No. 4.

9. K. Raustiala, C. Sprigman, "The Piracy Paradox Revisited", *Stanford Law Review*, 2009, No. 3.

10. W. Kastenmeier Robert, Remington Michael J., "The Semiconductor Chip Protection Act of 1984: A Swamp or Firm Ground?", *Minnesota Law Review*, Vol. 70, 1986.

11. Reebs Caroline, "Sweet or Sour: Extending Copyright Protection to Food Art", *DePaul Journal of Art, Technology & Intellectual Property Law*, Vol. 22, 2011.

12. Hughes Justin, "The Philosophy of Intellectual Property", *Georgetown Law Journal*, Vol. 77, 1988.

13. D. Moore Adam, "Intellectual Property, Innovation, and Social Progress: The Case Against Incentive Based Arguments", *The Hamline Law Reviewing*, Vol. 26, 2003.

14. A. Kurtz Leslie, "The Independent Legal Lives of Fictional Characters", *Wisconsin Law Review*, 1986.

15. Helman Lital, "Pull Too Hard and the Rope May Break: on the Secondary Liability of Technology Providers Copyright Infringement", *Texas Intellectual Property Law Journal* (Summer 2010) Vol. 19, No. 1, 2010.

16. C. Ginsburg Jane, "A Tale of Two Copyrights: Literary Property in Revolution France and America", *Tulane Law Review*, Vol. 64, 1990.

17. R. Moffat Viva, "Mutant Copyrights and Backdoor Patents: The Problem of Overlapping Intellectual Property Protection", *Berkeley Technology Law Journal*, vol. 19, 2004, No. 4.

18. Litman Jessica, "Copyright and Information Policy", *Law and Contemporary Problems*, Vol. 55, 1992, No. 2.

19. R. Abbott, "Everything is obvious: How common sense reasoning explains the takedown of copyright in AI authorship", *Connecticut Law Review*, Vol. 51, 2019, No. 2.

20. Moser Petra: "How Do Patent Laws Influence Innovation? Evidence from Nineteenth-Century World's Fairs", *American Economic Review*, Vol. 95, 2005, No. 4.

（三）外文案例

1. Bleistein v. Donaldson Lithographing Company, 188 U. S. 239 (1903).
2. Feist Publications, Inc. v. Rural Tel. Serv. Co., 499 U. S. 345 (1991).
3. Mitchell Brothers Film Group v. Cinema Adult Theater, 604 F. 2d 852, 203 USPQ 1041 (5th Cir. 1979).
4. Millar v. Taylor4 Burr. 2303, 98 ER 201 (1769).
5. Wheaton v. Peters, 33 U. S. (8 Pet.) 591 (1834).
6. Alexander v. Haley, 460 F. Supp. 40, 46 (S. D. N. Y. 1978).
7. Nichols v. Universal Pictures Corp. 45, F. 2d 119, 121 (2d Cir. 1930).
8. Computer Associates International, Inc. v. Altai, Inc. 982 F. 2d I (2nd Cir. 1992).
9. Feist Publications, Inc. v. Rural Tel. Serv. Co., 499 U. S. 345 (1991).
10. Jeweler's Circular Publishing Co. v. Keystone Publishing Co., 281 F. 83 (2d

Cir.), cert. denied, 259 U. S. 581 (1922).

11. Schroeder v. William Morrow &. Co., 566 F. 2d 3 (7th Cir. 1977).

12. Association of Molecular Pathology v. Myriad Genetics, Inc., 133 S. Ct. 2017 (2013).

13. Kecofa B. V. v. Lancôme Parfums et Beauté et CIE S. N. C., [2006] E. C. D. R. 26 (2006), at 369 – 370.

14. SA Beaute Prestige International v. Ste Senteur Mazal (February14, 2007, C d'A Paris); Sté Bellure NV v. SA L'Oréal et al (25 January, 2006, C d'A Paris).

15. Sté Senteur Mazal v. SA Beauté Prestige International (July1, 2008); X v. Haarmann & Reimer Ste (June 13, 2006).

16. SARL Editions de L'Est v. SARL La Mode en Image1993 DALLOZ 25eI 358.

17. Levola Hengelo BV v. Smilde Foods BV, Opinion of the Court of Justice, Case C – 310/17 (2018).

18. Bikram's Yoga Coll. of India v. Evolation Yoga LLC, 803 F. 3d 1032 (9th Cir. 2015).

19. Kelley v. Chicago Park District, 635 F. 3d 290. 304 (7th Cir. 2011).

20. 日本东京地方法院："帕克曼电子游戏"案，昭和59.9.28，判时1129号。

21. 日本仙台高等法院："人形电子玩具"案，平成14.7.9，判时1813号。

22. 日本大阪高等法院："仙女模型"案，平成17.7.28，判时1928号。

23. Naruto v. Slater, 16 – 15469 (9th Cir. 2018).

24. 日本知识产权高等法院："法院旁听记"案，平成20.7.17，判时2011号。

25. Banner Universal Motion Pictures Ltd v. Endemol Shine Group Ltd & Anor [2017] EWHC 2600 (Ch).

26. 东京高等法院："西瓜摄影"案，平成13.6.21，判时1765号。

27. Stern Electronics, Inc. v. Kaufman, 669 f. 2D 852, 865 (2D Cir. 1982).

28. Midwaymfg. Co. v. Dirkschneider, 543f. Supp. 466, 480 (d. Ned. 1981).

29. 东京地方法院昭和56年（w）第8371号损害赔偿案。

30. Whist Club v. Foster, 42F. 2d 782, at 782 (S. D. N. Y. 1929).

31. Chamberlin v. Uris Sales Corp., 56 F. Supp. 987, at 988 (S. D. N. Y. 1944), affd, 150 F. 2d 512 (2nd Cir. 1945).

32. Midway Mfg. Co. v. Bandai-America, Inc., 546 F. Supp. 125, at 148 (D. N. J. 1982).

33. Forgerty v. Fantasy, Inc., 510 U. S. 517, 527 (1994).

34. Twentieth Century Music Corp. v. Aiken, 422 U. S. 151 (1975).

35. Warner Bros. Picture, Inc. v. Columbia Broad. Sys., 216 F. 2d 945 (9th Cir. 1954).

36. Anderson v. Stallone, 1989 WL 206431 (C. D. Cal. 1989).

37. Metro-Goldwyn-Mayer v. Am. Honda Motor Co., 900 F. Supp. 1287 (C. D. Cal. 1995).

38. Nichols v. Universal Pictures, Corp., 45 F. 2d 119 (2nd Cir. 1930).

39. Burroughs v. Metro-Goldwyn-Mayer, Inc., 519 F. Supp. 388 (S. D. N. Y. 1981).

40. Falwell v. Penthouse International, Ltd., 521 F. Supp. 1204 (W. D. Va. 1981).

41. Hemingway's Estate v. Random House, 23 N. Y. 2d. 341 (Court of Appeals of New York, 1968).

42. Afiliated Enterprises, Inc. v. Gruber, 86 F. 2d 958, 961 (1st Cir. 1936).

43. Incredible Techs., Inc. v. Virtual Techs., Inc., 400 F. 3d 1007, 1012 (7th Cir. 2005).

44. Tetris Holding, LLC v. Xio Interactive, Inc., 863 F. Supp. 2d 394, 404, 408 (2012).

45. Educ. Testing Servs. v. Katzman, 793 F. 2d533, 539 (3d Cir. 1986).

46. Sony Corp. of America v. Universal City Studios, Inc., 464 U. S. 417 (1984).

47. Computer Associate International, Inc. v. Altai, Inc. Nos. 91—7893, 91—7935, (1992).

48. Graham v. John Deere Co., 383 U. S. 1, 148 U. S. P. Q. 459 (1966).

49. Google LLC v. Oracle America, INC., 593 U. S. (2021).

50. Star Athletica, LLC v. Varsity Brands, Inc., 580 U. S. (2017).

51. Case C-683/17, Cofemel-Sociedade de Vestuário SA v. G-Star Raw CV, Judgment of the Court of Justice of the European Union (Third Chamber) of 12 September 2019.

三、其他文献

(一) 政策及讲话类

1. 中共中央、国务院于2021年9月22日印发的《知识产权强国建设纲要(2021—2035年)》。
2. 习近平总书记在中央政治局第二十五次集体学习时的讲话。
3. 最高人民法院于2020年11月16日印发的《关于加强著作权和与著作权有关的权利保护的意见》(法发〔2020〕42号)。
4. 中共中央办公厅、国务院办公厅于2019年11月24日印发的《关于强化知识产权保护的意见》。
5. 国务院2021年10月9日印发的《"十四五"国家知识产权保护和运用规划》(国发〔2021〕20号)。
6. 最高人民法院于2021年4月22日发布的《人民法院知识产权司法保护规划(2021—2025年)》。

(二) 网址类

1. 胡宓:《网页内容编排构成版权意义作品的认定标准》,http://www.cn-symm.com/2015/1118/20436_4.html.
2. 中证指数:《中证行业分类标准(CICS)》, https://www.csindex.com.cn/#/about/newsDetail? id=13813.
3. 中国足球协会超级联赛:《中超联赛2020赛季商业价值白皮书》, https://www2.deloitte.com/cn/zh/pages/technology-media-and-telecommunications/articles/chinese-football-association-super-league-2020-business-value-evaluation-white-paper.html.
4. Séverine Dusollier: Scoping Study on Copyright and Related Rights and the Public

Domain，WIPO：https://www.wipo.int/edocs/mdocs/mdocs/en/cdip_4/cdip_4_3_rev_study_inf_1.pdf.

5. 国家版权局网络版权产业研究基地：《中国网络版权产业发展报告（2020）》，http://www.ncac.gov.cn/chinacopyright/upload/files/2021/6/9205f5df4b67ed4.pdf.

后 记

本书在我博士论文基础上修改而成，以著作权保护对象的扩张与限制之整体视角进行研究，不局限于对扩张或限制某一方面或是单一对象的探讨。保护对象扩张与限制理论范畴的构建，是建立著作权理论体系的基本前提和出发点。保护对象的界定也直接影响着私权利的边界和公共领域的范畴，涉及著作权制度的基础性理论。本书研究著作权对象的核心基础理论是权利，著作权保护对象的扩张，就是权利的独占，是授予权利；而保护对象的限制，则是使知识进入公有领域，是一种共享。所以保护对象的扩张与限制，实质上可以理解为某种智慧成果是独占与共享的博弈，是私权、公权的界定，也是私人领域和公共领域的边界问题。本书通过系统研究著作权保护对象扩张与限制问题，希望为完善我国著作权法律制度提供理论和实务支撑。

学术研究的过程是辛苦的，本书的研究与进展得益于师友的帮助。感谢我的导师来小鹏教授。在博士论文和本书写作期间，不论是选题、框架还是具体问题，老师始终不厌其烦答疑解惑。遇到多难的问题都有办法，碰到再小的细节都不放过，这样的治学态度是老师传授给我的宝贵财富。老师也用他数十年如一日的自律和勤奋引领着我，每次晚上路过老师办公室楼下，三楼亮着的那盏灯都是对我无形中的鞭策。我会努力在未来的教学科研和生活中，以老师为榜样，不负期待。

感谢我的父母，他们是我的力量源泉和坚强后盾。感谢我的妈妈，她用最无私的爱和最勇敢的心陪伴我的求学之路。她培养了我的习惯和兴趣，塑造了我的精神和品格，她最温柔也最严格，让我始终铭记做人要自省和自信、要上进也要知足，人生要永不言弃。感谢我的爸爸，他支持并信任我所有的选择，教我体会生活中点滴的快乐，始终用从容平和的态度面对生活中的大小事。感谢我的姐姐，她的赞美和鼓励给了我莫大的勇气和满足。感谢多年来陪伴我的先生，感谢你包容我的脾气，缓解我的压力，给予我恰到好处的帮助和动力，没有你的支持我也无法完成本书的写作。

感谢师兄普翔博士、师姐刘佳欣博士和郝明英博士在知识资料上提供的帮助，还要感谢邵艺博士、孙宝玲博士以及其他同学、朋友们的支持。

最后，本书得以出版，也要感谢中国政法大学出版社的编辑们细致的工作。

在付梓之际，深知对这一问题的思考仍有不足之处，敬请读者批评指正。

高雅文

2023 年 11 月 12 日